Eberwein · Einführung in die Integrationspädagogik

Einführung in die Integrationspädagogik

Interdisziplinäre Zugangsweisen
sowie Aspekte universitärer Ausbildung
von Lehrern und Diplompädagogen

Herausgegeben von Hans Eberwein

Mit Beiträgen von
Gudrun Doll-Tepper, Walter Dürr, Hans Eberwein,
Martin Hildebrand-Nilshon, Peter Hübner, Christine
Keitel, Klaus Riedel, Tobias Rülcker, Günther F.
Seelig, Herbert Striebeck und Renate Valtin

Deutscher Studien Verlag · Weinheim 1996

Über den Herausgeber:
Hans Eberwein, Dr. phil., ist Professor an der Freien Universität Berlin, Fachbereich Erziehungswissenschaft, Psychologie und Sportwissenschaft, bis 1994 Institut für Sonderpädagogik, seither Institut für Grundschul- und Integrationspädagogik.

Druck nach Typoskript

Alle Rechte, insbesondere das Recht der Vervielfältigung und Verbreitung sowie der Übersetzung, vorbehalten. Kein Teil des Werkes darf in irgendeiner Form (durch Photokopie, Mikrofilm oder ein anderes Verfahren) ohne schriftliche Genehmigung des Verlages reproduziert oder unter Verwendung elektronischer Systeme verarbeitet, vervielfältigt und verbreitet werden.

© 1996 Deutscher Studien Verlag · Weinheim
Redaktionelle Bearbeitung und Typoskript: Sabine Knauer, Wissenschaftliche Mitarbeiterin an der Freien Universität Berlin, Fachbereich Erziehungswissenschaft, Psychologie und Sportwissenschaft, Institut für Grundschul- und Integrationspädagogik.
Lektorat: Heike Michalak
Druck: Druck Partner Rübelmann, 69502 Hemsbach
Seriengestaltung des Umschlags: Atelier Warminski, 63654 Büdingen
Printed in Germany

ISBN 3 89271 642 0

Inhaltsverzeichnis

Vorbemerkungen 7

Hans Eberwein
Zur Kritik des Behinderungsbegriffs und des
sonderpädagogischen Paradigmas.
Integration als Aufgabe der allgemeinen Pädagogik und Schule 9

Peter Hübner
Schulpolitische und gesellschaftliche Probleme der Integration
von Kindern und Jugendlichen mit Behinderungen 38

Tobias Rülcker
Integration - eine Chance für die Erziehung in der Schule von heute? 58

Herbert Striebeck
Soziologische Theorien aus der Sicht der Integrationspädagogik 76

Günther F. Seelig
Erziehungspsychologische Beiträge zur
integrationspädagogischen Lehrerausbildung 92

Klaus Riedel
Was kann Didaktik zur Integration von Behinderten
und Nichtbehinderten in der Regelschule beitragen? 109

Renate Valtin
Erfolgreich lesen und schreiben lernen, auch in Integrationsklassen 138

Christine Keitel
Erfahrung mit Mathematik für alle:
Differenzierung und Integration im Mathematikunterricht 165

Gudrun Doll-Tepper
Integrative Ansätze im Schul- und Freizeitsport
von Menschen mit Behinderungen 193

Walter Dürr
Integration von Menschen mit Behinderungen
aus berufspädagogischer Sicht 208

Martin Hildebrand-Nilshon
Kommunikation - Emotion - Sprache.
Integrationspädagogische Aspekte der Arbeit mit lautsprachlich
eingeschränkten Kindern und Jugendlichen 231

Nachbemerkungen:

Hans Eberwein
Die integrationspädagogische Ausbildung als Auftrag der
Erziehungswissenschaften.
Begründung, Entwicklungen, Perspektiven... 269

Verzeichnis der Autorinnen und Autoren 279

Sachregister 281

Vorbemerkungen

Diesem Buch liegt eine vom Herausgeber im Sommersemester 1995 an der Freien Universität (FU) Berlin, Fachbereich Erziehungswissenschaft, Psychologie und Sportwissenschaft organisierte Ringvorlesung zugrunde. Sie stand unter dem Thema „Behinderte und Nichtbehinderte lernen gemeinsam. Zur schulischen und gesellschaftlichen Integration von Kindern und Jugendlichen mit besonderen pädagogischen Bedürfnissen".

Die Vorlesungen erstreckten sich auf bildungspolitische, soziologische, psychologische, sonderpädagogische, allgemeinpädagogische, berufspädagogische, sportpädagogische, fachdidaktische und einige andere Themen. Durch dieses breite Spektrum wurde eine grundlegende Einführung in die unterschiedlichen Aspekte und Schwerpunkte integrationspädagogischer Fragestellungen ermöglicht.

Die Ringvorlesung verfolgte außerdem die hochschulpolitische Zielsetzung, das integrationspädagogische Anliegen an der FU weiter zu festigen und zu vertiefen sowie die verschiedenen pädagogischen Disziplinen zu veranlassen, sich mit Fragen des gemeinsamen Lernens wissenschaftstheoretisch und curricular auseinanderzusetzen. Sie sollte vor allem exemplarisch demonstrieren, wie integrationspädagogische Gesichtspunkte *alle* erziehungswissenschaftlichen Teilbereiche durchziehen. In diesem Zusammenhang ist auch die Gründung eines Instituts für Grundschul- *und* Integrationspädagogik an der FU zu betrachten. Diese Zusammenführung eröffnet neue Wege im Hinblick auf die Qualifizierung von Pädagogen für integrativen Unterricht und integrative Erziehung.

Alle beteiligten Hochschullehrer/innen haben sich spontan zur Mitarbeit bereiterklärt. Dies zeigt den gesellschaftspolitischen und erziehungswissenschaftlichen Stellenwert der Integration. Man kann davon ausgehen, daß diese Kolleginnen und Kollegen auch künftighin integrationspädagogische Fragestellungen zum Gegenstand ihrer eigenen Lehrveranstaltungen machen werden.

Darüber hinaus gibt es im Fachbereich Erziehungswissenschaft, Psychologie und Sportwissenschaft schon seit mehreren Semestern eine Reihe weiterer Lehrender, die regelmäßig integrationspädagogische Aspekte in ihren Seminaren berücksichtigen.

Die weitere Zielsetzung besteht darin, *alle* Studierenden der Erziehungswissenschaften künftig an integrationspädagogische Themen heranzuführen. Angesichts des flächendeckenden Integrationsangebots an Berliner Schulen müßten entsprechende Lehrveranstaltungen insbesondere für alle Lehramtsstudierenden ein obligatorischer und somit prüfungsrelevanter Studienbestandteil sein, um sie angemessen auf ihren künftigen Arbeitsplatz vorzubereiten. Eine Chance, die Integrationspädagogik entsprechend in den Lehramtsstudiengängen zu verankern, besteht beispielsweise nach der Novellierung des Lehrerbildungsgesetzes vom Oktober 1995 in Berlin mit Blick auf die bevorstehende Ländervereinigung mit Brandenburg, wo die Lehramtsprüfungsordnung vom Juni 1994 die Integrationspädagogik bereits ausdrücklich im Zusammenhang mit dem Studium der Grundschulpädagogik nennt.

Die universitäre Berliner Integrationsentwicklung ist nicht nur durch die Einrichtung einer Arbeitsstelle für Integrationspädagogik und eines regelmäßig von ihr herausgegebenen „Info-Dienstes" begünstigt worden, sondern auch durch die Auflösung des ehemaligen Instituts für Sonderpädagogik an der FU im Jahre 1994. Auf diese Weise war eine wichtige Voraussetzung gegeben, „sonder"pädagogische Fragestellungen wieder in den Zuständigkeitsbereich der Allgemeinen Pädagogik zu bringen, dort als Aufgabe einzubinden und in Form von integrationspädagogischen Themen als Reflexionsgegenstand ins Bewußtsein von Lehrenden und Studierenden im Rahmen von Vorlesungen und Seminaren zu heben.

Es bleibt zu hoffen, daß die erfreuliche Entwicklung an der FU in Berlin auch für andere Universitäten in der Bundesrepublik Anlaß sein wird, ihr Ausbildungssystem zu verändern und durch integrationspädagogische Inhalte zu ergänzen.

Dieses Buch enthält wesentliche Bausteine zur Etablierung einer universitären Integrationspädagogik.

Berlin, Herbst 1995   Hans Eberwein

Hans Eberwein

Zur Kritik des Behinderungsbegriffs und des sonderpädagogischen Paradigmas. Integration als Aufgabe der allgemeinen Pädagogik und Schule

> „Nichts auf der Welt ist
> so mächtig wie eine Idee,
> deren Zeit gekommen ist."
> Victor Hugo

1. Einführung und Problemstellung

Sonder- und Integrationspädagogik sind wie alle Pädagogiken eingebunden in größere gesamtgesellschaftliche Zusammenhänge und werden von dorther in ihrer Entwicklung bestimmt. Die Erziehungswissenschaften werden heute mit einer Reihe von Problemen der modernen Industriegesellschaft sowie grundlegenden gesellschaftlichen Veränderungen konfrontiert, die für die Schule eine ernstzunehmende Herausforderung darstellen und an deren Bewältigung sie mitzuwirken haben. Nach meiner Auffassung sind die ökologischen und sozialen Probleme nicht mit den traditionellen Methoden des Konfliktmanagements und den bisherigen Antworten der pädagogischen Wissenschaften zu lösen, sondern nur durch eine grundsätzliche Neuorientierung unseres Bewußtseins, unserer Einstellungen und Verhaltensweisen. In jedem Falle aber werden von uns als Erziehungswissenschaftler eine reflexive Auseinandersetzung mit gesellschaftlichen Krisen, Entwicklungen und Veränderungen sowie angemessene Problemdefinitionen und Handlungskonzepte erwartet (*Benner* 1992).

Die globalen gesellschaftspolitischen Fragestellungen wie die Erhaltung der natürlichen Lebensgrundlagen, die Suche nach neuen Wertordnungen, nach Herstellung sozial gerechterer Lebens- und Bildungschancen, nach Überwindung von Ausgrenzungen sowie nach mehr Selbst- und Mitbestimmungsmöglichkeiten stellen sozusagen das äußere Gerüst dar, in dessen Rahmen wir für unseren Bereich Antworten finden müssen.

Ich habe den Eindruck, daß die Sonderpädagogik aufgrund mangelnder Selbstreflexion und Selbstkritik die Zeichen der Zeit nicht richtig erkannt und bis heute nicht akzeptiert hat, daß ihr Wissenschaftssystem und ihre Schulkonzeption neu zu denken sind.

Lediglich bei *Speck* (1991, 11) findet man die Formulierung: „Die Heil-, Sonder- oder Behindertenpädagogik ist zur Frage geworden, grundlegend zur Disposition gestellt. Weil sie diese Erfahrung eigentlich zum ersten Mal in ihrer Geschichte machen mußte, fiel es ihr schwer, die Fragezeichen am Horizont zu erkennen."

Die ersten Anzeichen gab es in Deutschland bereits Ende der 60er Jahre, also vor 25 Jahren. Leitbegriffe der kritischen Theorie fanden Eingang in die Erziehungswissenschaft und haben hier eine gesellschafts- und ideologiekritische Diskussion ausgelöst, die u. a. auch zu einer Ergründung der historisch-gesellschaftlichen und ökonomisch-politischen Voraussetzungen und Folgen erzieherischer Vorgänge und im Bereich der Sonderpädagogik zur Infragestellung traditioneller Auffassungen von Behinderung und der schulischen Betreuung von Kindern mit abweichendem Lern- und Sozialverhalten führte. Diese die Grundlagen sonderpädagogischer Theorie und Praxis berührende Kritik steht im Zusammenhang mit der seit Mitte der 60er Jahre geführten Diskussion um die Gesamtschule, die ab 1969/70 von der Sonderpädagogik aufgenommen worden war und die Forderung nach der Nicht-Aussonderung Behinderter aus der allgemeinen Schule aufgeworfen hatte. Damit begann die Integrationsdiskussion. Sie hat sich inzwischen zu einer Integrationsbewegung ausgeweitet. Diese war von Anfang an mit der Forderung nach mehr sozialer Gerechtigkeit verknüpft, also Ausdruck der Überwindung von sozialer Benachteiligung. Als Bestandteil der „emanzipatorischen Sozialbewegung" (*Sander* 1992, 6) greift sie jedoch weit über die Schule hinaus und bezieht die Eingliederung von Menschen mit Behinderungen aller Altersstufen ein, aber auch andere gesellschaftliche Randgruppen wie Obdachlose, Ausländer und Aussiedler.

Welche Rolle kommt nun der Sonderpädagogik in diesem sozialen Veränderungsprozeß zu und wie sieht ihr Beitrag aus, die angesprochenen Entwicklungen und Probleme aufzugreifen und Antworten darauf zu geben? Da das derzeitige sonderpädagogische System fragwürdig geworden ist, stellt sich die Frage nach dem Warum. Die gegenwärtigen Strukturen sind nur im historischen Zusammenhang ihrer Entstehung verstehbar; d. h., für die Bewältigung der Gegenwartsprobleme ist die Aufhellung der Vergangenheit notwendig.

Daß das gegenwärtige Theoriegebäude etwas Gewordenes - und damit auch wieder Veränderbares - ist, wird für *Ellger-Rüttgardt* (1985, 108) am Beispiel der Begriffsbildung, wie sie *Bleidick* versteht, deutlich. Er schrieb nämlich: „Letztlich ist die Festlegung des Begriffssystems in der Behindertenpädagogik eine Konvention, die eher von historischen Entwicklungslinien und schulorganisatorischen Übereinkünften bestimmt wird als von einer wissenschaftlich gesäuberten Ableitung" (ebd.). Dieses Bekenntnis zur „historischen Relativierung sonderpädagogischer Theoriebildung" scheint mir die wichtigste Voraussetzung zu sein für die Überwindung der bloßen „Rechtfertigung des Gewordenen und Etablierten" (ebd.) und damit das Offensein für neue Antworten, für eine Veränderung des Selbstverständnisses der Sonderpädagogik.

In diesem Zusammenhang hat sie auch Antworten zu geben auf die durch den australischen Moralphilosophen Singer ausgelöste Euthanasie-Diskussion und Ethik-Debatte. Die damit verknüpften Fragen nach Personsein und Menschenbild führen zwar weit über das integrationspädagogische Denken i. e. S. hinaus, stellen aber ein wichtiges Fundament für die Forderung nach Nicht-Aussonderung dar.

2. Zur historischen Entwicklung des Sonderschulwesens

Die Anfänge einer besonderen Erziehung für Menschen mit Beeinträchtigungen können auf das Ende des 18. Jahrhunderts datiert werden. Diese Entwicklung stand in engem Zusammenhang mit der Epoche der Aufklärung, die von der Bildsamkeit und Lernfähigkeit des Menschen überzeugt war. Mit der Forderung nach allgemeiner Volksbildung verband sich auch eine veränderte Sichtweise von Menschen mit Behinderungen. *Jantzen* (1974, 51) schreibt hierzu: „Immer mehr schwindet die Ausgrenzung des Behinderten, mehr und mehr wird dieser von den bürgerlichen Pädagogen und Medizinern im Rahmen des gesellschaftlichen Bildungs-, Arbeits- und Produktionsprozesses gesehen und eingegliedert."

Es waren in erster Linie religiöse, humanitäre und caritative Gründe, die dazu führten, sich der Erziehung und Bildung von Menschen mit Beeinträchtigungen anzunehmen. So wurden ab 1770 Anstalten mit angegliederten Schulen für Blinde, Gehörlose, Körperbehinderte, Geistigbehinderte sowie Arme, Erziehungsschwierige und Verwahrloste gegründet. Unterricht und Erziehung sollten „die behinderten Kinder aus dem Zustand der Not, der Unwissenheit, aus Elend und Verlassenheit befreien" (*Möckel* 1976, 22).

Die Medizin des 18. Jahrhunderts hatte im Zuge der Aufklärung für alle Beeinträchtigungen körperliche, psychische und soziale Bedingungen gleichermaßen verantwortlich gemacht. Demgegenüber reduzierte die Medizin des 19. Jahrhunderts ihr Denkmodell auf ein eindimensionales Ursache-Wirkungs-Prinzip. Auch soziale Fragen wurden verstärkt mit diesem medizinisch-naturwissenschaftlichen Paradigma erklärt und zunehmend auf psychische und biologische Zusammenhänge reduziert. Behinderung und psychische Krankheit sind dadurch nicht mehr in ihrer sozialen Verursachung gesehen worden (*Jantzen* 1982, 22 ff.; *Neumann* 1994, 7).

Mit dem Aufkommen von Spezialwissenschaften im Laufe des 19. Jahrhunderts entwickelte sich nach *Jantzen* (1982, 19) auch eine allmähliche Ausdifferenzierung von Störungen der Individuen und die Umsetzung in medizinische, pädagogische und psychologische Kategorien.

Diese Denkformen wurden schließlich auch für die Sonderpädagogik konstitutiv. Die Medizin ist im 19. Jahrhundert durch die Physiologie und vor allem Pathologie sowie durch die Entdeckung der experimentellen Methode bestimmt worden. In dieser Zeit bildeten sich die Begriffspaare „normal - anormal" heraus. Für die durch wissenschaftliche Begründungsversuche sich etablierende Sonderpädagogik bzw. Heilpädagogik wurden „Normalität" und „Abnormität" ebenfalls zu zentralen Begriffen der Theoriebildung. Solche Versuche lassen sich bis in die 30er und 40er Jahre unseres Jahrhunderts verfolgen. Die Entwicklungs- und Testpsychologie der letzten Jahrzehnte hat durch die Klassifizierung von Entwicklungsstandards Normierungen geschaffen, die gleichzeitig als Legitimation für Aussonderung dienten (*Fölling-Albers* 1989, 40 f.).

1890 erschien von Strümpell, einem Schüler Herbarts, das Werk: „Die pädagogische Pathologie oder Die Lehre von den Fehlern der Kinder". Das Untersuchungsmaterial Strümpells enthält über 200 Fehler in alphabetischer Reihenfolge von „abergläubisch" bis zu „zimperlich" und „Zwangshandlungen". Er unterscheidet zwar zwischen medizinisch-psychiatrischer und pädagogischer Pathologie, aber die Fehler der Kinder werden im naturwissenschaftlichen Sinne erfaßt und aus dem gesellschaftlichen Kontext herausgelöst.

Bleidick sieht in der Lehre von den Kinderfehlern den ideengeschichtlichen Ursprung der Heilpädagogik. Die Sonderpädagogik hat sich bis in unsere Tage an diesem „medizinischen Modell" orientiert und betrachtet Behinderung als Defekt, der kausalätiologisch im Individuum lokalisiert ist. Bereits *Georgens* und *Deinhardt* (1861) haben die Heilpädagogik als ein „Zwischenglied zwischen Medizin und Pädagogik" bezeichnet. Und der Kinderpsychiater *Stutte* schrieb 1960 (1070): „Heilpädagogik ist angewandte Kinderpsychiatrie."

1864 hat *Stötzner*, Taubstummenlehrer und Leiter einer Idiotenanstalt, eine Schrift veröffentlicht mit dem Titel: „Schulen für schwachbefähigte Kinder - Erster Versuch zur Begründung derselben". Nach seiner Auffassung habe die Volksschule andere Aufgaben, als sich mit den „Schwachen und Stumpfsinnigen" herumzumühen und müsse deshalb von diesen Kindern befreit werden (er benutzte in diesem Zusammenhang den Begriff „Ballast"). Sie sollten andererseits nicht der Armenfürsorge anheimfallen. „Auch die Schwachsinnigen sollen als Erwachsene durch ihrer Hände Arbeit ihr Brot verdienen und nicht wie Schmarotzerpflanzen vom Marke anderer zehren" (*Stötzner* 1864, 122).

Die Medizinisierung der Sonderpädagogik, insbesondere der Einfluß von Psychiatrie und Pathologie hat die Entwicklung und Theoriebildung dieser Disziplin entscheidend geprägt. So wird verständlich, daß das Abweichende, das Abnorme, die Kinderfehler, der Defekt, die organische Schädigung im Mittelpunkt des Denkens stand und vielfach heute noch steht.

Für die starke Identifizierung der Sonderpädagogen mit der Arbeit des Arztes gibt es nach *Bleidick* (1985, 255) zwei Motive. Einmal sieht er in der Lehre von den Kinderfehlern der Philanthropen im 18. Jahrhundert „einen ungebrochenen Optimismus, durch erzieherische Maßnahmen körperliche, geistige und seelische Gebrechen tatsächlich heilen zu können". „Zum zweiten - und dies ist wesentlicher für die Professionalisierung des neuen Berufsstandes - bot die Okkupation des medizinischen Begriffs von Heilpädagogik jene Faszination und Prestigeerhöhung, die im Vergleich zu den renommierten ärztlichen Standesvertretern den Lehrern des niederen Standes und der sozial Vernachlässigten gerade fehlte. Der weiße Kittel des Sonderschullehrers und die Attrappe des Stethoskops um den Hals des Sprachheillehrers haben hier ihren Ursprung. Damit waren vom wissenschaftlichen Selbstverständnis der um ihre Profilierung ringenden Heilpädagogik her etliche Probleme mitgegeben."

Die Hilfsschullehrer wollten am Image des Arztes partizipieren und nicht mehr nur Volksschullehrer sein. Sie wollten einen besonderen Status haben. Ich zitiere in diesem Zusammenhang eine Aussage des Lehrers Fischer in der Zeitschrift „Hilfsschule" von 1926: „Nennen wir Hilfsschullehrer uns neben den Blinden- und Taubstummenlehrern getrost Schwachsinnigenlehrer, und niemand wird mehr Ursache haben, uns gering zu achten" (258). Für diese Haltung waren also vor allem berufsständische Motive maßgebend.

Hinzu kam allerdings Ende des 19. Jahrhunderts ein wachsendes staatliches Interesse an der Erziehung von Behinderten. Durch die zunehmende Maschinisierung der Produktionsprozesse waren die Qualifikationsanforderungen an die Arbeiter gestiegen, so daß der Staat sich für eine bessere Volksschulbildung zu interessieren begann. Die Leistungsanforderungen in den Volksschulen stiegen. Gleichzeitig sollten erstmals Kinder aller gesellschaftlichen Schichten zusammen unterrichtet werden (*Neumann* 1994, 8). Aufgrund der allgemeinen Schulpflicht wurde in den Volksschulen ein Mindestmaß an bestimmten Fähigkeiten und Fertigkeiten verlangt. Dadurch fielen Schüler mit Lernschwierigkeiten, zumeist aus armen Familien, zunehmend auf. In den Volksschulen herrschten außerdem sehr schlechte materielle und personelle Verhältnisse. Massenunterricht in Klassen von 70 bis 200 Schülern war keine Seltenheit. Eine individuelle Förderung war so kaum möglich. Die Volksschule hatte daher ein Interesse, sich *der* Schüler zu entledigen, die das Ziel der Jahrgangsklasse, den gleichmäßigen Lernfortschritt sowie Leistungssteigerungen gefährdeten.

Die Gründung von Hilfsschulen kann also nicht unabhängig von den strukturellen Verhältnissen in den damaligen Volksschulen gesehen werden. Sie war Ausdruck einer Kritik an der unzulänglichen Unterrichtssituation. Es bestand jedoch unter den Pädagogen jener Zeit keine Einigkeit darüber, wie dieses Problem gelöst werden könnte. Die Argumente von Gegnern einer eigenständigen Hilfsschule sind auch einhundert Jahre danach noch von hoher Aktualität (vgl. z. B. *Witte* 1901).

Die Hilfsschullehrer schlossen sich 1898 zum „Verband der Hilfsschulen Deutschlands" (VdHD) zusammen, dem Vorgänger des heutigen Verbandes Deutscher Sonderschulen (VDS). Sie widmeten sich vor allem der Aufgabe, den Gegnern des Hilfsschulgedankens entgegenzuwirken und die Hilfsschulen zu verbreiten und zu vereinheitlichen. Tatsächlich ist die Zahl der Hilfsschulen danach sprunghaft angestiegen (*Myschker* 1969). Sie plädierten für die Anerkennung der Hilfsschulen als „Spezialschulen". Versuche auf der Reichsschulkonferenz von 1920, „heilpädagogische Schulen" als Teil der Einheitsschule zu definieren, scheiterten. Die Hilfsschullehrer haben auf ihrem Verbandstag 1926 gefordert: „Die Hilfsschule muß den Charakter der Normalschule abstreifen und einen spezifisch heilpädagogischen Charakter annehmen" (*Speck* 1973, 350). Die Eigenständigkeit der Hilfs- bzw. Sonderschulen ist dann auch in der Folgezeit von der Verbandsorganisation der

Sonderschullehrer sowie der Schuladministration immer wieder betont und verteidigt worden.

Unter Berufung auf die biologisch-medizinische Kategorie „Schwachsinn" konnten die Hilfsschullehrer das Phänomen „Schulversagen" anthropologisieren, eine wesensmäßige Andersartigkeit ihrer Schüler betonen und damit die Notwendigkeit der Hilfsschule begründen.

Die defektorientierte Sichtweise führte schließlich zur Herausbildung eines individuumzentrierten Paradigmas mit der Konsequenz, daß sozioökonomische sowie schulorganisatorische und interaktionistische Verursachungsfaktoren aus dem Blickfeld gerieten und Lernversagen einseitig als organisch-genetisch bedingt interpretiert wurde.

Aus heutiger Sicht und beim derzeitigen Erkenntnisstand kann man feststellen, die Errichtung und Verbreitung eigenständiger Hilfsschulen war eine falsche Entscheidung; denn die Grundlage dafür war kein eigentlich pädagogisches Konzept, keine Theorie der Hilfsschule. Die Sonderschulentwicklung war vielmehr das Ergebnis des Zusammenwirkens unterschiedlicher Einflußfaktoren: sowohl ökonomischer als auch der Entlastungsfunktion für die Volksschule; vor allem aber die Interessen der Hilfsschullehrer stellten die entscheidende Größe dar. Das ist auch heute noch so.

3. Zur Etablierung und Kritik einer behinderungsspezifischen Terminologie und Theorie

Die Hauptursache für die Krise der Sonderpädagogik liegt im integrationspädagogischen Ansatz begründet, der die Frage nach der Legitimation „sonder"-pädagogischen Handelns aufwirft. Hinzu kommen verschiedene gesellschaftspolitische Entwicklungen und Veränderungen, die u. a. auch das Problem sozialer Benachteiligungen stärker bewußt gemacht haben. Vor allem die Behindertenbewegung, also die Betroffenen selbst, wenden sich mit Vehemenz gegen institutionelle Ausgrenzung und die zunehmende Therapeutisierung.

Die Kritik der Behindertenselbsthilfegruppen richtet sich nicht nur gegen Diskriminierung und Stigmatisierung, sondern auch gegen die stellvertretende Interessenwahrnehmung durch „Fachleute" aus den verschiedenen pädagogischen Berufsfeldern. Diese advokatorische Funktion führt oftmals zu einer Beeinträchtigung der Selbstbestimmung, der Identitätsfindung und der Persönlichkeitsentwicklung. Da sich die Sonderpädagogik im wesentlichen durch pädagogische Hilfen für sogenannte Behinderte legitimiert, hat sie selbstkritisch zu fragen, ob die durch sie verliehene Etikettierung und die damit verbundene Aussonderung „Behinderung" nicht eigentlich erst konstituiert.

Nach *Kobi* (1990, 116) verletzt allein schon der Gedanke daran, eine Lebensform auf sich beruhen zu lassen, sich mit ihr abzufinden und auszusöhnen, unsere berufliche Identität als Weltverbesserer. Der „Behinderte" erfahre seine Definition durch die Hilfe, die wir ihm angedeihen lassen: Behindert ist, wer als speziell therapie- und förderungsbedürftig erkannt wird. *Brumlik* (1992, 159) geht noch einen Schritt weiter. Nach seiner Auffassung muß sich jede advokatorische Ethik die Frage stellen, ob sie nur als Deckmäntelchen zum Durchsetzen eigener Interessen mißbraucht wird.

Das sonderpädagogische Paradigma stützt sich vor allem auf den Behinderungsbegriff. Angesichts der zunehmenden Selbstbestimmung der „Behinderten" und ihrer Ablehnung des Objektstatus sowie erfolgreicher integrationspädagogischer Betreuung ist jedoch die defektspezifische Betrachtungsweise, d. h. die Behinderungszuschreibung als Voraussetzung für besondere Hilfen nicht mehr zu rechtfertigen; sie ist in einem integrativen System, in dem die fiktive Durchschnittsnorm und die damit verknüpfte Intervention aufgehoben sind, in dem also die Vielfalt menschlichen Seins zur Normalität gehört, obsolet geworden.

Bleidick hatte Ende der 60er/Anfang der 70er Jahre den Behinderungsbegriff aus dem Sozialrecht mit der Absicht übernommen, „... das gesamte Begriffsinventar der Erziehung von Behinderten einer Sichtung und Neuordnung zu unterziehen" (1978, 4). Damit wurde eine außerpädagogische Kategorie als Oberbegriff in die Theoriebildung eingeführt, um die Sonderpädagogik erziehungswissenschaftlich zu fundieren. Dem fachfremden Begriff „Behinderung" verleiht *Bleidick* dadurch pädagogische Bedeutung, daß er diesen mit dem Begriff „Erziehung" verknüpft.

Eine Erziehungsbehinderung nach *Bleidick* ist immer eine „Folgebehinderung" einer „Grundbehinderung". Nach diesem ätiologischen und defektologischen Erklärungsmodell braucht nur *der* eine besondere Erziehung, der organisch oder psychisch behindert und dessen Bildsamkeit dadurch gestört ist (vgl. auch *Bleidick* 1994).

Lindmeier (1993, 57) kritisiert zu Recht, daß bei *Bleidick* Erziehungsbehinderung bei sogenannten Nichtbehinderten genausowenig thematisiert werde, „wie der Gedanke, daß durch eine Schädigung oder Beeinträchtigung der Erziehungsprozeß auch positiv beeinflußt werden kann". Im übrigen gehe bei einer auf medizinische oder psychologische Ursachen zurückgeführte Störung der Bildsamkeit die Einsicht verloren, „daß die Bildsamkeit im pädagogischen Bezug erst aktualisiert werden muß" (58). Da sich Bildsamkeit erst im dialogischen Geschehen entfalte, „sollte man von 'Störungen' oder 'Behinderungen' nur in bezug auf das Erziehungs- und Bildungsgeschehen selbst sprechen, nicht aber in bezug auf den Zögling" (58). *Bleidicks* System habe keine „Pädagogik der Behinderungen, sondern eine Pädagogik der Behinderten" zum Gegenstand (59 f.).

Auch für *Möckel* (1973, 1016) ist eine Pädagogik der Behinderten bedenklich. Ihr hafte etwas Diskriminierendes an; sie stehe in der Reihe überwundener Begriffe wie gesund-entartet, normal-unnormal.

Für *Speck* (1991) ist der von *Bleidick* entwickelte Behinderungsbegriff als Legitimationsbegriff der Sonderpädagogik ebenfalls unbefriedigend. Er lehnt ihn wegen seiner pädagogischen Unspezifität ab. Nach seiner Auffassung ist Behinderung „kein wissenschaftlicher Begriff, da er sich nicht definitiv von Nichtbehinderungen abheben läßt, und da er als Abweichungsbegriff (auf dem Wege der Etikettierung und Zuschreibung) konstitutiv vom Definierer abhängig ist" (103). Trotz seiner wissenschaftlichen Unzulänglichkeit möchte *Speck* den Begriff „Behinderung" als normativen und indikativen Begriff beibehalten, „weil er einfach weitestgehend zur Sprachgewohnheit geworden ist" (13). Dies kann freilich nicht als Begründung akzeptiert werden, da es zur Aufgabe von Wissenschaften auch gehört, die von ihr eingeführten diskriminierenden Begriffe aus dem Sprachgebrauch wieder zurückzunehmen und durch andere zu ersetzen.

Der Vorsitzende der Deutschen Bischofskonferenz, Kardinal Lehmann, hat anläßlich der „Woche für das Leben" am 4.5.94 sein Erstaunen darüber zum Ausdruck gebracht, daß es auch in den Wissenschaften einen sprachlichen Prozeß der Diskriminierung behinderter Menschen gebe. „Selbst wenn es nicht mehr so oft tödliche Worte wie Idioten, Debile, Schwachsinnige, Krüppel usw. im Alltag gibt, so haben wir dieses Problem der gemäßen Sprache noch längst nicht gelöst. Es gibt im übrigen auch noch viele literarische Zeugnisse und moderne Film- und Fernsehfiguren, die viel zu sehr das Fremdartige und Anormale von Behinderten darstellen. In diesem Sinne möchte ich auch weniger von 'behinderten Menschen' oder von 'Behinderten' sprechen, ohne das Phänomen als solches zu beschönigen, sondern wir reden besser von einem 'Leben mit Behinderungen'" (Pressemitteilung der Deutschen Bischofskonferenz, Bonn).

Speck setzt an die Stelle der „Behinderung der Erziehung" den Menschen „mit speziellen Erziehungsbedürfnissen in seiner Lebenswelt" (14). Dieses Verständnis ist die Grundlage seiner „ökologischen Heilpädagogik". Er bezeichnet seine Pädagogik als ganzheitlichen Ansatz. „Heilpädagogik ist demnach Pädagogik unter dem Aspekt speziellen Erziehungsbedarfs beim Vorliegen von Entwicklungs- und Beziehungshindernissen (Behinderungen und sozialen Benachteiligungen)" (13). *Speck* wendet sich gegen Behinderung als intervenierende Variable und gegen Störung der Bildsamkeit, denn „die Fülle der Möglichkeiten, durch die ein Erziehungsprozeß 'behindert' oder 'gestört' werden kann, (ist) unendlich groß. Wann ist er als 'echt bildungsbehindert' anzusehen? Kann ich diese Kriterien am einzelnen Kind wirklich festmachen? Muß ich nicht vom System der vorhandenen und zugleich definierenden Institutionen - es sind im wesentlichen die Sonderschulen - ausgehen? Behindert ist dann, z. B. im schulpflichtigen Alter, wer Sonderschulen besucht. Was ist mit einem solchen Zirkelschluß aber gewonnen?" (234).

„Es erscheint uns der Behinderungsbegriff auch im Hinblick auf seinen negativierenden Aussagegehalt fragwürdig. Er ist dazu angetan, das Fehlende in den Vordergrund zu stellen. Erziehung aber orientiert sich nicht primär und nicht konstitutiv an der Frage, welchen Mangel oder Schaden ein Kind aufweist, sondern daran, was das Kind *braucht*, welcher Hilfe es bedürftig ist, um sein Leben meistern und in ihm Sinn finden zu können" (235).

Lindmeier (1993, 69) fragt an dieser Stelle, warum man von „speziellen" Erziehungsbedürfnissen sprechen müsse, da der Begriff der Erziehungsbedürfnisse bereits die individuell unterschiedliche Bedürftigkeit an Erziehung impliziere.

In einer Rezension des Buches von *Speck* schreibt *Bleidick* 1988 (a) selbstkritisch, er halte die Kritik von *Möckel* und *Speck* für berechtigt, daß in seiner „Pädagogik der Behinderten" „... das Wissenschaftssystem an den Institutionen der schulischen Förderung von Behinderten festgemacht wird und überdies diskriminierende Nebenwirkungen hat. Hinterher ist man klüger. Nach zwei Jahrzehnten ausgiebiger Diskussion um das Begriffsinventar und das Grundverständnis unserer Bemühungen erscheint die Zeit für eine kritische Revision reif" (832). „... ich weiß jetzt, daß die 'Pädagogik der Behinderten' ... eher einer vergangenen Phase der Wissenschaft angehört" (827).

Eine grundlegende Revision der bisherigen sonderpädagogischen Theoriebildung und des Behinderungsbegriffs hat jedoch bisher nicht stattgefunden. Ich kann lediglich einige „kosmetische" Veränderungen feststellen. *Bleidick* und *Speck* haben letztlich trotz aller Beteuerungen zur Überwindung des Behinderungsbegriffs das medizinische Modell und damit die Objektivierung und Ontologisierung von Behinderung nicht überwunden. Sie bleiben dem individualtheoretischen Paradigma, dem defektspezifischen Ansatz, dem konditionalen Denken verhaftet. Die sozialwissenschaftliche Perspektive, d. h. die interaktions- und systemtheoretische Sichtweise, gerät kaum ins Blickfeld.

Auch *Bach* (1985, 6 f.) beklagt, daß es bisher keine konsensfähige Bestimmung von Behinderung gebe. Die Suche nach einer anerkannten Bestimmungsgröße gehe an dem zentralen Sachverhalt der Behinderung vorbei, „denn Behinderung ist ihrem Wesen nach keine Eigenschaft, sondern *eine Relation* zwischen individualen und außerindividualen Gegebenheiten". Nach *Bach* meint also Behinderung stets eine Beeinträchtigung der Realisierung einer Verhaltenserwartung. Die zweite Bestimmungsgröße der Relation Behinderung ist die Möglichkeit, zur Realisierung der Erwartung, nämlich die individuale Verhaltensdisposition. Die Diskrepanz zwischen Verhaltensdisposition und Verhaltenserwartung ist für *Bach* „als das wesentliche Merkmal von Behinderung anzusehen, nicht die Verhaltensdisposition an sich" (7).

Auf den ersten Blick klingt diese Feststellung hoffnungsvoll und überzeugend. Bei näherem Hinsehen fällt auch *Bach* wieder auf Positionen, Begriffe und seine Systematik der 70er Jahre zurück, als er die Dimensionen Umfang, Schwere und Längerfristigkeit als definierende Behinderungskriterien für sogenannte Lernbehinderte aufgestellt hat (vgl. *Eberwein* 1996). Sieht man davon ab, daß es kein diagnostisches Instrument gibt, das die genannten drei Dimensionen zuverlässig messen könnte und auch die prognostische Validität von Tests diesbezüglich unzulänglich ist, so greift auch *Bach* auf das individuumzentrierte Paradigma zurück, indem er die genannten Beeinträchtigungen an der Person festmacht und auf diese Weise den Behinderungsbegriff und seine Eigenschaftsorientiertheit bekräftigt, die er eigentlich verneint hatte.

Versucht man an dieser Stelle ein Resumee zu ziehen, so fällt auf, daß sowohl *Bach* als auch *Bleidick* und *Speck* immer wieder auf Normabweichungen, auf negative Verhaltensmerkmale, auf Besonderheiten im Individuum rekurrieren, seien es nun eingeschränkte Dispositionen, Erziehungsbehinderungen oder spezielle Erziehungsbedürfnisse. Offenbar läßt sich eine „besondere" Pädagogik (sprich Sonderpädagogik) nur auf diesem Wege begründen. Daß diese sich trotz der von den genannten Autoren selbst vorgebrachten Bedenken und Einwänden immer wieder reproduziert, legt die Annahme nahe, daß sie für das eigene Selbstverständnis gebraucht wird: da es die Sonderpädagogik gibt und geben muß, muß auch eine Sonderanthropologie geschaffen werden. „Sonder"pädagogik und „Sonder"mensch (sprich Behinderter) bedingen sich also. Gegenstand der Sonderpädagogik waren immer schon „besondere" Kinder im negativen Sinne, angefangen bei der „Pädagogischen Pathologie" oder „Lehre von den Kinderfehlern" Strümpells von 1890 bis zur heutigen Behindertenpädagogik. Seit dem Versuch, die Sonderpädagogik als Wissenschaft zu begründen, und der ersten Veröffentlichung einer theoretischen Heilpädagogik durch *Georgens* und *Deinhardt* 1861 bis in die 40er Jahre unseres Jahrhunderts, wird nach *Lindmeier* (1993, 140) in allen bedeutenden theoretischen Veröffentlichungen zur Sonderpädagogik in relativ ausführlicher Weise von abnormen oder anormalen Kindern und Jugendlichen gesprochen. Das zentrale Problem, mit dem alle Grundbegriffe der Heil- und Sonderpädagogik unmittelbar zu tun hatten und haben, sei seit jeher das Phänomen der Norm gewesen. Der Normbegriff in Form der statistischen Norm, d. h. die Abweichung vom Mittelwert ist also konstitutiv für die Sonderpädagogik. Sie legitimiert sonderpädagogisches Eingreifen/Handeln. Deshalb haben auch alle in der Sonderpädagogik verwendeten Begriffe eine normative Dimension. Dies gilt selbst für die Begriffe „Sonderpädagogik" und „Behindertenpädagogik", die *Speck* (1991, 40) als desintegrativ bzw. defektiv interpretierbare Begriffe bezeichnet und die er deshalb durch den Begriff „Heilpädagogik" ersetzt, dem er semantisch eine positive Akzentuierung des pädagogischen Auftrags zuschreibt. Aber auch der Begriff „Heil", der im anthropologischen Sinne „Ganz" oder „Ganz-werden" meint, impliziert, daß etwas defekt ist, nicht der Norm entspricht, abweicht.

Und wenn *Bach* von schweren Einschränkungen individualer Dispositionen spricht, die stark von Regelgegebenheiten abweichen, dann kommt auch hier sehr deutlich das normative Element zum Ausdruck. Auch die gestörte Bildsamkeit, die Erziehungsbehinderung bei *Bleidick* stellt - wie erwähnt - eine Abweichung vom üblichen „normalen" Fall dar.

4. Konsequenzen für Schule und Unterricht

Solange das Schulsystem mit den Sonderschulen als vierter Säule unangefochten war, hielt sich hartnäckig das Bild vom Normalschüler. Jedoch spätestens seit der integrativen Beschulung von Kindern mit abweichendem Lern- und Sozialverhalten wird von Lehrern akzeptiert, daß der Durchschnittsschüler eine Fiktion ist (vgl. *Eberwein* 1989). In der Schulpraxis hat sich längst gezeigt, daß Kinder unterschiedliche Sozialisationserfahrungen und Lernvoraussetzungen, Interessen und Bedürfnisse mitbringen. Jedes Kind ist - wie *Begemann* einmal formulierte - individuell spezifisch lernfähig. Dieser Erfahrungswert von der Heterogenität der Schüler gilt heute in der Pädagogik als unumstritten. Deshalb war die Einführung des normativen Denkens in die Sonderpädagogik, insbesondere der statistischen Norm als konstitutives Merkmal, ein Verhängnis. *Bleidick* schreibt daher auch in einer

Veröffentlichung von 1988: „Der Begriff der Norm erfüllt ... nicht das Kriterium Wissenschaftsgenauigkeit. Sein diffamierender Beiklang macht ihn vollends suspekt. Er ist willkürlich, inhuman und dem Rehabilitationsbemühen schädlich ..." (1988 b, 222).

Wenn es aber keine Behinderung an sich gibt, wenn Behinderung - wie *Bach* betont - keine Eigenschaft ist, also kein feststehendes, a priori vorhandenes Persönlichkeitsmerkmal, sondern eine Zuschreibung, und damit an einen sozialen Kontext, an lebensweltliche Situationen gebunden ist, dann wird deutlich, daß es sich beim Behinderungsbegriff um einen relationalen sowie um einen relativen Begriff handelt. Dies wird in der Sonderpädagogik übereinstimmend so gesehen.

Behinderung als relationales Phänomen kann nicht unabhängig gesehen werden von den Anforderungen der Schule, den Leistungserwartungen und dem Beurteilungsverhalten der Lehrer, ihren Lernarrangements und Toleranzgrenzen. Allein dieser Sachverhalt verbietet es, von *dem* Behinderten zu sprechen. Eine Auseinandersetzung mit diesem interaktions- und systemtheoretischen Behinderungsbegriff eröffnet die Chance, die defektorientierte Sichtweise zu überwinden. Wenn es normal ist, anders zu sein - jeder von uns ist anders! - wenn also die Vielfalt als Normalität angesehen wird, dann brauchen wir keine scheinbare Homogenität mehr anzustreben und bestimmte Menschen nicht mehr als normabweichend auszusondern. Dann bedarf es auch keiner als besonders bezeichneten Pädagogik mehr. In diesem Falle würde es ausreichen, die individuellen Bedürfnisse und Probleme eines jeden Kindes zu beschreiben, statt sie in einem stigmatisierenden Begriff zu verkürzen, zumal er keine pädagogischen Handlungsimplikationen enthält (vgl. *Eberwein* 1994 a, b).

Als Pädagogen haben wir die Pflicht, uns gegen den von der bürgerlichen Anthropologie zur Norm erhobenen perfektiblen Menschen, gegen die Kategorisierung, Homogenisierung und Reduzierung von Menschen zur Wehr zu setzen. Anthropologische Fragen müssen heute differenzierter, offener gestellt werden. Die anthropologischen Wissenschaften sind sich einig darüber, daß die traditionelle Rede von *dem* Menschen überholt ist (*Kamper/Wulf* 1994, 7). Und ich füge hinzu: Auch die Rede von *dem* Behinderten ist nicht mehr zu rechtfertigen. Eine sonderpädagogische Anthropologie, die von einem „defizienten Modus des Menschseins" (*Bleidick* 1978, 472) als gemeinsames charakteristisches Unterscheidungsmerkmal gegenüber sogenannten Nichtbehinderten ausgeht, sollte nicht Gegenstand pädagogischer Theoriebildung sein. Es stünde uns als Pädagogen gut an, die ethno- und soziozentristische Sichtweise zu überwinden und dafür einzutreten, daß alle Menschen im Sinne der Artikel 1, 2 und 3 des Grundgesetzes als gleichwertig und gleichberechtigt am gesellschaftlichen Leben teilhaben können.

Eine wichtige Konsequenz aus dem integrativen Unterricht für das Selbstverständnis der Sonderpädagogik ist die Ersetzung des Begriffs „Sonderschulbedürftigkeit" durch den des „sonderpädagogischen Förderbedarfs". *Bleidick* sieht in dieser Formulierung einen Schlüsselbegriff sowie eine „kopernikanische Wende" der Behindertenpädagogik (*Bleidick u. a.* 1995, 253). Mit diesem Begriff wird zwar zugunsten von individueller Förderung auf die herkömmliche Behinderungszuschreibung in Form von unveränderlichen Persönlichkeitsmerkmalen (wie z. B.: der Schüler *ist* „lernbehindert", *ist* „geistigbehindert") verzichtet, was einen bedeutsamen Fortschritt darstellt; dennoch wird auch hier der Versuch erkennbar, den Einfluß der „Sonder"-Pädagogik zu sichern, indem der individuelle Förderbedarf zum „sonder"-pädagogischen Bedarf erklärt wird, was immer das sein mag. Aus integrationspädagogischer Sicht kann ich darin keine „kopernikanische Wende" erkennen.

Wann ist ein zusätzlicher oder besonderer Förderbedarf einzufordern? *Bach* (1993, 143) hat darauf hingewiesen, daß zusätzlicher Förderbedarf für Schüler angezeigt ist „bei Vorliegen besonderer, d. h. stärker regelabweichender Gegebenheiten". Er stellt jedoch gleichzeitig fest, daß sich „objektive, präzise und verläßliche Kriterien für den zusätzlichen Förderbedarf eines Kindes" nicht aufstellen lassen und daß insbesondere „die Komponenten der individualen Disposition" zu berücksichtigen sind.

Das ist genau der entscheidende Punkt. Jedes Kind hat aufgrund seiner Einmaligkeit einen besonderen, nämlich individuellen Förderbedarf. Insofern ist jeder Förderbedarf ein anderer. Deshalb ist auch die Frage nach zusätzlichem oder sonderpädagogischem Förderbedarf müßig. Wir sind ohnehin nicht in der Lage zu sagen, was regulärer und was zusätzlicher Förderbedarf ist. Und wenn man diesbezüglich die Begriffsvielfalt liest, angefangen bei besonderem, über erheblichen, erhöhten, erheblich erhöhten bis zu sehr ausgeweitetem Förderbedarf, dann wird deutlich, daß sich dahinter immanent die alten Behinderungsbegriffe verbergen, die wir eigentlich überwinden wollten. Das gleiche gilt für den erneuten Begriffswechsel von der „Sonderschule" zur „Förderschule" und zum „Sonderpädagogischen Förderzentrum". Auch hier soll die Ablösung eines negativ besetzten Begriffs eine Neuorganisation pädagogischer Maßnahmen vermitteln, obwohl das Grundkonzept, der Personenkreis und die Wertvorstellung von normal und abweichend sowie der Auslesemechanismus erhalten bleiben.

Begemann (1992, 236 f.) lehnt diesen vermeintlich neuen Ansatz deshalb ab, da er einen Sichtwechsel im Verständnis der „Behinderten" lediglich vorgebe, wonach diese nicht mehr klassifiziert und einer bestimmten Institution zugewiesen werden, sondern eine funktionsorientierte individuelle Förderung erfahren sollten. Tatsächlich aber sei auch dieses Wissenschaftskonzept dem individualtheoretischen Paradigma verpflichtet, da es wiederum Menschen wie Objekte der Sonderpädagogik diagnostiziere und behandele, deren existentielle Lebensprobleme aber außer acht lasse.

Auch *Bloemers* (1993, 450 ff.) ist in einer kritischen Analyse der Frage nachgegangen, inwieweit es sich bei der sogenannten Förderschule um eine „Placeboformel" handele. Er kommt ebenfalls zu dem Ergebnis, daß der Begriff „Förderschule" keine substantielle Veränderung, vielmehr „einen unwirksamen euphemistischen Abwehrversuch gegen Stigmatisierung" darstelle, „da 'fördern' und 'Förderschule' ... die Existenz der sozialverachteten Schwäche offenkundig machen und durch die sprachlich verleugnete, sozialkaschierte Wertgeladenheit der neuen Hilfebezeichnungen der verborgene Konflikt nur oberflächlich geglättet erschein(e)".

Die Begriffe „Förderpädagogik", „Förderschule", „Förderlehrer", „Förderbedarf" vermitteln außerdem den Eindruck, als habe die Sonderpädagogik ein Monopol auf diese Termini und Funktionen, und als würden andere Schulen *nicht* fördern. Nun gibt es aber kein pädagogisches Konzept und keine Schule ohne die Intention der Förderung; insofern ist jede Pädagogik Förderpädagogik und jeder Lehrer Förderlehrer. Das Element der Förderung ist jeder Pädagogik immanent. Es handelt sich hier also um tautologische Begriffe.

Ganz offensichtlich dient die neue Terminologie nicht der Grundlegung systemstruktureller Veränderungen und damit der Überwindung von Aussonderung, sondern der Stabilisierung der gegebenen schul- und bildungspolitischen Verhältnisse und deren sprachlicher Absicherung. Dafür spricht auch der Etikettenschwindel mit dem Begriff „Sonderpädagogisches Förderzentrum" als Ersatzbegriff für „Sonderschule", die Erhaltung von sogenannten Kooperativen Klassen, von Klein- oder Förderklassen sowie des Ambulanz- oder Stützlehrersystems. Alle diese Ansätze haben die in sie gesetzten Erwartungen der sozialen Integration nicht befriedigen können.

5. Zur Notwendigkeit eines integrationspädagogischen Paradigmas

Versuchen wir nun, die vorgetragenen Gedanken, die kritische Analyse des traditionellen Systems, insbesondere des Behinderungsbegriffs sowie die Selbstkritik einiger maßgeblicher Vertreter dieses Systems zusammenzufassen, zu bündeln und in einem Urteil zu verdichten, so muß man feststellen: das bisherige System Sonderpädagogik bzw. Behindertenpädagogik ist nicht mehr tragfähig; es ist weder wissenschaftstheoretisch noch schulpraktisch länger zu rechtfertigen. *Bleidick* und *Speck* bestätigen, daß die Behinderungstheorien sämtlich von Nichtbehinderten entwickelt wurden und daß diese anders aussähen, wenn sie von Behinderten selbst entworfen worden wären.

Einer der stärksten Vorwürfe gegen die sonderpädagogische Betrachtungsweise richtet sich auf die Vernachlässigung der ganzheitlichen Sicht von Kindern mit Beeinträchtigungen. Die Sonderpädagogik nimmt Schüler „nur ausschnitthaft aus dem Blickwinkel schulisch definierter Leistungsanforderungen wahr und verallgemeinert Details, verabsolutiert etikettierend nach einem konstruierten Merkmal einen Menschen, dessen ganz anderer Reichtum an Gefühlen, Fertigkeiten, Fähigkeiten, Aussehen etc. ausgeblendet wird" (*Bloemers* 1993, 459). Die sogenannte Behinderung ist also nur ein Teil der Gesamtpersönlichkeit eines Kindes, die ihrerseits eingebunden ist in verschiedene soziale Systeme. Eine systemische und lebensweltorientierte Sichtweise könnte das monokausale Denken und damit die einseitig defektorientierte Betrachtung überwinden. Die Aussonderung von Kindern und ihre Zuordnung zu bestimmten Sonderschultypen führte zwangsläufig zu einer Fixierung auf das Behinderungsspezifische. Die Sonderpädagogik konzentrierte sich deshalb sehr stark auf kompensatorische und verhaltensmodifikatorische Lernkonzepte, die nicht selten zu einem isolierten Funktionstraining führten. Die Sonderpädagogik unterlag diesbezüglich dem medizinischen Anspruch, unerwünschte Verhaltensweisen „wegzutherapieren", statt die Autonomie und Normalität im Lebensvollzug der sogenannten Behinderten und damit das Entwickeln einer eigenen Identität zu unterstützen. Die deutsche Nationale Kommission für das Internationale Jahr der Behinderten stellte 1981 fest: „Integration behinderter Menschen ist nur dort möglich, wo ihnen die Gelegenheit geboten wird, an der Verbesserung ihrer eigenen Situation mitzuwirken" (vgl. *Begemann* 1994, 279).

Elisabeth Michel-Alder (1988, 111) hat in einem Aufsatz über „Behinderung als Entfaltungschance" Menschen mit Beeinträchtigungen aufgerufen, nicht nur ihre Fähigkeiten und Fertigkeiten, die *gut* entwickelt sind, zu verbessern, sondern auch und gerade „... ihre behinderungsbedingten Möglichkeiten (z. B. verfeinerter Tastsinn, ausgeprägteres Körperbewußtsein, hohe Empfänglichkeit für Töne und Rhythmus usw.) weiter aus(zu)bilden, um damit die hektische, oft gefühllose Welt der Nichtbehinderten zu befruchten". Sie schreibt: „Ich möchte alle, die behindert sind, stolz machen auf die menschlichen Erfahrungsbereiche, die sie just aufgrund ihrer Behinderung perfektioniert haben. Ich möchte sie einladen, selbstbewußt aufzutreten und den Nichtbehinderten zu zeigen, was sie an Möglichkeiten realisieren, die weit über das hinausgehen, was Nichtbehinderte in manchen Gebieten kennen. Sie beherrschen als Nichtbehinderte - im direkten und im übertragenen Sinn - die feineren Töne. Wieso gibt es eigentlich keine Kurse von Gehörlosen für Hörende, in denen versucht wird, Szenen zu spielen? Wieso führen Blinde nicht Sehende mit verbundenen Augen durch frühsommerliche Gärten? Wieso lehren Behinderte uns nicht - selbstbewußt in ihren Stärken - unsere Sinne zu schärfen, zu verfeinern?" (113).

Viele Menschen mit Beeinträchtigungen stehen aus eigener Erfahrung therapeutischen Maßnahmen skeptisch gegenüber (vgl. z. B. *Sierck* 1993, 126 f.). Nach *Fröhlich* (1993, 116) „signalisiert das therapeutische Bemühen, die sonderpädagogische Intervention, immer auch, daß dieser Mensch, so wie er ist, nicht akzeptiert werden soll".

Es signalisiert auch, daß wir sogenannten Nichtbehinderten unterstellen zu wissen, was der andere braucht, wessen er bedarf. Pädagogen wissen immer schon, was für andere gut und richtig, was normal ist. Daraus leiten sie das Recht ab, zu intervenieren, zu korrigieren, zu therapieren. Auf diese Weise werden die sogenannten Behinderten zu verfügbaren Objekten degradiert. Ziel muß es demgegenüber sein, sie als autonome *Sub*jekte zu sehen, mit eigenen Ansprüchen, Erwartungen, Bedürfnissen, Interpretationen.

Integrative Beschulung könnte diesbezüglich ein Stück Normalität für die sogenannten Behinderten und Nichtbehinderten herstellen, Etikettierungen vermeiden, Über-Therapien verhindern und Selbstbestimmung fördern. Daran hat sich sonderpädagogische Theorie künftig zu orientieren. Dies bedeutet, den Behinderungsbegriff und die Sonderpädagogisierung von Lernproblemen aufzugeben und (sonder-)pädagogisches Handeln auf das gemeinsame Lernen, die Förderung der Entwicklung, der Identität und Autonomie *aller* Kinder zu richten (vgl. *Eberwein* 1994 a; 1995 a).

Das Lernen am positiven Modell des Mitschülerverhaltens, also das Lernen durch Beobachten, Miterleben und Nachvollziehen, hat einen größeren Stellenwert, als man bisher angenommen hatte. Dies gilt in besonderer Weise für Kinder mit Beeinträchtigungen. Das Imitationslernen als Möglichkeit sozialen und kognitiven Lernens ist deshalb eines der wichtigsten Argumente für die Notwendigkeit eines integrativen Unterrichts. Demgegenüber haben durch eine Zusammenfassung von gleichartig Behinderten die Betroffenen stark reduzierte Lern- und Entwicklungschancen. Man denke z. B. nur an die eingeschränkten Verhaltensmuster und Lernanreize in einer Klasse mit *nur* Verhaltensgestörten, mit *nur* Sprachbehinderten oder mit *nur* Geistigbehinderten.

Das Lernen in heterogenen Gruppen schließt jedoch nicht aus, daß in einer Integrationsschule Kinder mit ähnlichen Lern- und Lebenserfahrungen bzw. mit gleichartigen Beeinträchtigungen stundenweise gemeinsam lernen. Das Prinzip der Wohnortnähe z. B. stellt für die Integrationspädagogik zwar ein wichtiges Fundament dar; es hat aber zur Folge, daß sich in der Regel nur wenige Kinder mit gleichartigen Voraussetzungen in *einer* Klasse befinden. Integrationspädagogik ist „hochsensibel für individuelle Heterogenität, für kollektive Heterogenität hingegen hat sie noch wenig Bewußtsein" (*Prengel* 1993, 169). Dieses Problem läßt sich vor allem an der Gebärdensprache für gehörlose Kinder festmachen. Die Integrationspädagogik muß dafür aufgeschlossen sein, daß diese Kinder nicht nur individuell, sondern auch mit ihren kollektiven Interessen gesehen werden und deshalb u. a. ein Recht auf bilingualen Unterricht haben, in dem die Gebärdensprache gleichberechtigt neben der Lautsprache steht.

Da sich die Existenz von Sonderschulen und die Ausbildung von Sonderpädagogen aus dem Behinderungsbegriff legitimieren, ergibt sich logischer- und zwingenderweise auch *deren* Infragestellung. Die Sonderpädagogik hat aufgrund der erfolgreichen Förderung von Kindern mit Behinderungen in allgemeinen Schulen ihren traditionellen Anspruch aufzugeben, diese Kinder nur in Sonderschulen fördern zu wollen. Damit wird das jahrzehntelang vorherrschende Verständnis von Sonderpädagogik als Sonder*schul*pädagogik endgültig überwunden. Soziale Integration kann nicht durch schulische Separation bewerkstelligt, Eingliederung kann nicht durch Ausgliederung erreicht werden. Auf der Grundlage der individuellen Förderung hat die allgemeine Schule ihre Zuständigkeit auch für Kinder mit Behinderungen anzuerkennen. Damit wird die Grundfrage, ob Schüler sich starren Strukturen und Normen der Schule anzupassen haben oder ob Schule sich auf die unterschiedlichen Voraussetzungen der Schüler flexibel einstellen muß, eindeutig zugunsten der Kinder entschieden.

Dies markiert einen grundlegenden Wandel im Selbstverständnis der Sonderpädagogik, der weitreichende Folgen hat. Sonderschulen sind in ihrer Existenz wissenschaftstheoretisch, pädagogisch und politisch nicht mehr zu begründen. Die Neueinrichtung solcher Schulen läßt sich beim heutigen Entwicklungs- und Erkenntnisstand in der Pädagogik nicht mehr rechtfertigen. Bereits bestehende Sonderschulen sollten deshalb nicht weiter ausgebaut, vielmehr den Möglichkeiten entsprechend nach und nach in integrative Schulen umgewandelt werden.

Finanzielle Ressourcen für die Herstellung entsprechender Lernbedingungen, d. h. für niedrigere Klassenfrequenzen, bessere Ausstattung mit Materialien zur Binnendifferenzierung und mehr Lehrerstunden wurden staatlicherseits bisher nur dann gewährt, wenn die Schulen besondere Fördernotwendigkeiten, also die Unterrichtung von Kindern mit „Behinderungen" bzw. mit sonderpädagogischem Förderbedarf nachgewiesen haben. Nun befürchten manche Pädagogen, daß mit einer „Dekategorisierung", d. h. mit dem Verzicht auf die Verwendung von Behindertenkategorien die Gefahr bestehe, daß der rechtliche Anspruch auf integrative Hilfeleistungen verspielt werde (vgl. *Benkmann* 1994, 4). Es kann aber doch wohl nicht so sein, daß bei einem Verzicht auf den Behinderungsbegriff die materiellen Grundlagen integrativen Unterrichts nicht mehr sichergestellt sind. Hier bedarf es neuer Formen der Vergabe und der Verwendung personeller Mittel (vgl. hierzu *Eberwein* 1995 b, 474).

Nach 25 Jahren Integrationsdiskussion und -entwicklung gibt es trotz verschlechterter politischer Rahmenbedingungen sowie der dadurch bedingten Erschwernisse bei der flächendeckenden Ausbreitung von Integrationsschulen unter den alten Bundesländern, außer Bayern, kein anderes Land mehr, in dem nicht wenigstens Schulversuche zum gemeinsamen Lernen von Behinderten und Nichtbehinderten genehmigt wurden. In Berlin, Brandenburg, Hessen, Schleswig-Holstein und Saarland gehört es sogar zum gesetzlichen Auftrag der allgemeinen Schule, Kinder mit sogenannten Behinderungen zu fördern.

Vor diesem Hintergrund war es auch möglich, ein Diskriminierungsverbot in die Verfassung aufzunehmen und den Art. 3 des Grundgesetzes, der den Gleichheitsgrundsatz regelt, durch die Formulierung zu ergänzen: „Niemand darf wegen seiner Behinderung benachteiligt werden." Es bleibt abzuwarten, welche Auswirkungen das Benachteiligungsverbot des Art. 3, Abs. 3, Satz 2 GG auf die Existenzberechtigung von Sonderschulen und den damit verknüpften Stigmatisierungen sowie Diskriminierungen haben wird. Möglicherweise sind diese Einrichtungen als verfassungswidrig anzusehen. In einer Broschüre des Beauftragten der Bundesregierung für die Belange der Behinderten (1995, 29) heißt es u. a.: „... der Ausschluß von Regeleinrichtungen für die schulische Ausbildung oder von Regelkindergärten entgegen dem Willen des Betroffenen oder seiner Erziehungsberechtigten und der Verweis auf Sondereinrichtungen (bildet) stets eine 'Benachteiligung' im Sinne des neuen Grundrechtes. Besondere Belastungen, die sich beim Verweis auf Sondereinrichtungen im Schulbereich für Behinderte und deren Eltern ergeben (wie etwa längere Schulwege zu Sonderschulen oder höhere finanzielle Aufwendungen), stellen gleichfalls eine Benachteiligung im Sinne des neuen Diskriminierungsverbotes dar."

Beim heutigen Erkenntnisstand der Integrationsforschung kann man feststellen, daß sich integrativer Unterricht auf die Lernentwicklung von Schülern mit Beeinträchtigungen allgemein positiv auswirkt (vgl. *Eberwein* 1995 a). Die sogenannten Nichtbehinderten erfahren keinerlei Nachteile; sie werden in ihrem Lernfortschritt nicht gehemmt. Auch Eltern (sowohl Behinderter als auch Nichtbehinderter) äußern sich ebenfalls in hohem Maße positiv zum gemeinsamen Lernen. Man muß auch festhalten, daß sich durch die Arbeit in Integrationsklassen nicht nur die Motivation, das Engagement und die Berufszufriedenheit der Lehrer erhöht, sondern auch der Erfolg ihrer Tätigkeit. *Specht* kommt durch eine Befragung von österreichischen Lehrern in Schulversuchen zur Integration zu dem Ergebnis, daß diese im Bereich der Förderung von Schülern besonders große Erfolge sehen, Stützlehrer hingegen nur mittlere Erfolge. Und die Einschätzungen der Lehrer in Kleinklassen und Kooperationsklassen sind „eher zurückhaltend bis kritisch" (vgl. *Feyerer* 1993, 89; vgl. auch *Dumke u. a.* 1989).

6. Schlußbemerkungen

Das eigenständige Sonderschulwesen existiert seit nunmehr rund 120 Jahren. Es ist auf dem Hintergrund bestimmter ökonomischer und sozialer Verhältnisse sowie bildungs- und gesellschaftspolitischer Bedingungen entstanden. Diese strukturellen und politischen Voraussetzungen haben sich seither grundlegend gewandelt. Es ist deshalb zu fragen, ob das, was damals vielleicht richtig oder historisch unausweichlich war, heute noch Bestand haben kann. Aufgrund der veränderten gesellschaftlichen, sozioökonomischen und bildungspolitischen Voraussetzungen ist diese Frage - zumindest für Teilbereiche - zu verneinen. Es ist nicht nur eine Veränderung der politischen Rahmenbedingungen eingetreten, wir haben eine Reihe von Erkenntnissen über das Phänomen „Behinderung" gewonnen, die Anlaß für eine Revision der bisherigen sonderpädagogischen Theoriebildung sowie der traditionellen Sonderschulkonzeption sein sollte (vgl. *Eberwein* 1987; 1989; 1994 a, b; 1995 a, b; 1996).

Eine Reform des Sonderschulwesens ist nur insoweit sinnvoll, als die Sonderpädagogik das Ziel verfolgt, ihren Anspruch auf Eigenständigkeit aufzugeben und Sonderschullehrer bereit sind, ihre Kompetenzen in die allgemeine Schule einzubringen. In Sonderschulen wurde und wird von Lehrerinnen und Lehrern zwar engagierte und anerkennenswerte Arbeit geleistet; sie konnten jedoch Aussonderung und soziale Benachteiligung sowie psychische Belastungen für die Betroffenen nicht verhindern. Deshalb ist dies ein prinzipiell falscher, weil undemokratischer, unsozialer und inhumaner Ansatz. Auch Einrichtungen wie Kleinklassen, sogenannte Diagnose-Förder-Klassen oder ähnliche Organisationsformen sind lediglich Spielarten von Sonderschule und insofern ebenfalls pädagogisch fragwürdige Konzepte.

Die Sonderpädagogik hat den notwendigen Paradigmenwechsel von der defektorientierten zur pädagogischen Betrachtungsebene bis heute nicht ausreichend verwirklicht, weder begriffstheoretisch noch hinsichtlich der Aufgabenstellung und Persönlichkeitsbeurteilung. Den Wandel vom medizinischen zum erziehungswissenschaftlichen Verständnis von Behinderung in Theorie und Praxis zu vollziehen, ist somit der Integrationspädagogik als wichtigste Funktion aufgetragen.

Die Sonderpädagogik ist deshalb aufgefordert, den pädagogisch nicht begründbaren Anspruch auf Eigenständigkeit und nach einer Spezialdisziplin aufzugeben und sich für die Reintegration in die Allgemeine Erziehungswissenschaft zu öffnen. Die verhängnisvolle, heute nicht mehr zu rechtfertigende Trennung von Pädagogik und Sonderpädagogik muß durch die Integration *sonder*pädagogischer Problemstellungen in die Allgemeine Erziehungswissenschaft überwunden werden. Dies betrifft auch die Reintegration der bisherigen wissenschaftlichen Sonderpädagogik an den Universitäten in die Allgemeine Pädagogik. Der Verfasser z. B. gehört nach langjähriger Tätigkeit im sonderpädagogischen Bereich nunmehr einem Institut für Grundschul- und Integrationspädagogik an.

Um Sonderpädagogik und Sonderschule aus der schwersten Legitimationskrise seit ihrem Bestehen herauszuführen, ist die Öffnung zur Allgemeinen Pädagogik unverzichtbar. Der systemtranszendierende Weg führt über die Integrationspädagogik. Sie stellt sozusagen die Brücke dar zwischen Sonderpädagogik und Allgemeiner Pädagogik und ist daher ein Übergangsbegriff. Integrationspädagogik hat dann ihren Auftrag erfüllt, wenn die Ausgrenzung von Kindern und Jugendlichen mit Beeinträchtigungen in Schulen und Vorschulen endgültig überwunden ist. Wenn Nicht-Aussonderung den Regelfall darstellt, bedarf es nicht mehr verschiedener Pädagogiken. Die Schul-, Bildungs- und Hochschulpolitik sollte sich an diesen Entwicklungen und Zielsetzungen orientieren.

Die *UNESCO* hat auf der von ihr im Juni 1994 in Salamanca in Spanien organisierten Konferenz „Bildung für alle" die Regierungen aller Länder der Welt aufgerufen, der Integration aller Kinder in das Bildungssystem, unabhängig von individuellen Unterschieden und Schwierigkeiten, höchste Priorität einzuräumen (*UNESCO* 1994). Auch der Europäische Behindertentag am 3. Dezember 1995, der unter dem Motto „Vollberechtigte Bürger" stand, hat die Themen Nichtdiskriminierung, Eingliederung und Selbstbestimmung in den Mittelpunkt der europaweiten Demonstrationen gestellt (*Helios* 1995, Nr. 10 u. 14).

Und schließlich haben im Mai 1995 mehr als hundert europäische Arbeitgeber ein als Verhaltenskodex abgefaßtes „Europäische(s) Manifest der Unternehmer gegen Ausgrenzung" unterzeichnet und verabschiedet, in dem sie sich verpflichten, Ausgrenzungen zu vermeiden, d. h. Kündigungen vorzubeugen oder, wenn diese unvermeidlich sind, mit angemessenen Maßnahmen zu verbinden (*Helios* 1995, Nr. 12-13).

Die zentralen pädagogischen, bildungs- und gesellschaftspolitischen Stichworte lauten heute: Nichtdiskriminierung, Integration, Selbstbestimmung. Menschen mit sogenannten Behinderungen melden sich mehr denn je zu Wort (vgl. z. B. *Merzbacher* 1995). Sie fühlen sich nicht behindert, sondern als „ganz normal" und wollen auch so behandelt werden. Botschaften, die sie aussenden, lauten z. B.: „Warum sollte ich jemand anderes sein wollen?" (*Saal* 1992), oder „ich will kein inmich mehr sein" (*Sellin* 1993).

Der von der Universität Leuven in Belgien gedrehte und von der Europäischen Kommission geförderte Film „Ich bin kein Behinderter" hat im Juni 1995 auf dem Filmfestival „Medianet Award 95" in München den ersten Preis und die Friedensmedaille der Vereinten Nationen erhalten (*Helios* 1995, Nr. 12-13).

Die Sonderpädagogik ist deshalb aufgerufen, die „anthropologische Differenz" (*Kamper* 1973), die Offenheit und Andersheit des Menschen zu respektieren und zu akzeptieren, d. h. den anderen als anderen zu denken, ohne ihn zu reduzieren und homogenisieren zu wollen. Sie muß den Versuch aufgeben, sich seines Andersseins theoretisch zu bemächtigen, um in normativer Absicht besser über ihn verfügen zu können (vgl. *Wimmer* 1994, 121 ff.). Integration darf deshalb nicht heißen, das andere, das Fremde durch Erziehung und Unterricht zu assimilieren und aufzuheben. „Integration muß mehr bedeuten als An- und Einpassung. Für mich heißt Integration: Zusammen leben und die Verschiedenheit und Vielfalt, das 'Gleichsein' und 'Anderssein', voll und ganz zu respektieren. Ich plädiere für eine ganzheitliche Entwicklung des Individuums" (*Ranschaert* 1995). Dies bedeutet, daß die Sonderpädagogik radikal umdenken und ihre bisherigen paradigmatischen Vorstellungen und Konzepte grundlegend revidieren muß. Sich lediglich auf begriffliche Änderungen einzulassen, dient nur der professionellen und individuellen Selbstbefriedigung der Sonderpädagogen. Kosmetische Korrekturen reichen nicht mehr aus, denn der sonderpädagogische Ansatz in seiner bisherigen Form ist prinzipiell nicht reformierbar, da er auf Intervention, Anpassung, Reduzierung und Aussonderung ausgerichtet ist. Das traditionelle sonderpädagogische Paradigma mit „Behinderung" als zentraler Begriffskategorie muß - wie auch *Bleidick* bestätigt - einer bestimmten historischen Epoche zugerechnet werden. Die Sonderpädagogik steht damit an einem geschichtlichen Wendepunkt. Unsere heutige gesellschaftliche Situation ist durch ein neues Verständnis von Demokratie, Humanität, Normalisierung und Autonomie des Subjekts geprägt; sie bedarf deshalb eines integrationspädagogischen Paradigmas, das die veränderten gesellschaftlichen und individuellen Wertvorstellungen mitträgt. Pädagogik hat aufgrund ihrer ethisch-moralischen Verantwortlichkeit immer auch eine gesellschaftskonstituierende Funktion und schafft soziale Realitäten. Dies gilt in besonderer Weise für eine pädagogische Disziplin, die vorgibt, Anwalt sozial Benachteiligter zu sein.

Literatur

Bach, H.: Grundbegriffe der Behindertenpädagogik. In: *Bleidick, U.* (Hrsg.): Theorie der Behindertenpädagogik. Handbuch der Sonderpädagogik. Bd. 1. Berlin 1985, 3-24.

Bach, H.: Zusätzlicher Förderbedarf. Begriff und Begründung von zusätzlichem Förderbedarf eines Kindes in der Schule. In: Vierteljahresschrift für Heilpädagogik und ihre Nachbargebiete 62 (1993) 137-143.

Begemann, E.: „Sonder-"(schul-)Pädagogik: Zur Notwendigkeit neuer Orientierungen. In: Zeitschrift für Heilpädagogik 43 (1992) 217-267.

Begemann, E.: Sonderpädagogik für Nichtbehinderte. Was müssen Nichtbehinderte für ein solidarisches Miteinander lernen? Pfaffenweiler 1994.

Benkmann, R.: Dekategorisierung und Heterogenität - Aktuelle Probleme schulischer Integration von Kindern mit Lernschwierigkeiten in den Vereinigten Staaten und der Bundesrepublik. In: Sonderpädagogik 24 (1994) 4-13.

Benner, D.: Erziehungswissenschaft zwischen Modernisierung und Modernitätskrise. In: Zeitschrift für Pädagogik. 29 Beiheft. Weinheim 1992, 31-44.

Bleidick, U.: Pädagogik der Behinderten. Grundzüge einer Theorie der Erziehung behinderter Kinder und Jugendlicher. Berlin ³1978.

Bleidick, U.: Wissenschaftssystematik der Behindertenpädagogik. In: *Bleidick, U.* (Hrsg.): Theorie der Behindertenpädagogik. Handbuch der Sonderpädagogik. Band 1. Berlin 1985, 48-86.

Bleidick U.: Heilpädagogik. Ökologie, System. Rezension zu: *Otto Speck*: System Heilpädagogik. Eine ökologisch-reflexive Grundlegung. In: Zeitschrift für Heilpädagogik 39 (1988 a) 827-840.

Bleidick, U.: Behinderung als pädagogisches Problem. Deutsches Institut für Fernstudien. Tübingen 1988 b.

Bleidick, U.: Allgemeine Übersicht: Begriffe, Bereiche, Perspektiven. In: Zeitschrift für Heilpädagogik 45 (1994) 650-657.

Bleidick, U. u. a.: Die Empfehlungen der Kultusministerkonferenz zur sonderpädagogischen Förderung in den Schulen der Bundesrepublik Deutschland. In: Zeitschrift für Pädagogik 41 (1995) 247-264.

Bloemers, W.: Placeboformel „Förderschule"? Zur Kritik an einem neuen Begriff. In: Pädagogische Rundschau 47 (1993) 439-466.

Brumlik, M.: Advokatorische Ethik. Zur Legitimation pädagogischer Eingriffe. Bielefeld 1992.

Der Beauftragte der Bundesregierung für die Belange der Behinderten (Hrsg.): Der neue Diskriminierungsschutz für Behinderte im Grundgesetz. Bonn 1995.

Dumke, D./Krieger, G./Schäfer, G.: Schulische Integration in der Beurteilung von Eltern und Lehrern. Weinheim 1989.

Eberwein, H.: Zum Problem der „hinreichenden Förderung" von Kindern mit Behinderungen in Grundschulen und Sonderschulen oder Der Einsatz „behinderungsspezifischer Hilfsmittel" muß auch in der Grundschule möglich sein. In: Zeitschrift für Heilpädagogik 38 (1987) 328-337.

Eberwein, H.: Zum gegenwärtigen Stand der Integrationspädagogik. Gemeinsames Lernen von behinderten und nichtbehinderten Kindern in einer reformpädagogisch veränderten Grundschule. In: Grundschule 21 (1989) 10-15.

Eberwein, H. (Hrsg.): Behinderte und Nichtbehinderte lernen gemeinsam. Handbuch der Integrationspädagogik. Weinheim, dritte aktualisierte und erweiterte Auflage, 1994 a.

Eberwein, H.: Konsequenzen des gemeinsamen Lernens behinderter und nichtbehinderter Kinder für das Selbstverständnis der Sonderpädagogik und der Förderschulen. In: Zeitschrift für Heilpädagogik 45 (1994 b) 289-301.

Eberwein, H.: Gemeinsames Lernen von Behinderten und Nichtbehinderten. Chancen für eine Veränderung von Unterricht und Lehrerrolle. In: *Eberwein, H./Mand, J.* (Hrsg.): Forschen für die Schulpraxis. Was Lehrer über Erkenntnisse qualitativer Sozialforschung wissen sollten. Weinheim 1995 a, 236-253.

Eberwein, H.: Zur Kritik des sonderpädagogischen Paradigmas und des Behinderungsbegriffs. Rückwirkungen auf das Selbstverständnis von Sonder- und Integrationspädagogik. In: Zeitschrift für Heilpädagogik 46 (1995 b) 468-476.

Eberwein, H. (Hrsg.): Handbuch Lernen und Lern-Behinderungen. Lernkonzepte, Lernprobleme, neue Lernformen. Weinheim 1996.

Ellger-Rüttgardt, S.: Historiographie der Behindertenpädagogik. In: *Bleidick, U.* (Hrsg.): Theorie der Behindertenpädagogik. Handbuch der Sonderpädagogik. Band 1. Berlin 1985, 87-125.

Feuser, G./Meyer, H.: Integrativer Unterricht in der Grundschule. Solms-Oberbiel 1987.

Feyerer, E.: Behindern Behinderte? Soziale Integration contra schulische Leistung. In: *Bundesministerium für Unterricht und Kunst* (Hrsg.): Schule gestalten. Integration Behinderter. Baden 1993, 81-104.

Fölling-Albers, M.: Kindheit - entwicklungspsychologisch gesehen. In: *Fölling-Albers, M.* (Hrsg.): Veränderte Kindheit - Veränderte Grundschule. Frankfurt (Arb. Kreis Grundschule) 1989, 40-51.

Fröhlich, A.: Die Krise der Sonderpädagogik. In: *Mürner, Ch./Schriber, S.* (Hrsg.): Selbstkritik der Sonderpädagogik? Luzern 1993, 113-122.

Füssel, H.-P./Kretschmann, R.: Gemeinsamer Unterricht für behinderte und nichtbehinderte Kinder. Pädagogische und juristische Voraussetzungen. Witterschlick/Bonn 1993.

Georgens, J. D./Deinhardt, H. M.: Die Heilpädagogik. Mit besonderer Berücksichtigung der Idiotie und der Idiotenanstalten. Leipzig 1861.

Helios Flash, Informationshefte der EU, Nr. 10, 12-13, 14, Brüssel 1995.

Jantzen, W.: Sozialisation und Behinderung. Gießen 1974.

Jantzen, W.: Sozialgeschichte des Behindertenbetreuungswesens. München 1982.

Kamper, D.: Geschichte und menschliche Natur. Die Tragweite gegenwärtiger Anthropologiekritik. München 1973.

Kamper, D./Wulf, C. (Hrsg.): Anthropologie nach dem Tode des Menschen. Frankfurt 1994.

Kobi, E. E.: Stabilität und Wandel in der Geschichte des Behindertenwesens. In: Heilpädagogische Forschung. Bd XVI (1990) 3, 112-117.

Lebenshilfe (Bundesvereinigung) (Hrsg.): Von der Sonderschule zum sonderpädagogischen Förderzentrum? - Empfehlung. Marburg 1993.
Lindmeier, Ch.: Behinderung - Phänomen oder Faktum? Bad Heilbrunn 1993.
Merzbacher, G.: Nachgefragt: Junge Menschen mit Behinderungen melden sich zu Wort. In: Zeitschrift für Heilpädagogik 46 (1995) 303-304.
Michel-Alder, E.: Behinderung als Entfaltungschance. In: Vierteljahresschrift für Heilpädagogik und ihre Nachbargebiete 57 (1988) 111-117.
Möckel, A.: Sonderpädagogik und allgemeine Pädagogik. Zu: Ulrich Bleidicks Pädagogik der Behinderten. In: Zeitschrift für Pädagogik 19 (1973) 1013-1018.
Möckel, A.: Die besondere Grund- und Hauptschule. Von der Hilfsschule zum Kooperativen Schulzentrum. Rheinstetten 1976.
Myschker, N.: Der Verband der Hilfsschulen Deutschlands und seine Bedeutung für das deutsche Sonderschulwesen. Nienburg 1969.
Neumann, U.: Die Legitimationskrise der Sonderpädagogik unter besonderer Berücksichtigung der Lernbehindertenpädagogik. Berlin 1994 (Unveröff. Prüfungsarb.).
Opp, G.: Mainstreaming in den USA. Heilpädagogische Integration im Vergleich. München 1993.
Prengel, A.: Pädagogik der Vielfalt. Opladen 1993.
Ranschaert, I.: Eingliederung im Bildungsbereich - Aufgaben und Perspektiven. In: Helioscope, Europäisches Behindertenmagazin. Nr. 3. Brüssel 1995, 4-7.
Saal, F.: Warum sollte ich jemand anderes sein wollen? Gütersloh 1992.
Sacks, O.: Eine Anthropologin auf dem Mars. Reinbek 1995.
Sander, A.: Wohnortnahe Integration. In: Die Grundschulzeitschrift 6 (1992) 58, 6-9.
Sellin, B.: Ich will kein inmich mehr sein. Botschaften aus einem autistischen Kerker. Köln 1993.
Sierck, U.: Übermacht Behindertenpädagogik. In: *Mürner, Ch./Schriber, S.* (Hrsg.): Selbstkritik der Sonderpädagogik? Luzern 1993, 125-130.
Speck, O.: Innerschulische Nachhilfe und eigenständige Sonderschulen gestern und heute. Pädagogische Konzeptionen in der Sonderschulpädagogik, ihre historische Begründung und neuzeitliche Entwicklung. In: Zeitschrift für Heilpädagogik 24 (1973) 846-857.
Speck, O.: System Heilpädagogik. Eine ökologisch-reflexive Grundlegung. München ^{2}1991.
Stötzner, H. E.: Schulen für schwachbefähigte Kinder. Erster Entwurf zur Begründung derselben. Leipzig 1864.
Stutte, H.: Kinder- und Jugendpsychiatrie. In: *Gruhle, H. W. u. a.* (Hrsg.): Psychiatrie der Gegenwart. Forschung und Praxis. Bd. II. Berlin 1960, 952-1087.
UNESCO: Salamanca Statement on Special Needs Education. Paris 1994.
Wimmer, M.: Die Frage des Anderen. In: *Wulf, Ch.* (Hrsg.): Einführung in die pädagogische Anthropologie. Weinheim 1994, 114-140.
Witte, J. H.: Die mehrfach bedenkliche Einrichtung von Hilfsschulen als Schulen nur für schwachbegabte Kinder. Thorn 1901.

Peter Hübner

Schulpolitische und gesellschaftliche Probleme der Integration von Kindern und Jugendlichen mit Behinderungen

I.

Ausgangspunkte

Die schulpolitische Forderung, behinderte und von Behinderung bedrohte Kinder und Jugendliche in einem nicht aussondernden allgemeinen Schulwesen zu integrieren, ist zunächst nichts anderes als die Übertragung des Normalisierungskonzepts[1] auf das Bildungssystem. Daß behinderte Menschen nämlich am gesellschaftlichen Leben gleichberechtigt sollen teilnehmen können, daß ihre Teilnahmechance nicht durch institutionelle Segregation behindert werden darf und daß sie durch institutionelle Schranken nicht ausgegrenzt werden dürfen, hat nicht nur Folgen für die Aufgabenstellung der Schule und ihre pädagogisch/methodische Organisation, sie ist zuerst einmal eine gesellschafts- und bildungspolitische Forderung, die sich als politischer Wille organisieren muß, um durchsetzungsfähig zu werden. Die Gesellschaft und ihre Institutionen müssen so verändert werden, daß ein humanes Zusammenleben überhaupt möglich wird: Nicht die Behinderten, die Institutionen müssen normalisiert werden, damit ein solches gleichberechtigtes Zusammenleben möglich ist.

Man muß hier deutlich sehen, will man nicht bloß gutwillig sein und sich dadurch schon dem Risiko des Scheiterns aussetzen, daß eine solche Forderung weitreichende Folgen nicht nur für den institutionellen Umbau des Schulsystems hat. Denn es geht dabei natürlich nicht darum, die Struktur der

Schule nur ein wenig anzupassen, damit sich behinderte und von Behinderung bedrohte Kinder und Jugendliche in ihr bloß aufhalten können. Diese Forderung hat vielmehr Implikationen für den Institutionscharakter der Schule und für die ihr zugrundeliegenden gesellschaftlichen Zentralwerte: Universalismus, Individualisierung und Leistung in ihrer gegenwärtigen materiellen Interpretation. Hier ist die Schule mit der gesellschaftlichen Struktur so verbunden, daß sie in der strukturellen Auslegung dieser gesellschaftlichen Zentralwerte nicht autonom ist. Ihre staatliche, aber eben auch ihre gesellschaftliche Heteronomie an diesem Punkt wird dadurch sichtbar, daß ohne gesetzliche Entscheidungen, die in der Gesellschaft auch mehrheitlich zustimmungsfähig sind, ein solcher Umbau nicht zuwegegebracht werden kann, selbst wenn alle Teilnehmer an Schule (Eltern, Lehrer, Schüler) das wollten. Denn schon im rein rechtlichen Sinne ist klar: Es reicht nicht der bloße Verweis auf das Grundgesetz aus, um Integration in dem hier von uns beschriebenen Sinne zu erzwingen. Der Artikel I Absatz 1 GG (Die Würde des Menschen ...) verweist auf das individuelle Entfaltungsrecht aller Gesellschaftsmitglieder. Und da behinderte Menschen Grundrechtssubjekte sind, gilt dies selbstverständlich auch für sie. Artikel XII Absatz 1 (Freie Wahl der Ausbildungsstätte) in Verbindung mit Artikel III Absatz 1 (Gleichheit vor dem Gesetz) formuliert das Recht auf den chancengleichen Zugang zur Schule wie zu anderen Bildungseinrichtungen. Zwar ist erst kürzlich mit der Neufassung des Grundgesetzes 1994 an diesen Artikel 3, der das Diskriminierungsverbot auch für alles staatliche Handeln enthält, in Absatz 3 der Satz als letzter angefügt worden: „Niemand darf wegen seiner Behinderung benachteiligt werden." Doch dies ändert nichts an der schon immer geltenden Verfassungslage. Auch schon bisher galt das Diskriminierungsverbot ebenso gegenüber behinderten Menschen, da die im Absatz 3 enthaltene Aufzählung im rechtlichen Sinne nicht als abschließende Aufzählung zu verstehen ist. Die ausdrückliche Aufnahme von Menschen mit Behinderungen in diesen Artikel schafft für diese also keine neue Rechtslage. Sie ist allenfalls Ausdruck des aktuellen Problembewußtseins des Verfassungsgebers. Gleichwohl hat man mit diesen einschlägigen Artikeln des Grundgesetzes die Anknüpfungspunkte für eine grundgesetzlich gestützte Argumentation für schulische Integration. Diese läßt sich jedoch nicht durch bloße Subsumtion erzwingen. Wäre dies der Fall, brauchte man ja nur vor das Verfassungsgericht zu gehen, um Integration verfassungsgerichtlich zu erzwingen. Die Inanspruchnahme der einschlägigen Grundgesetzartikel für schulische Integration stellt deshalb eine schulpolitische Auslegung dar, deren Geltung allererst politisch erstritten werden muß. Und die sich, wenn sie wirksam werden soll, in einer entsprechenden Gesetzgebung niederschlagen muß. Hierzu aber ist organisierter politischer Wille notwendig. Man würde also in diesem Fall die Reichweite des Grundgesetzes überstrapazieren, wenn man aus ihm bestimmte schulorganisatorische, schulstrukturelle oder gar curriculare Folgerungen zöge, wie sie die Integration von behinderten und von Behinderung bedrohten Kindern und Jugendlichen zweifellos zur Umgestaltung des Schulwesens erfordert. Solche Konkretisierungen sind aber dem politischen Entscheidungsprozeß überlassen und können nicht bei Gericht erstritten werden.[2]

Für die schulische Integration von behinderten Schülern sowie für eine darauf gerichtete Politik gilt, was für alle Bildungspolitik heute gilt: Sie ist eine Stückwerkpolitik für artikulationsfähige organisierte Bildungsinteressen von Minderheiten. Die großen programmatischen Gesamtentwürfe aus den 60er und 70er Jahren haben ihre Strahlkraft verloren. Neue Gesamtkonzeptionen, die die auseinanderstrebenden bildungspolitischen Minderheitsinteressen zusammenbinden könnten, sind nicht zu erwarten. Und so bleibt den politischen Parteien auch im Feld der Bildungspolitik, wo diese für sie überhaupt noch Priorität besitzt, nichts anderes als eine Anbaustrategie übrig, die gegenüber jedwedem Anspruch auf Berücksichtigung nicht anders als gewährenlassend wirkt. Dies ist, wie für alle partikularen bildungspolitischen Interessen so auch für die Integrationspolitik, eine Chance. Sie stellt zugleich aber auch eine Gefahr dar, weil sie isoliert durch segmentäre Lösungen, diese partikularen Interessen stillzustellen versucht, ohne daß sie fähig wäre, die Konsequenzen, die sich hieraus für den Gesamtaufbau des Schulsystems ergeben, konzeptionell auch zu dessen Umbau nutzen zu können. Versuchte sie dies, wäre sie schon nicht mehr mehrheitsfähig: Das Ergebnis ist ein immer unübersichtlicher werdendes, von keinem zentralen Leitgedanken mehr zusammmengehaltenes Schulsystem. Die Ermöglichung der Integration von behinderten Schülern ins allgemeine Schulsystem folgt genau dieser politischen Logik. Ihr Einbau in ein gegliedertes, nach wie vor selektives Schulsystem erfolgt höchst kompromißhaft. Dem widerspricht auch nicht die Tatsache, daß in immer mehr Bundesländern neue Schulgesetze (Hessen, Saarland, Berlin und Hamburg) sie zunehmend ermöglichen. Im Gegenteil: Die Schulgesetze tragen derartige Kompromisse selbst in sich.

Eine weitere rechtliche Überlegung spielt - wenn man über schulische Integration nachdenkt - eine wichtige, nicht unproblematische Rolle: So ist für Entscheidungen über Bildungsgänge die höchstrichterliche Feststellung wichtig, daß das staatliche Schulwesen, wenn es über den weiteren Bildungsgang eines Schülers zu entscheiden hat, nicht nur das Wohl des betreffenden Schülers berücksichtigen muß, sondern gleichzeitig muß es dessen Rechte mit denen aller anderen Schüler zum Ausgleich bringen. Denn tatsächlich finden die Grundrechte eines Schülers ihre Grenze dort, wo die Grundrechte anderer Schüler betroffen sind.[3] Entscheidungen über Bildungsgänge und damit über die Zugehörigkeit zu einer Schulart sind grundsätzlich nur *negative* Entscheidungen, die jeweils auch immer das Recht nach Artikel I Absatz 1 der anderen Schüler berücksichtigen müssen. So haben begabte Schüler das gleiche persönliche Entfaltungsrecht und müssen entsprechend gefördert werden. Welche schulorganisatorischen und unterrichtsmethodischen Folgen daraus zu ziehen sind, kann hier nicht untersucht werden. Daß deren Bildungsinteressen aber als in einem gewissen Spannungsverhältnis zu dem behinderter Schüler interpretiert werden können, ist offensichtlich zumal in einer Schule, in der vor allem kognitive Bildungsziele Priorität genießen und letztlich der individuelle Bildungserfolg vom Erreichen dieser Ziele abhängt. Gerade die Tatsache, daß integrative Schulstrukturen in keinem Bundesland alleiniges Strukturelement sind, und in dem vorherrschend existierenden gegliederten Schulsystem immer auch Sonderschulen existieren, macht das Problem hochexplosiv. Denn entweder muß man, wenn man den Eltern behinderter Schüler gesetzlich das Recht über die zu wählende Schule einräumt, die Zustimmung der Eltern aller anderen Schüler der betreffenden Klasse haben oder man riskiert unter Umständen, rechtlich gesprochen, gegen eine solche Entscheidung Widerspruch.

II.

Die Position der Parteien

Es gibt heute praktisch keine Partei in der Bundesrepublik, die in ihr Wahlprogramm die gemeinsame Beschulung behinderter und nichtbehinderter Kinder nicht aufgenommen hätte.[4] Dabei mag es im einzelnen Unterschiede geben im Hinblick darauf, welche Behinderungsformen für integrationsfähig gehalten werden. Und noch für jedes Parteiprogramm mag gelten: „Integration so weit wie möglich, sonderschulische Betreuung soweit wie nötig." Dies war schon eine Kompromißformel des Deutschen Bildungsrats, die seine Empfehlung zur Förderung von behinderten und von Behinderung bedrohten Kindern und Jugendlichen überhaupt nur mehrheitsfähig gemacht hatte. Es ist dies aber zugleich eine gefährliche Formel insofern, als sie den eigentlichen Konflikt nur verdeckt und nicht auflöst: Sie ist ein echter politischer Formelkompromiß, der erlaubt, den schulpolitischen Konflikt, der in dieser Frage liegt, nur zu verschieben. Sie ist gefährlich auch deshalb, weil Integrationsfähigkeit in diesem Programm immer auch zweierlei heißen kann: integrationsfähig oder -unfähig sind Kinder mit Behinderungen unterschiedlicher Schwere und Bedeutsamkeit im Hinblick auf schulische Anforderungen (hierbei geht es im wesentlichen um die Integration geistigbehinderter Kinder). Integrationsfähigkeit heißt aber auch Integrationsfähigkeit der Schule. Nach Ausstattung und je vorhandenen pädagogischen Kompetenzen sind Schulen dazu in der Lage, behinderte Schüler angemessen zu integrieren, ohne dabei die persönlichen Entfaltungsrechte anderer Schüler zu behindern. Der Integrationsbegriff ist aber tatsächlich ein relationaler Begriff und kein Eigenschaftsbegriff (Eignungsbegriff), der entweder nur dem Schüler oder der Schule zukäme. Der Sache nach geht es natürlich auch immer darum, durch eine Personalausstattung, die auch sonderpädagogische und therapeutische Kompetenzen besitzt, wie eine entsprechende materielle und bauliche Ausstattung sowie durch unterrichtsmethodische und curriculare Differenzierungen die Fähigkeit der Schule zur Integration behinderter Schüler zu verbessern und der Schule so ihren aussondernden Charakter zu nehmen. Im bildungspolitischen Diskurs wird die Verwendung von „Integrationsfähigkeit" häufig unter der Hand verschoben: je nachdem, welchem Ziel die Argumentation dienen soll. Das ist die Art und Weise, wie Formelkompromisse wirken. Abgesehen von Ressourcenentscheidungen muß die Frage weder öffentlich diskutiert noch generell entschieden werden, wie weitgehend denn eine Schule gerade auch im Hinblick auf ihre normativen Grundstrukturen verändert werden muß, wenn sie behinderte Kinder und Jugendliche bilden und erziehen soll. Die Schwierigkeiten und Enttäuschungen beginnen in der Regel später. Formelkompromisse dieser Art erodieren aber gerade deshalb die Glaubwürdigkeit schulpolitischer Programmatiken. Die Entscheidung darüber aber, wie tiefgreifend der strukturelle Wandel des allgemeinbildenden Schulwesens selbst sein soll und in welchem Umfang auch der Wandel der dem Schulsystem selbst zugrundeliegenden Werte sein kann, wenn denn Integration, innere Differenzierung, zieldifferentes Lernen innerhalb der einen Schule möglich sein soll, wird weder erkannt noch im politischen Diskurs strittig durch Entscheidungen beantwortet. Der hierin liegende Konflikt soll gar nicht erst als Konflikt um Struktur und Inhalt der allgemeinbildenden Schule erscheinen, der einer politischen Entscheidung bedürfte. Er wird daher auf die Ebene des individuellen Einzelfalls gebracht, bei dem es nur darum geht, ob der einzelne Schüler integrationsfähig ist oder nicht. Eine solche Verschiebung entlastet die Politik aber nur scheinbar.

III.

Die Position der Ständigen Konferenz der Kultusminister der Länder

Im Mai 1994 hat die KMK Empfehlungen zur sonderpädagogischen Förderung in den Schulen der Bundesrepublik Deutschland[5] beschlossen. Es ist dies nach über zwanzig Jahren die erste übergreifende Empfehlung nach ihrer Empfehlung zur Ordnung des Sonderschulwesens von 1972[6], in der sie im Anschluß an ihre Empfehlung von 1960[7] auf den weiteren Ausbau des Sonderschulwesens setzte und die Förderung von behinderten Schülern und Schülerinnen allein in der Sonderschule verwirklicht sehen wollte. In der Folge hat sie sich dann nur noch mit curricularen Fragen, Fragen der materiellen und personellen Ausstattung einzelner Sonderschularten befaßt. Zu der ein Jahr später (1973) erfolgten Empfehlung des Deutschen Bildungsrates, in der von Integration zum erstenmal gesprochen worden war, hat sie zwanzig Jahre lang geschwiegen[8].

Der Aufbau und Ausbau des Sonderschulwesens in der Bundesrepublik Deutschland ist zweifellos auch eine zunächst fortschrittliche Leistung. Nicht nur, weil sie das Bildungsrecht behinderter Kinder und Jugendlicher hat durchsetzen helfen, sie hat die Professionalisierung von Sonderpädagogen durch Studium und Ausbildung vorangetrieben und hat die theoretischen wie praktischen Kenntnisse über den schulischen Bildungsprozeß von behinderten Kindern außerordentlich erweitert. Dies hat zugleich aber auch das berufliche Selbstverständnis und die Selbstauslegung der Berufsrolle des

Sonderpädagogen institutionell an die Existenz eines segregierenden Sonderschulwesens gebunden. Ohne das hier erworbene sonderpädagogische Wissen und Können allerdings wäre eine verantwortbare Reintegration schulischer Bildungsprozesse von behinderten Kindern und Jugendlichen ins allgemeine Schulwesen nicht möglich.

Betrachtet man nun die Empfehlungen der KMK von 1994, so liegt der Fortschritt gegenüber 1972 zweifellos in der Entkoppelung der sonderpädagogischen Förderung von nur einem Konzept schulstruktureller und schulorganisatorischer Ausgestaltung. Nach dieser Empfehlung ist auch für die KMK eine Vielzahl von schulorganisatorischen Lösungen denkbar, bei der die Sonderschule neben integrativen Lösungen nur eine Möglichkeit bildet. Wenn man so will, könnte man sagen: Im Feld der organisatorischen Lösung ist das Motto der KMK: anything goes. Wenn man bildungspolitisch argumentiert, zeigt sich, daß die Empfehlung nichts anderes ist, als ein bloßer Reflex auf die in den einzelnen Ländern der Bundesrepublik sehr unterschiedlich weit fortgeschrittene Umsetzung und Ermöglichung von integrativen Beschulungssystemen: Es ist der kleinste gemeinsame Nenner unter den „Schulpolitiken" der Länder. Und er kann auch gar nichts anderes sein, weil die Koordinationsleistungen, wie sie die Empfehlungen in der KMK darstellen, nur im Konsens verabschiedet werden können. So beschreiben diese Empfehlungen eher, was ohnedies geschieht, als daß sie selbst eine Perspektive für die weitere Entwicklung geben würden. Sie reflektieren damit aber bloß eine Situation in der Schulpolitik selbst, die in zunehmendem Maße auch in der Integrationsfrage abhängiger von organisationsfähigen bildungspolitischen Minderheiten wird, die je nach Bundesland, je nach Region und Lokalität, jeweils andere sein können. Die Regionalisierung führt nun aber keineswegs zu einer schulorganisatorischen Gesamtlösung, sondern viel eher zu das Schulwesen differenzierenden Einzellösungen. Die Widersprüche in der Schulstruktur werden dadurch nicht aufgehoben, sondern nur verdrängt. Dabei gehen die bildungspolitischen Frontlinien auch immer stärker mitten durch die Parteien hindurch. Für eine grundsätzliche Neukonzeption von Schulstruktur und Schulorganisation gibt es nach meinem Urteil gegenwärtig und auf lange Sicht keine konsensfähigen Mehrheiten. In einen solchen Prozeß der Differenzierung der Schulstruktur paßt dann auch, daß ganz unterschiedliche Formen der Integration sich ausbilden, je nach den lokalen und regionalen Bedingungen, und daß dabei grundsätzlich das Sonderschulwesen aufrechterhalten bleibt.

IV.

Schulentwicklung und der gesellschaftliche Wandel: Einheit und Differenz

Was für die Integrationsproblematik gilt, gilt grundsätzlich für die Schulstrukturfragen. Betrachtet man historisch die Entwicklung des Schulsystems in der Bundesrepublik, so wechseln gleichsam zyklische Phasen der Vereinheitlichung mit Phasen der Differenzierung ab, ohne daß sich jedoch am gegliederten Schulaufbau prinzipiell etwas ändert. Sind in den siebziger Jahren vor allem Tendenzen der Vereinheitlichung stärker gewesen und lassen diese sich durch die Entwicklung von Gesamtschulen wie die Erweiterung der strukturellen Durchlässigkeit kennzeichnen, so beginnt mit den achtziger Jahren, stärker noch heute, wiederum eine Phase größerer schulstruktureller Differenzierungen. Bei der außerordentlich starken Expansion vor allem der höheren schulischen Bildung sind vor allem im Bereich der Gymnasien, aber auch in der Grundschule solche Tendenzen bemerkbar. Die Differenzierung nach Schulzeitdauer bis zum Abitur, die vor allem durch Inkorporation des ostdeutschen Schulsystems angestoßen worden ist, führt auch in den westdeutschen Bundesländern zu einem „Expreßabitur" genannten Bildungsgang, in dem man nach dem zwölften Schuljahr das Abitur ablegen kann. In Berlin hat dieses Angebot auch die Folge, daß es innerhalb der sechsjährigen Grundschule im Übergang zur Sekundarstufe I zu einer verstärkten zeitlichen Differenzierung der Übergänge nach Klasse sechs bzw. vier kommt, wobei letztere bisher jedenfalls nur für die Übergänge auf's grundständige Gymnasium in Anspruch genommen wurden. Die verstärkte Einführung von fachspezifischen Schulprofilen in der Sekundarstufe I, aber auch in der Grundschule (z. B. das mit den Europa-Schulen eingeführte zweisprachige Curriculum in der Grundschule), sind Belege für diese Differenzierungsprozesse im allgemeinen Schulsystem.

Konnte schon die Einführung der Gesamtschule an der grundsätzlich gegliederten Struktur unseres Schulwesens nichts ändern, ja fügte sie - schulorganisatorisch gesprochen - dem viergliedrigen Schulsystem (Hauptschule, Realschule, Gymnasium, Sonderschule) ein fünftes Glied hinzu, so muß man deutlich sagen, daß ihre Einführung als integrative Regelschule - gerade auch, was die Schülerzusammensetzung der einzelnen Schularten angeht - sich letztlich als weiteres Differenzierungselement erwiesen hat, dessen Lasten vor allem die immer weniger gewählte, aber mit immer mehr problematischen Schülern besetzte Hauptschule zu tragen hatte.

Offenbar sind solche Entwicklungen in der Schulstruktur, die zyklisch zwischen Vereinheitlichung und Differenzierung pendeln, mit Bewegungen in der gesellschaftlichen Entwicklung selbst verbunden. Im Zuge eines sogenannten zweiten Modernisierungsschubs[9] in unserer Gesellschaft verstärkten sich die Tendenzen der Individualisierung und der gesellschaftlichen Pluralisierung. Strukturell reagiert die Schule darauf mit Differenzierung, Individualisierung und faktisch gar mit polarisierenden Schulangeboten. Sie kann in der Hauptschule und in manchen Gesamtschulen die Standards eines relativ einheitlichen Lehrplans nicht durchhalten, weil sie die aus der elenden psychosozialen Situation ihrer Schüler resultierende Lage sozialerzieherisch und gerade nicht unterrichtlich beantworten muß. Weil sie unter solchen Bedingungen die Abstraktionsforderung an das zu lernende Wissen überhaupt nicht aufrechterhalten kann, besteht die Gefahr der Wiederkunft von zwei Kulturen auch in der Schule, einer wissenschaftlich geprägten herrschenden und einer fast analphabetischen Kultur, die noch kaum zur Integration ins Beschäftigungssystem geeignet macht. Indem sie derart auf diese Widersprüchlichkeit der Anforderungen reagiert, unterwandert sie das Allgemeine, was heute Schule leisten soll. Die Schulpolitik reagiert auf eine solche Lage des Schulsystems um der Aufrechterhaltung des schönen Schein willens gewährenlassend. Sie ist damit beschäftigt, die dysfunktionalen Folgen zu bearbeiten, die der gesellschaftliche Differenzierungsprozeß auf der Ebene des Schulsystems erzeugt. Bei der rasch voranschreitenden Differenzierung gesellschaftlicher Strukturen lösen sich aber auch die kollektiven traditionellen Lebenslagen auf. Das subjektive Korrelat dafür ist die Individualisierung auch der Lebensperspektiven unter den Bedingungen einer sich verschärfenden individuellen Leistungskonkurrenz. Hohe Bildungsabschlüsse sind heute kaum allein für Beschäftigung und Einkommen noch ausreichende Kriterien. Die Bildungsorientierung verstärkt sich noch einmal durch die Konkurrenz um „auszeichnende Abschlüsse".

Diese sollen das Lebensrisiko verringern. Gleichzeitig polarisiert sich die Sozialstruktur: Einer wachsenden Zahl von armen und von Armut bedrohten oder in dauerhafter Armut lebenden Menschen steht eine immer kleinere Zahl immer reicher werdender gegenüber. Unter diesen Polarisierungsdruck geraten vor allem die sogenannten Mittelschichten. Tendenzen der Entsolidarisierung zwischen den sozialen Schichten, aber auch innerhalb der Mittelschicht selbst, verstärken sich.[10] Dies schlägt natürlich auf die Bildungsorientierung von Eltern durch und verstärkt deren Interesse an schulischer Differenzierung. Dieser wachsende Differenzierungsdruck erklärt ganz allgemein, warum die Organisierbarkeit von bildungspolitischen Interessen, die auf Homogenisierung des Schulangebots zielen, eher unwahrscheinlicher wird. Bei diesen gesellschaftsstrukturell erzeugten Entsolidarisierungsvorgängen zerbricht eben möglicherweise auch die Solidarität zwischen Eltern behinderter und nichtbehinderter Kinder. Dies würde auch plausibel machen, warum die Integrationsbewegungen in besonderem Maße in Schwierigkeiten geraten: Die Integration ist nicht ursprünglich durch etablierte Bildungspolitik induziert, sie ist zunächst eine Bewegung von unten gewesen, in der Eltern von behinderten und nichtbehinderten Kindern die Schulpolitik erfolgreich unter Druck setzen konnten, weil sie eine starke Binnensolidarität besaßen. Sie war gerade deshalb erfolgreich. Die offizielle Schulpolitik ist ihr nur immer widerstrebend gefolgt.

Die Lage der Integrationspolitik ist in einem gegliederten Schulsystem besonders kompliziert und konfliktreich. Sie wird auch dadurch nicht einfacher, wenn zu den drei Schularten, Haupt-, Realschule und Gymnasium sowie Sonderschule gleichsam als fünftes Glied die integrierte Gesamtschule hinzutritt. Die Situation mag in bezug auf die Grundschule noch relativ „einfach" erscheinen, weil diese schon von ihrer historischen Genese her *das* Einheitselement im gegliederten Schulwesen darstellt. Doch auch hier treten Tendenzen der Differenzierung, wie schon angedeutet, immer deutlicher hervor. Und sie werden sich auch hier zweifellos noch verstärken, wenn mit einer größeren Eigenständigkeit der Einzelschule und einer damit deutlicher hervortretenden Profilierung die qualitativ/inhaltlichen Unterschiede zwischen den einzelnen Schulen zunehmen werden.[11]

Solange im gegliederten Schulwesen Übergangsentscheidungen Entscheidungen über schulische Bildungsverläufe höherer oder minderer Wertigkeit sind, die sich an den kognitiven Kapazitäten der Schüler orientieren, wird die Möglichkeit der Integration besonders von „geistigbehinderten", „lernbehinderten" oder „verhaltensschwierigen" Schülern besonders kompliziert bleiben, weil deren schulische Leistungsfähigkeit sie kaum für schulische Bildungsgänge außerhalb der Hauptschule geeignet macht, andererseits sich aber gerade die Real- und Gymnasialschulen an den fachunterrichtlichen Strukturen und damit an den kognitiven Leistungsdimensionen sehr stark orientieren. Ganz allgemein kann man also feststellen, daß schulstrukturell ein integriertes Gesamtschulsystem der Integration behinderter Schüler weniger Schwierigkeiten bereitet als ein gegliedertes. Diese Situation führt aber natürlich dazu, daß im gegliederten Schulsystem, das als weiteres Glied die Gesamtschule als Regelschule besitzt, die Integrationsleistung geradezu naturwüchsig vorwiegend von dieser Gesamtschule zu leisten sein wird. Denn es macht keinen Sinn, der Hauptschule, die bereits eine „Entlastungsfunktion" für die integrierte Gesamtschule darstellt und die in manchen Regionen durch die schulische Versorgung besonders lernschwieriger und verhaltensschwieriger Schüler belastet ist, diese Integrationsleistung aufzubürden. Sie würde nur zu einer neuen Form von Sonderschule werden. Bezeichnend für diesen Sachverhalt ist ja, daß in Berlin zum Beispiel, wo etwa 28% eines Schülerjahrgangs eine Gesamtschule besuchen, der Widerstand gegen die Aufhebung der Hauptschule gerade aus diesem Grund besonders stark ist, so daß die Situation besonders widersprüchlich erscheint: Das „einheitliche Element" im System der Sekundarstufe I vermag, ohne daß es seine Anbindung an und die Durchlässigkeit zur gymnasialen Schule auf's Spiel setzte, die Hauptschulfunktion nicht vollständig mitzuübernehmen. Und ihr Widerstand gegen die Übernahme von sonderpädagogischen Aufgaben ist deshalb nicht gering. Andererseits bildet sie für die Integration behinderter Schüler strukturell gleichsam den natürlichsten Anknüpfungspunkt. Dort, wo sie durch Integrationsansprüche behinderter Schüler ihre gymnasiale Aufgabe bedroht sieht, wird sie die Aufnahme behinderter Schüler eher abzulehnen trachten.

Sieht man einmal von der Beschulung körperbehinderter oder sinnesgeschädigter Schüler im Gymnasium ab, wird man zu dem Schluß kommen müssen, daß die Integration behinderter Schüler höchst paradoxe Folgen haben kann: Sie verstärkt die Differenzierung im gegliederten Schulsystem durch die Ausbildung integrativer Schulangebote in der Sekundarstufe I dadurch, daß einzelne Schulen Integration von behinderten Kindern und Jugendlichen als ihr eigenes Profil entwickeln. Dies wiederum hat Rückwirkungen auf Differenzierungstendenzen in der Grundschule, und es erschwert zugleich die Bildungsarbeit in der Sonderschule dadurch, daß sich hier die psychosoziale Lage der durch Auslese „nach oben" gleichsam im negativen Sinne homogenisierten Schülergruppen verstärkt.

V.

Die Situation in Berlin

1. Ausbauzustand der integrativen Beschulung in Berlin

Kennzeichnend für den Ausbauzustand der Integration behinderter Schüler im Berliner Schulsystem ist der sehr ungleiche Umfang sowohl in den einzelnen Schulstufen wie in den Schularten der Sekundarstufe I. Im Grundschulalter (Klassenstufe eins bis sechs) sind weit mehr behinderte Schüler integriert als in der Sekundarschule I (Klassenstufe sieben bis zehn).[12] Von den im Schuljahr 1994/95 13.975 als behindert geltenden Schüler (3,9% aller Berliner Schüler der Klassenstufe eins bis zehn) werden etwas mehr als ein Fünftel (21,7%) in der allgemeinen Schule beschult. In der Grundschule beträgt der Anteil integrativ beschulter Kinder inzwischen 30,1% (2.860 Schüler). In der Sekundarstufe sind es bisher ganze 3,8% (169 Schüler) der behinderten Schüler, die eine allgemeine Schule besuchen. Nach wie vor besucht die große Mehrheit der als behindert geltenden Schüler und Schülerinnen (78,3%) eine Sonderschule. Im Grundschulalter sind es 69,9%, in der Sekundarstufe 96,2%. Während die Realschule mit zwölf Schülern, die vor allem körperbehindert oder sinnesgeschädigt sind, die Schüler allein in der Form der Einzelintegration aufgenommen hat, sind es in der Gesamtschule 93 Schüler, wobei zwei Drittel von ihnen in Integrationsklassen und ein Drittel in der Form der Einzelintegration unterrichtet werden. Das Gymnasium hingegen kennt mit dreißig Schülern, die entweder sinnesgeschädigt oder körperbehindert sind, nur die Form der Einzelintegration. Lernbehinderte oder/und verhaltensgestörte Schüler finden bisher weder zum Gymnasium noch zur Realschule Zugang. Der große Unterschied im quantitativen Ausbau, der zwischen der Grundschule und der Sekundarstufe I besteht, verweist natürlich darauf, daß die Wirkung des Gesetzes zeitlich gleichsam von „unten nach oben" durchwächst. Er signalisiert aber zugleich auch ein strukturelles Problem: Die Aufnahme von körperbehinderten und sinnesgeschädigten Kindern, die im übrigen eher den verhaltensmäßigen und kognitiven Anforderungen dieser beiden Schularten zu entsprechen vermögen, ist für diese unproblematischer, als es die Unterrichtung von verhaltensschwierigen, lernbehinderten oder gar geistigbehinderten Schülern wäre. Sie werden dort deshalb eher in der Form der Einzelintegration beschult. Beide Schularten werden wenig Bereitschaft zeigen, Schüler aufzunehmen, die einen organisatorisch wie curricular/methodischen Umbau erforderlich machen. Der größere Teil der lernbehinderten, verhaltensproblematischen und geistigbehinderten Schüler, wenn deren Zugang ins allgemeine Schulsystem überhaupt ermöglicht werden sollte, trifft hier eher auf die Gesamtschule oder aber auf die Hauptschule. Bei letzterer ist der Umfang integrierter behinderter Schüler bisher außerordentlich niedrig (vierzehn Schüler). An der schon gegenwärtig sowohl quantitativen wie qualitativen Verteilung der in der Sekundarstufe I geführten behinderten Schüler wird das strukturelle Problem der Integration in einem gegliederten Schulwesen wiederum deutlich. Die Problemlage dürfte sich daher mit der schnell wachsenden Zahl der aus der Grundschule in die Sekundarstufe I übertretenden Schüler außerordentlich verschärfen. Daß die Hauptschule schon gegenwärtig unter einer hohen Problembelastung steht, signalisieren u. a. die mehr als 46% ihrer Schüler, die entweder ohne Hauptschulabschluß oder mit Hauptschulabschluß nach Klasse neun die Schule verlassen (32,7% ohne Abschluß, 13,4% mit Abschluß nach Klasse neun). Die Hauptschule hat gegenwärtig für die Gesamtschule eine gewisse „Entlastungsfunktion". Diese Entlastungsfunktion liegt z. B. darin, daß der Anteil von Schülern entweder ohne Abschluß oder mit Abschluß nach Klasse neun in der Gesamtschule mit 14,5% wesentlich niedriger ist, als in der Hauptschule. Während gleichzeitig die Leistung, die die Gesamtschule für die Durchlässigkeit des Gesamtsystems erbringt, sich in relativ hohen Übertrittszahlen in die gymnasiale Oberstufe dokumentiert. Immerhin wechseln nach den erfolgreichen Abschluß nach Klasse zehn 20% aller Schüler der Gesamtschüler in die gymnasiale Oberstufe. Es ist deshalb eher unwahrscheinlich, daß die Gesamtschule diese für die Aufrechterhaltung der Durchlässigkeit in unserem Schulsystem bedeutsame Funktion aufrechterhalten könnte, wenn sie die Hauptlast der schulischen Integration vor allem von lernbehinderten und verhaltensproblematischen Schülern zu tragen hätte. Mit Sicherheit würde dies zur Verstärkung der Abwanderung aufs Gymnasium führen. Solange also differenzierte schulische Abschlüsse mit einer gegliederten und nicht vollständig horizontalisierten Schulorganisation verbunden sind, ist eine vollständige Integration und damit die Aufhebung der Sonderschule schulpolitisch nicht durchsetzbar. Sie scheint aber auch praktisch in einem dominant fachunterrichtlich geprägten System auf mittlere Sicht kaum bewältigbar. Konflikte über die Aufnahme von behinderten Schülern in die allgemeine Sekundarstufe I werden aber auch kurzfristig anwachsen. Betrachtet man die Verteilung der behinderten Schüler über die einzelnen Klassenstufen der Grundschule (ohne Sonderklassen), dann wird sehr schnell klar, daß in den nächsten Jahren deren Zahl auch in der Sekundarstufe sehr schnell zunehmen wird: Erste Klasse 442, zweite Klasse 449, dritte Klasse 476, vierte Klasse 479, fünfte Klasse 456, sechste Klasse 305. Selbst dann, wenn man wie die Schulverwaltung nur von 85% der behinderten Schüler ausgeht, die von der Grundschule in eine allgemeine Sekundarschule übertreten, erhöht sich der Bedarf in dieser Schulstufe von 444 im Schuljahr 1996/97 über 724 Schüler im Schuljahr 1997/98 auf 1580 im Schuljahr 2000/2001. Gegenüber dem Schuljahr 95/96 nimmt der Platzbedarf also um mehr als das siebenfache zu.[13] Zumal dann, wenn weder die schulstrukturellen noch die finanziellen Auswirkungen dieser Aufnahme durch politische Entscheidungen abgearbeitet werden können. Das Problem ist seit mindestens 1993 bekannt, ohne daß die Politik bisher problemlösend reagiert hätte. In den schulstrukturellen Möglichkeiten hat sie sich selbst um ihre Entscheidungsfähigkeit gebracht. Sie setzt deshalb auf weitere Differenzierung, und es ist zu erwarten, daß vor allem Hauptschule und Gesamtschule die Hauptlast der Integration werden tragen müssen. Die finanziellen Restriktionen des Landeshaushalts lassen es eher wenig wahrscheinlich erscheinen, daß die bisher für die Integrationsmaßnahmen in der Grundschule zur Verfügung stehenden Mittel zukünftig auch für die Sekundarstufe I zur Verfügung stehen werden.

Die Formen, mit denen im Berliner Schulwesen Integration praktisch durchgeführt wird, sind vielfältig: Integrationsklassen in zwei Varianten, die Beschulung in sogenannten Sonderklassen sowie die Einzelintegration, tragen zur Integrationsfähigkeit der allgemeinen Schule bei. Neuerdings wird auch der Versuch unternommen, Sonderschulklassen durch Aufnahme nichtbehinderter Schüler zu „normalen" Grundschulklassen zu wandeln. So werden in der Grundschule 58% aller integrativ beschulten behinderten Schüler in Integrationsklassen unterrichtet, 24% in Einzelintegration und immerhin noch rund 18% in Sonderklassen an der Grundschule. Bei dieser letzten Form kann man allerdings nicht sicher sein, ob man sie tatsächlich als eine integrative Beschulungsform gelten lassen kann. Hierbei handelt es sich vor allem um sprachbehinderte und verhaltensgestörte Schüler. Zahlen über deren Rückführung in die allgemeinen Grundschulklassen liegen nach meiner Kenntnis bisher nicht vor.

2. Die rechtliche Situation

Wie in anderen Bundesländern, so ist auch in Berlin die Möglichkeit zur gemeinsamen Beschulung von behinderten und nichtbehinderten Kindern und Jugendlichen gesetzlich verankert worden. Durch Einfügung des Paragraphen 10a in das Berliner Schulgesetz wird Eltern behinderter Kinder und Jugendlicher das Recht, zwischen Sonderschule und allgemeiner Schule zu wählen, eingeräumt (Paragraph 10a, Integration von Schülern mit sonderpädagogischem Förderbedarf). „(1) Der Unterrichts- und Erziehungsauftrag der allgemeinen Schule (Grund- und Oberschule) umfaßt auch Schülerinnen und Schüler mit sonderpädagogischem Förderbedarf. Dies gilt nicht für geistig- und schwer mehrfach behinderte Schülerinnen und Schüler sowie für den Sekundarbereich I; hierzu werden entsprechende Schulversuche gemäß Paragraph 3 durchgeführt. Bis zum Schuljahr 1996/97 sind die Voraussetzungen für das uneingeschränkte Wahlrecht der Erziehungsberechtigten von Schülerinnen und Schülern mit festgestelltem sonderpädagogischem Förderbedarf zwischen der allgemeinen Schule und einer bestehenden Sonderschule oder Sonderschuleinrichtung zu schaffen."[14] Wie immer, wenn schulpolitische Fragen besonders kompliziert erscheinen - wie im Falle geistig- und schwer mehrfach behinderter Kinder -, bieten sich Schulversuche an, um eine grundsätzliche Entscheidung nicht treffen zu müssen und Konflikte hierüber durch zeitliche Streckung zu entzerren. Dies aber ist nicht der eigentliche Punkt. Entscheidend ist, daß die Gesetzesformulierung schulpolitische Implikationen hat, die es zu beachten gilt.

Nachdem das Gesetz das Wahlrecht der Eltern bestätigt, begrenzt es dieses sofort wieder dadurch, daß es eine Inanspruchnahme von der Verfügbarkeit der für die Beschulung in der allgemeinen Schule benötigten Ressourcen abhängig macht. Was von der praktischen Seite her vernünftig ist - es wäre ja verantwortungslos, einer Schule die Kinder mit besonderen Schwierigkeiten aufzunötigen, die sie nicht angemessen pädagogisch betreuen kann - ist von der rechtlichen Seite deswegen problematisch, weil es das Recht, das es gewährt, nicht zugleich auch gewährleistet. Denn: Die zur Verfügungstellung der in einem förmlichen Verfahren (Förderausschüsse) für erforderlich angesehenen Ressourcen zur Beschulung eines behinderten Schülers begründen keinen Anspruch auf diese Ressourcen. Vielmehr wird die Gewährung ins Ermessen der Behörde gestellt. Mit der Regelung zur Feststellung des individuellen Förderbedarfs wird eine Rechtsfigur gewählt, die aus dem Sozialrecht stammt[15], die dort aber auch einen individuellen Leistungsanspruch begründet. Die Gewährleistungspflicht wird in unserem Fall aber gerade nicht rechtlich fixiert: Die Eltern besitzen ein Wahlrecht, zwischen Sonderschule und allgemeiner Schule entscheiden zu können. Auf die Einlösung dieses Rechts besteht aber gar kein Anspruch. Seine Verwirklichung wird also von der Verfügbarkeit entsprechender Ressourcen abhängig gemacht, auf die die Eltern und der betroffene Schüler keinen Rechtsanspruch besitzen. Die Zuweisung von Mitteln zur Erfüllung des Förderbedarfs oder aber deren Verweigerung hängen von behördlichen Ermessensentscheidungen ab. Der Ermessensspielraum ist nicht nur weit, er ist undefiniert. Er mag sich nach der jeweiligen Haushaltslage richten oder, was noch problematischer wäre, an regionalen schulpolitischen Kriterien orientiert sein. In jedem Einzelfall ist die getroffene Entscheidung durch Eltern weder antizipierbar noch nachvollziehbar. Eine solche Konstruktion ist deswegen auch verfassungsrechtlich bedenklich, weil die Einzelfallentscheidung der Behörde grundsätzlich unvorhersehbar und nicht nachvollziehbar ist und weil das Zuweisungsrecht - trotz des Wahlrechts der Eltern - grundsätzlich der Schulbehörde verbleibt. Aus der Ermittlung des Förderbedarfs wird so unter der Hand eine Indikation für die Überweisung in die Sonderschule. Das ganze Verfahren muß unter diesen Umständen einen eher zwielichtigen Charakter annehmen. Will man trotzdem bei diesem Verfahren der am individuellen Fall orientierten Ressourcenzuweisung bleiben, dann müßte man eben auch den zweiten Schritt tun und wie im Sozialrecht einen Leistungsanspruch der Betroffenen rechtlich normieren und eine Leistungspflicht rechtlich begründen.

Die gegenwärtige Konstruktion ist auch problematisch, weil jeder einzelne Fall, der zur Entscheidung steht, tendenziell aus der Verwaltungsentscheidung eine schulpolitische Entscheidung machen kann. Die Verwaltung gerät unter einen politischen Legitimationsdruck, nur weil die Politik die Folgekosten ihrer Integrationspolitik nicht tragen will. Sie belastet damit das Verwaltungshandeln, ja sie politisiert es geradezu. Konfliktfähige Eltern und solche, die der Unterstützung durch organisierte Interessengruppen sicher sein können, haben bei der Durchsetzung ihres Wahlrechts erkennbar bessere Chancen als solche, die sich gegenüber der Behörde alleingelassen finden.

Bleibt man bei dem gegenwärtigen Verfahren einer über die formelle Feststellung des sonderpädagogischen Förderbedarfs im Einzelfall zu steuernden zusätzlichen Ressourcenzuweisung, dann wiederholt sich hier nicht nur eine mit dieser Etikettierung des einzelnen Schülers verbundene mögliche Stigmatisierung, die der Zielsetzung der Integration direkt zuwider läuft.[16] Vielmehr verstärkt sich dabei die Tendenz der Schulen selbst, eine zunehmend größere Zahl von Kindern als förderbedürftig auszuweisen, um an zusätzliche Ressourcen heranzukommen.[17] Beide Entwicklungen lassen sich nur verhindern, wenn Schulen unabhängig vom sonderpädagogischen Förderbedarf des einzelnen Schülers so ausgestattet werden, daß sie orientiert an den zu erwartenden Fallzahlen wie den Arten von Behinderungen mit diesen erfolgreich pädagogisch zu arbeiten imstande sind. Nur wenn die Feststellung des individuellen Förderbedarfs und die Ressourcenzumessung entkoppelt werden, ließen sich die hier angesprochenen Probleme lösen. Dieses erforderte allerdings einen grundsätzlichen schulorganisatorischen Umbau wie eine andere Kompetenzstruktur des pädagogischen Personals der einzelnen Schule. Hierfür ist der bildungspolitische Wille allerdings nicht erkennbar.
Der für die entsprechenden Fördermaßnahmen verfügbare Stellenrahmen wird für jedes Schuljahr durch Verwaltungsvorschriften festgelegt. Der personelle Bedarf ist jedoch nur sehr schwer vorhersehbar. Unter den Haushaltsrestriktionen ist bisher noch nicht einmal die personelle und finanzielle Ausstattung für ca. 20-30% behinderter Schüler in der Sekundarstufe I der allgemeinen Schule sichergestellt worden. Wenn weder eine Organisationsplanung noch eine Finanzplanung bei diesem antizipierbaren Bedarf in den letzten drei Jahren stattgefunden hat, dann ist es eher unwahrscheinlich, daß

die Schulpolitik rechtlich einen generellen Leistungsanspruch der Betroffenen festlegen wird. Das aber müßte sie, wenn sie ab dem Schuljahr 96/97 das uneingeschränkte Wahlrecht der Eltern - wie der Gesetzgeber will - auch materiell sicherstellen soll. Hierbei wird die Sonderschule zu einer reinen Angebotsschule werden, und die Behörden müßten auf ihr Zuweisungsrecht verzichten. Die haushaltsplanerischen Risiken unter diesen Bedingungen wären jedenfalls beträchtlich, weil kaum vorherzusehen ist, wie Eltern ihr Wahlrecht tatsächlich in Anspruch nehmen werden. Obendrein könnte man sicherlich unter diesen rechtlichen Konstellationen auch Eltern, deren Kinder bereits eine Sonderschule besuchen, von dieser Option kaum ausschließen. Unabhängig hiervon blieben sicher Fälle, die mit den individuell zugemessenen Mitteln nicht verantwortlich in einer allgemeinen Schule beschulbar wären.

VI.

Schlußfolgerungen

1. Wir hatten gesehen: Eine konsequente Reorganisation des Schulaufbaus nach dem Prinzip der strukturellen Einheitlichkeit, in den auch die Integration leicht eingepaßt werden könnte, ist im Angesicht von gesellschaftlichen Differenzierungsprozessen, die auch auf das Bildungssystem durchschlagen, nicht möglich. Es sind gerade die gesellschaftlichen Differenzierungsprozesse, die eine solche schulpolitische Entscheidung auch nicht mehrheitsfähig erscheinen lassen.

2. Wir hatten gezeigt, daß hieraus die Unentschiedenheit der gegenwärtigen schulpolitischen Entscheidungslage resultiert, die sich im Schulgesetz niederschlägt und die sich bis in die einzelnen administrativen Verfahrensregeln fortsetzt.

3. Was zu tun bleibt ist:
   – Statt der individuellen Zumessung von Mitteln zur Befriedigung des individuellen sonderpädagogischen Förderbedarfs sollten Schulen grundsätzlich personell und materiell so ausgestattet sein, daß sie sowohl nach Umfang wie nach Art auf die am häufigsten auftretenden

Behinderungen pädagogisch angemessen reagieren können. Sie sollen dabei einen größeren Entscheidungsspielraum über den Einsatz sowohl personeller wie materieller Ressourcen erhalten.
- Wenn man bei der individuellen Zumessung des sonderpädagogischen Förderbedarfs und dem gegenwärtigen Entscheidungsverfahren aus welchen Gründen auch immer bleiben will, dann muß die rechtliche Stellung der Eltern und ihrer Kinder weiter gestärkt werden. In diesem Fall heißt das aber: Der in einem formellen Verfahren festgestellte Förderbedarf muß ganz im Sinne des Sozialrechts auch als Leistungsanspruch rechtlich normiert werden.
- Es ist dringend erforderlich, solange überhaupt noch Zeit dazu ist, Modellschulen in der Sekundarstufe I aufzubauen, um mit ihnen die organisatorischen, curricularen und methodischen Möglichkeiten einer integrativen Beschulung in der Sekundarstufe I zu entwickeln und zu erproben.
- Politik und Administration müssen die finanziellen, personellen und materiellen Ressourcen hierfür sofort zur Verfügung stellen, wenn sie nicht innerhalb der nächsten zwei Jahre ein Desaster erleben wollen.

Anmerkungen

1 vgl. zum Begriff des Normalisierungskonzepts *W. Wolfensberger*: The Principal of Normalization in Human Services. Toronto, 1986.
2 hierzu *K. Nevermann/E. Schultze-Scharnhorst*: Kommentar zum Berliner Schulverfassungsgesetz, in: Hrg. Gewerkschaft Erziehung und Wissenschaft. Landesverband Berlin. Berliner Recht für Schule und Lehrer. Berlin, 1981, K 210-19.
3 vgl. BVerfg E 34, Seite 165 (in: SPE A I, Seite 21; und SPE II B).
4 vgl. die bildungspolitischen Wahlprogramme zur Wahl vom Oktober 1995 in Berlin von SPD und CDU.
5 Empfehlungen zur sonderpädagogischen Förderung in den Schulen der Bundesrepublik Deutschland. Beschlossen von der ständigen Konferenz der Kultusminister der Länder in der Bundesrepublik Deutschland am 6. Mai 1994. Bonn, 1994.
6 Empfehlungen zur Ordnung des Sonderschulwesens. Beschlossen von der Ständigen Konferenz der Kultusminister der Länder in der Bundesrepublik Deutschland am 16. März 1972. Nienburg, 1972.
7 Zur Ordnung des Sonderschulwesens. Erstellt vom Schulausschuß der Ständigen Konferenz der Kultusminister der Länder der Bundesrepublik Deutschland von 1960.

8 U. Bleidick/W. Rath/K. D. Schuck: Die Empfehlungen der Kultusministerkonferenz zur sonderpädagogischen Förderung in den Schulen der Bundesrepublik Deutschland. In: Zeitschrift für Pädagogik, Jg. 41, 1995, S. 247-264.

9 U. Beck: Risikogesellschaft. Frankfurt/Main, 1986. A. Honneth: Desintegration, Frankfurt/Main, 1993.

10 S. Hradil: Zur empirischen Relevanz einer "modernen" Theorie sozialen Wandels. In: Soziale Welt, Sonderband 7, Lebenslagen, Lebensläufe, Lebensstile, S. 125-150.

11 P. Hübner: Gesellschaftlicher Wandel und Schule. In: Schulleiterhandbuch, Bd. 74. Schule und Schulaufsicht - Wege zur Reform. Hrsgg. von H. S. Rosenbusch/J. Wissinger. Braunschweig, 1995, S. 7-25.

12 Das Schuljahr in Zahlen 1994/95. Hrsg.: Senator für Schule, Berufsbildung und Sport. Berlin, 1995. Vgl. S. 4-5, S. 111, S. 117.

13 Nach Mitteilung der Schulverwaltung

14 Schulgesetz für Berlin vom 20. August 1980. Zuletzt geändert am 20. Juni 1991. GVBL, S. 141.

15 H.-P. Füssel/R. Kretschmann: Gemeinsamer Unterricht für behinderte und nichtbehinderte Kinder - Bildungspolitische und erziehungswissenschaftliche Texte der Gewerkschaft für Erziehung und Wissenschaft. Bd. 3, Bonn 1993, S. 14-22.

16 H.-P. Füssel/R. Kretschmann: Gemeinsamer Unterricht für behinderte und nichtbehinderte Kinder - Pädagogische und juristische Voraussetzungen, Bonn 1993, S. 55.

17 H. Wocken, Sonderpädagogischer Förderbedarf als systemischer Begriff, in: Sonderpädagogik in Rheinland-Pfalz, 24 (1994), Nr. 2, S. 13-19.

Tobias Rülcker

Integration - eine Chance für die Erziehung in der Schule von heute?

1. Integration - Erziehung für eine bessere Gesellschaft?

In der Diskussion über die Integration Behinderter zeigt sich häufig eine Verknüpfung pädagogischer und politischer Zielsetzungen. Die Vertreter der Integrationspädagogik suchen ihre Ziele dadurch zu stützen, daß sie die gemeinsame Erziehung behinderter und nicht-behinderter Kinder in Zusammenhang bringen mit umfassenderen sozialen, politischen und pädagogischen Aktivitäten in Richtung auf die bessere gesellschaftliche Eingliederung von Randgruppen, zu denen etwa Kinder aus sozial schwachen Familien, Ausländer, Straffällige und eben Behinderte zählen. Durch Integration, so läuft das Argument, trägt die Pädagogik zur Herbeiführung einer pluralistischen Gesellschaft bei. Bei den Gegnern der Integration werden solche Zusammenhänge nicht so eindeutig angesprochen. Sie argumentieren eher schulformbezogen oder innerpädagogisch. Man kann jedoch vermuten, daß gesellschaftliche Veränderung durch Erziehung für sie eher ein zweitrangiges Problem darstellt.

Für diese gesellschaftliche Funktion der integrativen Erziehung spielt neben dem Kindergarten das Schulsystem eine wichtige Rolle, denn die Integration in der Schule gilt als grundlegende Bedingung gesellschaftlicher Integration. Von der Schule wird dabei vor allem zweierlei erwartet: sie soll erstens durch gemeinsame Erziehung von Kindern aus der Mehrheit und aus den Minoritäten Berührungsängste und Vorurteile abbauen, Verstehen und gegenseitige Toleranz fördern und dadurch Einstellungen und Handlungsdispositionen hervorrufen, die im späteren gesellschaftlichen Leben dahingehend wirken, daß die Menschen sich für eine multikulturelle Gesellschaft engagieren. Die Schule soll zweitens im Sinne der bildungs- und schulpolitischen Diskussionen über die Herstellung von Gleichheit der Bildungschancen allen Kindern den Zugang zu der herrschenden Kultur öffnen. Das setzt letzten Endes, so wird argumentiert, die Einrichtung von Gesamtschulen voraus, da jedes Festhalten an unterschiedlichen Schulformen dazu führe, daß es eben Schulen mit mehr oder minder großer Nähe zur herrschenden Kultur gebe. In der Tat sind daher die Befürworter einer Integrationspädagogik im allgemeinen auch Verfechter der Gesamtschule, der sie höchstens vorwerfen, daß sie sich zu wenig um die Einbeziehung der Sonderschüler bekümmere (vgl. *Weigt* 1977).

Wenn wir den unterstellten Bedingungszusammenhang von schulischer und gesellschaftlicher Integration in bezug auf die Gruppe der behinderten Schüler/-innen überprüfen, so zeigt sich, daß es wenig Belege für ihn gibt. Denn es ist empirisch völlig ungeklärt, ob und wie weit sich die Integration in dem Lebensbereich der Schule tatsächlich auf andere Bereiche wie Berufsausbildung, Beruf, Partnerschaft, Öffentlichkeit etc. auswirkt. Wird z. B. ein Arbeitgeber bereitwilliger Behinderte in seinem Betrieb einstellen, statt sich mit einer Ausgleichsabgabe loszukaufen, wenn er als Kind einige Jahre mit Behinderten in einer Klasse gesessen hat? Hinzukommt, daß die Integration Behinderter in engem Zusammenhang mit der „inneren Reform" des Schulwesens steht. Pädagogische Reformen wie teamteaching, offener Unterricht, verbale Beurteilung, Binnendifferenzierung, soziales Lernen sind die Voraussetzung dafür, daß in Klassen mit großer Streuung von Leistungsfähigkeit und Verhaltensweisen gelernt werden kann, ohne daß die einen sich durch die anderen blockiert fühlen. Genau diese Reformen sind jedoch aus unterschiedlichen Gründen mehr Programm als Realität, insbesondere im Bereich der Sekundarstufe. Für eine flächendeckende Durchführung von Integrationsprogrammen scheinen also weithin die Voraussetzungen zu fehlen.

Es gibt daher durchaus auch plausible Argumente für die These, daß der gesellschaftlichen Integration ebenso gut, wenn nicht besser, durch eine optimale Ausbildung der Behinderten in einer speziell auf ihre Bedürfnisse zugeschnittenen Schulform gedient sei. So hat durchaus die Überlegung etwas für sich, daß das Kind in der Sonderschule besser gefördert werde als in der ständigen Konkurrenz mit normalen Kindern, daß seine Schullaufbahn weniger beschwert und ohne Brüche sei, wenn es nicht bei jedem Übergang von der Weigerung oder dem Zögern der weiterführenden Schule verunsichert und auf seine Außenseiterposition aufmerksam gemacht werde etc.

Die Diskussion über die Integration von Behinderten markiert auch einen neuen Ansatz auf dem Gebiet der Zusammenarbeit von Schule und Eltern. Die Idee einer Demokratisierung der Schule durch Mitwirkung der Eltern ist eine bis in die Weimarer Republik zurückreichende Vorstellung. In der Realität scheitert ihre Verwirklichung - von Ausnahmefällen abgesehen - meistens daran, daß die Eltern weniger an der Veränderung der Schule als an der Durchsetzung der Interessen ihrer Kinder (und damit auch ihrer eigenen Interessen) interessiert sind. Auch dort, wo bestimmte Eltern Reformschulen wie Freie Schulen, Alternativschulen oder Waldorfschulen mitgründen bzw. nutzen, dürfte weniger die Veränderung des Schulsystems eine Rolle spielen, als die Hoffnung auf eine exklusive Schule, zu der nicht alle Eltern ihre Kinder schicken, und eine entsprechende Förderung der Schüler/-innen. Auch die Integration von Behinderten läßt sich in vielen Fällen auf die Initiativen von Eltern zurückführen, die für ihre Kinder in den „Normalschulen" bessere Förderung und eine Durchbrechung der sozialen Ausgrenzung erstreben. Diese Gruppe der Eltern ist insofern für die Pädagogik besonders interessant, als sie auf jeden Fall an Schul- und Unterrichtsreform interessiert sein müssen, weil die Integration Behinderter sich - von Einzelfällen abgesehen - nicht durchführen läßt, wenn alles beim alten bleibt. Es gibt daher eine Reihe von Pädagogen, die sich von der Integration einen Impuls zur Reform der Schule überhaupt erhoffen, weil sie eine pädagogische Diskussion und Konsensbildung zwischen Eltern und Lehrern verlangt. Auch hier muß man sich freilich davor hüten, vorschnell auf Zwangsläufigkeiten einer einmal angestoßenen Entwicklung zu vertrauen. Es gibt beispielsweise kaum empirische Erkenntnisse darüber, wie weit die Solidarität der Eltern nicht-behinderter Kinder mit denen behinderter Kinder reicht, und ob die Eltern von Kindern mit unterschiedlichen Arten von Behinderung so solidarisch sind, wie es in den Erfolgsberichten aus der Praxis zumeist unterstellt wird. Insbesondere für die Solidarität über die Schichtgrenzen hinaus, die ja die Voraussetzung gesellschaftlicher Auswirkungen wäre, gibt es kaum Belege.

Die These von einem funktionalen Zusammenhang zwischen integrativer Erziehung und gesellschaftlicher Integration führt also auf einen Komplex vielfältiger und z. T. widersprüchlicher Erwartungen und Befürchtungen. Untersuchungen, die eindeutig in die eine oder die andere Richtung wiesen, gibt es dagegen kaum. Wenn wir in dem Pro und Contra also eine Position finden wollen, so müssen wir mit unseren Überlegungen noch einmal neu ansetzen und die Frage stellen, ob Integration auch abgesehen von den großen gesellschaftlichen Perspektiven pädagogisch sinnvoll ist. Oder anders formuliert: Welche Möglichkeiten öffnet (oder verbaut) Integration nicht der Gesellschaft oder dem Bildungssystem, sondern den Kindern heute?

2. Der pädagogische Sinn von Integration

Die Gesellschaft, um deren Gestaltung es in der schulischen Erziehung primär geht, ist die der mit ihren Lehrern/-innen lernenden Kinder. Zu dieser Lerngesellschaft gehören selbstverständlich auch die Minoritäten, d. h. auch die Behinderten, und das nicht, weil wir ein klares Ursache-Wirkung-Verhältnis annehmen und meinen, schulische Integration führe die gesellschaftliche herbei, sondern weil wir das unseren Ideen von einer offenen und pluralistischen Gesellschaft schulden. Wenn die Kinder und Jugendlichen Erfahrungen über die offene Gesellschaft machen wollen und sollen, so bietet sich dafür keine Einrichtung so überzeugend an wie die Schule: Sie ist kein privater Lebensraum wie die Familie, aber sie hat zugleich wie die Familie die Möglichkeiten, mit Erfahrungen zu experimentieren und sie pädagogisch zu begleiten und zu bearbeiten. Die Integration Behinderter ist daher zunächst einmal kein funktionales Problem, sondern ein moralisches: Wir als Erwachsene verlieren unsere Glaubwürdigkeit, wenn wir Demokratie predigen, die Schule aber als ein autoritäres Gefüge mit Ausgrenzungen, Ghettos und Zugangsbarrieren organisieren.
Die Aussonderung der Behinderten und ihre Verbannung in „besondere" Schulen beraubt die Lerngesellschaft Schule zudem wesentlicher Lernmöglichkeiten. Die Nicht-Behinderten erfahren nichts über die Welt der Behinderten und die Behinderten nichts oder nur wenig über die Welt ihrer nichtbehinderten Altersgenossen. Die Welten der Normalen und der Behinderten bleiben getrennt, was beispielsweise den Fehlschluß nahelegt, man könne eindeutig sagen, wer hierhin und wer dorthin gehört, man könne klare Grenzlinien ziehen und es sei überhaupt am besten, wenn jeder in seinem Kreis verbliebe. Eine Perspektive wird antrainiert, die sich von dem Frem-

den, dem Unvertrauten, dem Bedrohlichen - aber damit auch von der Fülle des Lebens abwendet. Die Leerstellen der Erkenntnis werden dann durch Meinungen, Vorurteile und Stereotypen ausgefüllt.

Im Sinne traditioneller Vorstellungen über Lernen könnte man diesen Überlegungen die Feststellung entgegensetzen, daß über Behinderte und ihre Probleme ja in besonderen Unterrichtseinheiten durch Informationen der Lehrer/-innen, durch Lesestücke, durch Berichte, Filme etc. informiert werden könne. Diesem Einwand liegt ein zwar ehrwürdiger, aber dadurch nicht weniger fragwürdiger Lernbegriff zugrunde, der sich im wesentlichen auf drei Annahmen gründet. Lernen besteht nach dieser Auffassung in der Kommunikation von Informationen durch die Wissenden an die Nicht-Wissenden, die die Informationen als Bausteine von Erkenntnis in ihrem Gedächtnis speichern. Die besondere Pointe gerade in unserem Fall ist dabei, daß die Lehrenden im allgemeinen nicht mehr und nicht zutreffendere Erfahrungen mit Behinderung haben als ihre Schüler/-innen. Eine weitere Annahme besagt, Lernen bestehe darin, daß ein Input durch den Erwachsenen auf Seiten der Schüler mit einem korrespondierenden, vorhersehbaren Output an Wissen, Einstellungen und Verhaltensweisen beantwortet wird. Es wird schließlich angenommen, daß die Erziehenden zureichende entwicklungspsychologische Erkenntnisse über die Kinder besitzen, um abschätzen zu können, welche Informationen zu welcher Zeit günstig sind.

Die Erfahrungen mit Kindern, die Erfolge der didaktischen Konzepte des „Entdeckenden Lernens" und Forschungen über die Entstehung unserer Erkenntnis zeigen jedoch die Unhaltbarkeit dieser Annahmen. Schon Beobachtungen von und Erfahrungen mit Kindern können uns deutlich machen, daß zwischen den Informationen der Erwachsenen als „Stimuli" und den Reaktionen der Kinder keineswegs ein linearer Zusammenhang besteht, so daß vorhersagbare Ergebnisse zustande kommen. Robinson läuft seinen liberalen Eltern davon; Konrad steckt kaum, daß die Mutter außer Sichtweite ist, den Daumen in den Mund. *Ellen Key* erzählt die hübsche Geschichte von dem kleinen Jungen, „der - nach einer Schilderung des Himmels der braven Kinder - die Mutter fragte, ob sie nicht glaube, daß er, wenn er die ganze Woche im Himmel brav gewesen sein, am Samstag Abend hinab in die Hölle würde gehen dürfen, um dort mit den schlimmen Buben zu spielen" (*Ellen Key* 1978, S. 51). In Abwandlung des Titels eines Buches von Montessori könnte man also sagen: „Kinder denken anders". Sie bilden Informationen nicht einfach in ihren Vorstellungen ab und produzieren das dazu passende Verhalten, sondern verarbeiten sie im Kontext ihrer lebensgeschichtlichen Erfahrungen, ihrer Interessen sowie ihrer kurz- und längerfristigen Ziele. Selbst dann, wenn sie so handeln, wie es die Erwachsenen aufgrund ihrer Inputs erwarten, ist es nicht ohne weiteres sicher, ob sie damit auch die gleiche Bedeutung verbinden.

Die Forschungen über die Entstehung unserer Erkenntnis, wie sie im Anschluß an Überlegungen Piagets heute von dem Radikalen Konstruktivismus vorangetrieben werden, geben solchen Erfahrungen ein theoretisches Fundament. Sie zeigen, daß menschliche Erkenntnis nicht einfach ein Abbild einer äußeren Realität, sondern ein Produkt unseres Geistes ist. *Glasersfeld* faßt diese Auffassung prägnant zusammen: „Menschen können nur das wissen, was sie selbst gemacht haben." Und: „Menschen können nur das begreifen, was der menschliche Geist gemacht hat, nämlich seine eigenen Werke." (*Glasersfeld* 1992 (a), S. 21/22). Diese produktive Tätigkeit des menschlichen Geistes steht natürlich in bezug auf eine Umwelt, die uns das Material liefert, das wir zu unserer Erkenntnis verarbeiten. Zu dieser Umwelt gehört nicht nur alles, was vorhanden ist, sondern ebenso das, was fehlt, also das augenfällige Nicht-Vorhandensein von Dingen, Menschen oder Situationen. Wenn also Behinderte zwar zum Thema von Unterrichtsstunden gemacht, aber aus der Umgebung des Kindes sorgfältig ferngehalten werden, so ist das auch ein Faktum, aus dem das Kind Schlüsse ziehen wird. Es kann zum Beispiel die Erkenntnis daraus ziehen, daß die Erwachsenen es mit der Gleichberechtigung Behinderter nicht ganz ernst nehmen oder daß man Behinderten doch besser aus dem Wege geht und das Gewissen mit Spenden für sie beruhigt etc. Die Konsequenz aus diesen Überlegungen liegt auf der Hand: Wenn man „normale" Kinder in die Lage versetzen will, eine realistische Erkenntnis von Behinderten und Behinderung zu gewinnen, so müssen sie mit Behinderten zusammentreffen und Erfahrungen mit ihnen machen können. Das gleiche gilt umgekehrt für die Behinderten in bezug auf ihre nicht-behinderten peers. Die Schule bietet sich als Ort dieses Zusammenkommens an, weil sie eine Vielzahl sozialer Bezüge über längere Zeiträume hin schafft und weil die Erfahrungen der Kinder in ihr erzieherisch begleitet werden können. Das ist eine der Grundvoraussetzungen dafür, daß

Anderssein ertragen werden kann. Davon soll im nächsten Kapitel die Rede sein.

3. Die Akzeptanz von Anderssein

Die Zugehörigkeit zu gesellschaftlichen Gruppen wird durch die Übereinstimmung der Mitglieder mit geltenden kulturellen und sozialen Normen definiert. Minoritäten sind demgegenüber Menschen, die mit den allgemeinen Normen nicht übereinstimmen können oder wollen, und denen daher die Zugehörigkeit verweigert wird. Sie fristen daher entweder ein Dasein am Rande der Gruppe, oder sie werden ausgegrenzt: in Ghettos, Altenheimen, Sonderschulen. Die Ablehnung und Ausgrenzung von Minoritäten ist offensichtlich eine in der historischen Anthropologie des Menschen tief verankerte Haltung. Sozial garantiert Ausgrenzung die Identität und Stabilität der Gruppe. Individuell gesehen sichert Ausgrenzung mich selbst in meiner „Normalität": Ich bin nicht so wie die, sondern ich bin „normal", gesund, zugehörig. Die Ausgrenzung ist also Abwehr von Bedrohung, indem die Bedrohtheit auf andere verlagert wird.

Im Zuge der Entwicklung der modernen demokratischen Gesellschaft zeigen sich jedoch auch gegenläufige Prozesse. Ein wesentlicher Aspekt der Zivilisierung besteht darin, daß Normen allgemeiner (und damit freilich auch abstrakter) formuliert werden. Die Prinzipien von Freiheit, Gleichheit und Brüderlichkeit schließlich umfassen alle Menschen, und so werden ja auch nach und nach Bürgerrechte gewährt an Frauen, Juden und andere Angehörige ethnischer Minderheiten; Behinderte, Außenseiter und Straffällige werden menschlicher behandelt und sozial rehabilitiert. Diese Verallgemeinerung der Normen ist freilich an die Voraussetzung gebunden, daß die Spielräume für Abweichungen größer werden. Wenn ich in jedem das Antlitz des Menschen entdecken will, so setzt das die Freude am Anderssein voraus. Der zivilisierte Mensch weist sich dadurch aus, daß er Menschen verschiedener ethnischer Herkunft, unterschiedlicher kultureller Praktiken und Verhaltensweisen als Menschen und Bürger wie er selbst anerkennt. Man muß sich freilich bei solchen idealistisch klingenden Formulierungen stets der Tatsache bewußt bleiben, daß die Bereitschaft zur Akzeptanz von Anderssein keine zu einem historischen Zeitpunkt einmal erreichte und von da an quasi naturhafte Haltung des Menschengeschlechts ist. Wie die Barbarei der Deutschen gegen alles Andersrassige in unserem Jahrhundert gezeigt hat, sind Rückfälle jederzeit möglich, weil die Ideologie und Praxis der Ausgrenzung in bestimmten historischen Konstellationen eine zentrale politische und sozialpsychologische Funktion als Verschleierung bestehender Konflikte gewinnt. Eine humane Pädagogik setzt also stets eine Gesellschaft voraus, die sich Humanität in der Schule leisten kann und will.

Ich mache einen Sprung zu unserem engeren Thema zurück: Eine zivilisierte Gesellschaft wie eine zivilisierte Schule zeigt sich in ihrer Offenheit für Anderssein, in der Akzeptanz von Vielfalt und in der Gewährung von Spielräumen für „abweichendes" Verhalten. Wenn freilich unsere obige Bemerkung stimmt, daß Ablehnung eine tief verankerte Haltung ist, so bedarf Offenheit des Lernens. Die Offenheit für Anderssein jedoch ist - und damit greife ich auf bereits Gesagtes zurück - nicht lehrbar im Sinne einer Informationsvermittlung. Denn Offenheit ist kein antizipatorisch erwerbbares und für künftigen Gebrauch speicherbares und in Klassenarbeiten oder Tests nachweisbares Wissensquantum, sondern eine Qualität des Fühlens, Denkens und Handelns. Sie entsteht, wenn überhaupt, indem ich mich in Situationen erfahre, eine Rückmeldung über mein Umgehen mit ihnen erhalte und meinen Erfolg oder mein Scheitern reflektiere. Da Lernen ein lebensgeschichtlicher Prozeß ist, kommt es nicht auf eine spektakulär herausragende Situation an, sondern auf die Fülle und Vielfalt scheinbar alltäglicher Vorkommnisse. In ihnen ist ein ausprobierendes Handeln möglich, ohne daß im Falle des Mißlingens gleich alles verloren ist: Denn es wird weitere ähnliche Situationen geben, in denen ich mein Handeln revidieren kann. Die Integration von Behinderten in der Schule schafft solche Ketten von Situationen, in denen es möglich ist, eine Vielfalt von Erfahrungen zu machen und zu bearbeiten. Sie gibt daher Impulse zum sozialen Lernen, die nicht erst künstlich herbeigeführt werden müssen.

4. Soziales Lernen

Die Bedeutung des sozialen Lernens im schulischen Erziehungsprozeß ist heute unbestritten. Zwar werden wesentliche Grundlagen der sozialen Kompetenz vor allem im Umgang mit Erwachsenen auch heute in der Familie erworben, doch bieten die meist kinderarmen, relativ isoliert lebenden Familien den Kindern häufig wenig Möglichkeiten zum Umgang mit etwa Gleichaltrigen, zu Freundschaft und Spiel, zu Streit und Kampf. Für viele Kinder und Jugendliche fehlen auch die Nachbarschaften, in denen es möglich ist, einfach auf die Straße zu gehen, wenn man jemanden für gemeinsame Unternehmen braucht. Der Kindergarten und später die Schule erhalten daher eine entscheidende Funktion für die Vermittlung sozialer Erfahrungen, für das Finden von Spielpartnern, mit denen man sich für den Nachmittag verabreden kann, ebenso wie für das Sich-Behaupten gegenüber Peers, das in der Familie kaum möglich und nötig ist. Das zentrale Problem der modernen Schule wird daher durch die Frage bezeichnet, wie die Schule auf dieses soziale Lernen, das sich in der einen oder anderen Form eh vollzieht, einen positiven Einfluß ausüben kann. Eine der schon in der Reformpädagogik zu Anfang dieses Jahrhunderts angebotenen Lösungen besteht in der Dehomogenisierung der Schulklasse, durch die eine Dynamik geschaffen wird, die soziales Lernen sozusagen provoziert. Beispiele solcher Dehomogenisierung sind etwa die Einführung der Koedukation, die Schaffung jahrgangsübergreifender Stammgruppen (*Petersen*), die Mischung der Charaktere in der Waldorfpädagogik, das Nicht-Aussondern von Problemschülern in den Lebensgemeinschaftsschulen. Die Reformpädagogen machten dabei eigentlich nur zu einer pädagogischen Tugend, was in den einklassigen Dorfschulen bis weit in das 20. Jahrhundert hinein aus schierer Notwendigkeit praktiziert wurde.

Auch die Integration behinderter Kinder kann ein solcher Ausgangspunkt sozialen Lernens werden. Denn das bloße Faktum der Anwesenheit Behinderter schafft Ansprüche an die soziale Kompetenz aller Beteiligten, die einfach aufgegriffen werden müssen. Im übrigen muß man sich darüber im klaren sein, daß der erste Schritt der Integration überhaupt nur darin besteht, daß Kinder mit Lern- und Verhaltensschwierigkeiten nicht ausgesondert, als gestört oder behindert deklariert und in Sonderschulen überwiesen werden. Die sozialen Ansprüche der behinderten Kinder reichen von Hilfen im alltäglichen Leben, etwa bei Spielen oder Ausflügen, über Hilfeleistungen bei der Zusammenarbeit im Unterricht, bis zu dem Wunsch nach Freundschaft mit nicht-behinderten Kindern. Dabei sind alle diese Zuwendungen nur dann förderlich für die Persönlichkeit des Behinderten, wenn sie nicht in Form einer Herablassung oder einer „overprotective kindness" gewährt werden.

Denn hinter allen einzelnen Ansprüchen steht der grundlegende Anspruch, als jemand angenommen zu werden, der nicht Behinderter „ist", sondern der Mensch, Kind, Schüler/-in, Kamerad/-in ist wie alle anderen, und eben nur eine (oder mehrere) Behinderungen hat, mit der er/sie fertig werden muß, so wie andere mit Brillen, Linkshändigkeit, schiefstehenden Zähnen, Segelohren, geschiedenen Eltern etc. fertig werden müssen. Auch die nicht-behinderten Kinder stellen durchaus Ansprüche an die soziale Kompetenz der Behinderten. Hierher gehören beispielsweise die Erwartungen, daß aus der Behinderung keine Privilegien abgeleitet werden; daß die behinderten Kinder sich nicht von den anderen isolieren, sondern bei ihren Arbeiten, Feiern, Spielen und Streichen mitmachen; daß die Behinderten ihre Behinderung annehmen und ihren glücklicheren Klassenkameraden/-innen nicht mit Neid oder Mißgunst entgegentreten.

Die Integration Behinderter schafft also einen Ernstfall sozialer und moralischer Probleme in der Schule - eigentlich etwas, wonach die Pädagogen/-innen immer suchen. Ob man diesen Ernstfall riskieren kann, hängt freilich von den Bedingungen ab, unter denen er stattfinden kann.

5. Die Bedingungen integrativer Erziehung

Es sprechen ohne Zweifel eine Reihe von gewichtigen pädagogischen Überlegungen für die Integration behinderter Kinder in Normalschulen. Trotzdem handelt es sich hier um eine riskante Entscheidung, die der Schule erhebliche pädagogische Leistungen abverlangt. Das Versagen der Schule schon gegenüber vielen normalen Kindern, das sich beispielsweise in der weit verbreiteten Schulunlust oder in den Karrieren von Schulversagern manifestiert, verleitet nicht gerade zu günstigen Prognosen. Zudem gibt es über die Schul- und Lebensschicksale von behinderten Kindern in Normalschulen wenig Kenntnisse, die Fingerzeige geben könnten. Trotzdem lassen sich eine Reihe von Problemfeldern benennen, auf denen Lösungen gefunden werden müssen, wenn Integration erfolgreich sein soll.

1. Es ist ein offenbar weit verbreitetes Selbstverständnis der Lehrerschaft, daß die Verantwortung für erzieherische Probleme abgewiesen wird: Wenn Schüler/-innen den Unterricht nicht verstehen, müssen die Eltern

nachmittags mit ihnen arbeiten oder Nachhilfestunden bezahlen. Wenn Schüler/-innen unangepaßtes Verhalten zeigen, werden sie als verhaltensgestört oder aggressiv diagnostiziert: Das Problem wird also als ein individueller Fehler dargestellt. Wo ein solches Selbstverständnis vorliegt, wäre es unsinnig, die Schule noch zusätzlich mit behinderten Schülern zu belasten. Nur Lehrer/-innen, die erkannt und als für sich verpflichtend akzeptiert haben, daß sie für Erfolg oder Versagen ihrer Schüler/-innen die Verantwortung tragen, können es wagen, Behinderte in ihren Unterricht zu integrieren. Das kritisierte Selbstverständnis der Lehrerschaft ist freilich keinesfalls ein individuelles Fehlverhalten, sondern es entspringt zumindest zum Teil einer verfehlten Lehrerausbildung und wird durch eine Schulorganisation gestützt, die im allgemeinen Schulen um 14.00 Uhr schließt und damit klar macht, daß alles, was über den Unterricht hinaus bei den Kindern und Jugendlichen an Lern-, Entdeckungs- und Aktivitätsbedürfnissen vorhanden ist, eine private Sache ist, die die Schule nichts angeht.

2. Die Integration Behinderter setzt eine Didaktik und Methodik voraus, die es erlaubt, Behinderte und Nicht-Behinderte gemeinsam zu unterrichten und doch jedes Kind individuell zu fördern. Dabei müssen didaktische und Fördermaßnahmen sowohl auf das Fach als auf die Art der Behinderung abgestimmt sein. Erforderlich sind unterschiedliche Methoden der Binnendifferenzierung, ein anschauungs- und handlungsorientierter Unterricht, die Einrichtung von Arbeits- und Projektgruppen und die Entwicklung von Materialien und evtl. Geräten, mit denen Behinderte arbeiten können. Das Problem liegt hier einerseits an der unzureichenden (integrations-)pädagogischen Vorbildung der Lehrer/-innen. Auch in der Normalschule sind solche reformpädagogischen Verfahren ja nicht die Regel. Die Schwierigkeiten liegen aber andererseits auch daran, daß die Einführung von Reformmodellen Veränderungen der Schulorganisation voraussetzt: so müßten Stundenpläne, Fächerverteilung, Länge der Unterrichtsstunden, Pausenregelungen, Leistungsbeurteilung, Versetzungsregelungen, Regeln für den Übergang von einer Schulform zur anderen, viel flexibler und großzügiger gehandhabt werden können, als das in der Regel heute der Fall ist. Lehrerinnen und Lehrer, die integrationspädagogisch arbeiten oder arbeiten wollen, klagen daher auch häufig über die großen administrativen Hindernisse, die ihrer Arbeit entgegenstehen. Vor allem Grundschullehrer/-innen stellen mit großer Frustration fest, daß sich die

Kollegien weiterführender Schulen häufig weigern, integrativ unterrichtete behinderte Kinder aufzunehmen, weil sie sich den didaktischen und schulorganisatorischen Aufgaben nicht gewachsen fühlen.

3. Die Integration behinderter Kinder erfordert eine enge Kooperation zwischen Erzieher/-innen, Lehrer/-innen, Sonderpädagog/-innen, Therapeut/-innen und Eltern. Es gibt auch seit Jahrzehnten eine Fülle von Konzepten und Vorschlägen zur Kooperation innerhalb der Lehrerschaft wie vor allem auch zwischen Eltern und Schule. In allen Bundesländern gibt es Gremien, in denen solche Kooperation institutionalisiert ist. Doch sind die Ergebnisse im ganzen gesehen mager. Das liegt einerseits am mangelnden Interesse der potentiellen Partner, andererseits an der Tatsache, daß die institutionellen Gremien der Kooperation z. B. zwischen Lehrern und Eltern kaum Entscheidungsbefugnisse besitzen, schließlich auch an mangelnden sozialen und gruppendynamischen Fähigkeiten aller Beteiligten.

4. Die Integration Behinderter verlangt eine sorgfältige Prüfung, welche Kinder integrierbar sind. Es scheint zwar grundsätzlich möglich zu sein, Kinder mit jeder Art von Behinderung zu integrieren, was aber im konkreten Fall riskiert werden kann, hängt von den Möglichkeiten der vorgesehenen Schule, der Bereitschaft der Lehrer/-innen und ihren didaktischen Fähigkeiten, der Bereitwilligkeit der „normalen" Kinder und ihrer Eltern, der Möglichkeit zur Kooperation mit Sonderschulen ab. Generell gesehen haben Lern- und Verhaltensbehinderte eher die Chance zur Aufnahme in eine Normalschule als blinde, taubstumme oder geistig behinderte Kinder. Die Bereitschaft zu integrativer Erziehung ist in Kindergärten und Grundschulen größer als in allen Arten der weiterführenden Schulen.

6. Überlegungen zur Lehrerausbildung

Die Integration behinderter Schülerinnen und Schüler in die „normale" Schule kann nach dem Stand unserer bisherigen Überlegungen nicht durch Gesetz oder Verordnung dekretiert werden, sondern sie muß der freien Entscheidung der Lehrerinnen und Lehrer einer Schule und der Eltern entspringen. Grundsätzlich müssen in diesen Entscheidungsprozeß im übrigen auch die Schülerinnen und Schüler einbezogen werden. Ich will mich im folgenden aber auf die Gruppe der Lehrer/-innen konzentrieren und hier wiederum auf die Lehrer/-innen ohne eine spezielle sonderpädagogische Ausbildung.

Schon die Entscheidung für Integration hängt von einer positiven Einschätzung der eigenen pädagogischen Kompetenz ab, sei es, daß sie als zureichend beurteilt oder als erwerbbar vorgestellt wird. Erst recht ist das dauerhafte Gelingen des Integrationsprozesses auf die pädagogische Kompetenz der beteiligten Lehrer/-innen angewiesen. Ich möchte freilich von der These ausgehen, daß es im Grunde keine spezifische integrationspädagogische Kompetenz gibt, wenn man einmal davon absieht, daß die Lehrer/-innen sich natürlich mit den spezifischen Bedürfnissen und Voraussetzungen behinderter Kinder, mit besonderen Arbeits- und Hilfsmaterialien bekannt machen müssen. Im Prinzip brauchen sie aber nur die von allen Lehrerinnen und Lehrern sowieso zu erwartende pädagogische Kompetenz, nur vielleicht in stärkerer und bewußterer Ausprägung, als es für die pädagogische Routinearbeit genügt. Das Problem der Schule überhaupt und der Ansätze zur Integration Behinderter im besonderen besteht darin, daß die universitäre Ausbildung der Lehrer und Lehrerinnen ihren Schwerpunkt in der fachlichen und nicht in der pädagogischen Qualifikation hat. Wer nicht ein naturwüchsiges pädagogisches Talent und Interesse mitbringt, wird es im allgemeinen auf der Universität auch nicht erwerben.

Die pädagogische Qualifikation des Lehrers/der Lehrerin läßt sich ganz abstrakt als eine reflektierte Handlungskompetenz beschreiben, in die fachliches und pädagogisches Wissen, pädagogisches Handeln-Können und Reflexion dieses Handelns eingehen. Differenziert man genauer, so lassen sich in dieser Gesamtqualifikation drei Teilqualifikationen unterscheiden, die unterrichtliche, die erzieherische und die soziale.

Die unterrichtliche Qualifikation deckt sich keinesfalls mit der fachlichen Kompetenz plus ein bißchen Methodenwissen. Denn im Unterricht ist nicht die Aktivität des Lehrers/der Lehrerin das Entscheidende, sondern die des Schülers/der Schülerin. Lehrerinnen und Lehrer bedürfen also vor allem der Fähigkeit, ihre Schülerinnen und Schüler zur selbständigen Erarbeitung desjenigen Wissens zu aktivieren, das sie aus der Schule mitnehmen sollen. Wie wir schon oben angedeutet haben, zeigen neuere Forschungen, daß Lernen nicht ein einfaches Übernehmen von Informationen ist, sondern ein „Akt der Konstruktion, ein Zusammenfügen von Bestandteilen zur Herstellung eines größeren Gebildes, eines komplexeren Konstrukts" (*Glasersfeld* 1992 (b), S. 132). „Denn in einem Kommunikationsprozeß" - und alles Unterrichten ist ja ein solcher - „bewegt sich nicht Information oder Bedeutung oder Wissen, sondern ein Signal, das dem Empfänger, wenn alles gut geht, mitteilt, woraus und wie er die Bedeutung oder das Wissen, das der Sender ihm zugedacht hat, zusammenbauen oder rekonstruieren kann" (*Glasersfeld* 1992 (b), S. 133). Der Lehrer oder die Lehrerin muß also in seiner Ausbildung die Fähigkeit erwerben, den Schülerinnen und Schülern eine Vielzahl von Signalen in Form von anregenden und vielseitigen Materialien, unterschiedlichen Arbeitsaufträgen und Arbeitsformen und differierenden Perspektiven anzubieten, die in ihnen den Prozeß einer wirklichkeitsadäquaten Wissenskonstruktion in Gang setzen. Diese allgemeine pädagogische Kompetenz ist in Integrationsklassen besonders wichtig, weil die Zusammensetzung der Schülerschaft heterogener ist als in „normalen" Klassen, so daß differenzierende Methoden des Wissenserwerbs die Voraussetzung für eine gleiche Förderung aller sind.

Die erzieherische Kompetenz des Lehrers liegt primär in seiner Verantwortlichkeit dafür, daß alle Schüler und Schülerinnen, so wie sie sind, ernstgenommen und dabei unterstützt werden, etwas aus sich zu machen. Dabei spielt es keine Rolle, ob sie schwierig oder „pflegeleicht" sind. Genaugenommen ist diese Unterscheidung pädagogisch unzulässig, weil sie den Schüler/die Schülerin als Objekt eines auf Störungsfreiheit angelegten Unterrichts wahrnimmt. Die erzieherische Frage lautet nicht: Ist dieses Kind geeignet, hier erzogen und unterrichtet zu werden, sondern: wie mache ich als Lehrerin oder Lehrer mich geeignet, dieses Kind hier in meiner Klasse zu erziehen und zu unterrichten? Das heißt, daß die Lehrer und Lehrerinnen grundsätzlich darauf verzichten, sich ihr pädagogisches Geschäft durch Selektionen und Abweisungen zu erleichtern. Gerade die Integration Behinderter setzt ja den Willen zur Annahme „schwieriger" Kinder voraus. An die Stelle des Interesses am Stoff, das immer die leistungsstarken und störungsfreien Schüler und Schülerinnen begünstigt, muß bei den Lehrern und Lehrerinnen die Freude an der Vielfalt individueller Bildungsprozesse und ihrer Förderung treten. Diese Wendung vom Stoff zum Menschen ist die Voraussetzung jeder erzieherischen Wirkung.

Die soziale Kompetenz der Lehrerinnen und Lehrer erweist sich daran, wie weit es ihnen gelingt, aus der Schule einen Lebensraum für Kinder zu machen. Zu einem Lebensraum gehört, daß dort etwas Interessantes geschieht;

daß man vielfältige Erfahrungen mit sich und anderen machen kann; daß man lernt, sich zu streiten und auch wieder damit aufzuhören; daß man lernt, Freunde oder Kooperationspartner zu finden und sich notfalls auch wieder von ihnen zu lösen. Auch hier sind wieder vielfältige Kompetenzen der Lehrer und Lehrerinnen gefordert, von der pädagogischen Phantasie über die Entwicklung eines eigenen Interaktionsstiles bis hin zu der Fähigkeit, Garant/in eines Ordnungsrahmens zu sein, ohne ihn autoritär zu dekretieren.

Wenn man diese drei Teilqualifikationen noch einmal überschaut, so wird deutlich, daß sie ihren Kern in kommunikativen und interaktiven Fähigkeiten haben. Worum es letztlich immer geht, ist das aktive und produktive Lernen des Schülers. Damit dies aber eintritt, bedarf es eines produktiven Lehrens: Die Lehrer und Lehrerinnen müssen Kommunikations- und Interaktionsprozesse in Gang setzen, die diese Produktivität in den Schülern/Schülerinnen auslösen, die sie aus der Rolle von Objekten der Belehrung herauslösen und zu Subjekten ihres Lernprozesses machen.

Das Problem der Lehrerausbildung an den Universitäten wird vor dem Hintergrund dieses Anforderungsprofils überdeutlich. Sie leidet zunächst einmal ganz schlicht unter einem Defizit an Pädagogik. Das Studium des Lehrers konzentriert sich auf seine wissenschaftlichen Fächer. Damit ist aber bestenfalls ein Teilbereich seiner unterrichtlichen Qualifikation abgedeckt. Von Gegnern einer verstärkten pädagogischen Ausbildung an den Universitäten wird gern auf die Referendarzeit nach dem 1. Staatsexamen hingewiesen, die ja in der Praxis abgeleistet werde und daher hinreichend Gelegenheit zum Erwerb pädagogischer Kompetenzen biete. Eine solche Argumentation verkennt, daß die vielschichtige pädagogische Kompetenz des Lehrers nicht einfach aus der Erfahrung hervorgeht, sondern zunächst der wissenschaftlich kontrollierten und reflektierten Auseinandersetzung mit pädagogischen Theorien und Praxen bedarf. Wir brauchen zunächst einmal eine Erkundung des Horizontes der Möglichkeiten, und das ist inmitten der Handlungszwänge eines Referendariats nicht möglich. Die pädagogischen Studien müssen also in der universitären Lehrerausbildung in ihrem Umfang erheblich ausgeweitet werden.

Wenn man eine solche Forderung erhebt, muß man sich freilich die Frage gefallen lassen, ob die Pädagogik tragfähige Konzepte für eine solche

Ausweitung ihres Anteils hat. Diese Frage kann leider nicht so ganz zuversichtlich bejaht werden. Dabei muß freilich beachtet werden, daß genau die randständige Position der Pädagogik in der Lehrerausbildung ihre Entfaltung stark behindert hat. Die heutige pädagogische Lehrerausbildung leidet vor allem an zwei Problemen:

1. Das pädagogische Studium ist selbst als ein Fachstudium angelegt, das den Studierenden vor allem theoretische Informationen anbietet. Pädagogik erscheint so als ein Wissensfach unter anderen. Das gilt vor allem für den Bereich der erzieherischen und sozialen Kompetenz, die vornehmlich auf kognitivem Wege vermittelt werden sollen. Theoretische Kenntnisse - so unverzichtbar sie für die Reflexion von Praxis auch sind - machen aber eben nur einen Bestandteil der professionellen Handlungskompetenz des Lehrers aus. Zwar gibt es innerhalb des Ausbildungsganges schulpraktische Studien. Diese konzentrieren sich aber ziemlich einseitig auf die unterrichtlichen Fähigkeiten. Ferner ist ihre Beziehung zu der theoretischen Ausbildung schon dadurch unbefriedigend, daß sie einen separaten Bestandteil des Studiums, oft mit eigenem Personal, bilden.
2. Die theoretische Ausbildung der Studierenden leidet zudem daran, daß sie häufig keinen systematischen Aufbau erkennen läßt. Das ist freilich ebenfalls durch den schon erwähnten geringen Stundenanteil für Pädagogik mitbedingt. Die Studierenden erhalten infolgedessen nur ein ausschnitthaftes Wissen, das zudem von Universität zu Universität große Variationsbreite aufweist. Welcher Wissensbestand unabdingbar zur professionellen Handlungskompetenz der Lehrerinnen und Lehrer gehört, darüber ist kaum ein Konsens in der Erziehungswissenschaft absehbar.

Es wäre freilich die falsche Konsequenz, wollte man deshalb die theoretische Ausbildung zugunsten einer kurzatmigen Praxisnähe reduzieren. Denn die Planung, Durchführung und Kritik von Unterricht und Erziehung wie auch die Entwicklung neuer „Visionen" bedürfen der theoretischen Eckpfeiler, an denen sie sich orientieren. Man kann diese Leistung der Theorie durchaus sichern, ohne auf einen solchen Konsens warten zu müssen. Denn das Entscheidende ist nicht, welche pädagogischen Theorien, Autoren oder Werke die Studierenden kennenlernen, sondern ob sie sie zur Reflexion aktueller pädagogischer Probleme und Prozesse brauchen können. Es geht also um pädagogische Theorien nicht als bloßes Wissen, sondern um ein Instrumentarium zur Durchdringung und Aufklärung pädagogischer Praxis. Wenn dieses Reflexionsniveau erreicht wird, ist es relativ bedeutungslos, von woher die Reflexion ihren Anstoß erhält.

Was als ein Baustein zum Handeln-Können erforderlich ist, ist ein In-Beziehung-Setzen von kognitiven Elementen und Handlungselementen innerhalb des Studiums selbst. Dazu müßte das Studium zumindest über größere Strecken hin als ein Erfahrungsfeld angelegt sein, in dem kommunikative und interaktive Kompetenzen der oben beschriebenen Art erworben werden können. Dazu gehört die Organisation des Studiums um Projekte; die Einrichtung von Pädagogischen Werkstätten, in denen Studierende Serviceleistungen für andere Studierende, für Schülerinnen und Schüler, für schon im Beruf tätige Lehrerinnen und Lehrer, für Eltern übernehmen; eine methodische Vielfalt der Vorlesungs- und Seminarveranstaltungen, so daß sie zum Erprobungsfeld für Lehr- und Lernprozesse werden; schließlich die Einbeziehung beruflicher Erfahrungen, die viele Studierende heute in außeruniversitären Arbeitsfeldern haben.

Die heutige Lehrerausbildung verfährt grundsätzlich so, als ob Handeln-Können keiner Ausbildung zugänglich sei. Man kann es entweder als eine Art Naturtalent, oder man kann es nicht. Wenn diese Auffassung in das Selbstverständnis von Lehrern und Lehrerinnen eingeht, so führt das dazu, daß sie neuen pädagogischen Herausforderungen, wie beispielsweise der Integrationspädagogik, mit höchster Skepsis begegnen. Anders ausgedrückt: Nur pädagogisch ausgebildete Lehrerinnen und Lehrer werden für pädagogische Innovationen aufgeschlossen sein, da sie Zutrauen zu ihrer eigenen Flexibilität und Lernfähigkeit haben.

Wenn man die Gesamtsituation überblickt, läßt sich keinesfalls sagen, daß die Bedingungen für Integration im Schulsystem so weit vorhanden wären, daß es nur noch einer positiven Entscheidung bedürfe, um sie umfassend zu realisieren. Wer integrative Erziehung anstrebt, wird also auch um die Herstellung der erforderlichen Voraussetzungen kämpfen müssen. Dabei muß man sich von der Hoffnung trennen, das Schulsystem könne rasch und umfassend verändert werden: Dazu sind die Probleme auf den verschiedenen Bedingungsfeldern zu groß. Man wird sich zunächst und wohl noch für längere Zukunft damit zufrieden geben müssen, an einer Reihe von Schulen Stützpunkte integrativer Erziehung zu schaffen, Erfahrungen zu sammeln, Ergebnisse sorgfältig zu dokumentieren und zu analysieren, um auf diese Weise eine breitere Akzeptanz dafür, insbesondere in den weiterführenden Schulen, zu gewinnen.

Literatur

Key, Ellen: Das Jahrhundert des Kindes. Frankfurt/Main 1978.
v. Glasersfeld, E.: Aspekte des Konstruktivismus: Vico, Berkeley, Piaget. In: *Rusch, G., Schmidt, S. J.* (Hrsg.): Konstruktivismus: Geschichte und Anwendung. Delfin 1992. Frankfurt/Main 1992(a).
v. Glasersfeld, E.: Wissen in der Sicht des radikalen Konstruktivismus. In: *v. Glasersfeld, E.*: Wissen, Sprache und Wirklichkeit. Braunschweig/Wiesbaden 1992 (b).
Weigt, M.: Schulische Integration von Behinderten. Weinheim u. Basel 1977.

Herbert Striebeck

Soziologische Theorien aus der Sicht der Integrationspädagogik

1. Vorbemerkung

Im Sommersemester 1989 habe ich schon einmal im Rahmen einer Ringvorlesung zu diesem Thema gesprochen. Damals war das ein ganz anderer Schwerpunkt, damals ging es mir darum zu erklären, was den Umgang mit Behinderten so schwierig macht, bzw. welche Probleme die sogenannten „Normalen" mit Behinderten haben und was die Soziologen dazu sagen bzw. wie sie das erklären. Es ging vor allen Dingen auch darum, deutlich zu machen, warum es zu diesen Problemen kommt. Und eigentlich ist es auch fair, daß man jemandem, der innerhalb der Sonderpädagogik oder der Integrationspädagogik tätig ist, sagt, warum es so schwierig ist. Das ist so, wie wenn man jemanden bittet, einen Wagen zu schieben, und man weiß vorher, dieser Wagen ist schwer beladen, und die ganze Strecke geht es bergauf, dann ist es fair, dieses vorher zu sagen: Der Wagen ist sehr voll, und es geht bergauf! Und so hatte ich auch meine Aufgabe gesehen im Rahmen der damaligen Ringvorlesung, daß ich auf Probleme hinweisen sollte, die beim Umgang von sogenannten „Normalen" mit Behinderten auftreten. Unter einer soziologischen Perspektive habe ich damals verschiedene Dinge aufgelistet bis hin zur Funktionalität der Abweichung im Rahmen verschiedener soziologischer Theorien, die besagen: Jede Gesellschaft braucht einen bestimmten Grad an Abweichung für ihre eigene Stabilität. Man muß immer jemanden haben, auf den man zeigen kann, herabsehen kann, dem gegenüber man sich als etwas Besseres fühlen kann. Das stabilisiert die übrigen, die sogenannten „Normalen". Die Zuschreibungs- und Stigmatisierungsprozesse spielen dabei eine wichtige Rolle. Und Ausgangspunkt ist, daß die Soziologie immer wieder feststellt, daß die Menschen im Durchschnitt - davon können wir immer nur reden, man kann immer nur von Gruppen von Menschen reden, nicht von einzelnen, das ist ganz wichtig in der Soziologie, daß es nie um einzelne Menschen geht, sondern immer nur um Aussagen über Gruppen von Menschen -, daß also diese Gruppen, diese durchschnittlichen Menschen das Normale, das Durchschnittliche, das Ausgewogene so sehr lieben, daß wir alle Abweichungen, alles, was irgendwie aus dem Rahmen fällt, oder wie die Soziologen sagen, aus der Rolle fällt, daß solche Dinge Irritationen, Ängste und Unsicherheiten auslösen.

Diesen Aspekt will ich hier heute nicht vertiefen oder ansprechen, obwohl ich es mir nicht verkneifen kann, auf einen Aspekt hinzuweisen, weil ich den so interessant und aktuell finde, und der auch damit zusammenhängt, welche Probleme entstehen, wenn man Integrationspädagogik betreibt. Es geht immer wieder um die Frage: Wie, wo ergeben sich Probleme, oder warum ergeben sich Probleme im Umgang mit behinderten Menschen? Ich darf Ihnen hier dieses Foto (Gesicht einer Frau) zeigen.

aus: *Grammer*, S. 171

Ich will Sie jetzt nicht auffordern, das Foto zu kommentieren, sondern behaupte, daß die Mehrheit von Ihnen dieses Gesicht als schön empfindet. Und ich sage Ihnen, daß die Mehrzahl der Menschen unserer Gesellschaft und auch anderer Gesellschaften - z. B. Amerika, Japan -, daß Menschen so ein Gesicht als schön empfinden. Und nun sage ich Ihnen, daß es dieses Gesicht in natura überhaupt nicht gibt. Diese Frau gibt es gar nicht, sondern dieses Gesicht ist ein Computerbild. Man nimmt verschiedenste Gesichter, die vermessen werden, ermittelt die Durchschnittsmaße und kommt dann zu solchen Gesichtern. Das Überraschende ist, daß die meisten Menschen diese Kunst-Gesichter als die schönsten bezeichnen, am attraktivsten empfinden. Das heißt, alle Abweichungen vom Durchschnitt werden als nicht so schön oder als nicht so attraktiv empfunden. Wenn Sie Ihrer Freundin oder Ihrem Freund sagen: Du hast ein Durchschnittsgesicht, dann ist das ein großes Kompliment.

Ich will damit folgendes sagen: Menschen reagieren auf das Durchschnittliche bis hin zum mathematisch Symmetrischen positiv und zwar unabhängig von Kultur und Gesellschaft. Wenn Sie mir jetzt sagen: Naja, das ist Einfluß der Werbung oder dergleichen, dann ist die Frage: Henne oder Ei? So einfach ist das nicht, denn die Werbung benutzt natürlich auch die Gesichter, die ankommen. Und warum kommen diese Gesichter an? Sie können sagen: So sehen doch alle Models aus, und man sieht die ja auch ständig, und so wirken Umweltreize auf uns ein. Das ist die richtige Fragestellung, aber es zeigt sich eben auch, weil dieser Tatbestand kulturübergreifend ist, daß wahrscheinlich auch biologische Konstanten mitwirken. - Das muß noch weiter erforscht werden. Ich will das aber jetzt nicht vertiefen, warum es so schwer ist, den Wagen zu schieben. Das war ja mein Ausgangspunkt, warum es so schwer ist, Integrationspädagogik zu betreiben, sondern ich will heute etwas ganz anderes machen.

2. Soziologische Theorien aus der Sicht der Integrationspädagogik

Heute geht es darum, soziologische Theorien darauf hin zu befragen, welche Aussagen sie machen können in Hinsicht auf Integrationspädagogik. Albert Einstein hat gesagt, es gäbe nichts Praktischeres als eine gute Theorie. Das heißt, soziologische Theorien, wenn sie gut sind, müßten etwas sagen können zur Praxis des Zusammenlebens. Man müßte sie benutzen können, um die Form des Zusammenlebens in irgendeiner Weise zu analysieren oder auch zu planen. Und der Ausgangspunkt für mich ist hier die Tatsache, daß *erstens* Behinderung, die sogenannte „Behinderung" - ich sag' das mal in Anführungsstrichen - Ergebnis von Interaktion und Kommunikation ist und *zweitens*, daß Behinderung weniger eine personale, sondern eine soziale Kategorie ist. Das heißt, wenn man also etwas für Behinderte tun will, so muß man es über Interaktion und Kommunikation tun. Und das ist im eigentlichen Sinne dann die soziologische Perspektive oder Botschaft. Wie verhalten sich Menschen zueinander? Wie wird das Verhalten des einzelnen durch die anderen beeinflußt? Das sind im engeren Sinne die soziologischen Fragen. Wie lassen sich von diesen Fragestellungen her Integrationskonzepte legitimieren? Und Sie werden sehen, daß die Kenntnisse soziologischer Theorien wichtige und gute Antworten geben. Das heißt also, ich bin der Meinung - Sie selbst können das zum Schluß beantworten -, daß jeder Studierende, der sich mit soziologischen Theorien beschäftigt, *für* Integrationspädagogik sein müßte. Den Beweis werde ich hier antreten. Man kann falsche Ziele haben, man kann aber auch richtige Ziele haben und falsche Wege gehen. Das Beste ist natürlich, wenn man die richtigen Ziele hat und auch die richtigen Mittel anwendet.

Jetzt komme ich zu einer soziologischen Grundaussage, daß es einerseits im menschlichen Zusammenleben Regeln, Routinen gibt, bestimmte Erwartungen, die erfüllt werden, Rollenverhalten; alles dies macht das Zusammenleben sehr angenehm. Es erzeugt Sicherheit, man weiß, wie der andere sich in der nächsten Minute verhalten wird. Das heißt also, diese Routinen, diese Regeln, diese normalen Verhaltensmuster, diese durchschnittlichen Orientierungsmuster sind Erfahrungswerte, die menschliches Verhalten lenken und beschreiben. Dann gibt es aber auch andererseits die sogenannte Überraschung, die natürlich auch zum menschlichen Leben gehört, daß Verhalten anders ist, als ich es gedacht habe, daß es abweicht vom Normalen, vom Durchschnittlichen. Jeder kennt diese Situationen, in denen es nicht so abläuft, wie man es sich gedacht hat, in denen man plötzlich mit einem Menschen konfrontiert wird, dem man mit anderen Erwartungen gegenübergetreten ist. Das ist auch Teil des menschlichen Lebens und ein Tatbestand, der ein großes Interesse bei den Soziologen findet: Wie verhalten sich Menschen anderen gegenüber, die in irgendeiner Weise anders sind? Wie geht man damit um? Welche Bedeutung, Funktion, welchen Stellenwert im theoretischen Kontext hat diese Abweichung, dieses Aus-der-Rolle-Fallen oder das Anders-Aussehen, Anders-Verhalten oder generell dieses Anders-Sein?

Wenn man sich die soziologischen Theorien anschaut, dann kann man feststellen, daß es *drei Positionen* gibt in Hinsicht auf die Beschreibung individuellen oder kollektiven Verhaltens. Die erste: *Der Mensch oder das Individuum ist das Maß aller Dinge.* Das Individuum, der Einzelne steht hier im Mittelpunkt. Die personale Dimension ist sehr wichtig. Dies ist ein typischer Ansatz, wie wir ihn in fast allen sogenannten Handlungstheorien oder in der handlungstheoretischen Sichtweise (z. B. bei *Max Weber*) finden. Da geht es immer um das Handeln des Individuums und um seine Motive und die Ursachen, die das Individuum dazu bringen, irgendetwas zu tun oder zu unterlassen.

Die zweite Position: *Das Ganze ist mehr als die Summe seiner Teile.* Das Ganze ist die Gesellschaft, die Gemeinschaft, die Gruppe. Hier steht die soziale Dimension im Mittelpunkt, hier ist das Ganze mehr als die Summe seiner Teile. Hier kommt also zum Individuum noch etwas dazu. Die Gruppe, die Gemeinschaft, die Gesellschaft, alle sozialen Gebilde haben eine eigene Qualität. Da kommt noch etwas dazu, was sich nicht allein ableiten läßt aus der Ansammlung von Individuen. Z. B. bei *Parsons* und bei Durkheim spielt das eine große Rolle.

Die letzte Position: *Die Teile, die Elemente, die einzelnen Individuen konstituieren sich im Ganzen und durch das Ganze.* Dieses ist eine Position, die das Individuum und das Ganze zusammenläßt, die das eine gar nicht ohne das andere denken kann. Die Individuen sind immer nur verstehbar durch das Ganze, und das Ganze ist auch immer nur verstehbar durch die Individuen. Das ist ein Wechselprozeß. Dies ist die typische Position, wie wir sie bei *Luhmann* oder auch teilweise bei *Habermas* finden oder auch als Systemtheorie. Das heißt also, diese systemisch orientierte Beschreibung versucht, die Identität der Elemente im Zusammenspiel mit dem Ganzen zu beschreiben und zu erklären. Wenn man interaktionistisch oder anthropozentrisch oder handlungstheoretisch oder individualistisch das menschliche Verhalten analysiert, so geben diese verschiedenen theoretischen Ansätze unterschiedliche Antworten auf Fragen der Integrationspädagogik oder zum Umgang mit Behinderten. Wenn es das Ziel ist, mehr Normalität zu schaffen zwischen Behinderten und Normalen, also die Integration zu fördern, dann muß man die Theorien sehr unterschiedlich bewerten in Hinsicht auf das, was sie zum Erreichen dieses Ziels beitragen und welchen Stellenwert sie diesem Ziel einräumen. Und dann wird deutlich, daß die verschiedenen Theorieansätze diesem Ziel einen unterschiedlichen Stellenwert beimessen und Unterschiedliches zur Wegbeschreibung beitragen. Wir werden der Reihe nach diese verschiedenen theoretischen Ansätze beschreiben. Natürlich ist es nicht möglich, sie hier im Ganzen zu beschreiben oder darzustellen, sondern eben nur unter dem Aspekt, wieweit Aussagen gemacht werden zur Integrationspädagogik.

2.1. Max Weber: Handlungstheorie

Die Handlungstheorie zählt zu den individualistischen Gesellschaftstheorien. Der Mensch, das Individuum, ist das Maß aller Dinge. Das ist hier die Grundaussage. Die Interaktionen, also das, was sich zwischen den Menschen abspielt, wird von den handelnden Einheiten, von den einzelnen Menschen selbst abgeleitet. Die sozialen Systeme sind dann nur Begleiterscheinungen. Im Mittelpunkt steht das Individuum, das autonom ist, seine eigenen Motive hat und selbstbestimmt Überlegungen anstellt, was es tun soll. *Max Weber* hat Bestimmungsgründe des sozialen Handelns beschrieben: zweckrationales Handeln, wertrationales Handeln, affektuelles Handeln und traditionales Handeln. Es geht darum, individuelles Verhalten zu beschreiben, d. h. die Motive, die Ursachen, warum Menschen dieses oder jenes tun, zu erklären. Nach *Max Weber* können sie ihr Handeln zweckrational, wertrational, affektuell oder traditional legitimieren. Die Individuen selbst sind die Produzenten sozialer Tatbestände. Sie gestalten die sozialen Systeme nach ihren Absichten. Auch Gruppenhandeln wird abgeleitet vom individuellen Handeln. Die Individuen haben eine Identität a priori, wenn man diesen Begriff aus der Kantschen Philosophie nimmt, sie ist von vornherein in dem Begriff Individuum, Individualität mitgedacht. Identität ist nicht Ergebnis sozialer Erfahrungen, entwickelt sich nicht in Wechselbeziehungen mit anderen, das wäre eine Identität a posteriori. Das Problem ist, daß keine Antwort gegeben wird auf die Frage, in welcher Situation welche Form des Handelns auftritt, woran man ablesen oder prognostizieren kann, ob sich jemand zweckrational, wertrational, affektuell oder traditional verhalten wird. Darüber gibt es also keine Aussagen bei *Max Weber* und bei anderen Handlungstheorien. Was jemand konkret tun wird im Umgang mit anderen, ist daraus nicht abzuleiten. Dazu gibt es keine Antwort. Es geht mehr um Appelle an das Individuum. Für die Integrationspädagogik würde das Appelle an die Normalen bedeuten: Seid nett zu den Behinderten, seid freundlich zu ihnen usw., Appell an das Individuum, daß es sich in irgendeiner erwünschten Weise verhält. Oder man sagt den Behinderten: Stellt euch nicht so an, oder: Seid nicht so empfindlich usw. Oder Behinderte entwickeln bestimmte Strategien, wie sie mit bestimmten Situationen fertigwerden. Wichtig ist, daß die Verhaltenssteuerung an dem Individuum selbst festgemacht wird, und daß dann alles, was an nicht gewünschten Verhaltensweisen auftritt, nur Defekte, Defizite dieses Individuums sind. Man muß an das Individuum herantreten und ihm sagen: Handle anders! Und das ist eben ein Problem, wo es große Schwierigkeiten gibt und wo wir andere Theorien haben, die hier überzeugendere Antworten geben, als es über diese Schiene Individuum und Handlung möglich ist.

2.2. George Herbert Mead: Symbolischer Interaktionismus

Die nächste Theorie, die ich kurz skizziere, ist der sog. symbolische Interaktionismus. Die Grundfrage ist hier das Verhältnis zwischen ego und alter und die Formen der Interaktionen. Interaktionen sind nur möglich über gemeinsame Symbole, die man benutzt. Symbole sind Gesten, Mimik, die Sprache, Blicke, Kleidung, alles, was wir benutzen, um uns dem anderen Menschen gegenüber verständlich zu machen. Darum dieser Name der Theorie, denn die Interaktionen laufen immer über Symbole. Und notwendig ist, daß man diese Symbole kennt, denn man kann sich nicht verständlich machen, wenn der andere nicht weiß, was ich mit meiner Geste oder Mimik oder mit einem Wort ausdrücken will. Im australischen Busch irgendwo „Hilfe" zu rufen, ist sinnlos, weil mich wahrscheinlich dort niemand versteht. Und niemand könnte diese verbale Geste oder dieses Wort in Verbindung bringen mit meinem Zustand der Gefahr. Denn diese Symbole sagen immer etwas aus über den Zustand, über die Situation, in der jemand ist. Wichtig ist, sagt *Mead*, daß die signifikanten Symbole, die wir zur Verständigung benutzen, Besitzstand der ganzen Gruppe sein müssen. Sonst gibt es keine Verhaltenskoordination. Voraussetzung von Interaktion ist, daß alle Gruppenmitglieder die Symbole kennen, sie verstehen und in angemessener Weise darauf reagieren. *Mead* geht noch einen Schritt weiter und sagt: Die Interaktionen über Symbole führen dazu, daß der einzelne sein eigenes Verhalten über diese Symbole immer kontrolliert. Wie reagieren die anderen auf dieses Handeln? Jeder kontrolliert sein eigenes Verhalten, indem er das Verhalten der anderen, die Reaktion der anderen registriert. Voraussetzung ist, daß man die Symbole kennt und sie richtig interpretiert, d. h. also, man handelt, es kommt eine Reaktion der anderen, und diese Reaktion muß ich jetzt richtig deuten. Das kann ich aber nur, wenn ich die Verständigungsmittel kenne und die Symbole, Gesten, Mimik, Sprache, Körperhaltung usw. richtig interpretiere.

Und das ist, glaube ich, ein ganz wichtiger Punkt in bezug auf die Integrationspädagogik. Alle Menschengruppen entwickeln eigene Symbole; die sind z. B. schichtspezifisch, geschlechtsspezifisch, und auch bei den Normalen und den Behinderten gibt es spezifische Gesten und eine spezifische Symbolik. Notwendig ist, daß der Behinderte diese Symbolik, diese symbolischen Gesten der Normalen kennt und sie richtig interpretieren kann, denn das ist Grundlage seines Selbstbildes, seiner Identität, seiner Selbsteinschätzung und der Einschätzung anderer.

Wenn das nicht funktioniert, wenn Verständigung nicht möglich ist, kommt es notwendigerweise zu Interaktionsstörungen, zu einer gestörten Identität. Die symbolischen Verständigungsmuster müssen gelernt werden, und es muß Lerngelegenheiten geben, sich selbst auch auszudrücken, sich dem anderen verständlich zu machen und die Reaktion der anderen richtig interpretieren zu können. Das ist im Falle der Behinderten nur durch *integrative Interaktionen* möglich, denn der Behinderte lernt sonst weder die Symbole noch die Reaktionen der Normalen und umgekehrt. Wenn ein körperbehindertes Kind mit nicht körperbehinderten Kindern zusammen ist, verhält es sich in seiner ganzen Körpersprache anders, als wenn es mit anderen Behinderten, Körperbehinderten zusammen ist. Hier sind Wechselbeziehungen sichtbar zwischen dem Sein der Akteure und den symbolischen Interaktionsformen. Indem ich mich selbst mit den Augen der anderen sehe und ihre Reaktion richtig einschätze, baue ich meine eigene Identität auf, denn Identität, die Frage „Wer bin ich?", so sagt der Soziologe, ist zum größten Teil abhängig von der Meinung der anderen über mich. Für den Behinderten sind die Reaktionen von Normalen sehr wichtig. Es geht nicht vorrangig um die Reaktion anderer Behinderter in Hinsicht auf seine Behinderung, sondern es geht auch um die Frage: Wie sehen die Normalen ihn? Und dazu muß der

Behinderte die Symbolik, die Gestik und Mimik, die vielen Verständigungsformen kennen. Und die kann er nur kennen, wenn er mit Normalen zusammen ist und die Verständigungsformen mit ihnen und von ihnen lernt. Das kann man aber nicht erreichen, wenn man die Behinderten isoliert und wegsperrt und sie unter sich läßt. Dann haben sie unter sich zwar keine Probleme mit der Verständigung, aber sie haben dann Probleme mit den Normalen, weil ihnen die Interpretationsschemata fehlen, um die Reaktionen und die Sicht der anderen erkennen und deuten zu können. Auch kein Feedback sind Verhaltensweisen von Normalen Behinderten gegenüber wie Weggucken, Unsicherheit, Ressentiments, Mitleid, Schuldgefühle oder Irrelevanz (ich tue so, als wenn der gar nicht behindert ist). Das ist kein funktionierender symbolischer Interaktionismus, sondern das sind Fehldeutungen und Mißverständnisse. Der Behinderte kann kein Urteil über sich selbst daraus ableiten. Auch Normale müssen den Umgang mit Behinderten lernen. Nur indem beide Gruppen zusammen leben, sind Handlungs- und Kommunikationsschemata im Sinne des symbolischen Interaktionismus möglich.

Zu *Mead* muß ich noch sagen, daß hier das Individuum das Maß aller Dinge ist, weil dieses Wechselspiel, diese Interaktionen über Symbole an die einzelnen Individuen gebunden sind. Hier spielen die Gruppe oder die Gemeinschaft, also übergeordnete soziale Gebilde, keine so große Rolle. Das heißt also: *Weber* und *Mead* würden zu der erstgenannten Position gehören: Der Mensch, das Individuum, ist das Maß aller Dinge.

2.3. Talcott Parsons: Strukturell-funktionale Theorie

Jetzt kommen wir zu *Parsons*: Das Ganze ist mehr als die Summe seiner Teile. Das ist der Funktionalismus oder der sogenannte Strukturfunktionalismus oder die strukturell-funktionale Theorie. *Parsons* und die Funktionalisten gehen von dem Gesamtsystem Gesellschaft aus. Da ist ein System, eine Gesellschaft, eine Gemeinschaft, die hat ganz bestimmte Werte und Normen. Und diese Werte und Normen werden über Orientierungsmuster, durch die Regelhaftigkeit der Handlungen in Institutionen an die Individuen übermittelt. Die Gesellschaft und ihre sozialen Gebilde haben ihren eigenen Wert. Dabei spielen Begriffe wie Stabilität und Gleichgewicht eine große Rolle. Das System muß sich oder will sich erhalten, die Macht der Teilsysteme muß ausbalanciert sein. Die Menschen bewerten sich in Hinsicht auf ihre Funktion, die sie im Rahmen dieses ganzen Systems erfüllen, und ähnlich wie bei Durkheim ist das Soziale bei *Parsons* nicht allein auf das individuelle Bewußtsein zu reduzieren: Das Ganze ist mehr als die Summe seiner Teile. Und vorrangig ist bei *Parsons* der Erhalt des Ganzen, des Systems. Das Individuum hat sich letztlich unterzuordnen, wenn es zum Interessenkonflikt Individuum -Gesellschaft kommt. *Parsons* geht sogar so weit, daß er sagt: Wir Menschen haben so eine Art Bedürfnis nach Harmonie, nach Zusammenleben und passen uns im Konfliktfall lieber an, als daß wir das System gefährden, es in Schwierigkeiten bringen und es destabilisieren. Seine Frage ist: Wie ist gesellschaftliche Ordnung möglich? Warum und wie stabilisieren Handlungen Systeme? Indem Menschen ihre Rollen spielen, indem sie ihre Funktion, ihre Aufgabe in einer Gesellschaft übernehmen. Diese werden ihnen zugewiesen. Die anderen erwarten von mir als Apotheker oder als Arzt oder als Lehrer ganz bestimmte Handlungen. Und diese Handlungen erfülle ich, und dann erkennen die anderen mich an, und dann werde ich belohnt in der Gesellschaft materiell oder auch ideell. Das heißt also, das Ganze ist ein in sich geschlossenes System. Das Ganze hat einen eigenen Wert, und das Individuum hat die Aufgabe, sich einzuordnen und für den Erhalt des Ganzen zu sorgen. Und wenn Sie jetzt mal überlegen, was das für Behinderte bedeutet, dann wird hier ganz deutlich, daß es *Parsons* große Schwierigkeiten macht, innerhalb eines funktionalistischen Systems Behinderte einzuordnen. Bei *Parsons*, bei Merton oder auch bei anderen Funktionalisten wird dieses Problem gar nicht weiter behandelt, das abweichende Verhalten ist im Grunde ein unerwünschter Störfall. Abweichendes Verhalten hat dann biologische Gründe, oder die Ursache ist in Sozialisationsdefiziten zu suchen. Das heißt, eigentlich erfüllen ja Behinderte oder Abweichler keine Funktion, keine Aufgabe innerhalb dieses Systems, um es zu erhalten, d. h., sie fallen im Grunde aus der Rolle. Wir alle sind Rollenspieler, die Rolle verbindet das psychische System mit der sozialen Struktur. Das Individuum mit der sozialen Struktur zu verbinden, das läuft über die Rolle, ich spiele meine Rolle, deshalb bin ich in dieser Gesellschaft wer, weil ich eine bestimmte Aufgabe erfülle. Wenn ich das aber nicht kann, wenn ich bestimmte Aufgaben nicht erfüllen kann, falle ich 'raus aus diesem ganzen System.

Wenn man diese Theorie, diesen Ansatz befragt in Hinsicht auf Integrationspädagogik, findet man keine Antwort. Es gibt nicht mal eine negative Antwort, es ist überhaupt keine Antwort da, weil die Funktionalisten mit all dem, was abweicht, nichts anfangen können. Abweichler jeder Art passen nicht in diesen theoretischen Ansatz.

2.4. Niklas Luhmann: Systemtheorie

Eine Weiterführung dieses Ansatzes ist die Systemtheorie, wie wir sie bei *Niklas Luhmann* finden. *Luhmann* geht auch von Systemen aus, er sieht die gesamte Gesellschaft und auch die Gruppe, die Zweierbeziehung als System. Die Individuen sind die Elemente dieses Systems. Bei *Luhmann* ist es nun aber so, daß er nicht wie *Parsons* eine notwendige Harmonie und Stabilität postuliert. *Luhmann* spricht von Selbsterneuerung der Systeme, von Selbstsozialisation, von Selbstreproduktion der Systeme. Was heißt das? Das heißt nach *Luhmann*: Es ist alles möglich. Es gibt keine Sicherheit in Hinsicht auf das Verhalten der Elemente in einem System. Es ist jederzeit möglich, daß der andere sich anders verhält, als ich es erwartet habe, d. h. Beliebigkeit, Andersartigkeit jeder Interaktion ist wahrscheinlich. Jedes Ersatzelement ist gleich wahrscheinlich, jedes mögliche Anders-Sein. Das nennen wir im Alltag dann Enttäuschungen, Unsicherheiten, Überraschungen. Es ist ein großer Spielraum vorhanden für Fremd- und Selbstbestimmung innerhalb eines Systems. Es gibt immer ein Anders-Sein nach *Luhmann*, es ist immer möglich. Es gibt natürlich auch Harmonie, es gibt auch ein konfliktfreies Miteinander, aber es gibt keinen Grund, warum das so sein muß, und es wird nicht gefordert. Bei *Parsons* hatten übergeordnete Wert- und Normsysteme dafür zu sorgen, daß die Menschen Orientierungen besitzen. *Luhmann* sagt: Ich weiß nicht, was in fünf Jahren ist oder in zehn Jahren, wie diese Gesellschaft lebt oder wie die Menschen miteinander leben wollen. Es ist alles möglich. Die einzelnen Elemente innerhalb des Systems müssen das miteinander ausmachen, d. h., sie müssen dafür sorgen, daß das System nicht auseinanderfällt. Eine gewisse Stabilität, Einheit muß erreicht werden, aber das machen sie selbst, durch Selbstsozialisation, durch Selbsterneuerung. Die Elemente sind immer in einem Selbsterneuerungsprozeß. Die Elemente - und jetzt sind wir bei dem dritten Aspekt -, die Elemente konstituieren, also bilden sich innerhalb des sozialen Systems selbst: Die Teile konstituieren sich im Ganzen und durch das Ganze. Die Teile sind also gleich wichtig, die Teile, die einzelnen Elemente haben also die gleiche Bedeutung. In Hinsicht auf das Ganze müssen Interaktion und Kommunikation dafür sorgen, daß das System seine Aufgaben erfüllt in bezug auf seine Umwelt. Jedes System hat eine Umwelt, und jedes System muß sich mit der Umwelt auseinandersetzen, ob das nun ein Paar ist oder eine Gruppe oder eine Schulklasse. Zeitlich, sagt *Luhmann*, sind die sozialen Systeme immer den Elementen vorgeordnet. Die sind da, das Individuum kommt ja in Systeme immer hinein, z. B. in die Familie, und muß dort also innerhalb dieses Systems seinen Ort finden, muß dort also in irgendeiner Weise handeln und reagieren. Ein soziales System besteht immer aus Handlungen. Und durch die Handlungen kommt das Subjekt ins System, aber - und das ist typisch für die Systemtheorie - die Handlungen sind nie allein durch die Biographie des Subjekts determiniert, d. h. also, daß die Entwicklung der Elemente oder die Entwicklung eines Individuums immer nur zu verstehen ist in der Auseinandersetzung mit Umwelt, im Zusammenleben mit anderen Menschen, und daß alles, was in diesem System geschieht und wie dieses System sich der Umwelt gegenüber verhält, immer wieder von den Elementen selbst entwickelt werden muß oder sich immer wieder erneuert, also Reaktionsformen gefunden werden müssen. Die Regeln, die entwickelt werden, müssen miteinander ausgehandelt werden. Jedes Element ist beteiligt an dieser Selbstreproduktion. Und wichtig ist vor allen Dingen, hier wird es ganz deutlich in Hinsicht auf die Integrationspädagogik, daß natürlich jeder Behinderte Teil des Systems ist. Hier gibt es überhaupt keine Ausblendungen, wie wir sie bei *Parsons* festgestellt hatten, sondern im Gegenteil: Die Familie oder die Schulklasse mit dem behinderten Kind ist System, und die Elemente sind gleich wichtig und gleich bedeutend für das System, und dieses System Schulklasse und dieses System Familie entwickeln eben ihre eigene Qualität, indem jedes Element dort beteiligt ist an der Aufstellung von Regeln, Interaktions- und Kommunikationsformen. Hier wird nichts ausgesondert, sondern der Behinderte ist Element des Systems. Denn wenn man jemanden ausschließt aus einem System, dann ist er in der Tat diskreditiert oder stigmatisiert. Das ist für *Luhmann* ganz undenkbar, denn es heißt: Die Teile konstituieren sich im Ganzen und durch das Ganze. Und das Ganze heißt immer normal und behindert zugleich. Hier wird ganz deutlich, daß Integrationspädagogik nicht ein Problem von Humanität oder Rücksichtnahme auf andere ist, sondern es ist einfach notwendig so, daß - wenn ich das Verhalten einzelner Menschen verändern will oder die Interaktionen zwischen Menschen verbessern will, z. B. zwischen Normalen und Behinderten - ich dann das System verändern muß, d. h., ich muß dafür sorgen, daß dieses System so etwas leisten kann, und daß die Menschen in einem System so etwas leisten können. Dazu müßten sie also vor allen Dingen zusammen sein. Nicht nur Erziehung zur Humanität, Rücksichtnahme u. a. genügt, sondern notwendig ist auch die Verbesserung der sozialen Systeme und überhaupt die Integration der behinderten Elemente in die normalen Systeme. Alle Elemente müssen an den Selbstregulierungsprozessen der Systeme beteiligt werden. Da darf keiner ausgeschlossen werden, Pädagogik darf nicht auf Psychisches reduziert werden. Auch das Psychische ist Teil des sozialen Systems und wird auch beeinflußt durch das System. Ein Teil der Systemqualität sind auch die psychischen Dinge. Die Systemtheorie weist deutlich darauf hin, wie wichtig es ist, von einer Gleichartigkeit, Gleichwertigkeit der Elemente in Systemen auszugehen, und nicht nur das, sondern sie geht noch weiter und sagt, daß die Qualität eines Systems von jedem Element abhängig ist, völlig gleichgültig, wie dieses Element sich darstellt. So hat die Familie mit einem behinderten Kind eine ganz bestimmte Qualität, aber nur dann, wenn das behinderte Kind voll integriert wird in das Familienleben. Wenn man es aussondert oder versteckt oder verheimlicht, wenn eine Familie so tut, als wenn es das Kind gar nicht gäbe, wenn sie es verdrängt, es draußen läßt, das Kind nicht beteiligt an den Alltagsdingen, dann hat diese Familie eine ganz andere Qualität, dann ist dieses Element auch nicht eingebunden. Dann ist dieses Element nicht im ganzen entstanden und durch das Ganze entstanden, sondern ist dann zurückgeworfen auf seine behinderte Individualität. Dieses gilt genauso für jede Schulklasse. Auch eine Schulklasse ohne Behinderte hat eine andere Qualität als eine Schulklasse mit Behinderten. Wenn die einzelnen Elemente die Aufgabe haben, das System zu bilden, zu prägen, zu stützen und auch die Qualität zu bestimmen, so gibt es gerade von der Systemtheorie her überhaupt keine Alternative zur Integrationspädagogik.

Wenn man soziologische Theorien in bezug auf Integrationspädagogik betrachtet, dann muß man sagen: Die *Handlungstheorie* hat aufgrund ihres individualistischen Ansatzes Probleme, weil es dann auf der Ebene läuft: „Seid nett zu dem Behinderten" und zum Behinderten „Stell' dich nicht so an, sei nicht so empfindlich", d. h., es läuft nur über diese individuelle Schiene, Handlung wird allein vom Individuum her gesehen. Beim *symbolischen Interaktionismus* ist es notwendig, um Identität aufzubauen, daß man die Interaktionen, daß man die Symbole kennt, um Interaktion optimal zu gestalten, und daß man also die Reaktionen der anderen kennenlernt, daß man sie richtig deutet und versteht. Das spricht ganz eindeutig *pro* Integrationspädagogik. Beim *Funktionalismus* gibt es Schwierigkeiten, weil die Behinderten sich nicht integrieren lassen in dieses System. Sie fallen dort heraus, weil alles zu sehr auf das Funktionieren, auf die Stabilität, auf Rollenverhalten ausgerichtet ist. Bei der *Systemtheorie* sehen wir ganz deutlich, daß das System ohne Integration aller Elemente ein anderes System ist. Wenn man das Ziel hat, den Behinderten möglichst dicht an die Normalität heranzuführen, dann kann man ihn nur in das System integrieren, und dann hat dieses System auch eine besondere Qualität. Das ist also der einzige Weg überhaupt, wenn man dieses Ziel erreichen will.

2.5. Jürgen Habermas: Kommunikationstheorie

Als letztes komme ich jetzt noch zu Teilen der Kommunikationstheorie bei *Habermas*. Der wichtigste Begriff bei *Habermas* ist die sogenannte herrschaftsfreie Kommunikation. Sie ist Grundbedingung für einen Rationalitätszuwachs der modernen Lebenswelt. Rationalität ist ein Ziel von Wissenschaft und gesellschaftlicher Entwicklung. Der Weg dorthin ist herrschaftsfreie Kommunikation, ist der Diskurs, ist die Anerkennung von Geltungsansprüchen eines jeden einzelnen, jedes Individuums, ist die Gültigkeit jeder Äußerung der einzelnen Elemente, denn - so sagt *Habermas* - die Wahrheitsfindung ist nicht allein Sache des Subjekts. Das Subjekt ist immer in Interaktionssysteme eingebunden, Kommunikation ist nicht Sache des einzelnen, sie wird immer durch Regeln des Systems geprägt, durch seine Verhaltenserwartungen. Wir sehen auch hier wieder, ähnlich wie bei *Luhmann*, diese Bezogenheit auf ein System. Kommunikation ist eben nicht Sache des einzelnen, das wäre wieder Handlungstheorie, sondern sie entwickelt sich im System, in der Auseinandersetzung mit den anderen, das Subjekt ist immer eingebunden in Interaktionssysteme. Und Konflikte sind Kommunikationsstörungen, die im System begründet sind. Sie ergeben sich aus der Qualität des Zusammenlebens. Wenn Konflikte auftreten, sind sie nicht allein aus dem Individuum heraus erklärbar, weil dieses irgendwelche Macken oder Schwächen oder Probleme hat, sondern es sind Störungen, die sich aus der Qualität des Zusammenlebens ergeben, also systembedingt sind. Wenn ich Konflikte also beseitigen will, auch Konflikte, die ein Behinderter z. B. mit seiner Umwelt hat, dann muß ich die Form des Zusammenlebens, die Sozialform ändern, dann muß ich dafür sorgen, daß der Behinderte sich in einem anderen System, in einer anderen Gemeinschaft, in einer anderen Gruppe aufhält. Es gelingt nicht, wenn ich nur an seine Gutwilligkeit oder an seine individuellen Handlungsmuster appelliere, sondern das gelingt nur durch die Veränderung der gesamten Situation. Integrative Konzepte sind hier die einzige Chance, nur so kann eine Entwicklung der personalen Identität des Behinderten erfolgen, nur so kann sie überhaupt entstehen und auch stabilisiert werden. Und Kommunikation ist ein ganz wichtiger Begriff bei *Habermas* und vor allen Dingen die gleichwertige, gleichrangige, gleich wichtige und gleich anerkannte Kommunikation. Diese Form von Kommunikation ist nur im Rahmen eines Integrationskonzepts umsetzbar. Der symbolische Interaktionismus kommt hier mit hinein, die Bedeutung der symbolischen Interaktionen, und *Habermas* wendet das an, indem er sagt, das Ausgesonderte, das Abgetrennte bildet spezifische Formen von Kommunikation und eine typische Form symbolischer Interaktionen, die auch eine spezifische Identität erzeugen, die Identität des ausgesondert Behinderten, die ja gerade im Sinne der Integrationspädagogik vermieden werden soll.

3. Schluß

Ich hoffe, es ist deutlich geworden, wie hilfreich die Beschäftigung mit soziologischen Theorien für die Integrationspädagogik ist, um die Strukturen sozialer Handlungsfelder sowie die Bedeutung der Beziehungen zwischen dem gesellschaftlichen Ganzen und den Einzelelementen zu erkennen, die bei der Auseinandersetzung um Integration und Segregation eine wichtige Rolle spielen. Die Mehrzahl der soziologischen Theorien liefert für die Integrationspädagogik gute Argumente. Das Studium soziologischer Theorien sollte Baustein eines integrationspädagogischen Studiengangs sein.

Literatur

Dieckmann, J./Breitkreuz, G.: Soziologie für Pädagogen. München/Wien 1993
Durkheim, E.: Über soziale Arbeitsteilung. Studie über die Organisation höherer Gesellschaften. Frankfurt/M. 1988
Grammer, K.: Signale der Liebe. Hamburg 1993
Habermas, J.: Theorie kommunikativen Handelns. Frankfurt/M., Suhrkamp 1981
Luhmann, N.: Soziale Systeme. Frankfurt/M., Suhrkamp 1984
Mead, G. H.: Geist, Identität und Gesellschaft. Frankfurt/M., Suhrkamp 1968
Parsons, T.: Zur Theorie sozialer Systeme. Opladen, Westdeutscher Verlag 1976
Weber, M.: Wirtschaft und Gesellschaft. Tübingen, Mohr 1980^5

Günther F. Seelig

Erziehungspsychologische Beiträge zur integrationspädagogischen Lehrerausbildung

1. Vorbemerkungen

Integrationspädagogik ist keine erziehungswissenschaftliche Subdisziplin sub specie aeternitatis, sondern der späte, der sehr späte Versuch, die Versäumnisse der Schule gegenüber von ihr Benachteiligten nun endlich aufzuholen. In der Schule für das kommende Jahrhundert muß Integrationspädagogik als pädagogische Feuerwehr überflüssig werden, weil dann die *Schule für alle* mit Selbstverständlichkeit integrativ arbeiten wird.

Zur Deckung des individuellen Förderbedarfs eines jeden schulpflichtigen Kindes müssen offenkundig Qualität, innovatives Potential und Flexibilität der Schule erhöht werden. Die wirksamste Ressource im Erziehungsbereich dürfte nach wie vor die personelle sein; Schule funktioniert nicht ohne die Kompetenz und Einsatzbereitschaft ihrer Lehrer. Gute Schule halten kann man nur mit guten Lehrern; diese aber können nicht besser sein, als die von ihnen erworbenen Fertigkeiten und Fähigkeiten. Integrationspädagogik wird damit mehr und mehr ein Problem der Lehrerausbildung, das bislang ebensosehr der Lösung harrt, wie das Problem der Aufhebung von Benachteiligungen Behinderter. Die pädagogische Qualifikation der an der Schule tätigen Lehrkräfte muß erweitert und dem neuen Verständnis von Förderung angepaßt werden. Der vorliegende erziehungspsychologische Beitrag zur Integrationspädagogik bezieht sich daher auf Überlegungen zur Ausbildung integrativ arbeitender Lehrerinnen und Lehrer.

2. Lehrerkompetenz

Die Ausbildung zum Lehrer ist im Vergleich zu der mancher anderer Berufe besonders komplex. Nicht umsonst gehört zur Lehrerausbildung das Studium mehrerer - teilweise ganz unterschiedlicher - wissenschaftlicher Disziplinen. Lehrer müssen nicht nur die von ihnen unterrichteten Schulfächer-Disziplinen beherrschen (wofür ja in den unteren Schulstufen das Abitur genügen dürfte), sie sollen auch Pädagogen, Anthropologen, Psychologen, Soziologen und vielleicht auch Spezialisten für Suchtprävention, für Sexualerziehung oder für die Korrektur fehlentwickelten Sozialverhaltens sein.

Angesichts der Vielfalt der erforderlichen Kompetenzen kann nicht erwartet werden, daß Lehrerinnen und Lehrer jeweils die gesamte Disziplin beherrschen und daß sie alle gleichermaßen die gesamte Palette wünschenswerter Fertigkeiten aufweisen. Kollegiale Kooperation - wenn sie denn praktiziert wird - kann für die Entwicklung derjenigen zweckdienlichen pädagogischen Maßnahmen sorgen, auf die nicht jeder Einzelne qua Ausbildung im Vorhinein eingestellt werden kann. Was aber jeder Lehrer wirklich haben muß, ist eben jenes Bündel von Persönlichkeitsmerkmalen, das die Schule braucht, um nicht mehr wegen pädagogischer Kompetenzmängel Schüler aussondern zu müssen.

Es kann selbstverständlich nicht gefordert werden, daß alle Lehrer alle sonderpädagogischen Kompetenzen in sich vereinigen müssen. Es muß auch nicht jeder Lehrer vorab qualifiziert werden, auf jeden besonderen Förderbedarf jedes denkbaren Schülers sofort reagieren zu können. - Das ist auch nicht erforderlich, wenn die pädagogische Arbeit einer Schule als Gemeinschaftsaufgabe des Kollegiums verstanden wird, in dem ein kooperatives Sozialverhalten zur Gewohnheit geworden ist, das niemandem Information (als *Herrschaftswissen* Einzelner) vorenthält, sondern jedem Mitglied die unterschiedlichen Erfahrungen und didaktischen Fertigkeiten im Bedarfsfalle zur Verfügung stellt. In sich untereinander beratenden und stützenden Teams, wie sie in manchen Schulen bereits realisiert sind, braucht niemand alles zu können, sondern jeder kann jeden um Rat und Hilfe angehen bzw. Rat und Hilfe anbieten.
Lehrer sollten aber Förderbedarf - denjenigen der Schüler und vor allem auch den eigenen - erkennen können und als Herausforderung zum Nach-

denken, zum Nachfragen, zum Ratholen und zur Erweiterung eigener Handlungskompetenz erleben. Die grundlegende Forderung an integrationspädagogische Lehrerausbildung bezieht sich insofern also nicht auf jeden denkbaren besonderen Förderbedarf, sondern auf die Vielfalt berufsorientierter personaler Kompetenz und vitaler pädagogischer Kreativität, die Aufgaben der *Schule ohne Aussonderung* zu beantworten. Es geht mithin um Lehrerhaltungen, um Offenheit, um Flexibilität, um die Bereitschaft, individuelle Schülerbedürfnisse zu erkennen und durch zweckmäßige erziehungspsychologische Strategien zu beantworten.

Lehrer der *Schule für alle* müssen dazu - schon in der Ausbildung und immer weiter während ihrer beruflichen Praxis - die Fähigkeit erwerben und vervollkommnen, jeweils geeignete Einzelerkenntnisse der verschiedenen, pädagogischem Handeln zugrunde liegenden Wissenschaften in Strategien integrationspädagogischer Intervention und in praktische Erziehungsmaßnahmen umzusetzen; und sie müssen bestrebt sein, auch die erforderlichen personalen Qualifikationen und Dispositionen zu vervollkommnen.

In erziehungspsychologischer Sichtweise wird das Lehrerverhalten in der Hauptsache von vier Dimensionen (orientiert an den Dimensionen nach *Gaude* 1988) maßgeblich beeinflußt, die - geordnet nach dem Grade ihrer Lernbarkeit - vorläufig benannt werden können als *Kenntnisse, Fertigkeiten, Qualifikationen* und *Dispositionen*. Auf diese soll sich der zweite Teil der hier vorgetragenen Überlegungen beziehen.

Solche Kompetenzen unterscheiden sich nicht prinzipiell von denen der Lehrkräfte, die für die bestehenden Sonderschulen ausgebildet wurden. - Warum auch sollte diese nur für Sonderpädagogen erlernbar sein? - Viele Lehrer haben bereits in „Integrationsschulen" oder „-klassen" gezeigt, daß es möglich ist, die eigene Flexibilität und Kreativität für binnendifferenzierte, individualisierte Erziehungsinterventionen (z. B. im „offenen Unterricht") zu steigern. Sie können durchaus lernen, solchen Unterricht in Kooperationsgruppen zu entwerfen und auch durchzuführen. Dies ist angesichts der größeren Vielfalt der pädagogischen Aufgabe in einer nicht aussondernden Schule erforderlich; es macht den Beruf zwar nicht einfacher, aber lebensvoller und interessanter - mehr personbezogene Kontakte, weniger Monotonie. Außerdem werden den Schülern dadurch mehrere, verschiedenartige Verhaltensmodelle für die Prozesse ihres sozialen Lernens geboten.

Zumeist sind Lehrer emotional durchaus darauf eingestellt, daß sie einen belastenden Beruf ausüben. Wie wir in einer repräsentativen Befragung feststellen konnten (*Seelig, Wendt* 1993), fühlen sie sich übrigens weniger durch die unterrichtliche Arbeit mit den Schülern besonders angestrengt als vielmehr durch organisatorische und situative Bedingungen der Schule und besonders durch Forderungen zur Berücksichtigung bzw. Beratung von Problemlagen, die der Privatsphäre der Schüler und ihren außerschulischen Umfeldern enstammen. Die unter dem Schlagwort „burnout" zusammengefaßten Symptome hängen weniger mit den objektiven Belastungen des Berufs zusammen, als vielmehr mit personalen Faktoren der Streßverarbeitung. Auf diese können und sollten Lehrertrainings vorbereiten (vgl. *Fengler* 1994 sowie *Quitmann* 1994). Dabei dürfte es sich sicher vorwiegend um Ausbildungsveranstaltungen handeln, die stärker reflexions- und einübungsorientiert denn informationsvermittelnd zu gestalten sind.

Unsere Befragung zu Lehrerbelastungen zeigte außerdem, daß sich vor allem Sonderschullehrer weniger belastet fühlen als alle anderen Lehrergruppen. Dieses Ergebnis hängt sicher zum Teil mit den geringeren Klassenfrequenzen an Sonderschulen zusammen; andererseits kann interpretiert werden, daß Studierende, die sich im Sinne der Selbstselektion für die Arbeit mit behinderten Schülern entschieden haben, personale Dispositionen einbringen, die ihnen berufliche Belastungen erwartbar und darum erträglicher erscheinen lassen. Hier ist auf die Bedeutung einer solche Dispositionen unterstützenden Ausbildung verwiesen, die allen Lehrern zuteil werden sollte, und zwar eben nicht nur hinsichtlich pädagogischer Fertigkeiten, sondern insbesondere auch im Hinblick auf die Erweiterung personaler Kompetenz im Interesse qualifizierter integrativer Tätigkeit.

Manche Lehrer fühlen sich allerdings auch auf die Anforderungen und zu erwartenden Änderungen ihrer beruflichen kommunikativen Situation bei Integration bisher ausgegliederter Schüler nicht vorbereitet. - Integrativer Unterricht kommt weitgehend durch die verdienstvolle Initiative von Lehrerinnen und Lehrern zustande, die in opferbereitem Einsatz die Mehrarbeit der eignen Weiterqualifikation auf sich nehmen. Schule und Schüler können aber nicht auf zufälliges, wildwüchsiges Entstehen der *notwendigen* Innovationen warten. - Lehrerausbildung sollte ihre Adressaten auch wirklich zu Lehrern ausbilden, sollte ihnen über die Vermittlung von Kenntnissen und Fertigkeiten hinaus Anregung und Gelegenheit bieten, ihre personalen Kompetenzen und evtl. auch Dispositionen zu entfalten.

3. Integrationspädagogische Lehrerausbildung

Seit Jahrzehnten wird das Lehrerstudium am Modell einer Schule orientiert, die sich als unfähig erklärt und erwiesen hat, alle Schüler ohne Aussonderung zu fördern - „... eine Schule, die mit Kindern, die von der Norm abweichen, wenig anfangen kann" (*Jansen* 1994). Statt universitärer Tradierung pädagogischer Inkompetenz müssen nun endlich die Lehrerinnen und Lehrer von heute auf ihre Aufgaben in der Schule von morgen vorbereitet werden, damit diese eine „Schule für alle" werden kann. Noch immer werden aber Lehrer insofern unzureichend ausgebildet, als sie während ihres Studiums statt auf Team-Teaching vorzugsweise auf die Einzel-Lehrer-Situation, statt auf offenen Unterricht überwiegend auf Frontalbelehrung (wie durch das Beispiel der Vorlesung) eingestellt wurden usw. Es fehlt vielen Lehrern weniger an der „sonderpädagogischen", als vielmehr an der sozialkommunikativen Kompetenz, - nicht an der Bereitschaft, sondern an der Fertigkeit, auf sehr unterschiedliche Lernanforderungen sehr verschiedener Kinder einzugehen. Lehrer sollten zu der Erkenntnis geführt werden, daß Schüler ohnehin nicht immer alle dasselbe lernen, daß unterschiedliches Lerntempo Zugeständnisse an zieldifferente Förderung impliziert. - Es mangelt den Lehrern auch keineswegs prinzipiell an der Bereitschaft zu „Empathie" und „Rollendistanz". Schwieriger mag es sein mit der für die Teamfähigkeit des kooperativen Unterrichtens so wichtigen „Ambiguitätstoleranz".

In der bisherigen Lehrerausbildung sind diese wichtigen Ziele offenbar bislang kaum gesehen oder vernachlässigt worden, weil das - übrigens zumindest in der Grundschule gar nicht realisierte und auch kaum wünschenswerte - Fachlehrersystem mehr das Studium einzelner Unterrichtsfächer in den Vordergrund gestellt hat als Training bzw. Erweiterung sozialer Qualifikationen und Vertiefung personaler Dispositionen.

Der oft eintretende und vielfältig interpretatorisch zitierte „Praxisschock" aus den ersten realen Berufsbegegnungen junger Lehrer entsteht ja nicht aus dem Erleben von Kenntnismängeln im Unterrichtsfach, sondern bezieht sich eben auf die - durchaus richtige - sehr belastende Erfahrung, daß notwendige allgemeinpädagogische und erziehungspsychologische Qualifikationen in der vorangegangenen wissenschaftlichen Ausbildung nicht erworben wurden. Die schicksalhafte Bedrohung, von der junge Lehrer berichten, entsteht aus dem unerwartet entstehenden Verdacht, den falschen Beruf gewählt zu haben, und der Befürchtung, das erfahrene aber nicht recht durchschaubare, und deshalb als Persönlichkeitsmerkmal gewertete Defizit nicht im Laufe der Zeit ausgleichen zu können, weil das wissenschaftliche Werkzeug zur Analyse und zum Entwurf eines individuellen, persönlichkeitsbezogenen Weiterbildungsplanes fehlt. Psychohygienische Tricks helfen hier weniger als profunde erziehungspsychologische Ausbildung, die Hinweise auf erforderliche Dispositionen und Chancen zu deren Entfaltung enthalten muß.

Der Ausgleich der bisherigen Versäumnisse der Lehrerausbildung bei der Gestaltung demokratieförderlicher Unterrichtsmodelle muß von den lehrerausbildenden Vertretern der allgemeinen erziehungs- und unterrichtswissenschaftlichen Disziplinen ernsthaft in Angriff genommen werden. Der Anteil erziehungs- und unterrichtswissenschaftlicher Disziplinen in den im engeren Sinne lehrerausbildenden Studiengängen (Didaktik, Erziehungswissenschaft, Psychologie etc.) muß offensichtlich vertieft und durch integrationspädagogische Anteile bereichert werden. So kritisiert unter vielen anderen *Oelkers* (1993), daß „die Rolle der Erziehungswissenschaft immer noch konturlos oder gar minderwertig erscheint". Die Ausbildung der Lehrer und Lehrerinnen, die mit dem Management der Lernprozesse - auch und gerade der des sozialen Lernens - ihrer Schüler beauftragt sind, erfordert tiefgreifende Verbesserung des didaktischen Handwerkszeugs im Sinne der Verstärkung von Information über Entwicklung, Begabung und Motivation sowie in der Form von Kenntnissen und Fertigkeiten insbesondere sozialkommunikativer Art und schließlich auch persönlichkeitsstabilisierendes Training berufsbezogener Dispositionen. Dazu ist zweifellos auch eine Novellierung der Gesetze unerläßlich, die Schule, Unterricht und Erziehung sowie Lehrerausbildung regeln.

Hinsichtlich der Fachdisziplin ist eher professionelle Distanz zu empfehlen; z. B. gegenüber der curricularen Bindung von Schulunterricht an etwa zwingend zu erreichende Unterrichtsziele. (Abschied vom Zwang zum geistigen Gleichschritt!) Wünschenswert ist sicher auch die Lockerung der Lehrerausbildung von curricularer Bindung und die Entwicklung eines innovativen Katalogs von Kenntnissen, Fertigkeiten, Qualifikationen und Dispositionen. Im ganzen „... könnte eine stärker professionalisierte und weniger fachorientierte Lehrerausbildung - auch im Sinne einer Prävention von beruflichen Mißerfolgen und individuellen Enttäuschungen - hilfreich sein" (*Gaude* 1995). Wenn nicht der Gesamtumfang des Studiums erhöht werden soll, heißt dies: Weniger Fach, mehr Didaktik; weniger historische Pädagogik, mehr in Praxis umsetzbare Erziehungswissenschaft; weniger theoretische Psychologie, mehr interventorische soziale Kompetenz etc. - Nötiger als die wissenschaftliche Bildung in einer erziehungsfernen (Unterrichts-)Fachdisziplin ist die pädagogische Ausbildung in der nicht minder wissenschaftlichen, aber zusätzlich praxisbezogenen Disziplinen-Kombination „unterrichten, erziehen und beraten können".

Lehramtsstudenten sind verstärkt auf ihre überfachlichen Erziehungsaufgaben und auf die emotionale Nähe zu ihren Schülern vorzubereiten. Auf mögliche Beiträge aus den erziehungspsychologischen Bereichen Diagnostik, Lernen und Motivation wurde bereits hingewiesen (*Seelig* 1994). Zu erinnern ist hier insbesondere an die Förderung der Kooperativität als soziale Kompetenz zur Ermöglichung von Team-Teaching, zur Beendigung der Ein-Personen-Autorität im Unterricht, zur Realisierung eines Mehr-Menschen-Modells gesellschaftlicher Interaktion und schulischer Lernsteuerung.

Die Modernisierung und Verstärkung des erziehungspsychologischen Anteils erziehungs- und unterrichtswissenschaftlicher Disziplinen an der Ausbildung von Lehrern muß sich insbesondere auf Flexibilität und Kreativität für binnendifferenzierte und individualisierte Erziehungsinterventionen sowie auf lernprozeßdiagnostische Fertigkeiten, Qualifikationen und Dispositionen erstrecken. So brauchen Lehrer erziehungspsychologischen und didaktischen Überblick und Weitblick, um die „anthropogenen Voraussetzungen" ihrer Schüler (sensu *Heimann* und darüber hinaus) erkennen und berücksichtigen zu können. Sie müssen in ihrer Ausbildung lernen, was sie vom einzelnen Schüler erwarten können (Entwicklungs- und Lernstandsdiagnostik), und sie müssen zu Entscheidungen darüber befähigt werden, mit welchen Zielsetzungen und Anforderungsniveaus dem individuell besonderen Förderbedarf ihrer Schüler mit differenzierten didaktischen Maßnahmen zu begegnen ist. Weg und Ziel eines personal gestützten integrativen Unterrichts sind bilaterales Erfahren und Erlernen von Interaktionsstilen, die individuelle Unterschiede nicht als Defizite affektiv zurückweisen, sondern als Chancen zu erweiterter Kooperation und zum Gewinn sozialer Kompetenz verstehen und zu nutzen wissen.

Die Forderung nach Erweiterungen der personalen Kompetenz der Lehrer zielt auf das Wunschbild einer Lehrerpersönlichkeit, die nicht nur bereit ist, ihren *Kenntnisstand* ständig zu erweitern und ihre *Fertigkeit* zur Vermittlung von Prozessen inhaltlichen und sozialen Lernens zu verfeinern, sondern deren Selbstwertgefühl stabil genug ist, Grenzen der eigenen *Qualifikation* erkennen und ausgleichen zu wollen (z. B. eigene Durchsetzungsfähigkeit richtig einschätzen und auf Machtausübung verzichten zu können etc.) und die die Strukturen und Wirkungen ihrer personalen *Dispositionen* kennt und berücksichtigt.

Voraussetzung einer in diesem Sinne vorbildlichen Lehrerausbildung ist eine modellhafte integrationspädagogische Haltung der Ausbilder zumindest in den erziehungswissenschaftlichen Basisdisziplinen, die den Lehramtsstudenten Anregung zur Optimierung der genannten personalen Kompetenz bietet. - Im folgenden wird der Versuch unternommen, diese durchaus ineinander verflochtenen personalen Kompetenzen zu differenzieren und im Einzelnen etwas näher zu umreißen, wiewohl kein Zweifel bestehen kann, daß sie im Rahmen eines Gesamtkonzepts für Lehrerausbildung keineswegs getrennt curricular unterrichtet werden können. Vielmehr sollte Lehrerausbildung künftige Lehrer einladen, ihre personalen Kompetenzen zum Gegenstand eigener kritischer Reflexion und individueller Entfaltung zu erheben; sie sollte Lehramtsstudenten dazu begeistern, gute Lehrer zu werden.

3.1 Kenntnisse

Kenntnisse sind lehr- und lernbare Informationen, wie sie bereits in der Schule und im Studium gelehrt werden (können) - z. B. das Alphabet oder die psychologischen Lerntheorien. Erziehungspsychologische Kenntnisse dienen dem Aufbau bzw. der Optimierung pädagogischer Fertigkeiten.

3.1.1 Entwicklungspsychologische Informationen dienen als didaktisches Handwerkszeug z. B. der pädagogischen (Förder-)Diagnostik. Lehrer müssen wissen, was vom einzelnen Schüler erwartet werden kann und durch welche Maßnahmen evtl. diagnostizierten Entwicklungsrückständen zu begegnen ist. Die Festlegung von Förder- und Anforderungszielen muß entwicklungspsychologisch angepaßt werden. Lehrer müssen wissen, welche Abweichungen sich auch ohne besondere Maßnahmen im Verlauf der Entwicklung ausgleichen. Hilfreich dürften auch Kenntnisse über theoretische Ansätze zum Konzept der Intelligenz/Begabung und deren kritische Würdigung sein.

3.1.2 Sozialpsychologische Informationen bieten unter anderem kommunikationspsychologische Beiträge zu Unterricht und Erziehung. Sie sollen als didaktisches Handwerkszeug bei der Unterrichtsorganisation ebenso helfen wie bei der Herstellung lernförderlicher Arbeitsformen in leistungsniveaudifferenten Gruppen. Dazu gehört auch Wissen über gruppendynamische Prozesse und vertieftes Verständnis für Schülerrollen und Rollenverhalten. Die Bedeutung von Kenntnissen über Entstehung und Funktion von Vorurteilen (insbesondere gegenüber Behinderten) als gesellschaftliche Zuweisung diskriminierender Eigenschaften ist nicht zu übersehen.

3.1.3 Lerntheoretische Informationen beinhalten als didaktisches Handwerkszeug lehrhandlungsrelevante Kenntnisse über Lernen am Erfolg, Wirkungseinschätzung lern- und leistungsmotivierender Verstärker sowie Einblicke in Techniken der Verhaltensmodifikation. Informationen über Generalisierungs- und Diskriminationslernen und über Merkfähigkeit und Gedächtnis sind ebenso wichtig wie lehrhandlungsrelevante Vertrautheit mit Prinzipien entdeckenden Lernens und Kenntnis über den Aufbau von geistigen Strukturen im Lernprozeß. Schließlich dürfen lehrhandlungsrelevante Einsichten in das Lernen am Modell nicht fehlen.

3.1.4 Motivationspsychologische Informationen beziehen sich als didaktisches Handwerkszeug vor allem auf die Konstrukte „Lern-" und „Leistungsmotivation". Sehr wahrscheinlich ist eine geeignete Motivationsstruktur für den Lernerfolg von Schülern wichtiger als die noch immer im pädagogischen Denken (wegen der Lehrermißerfolge verschleiernden Funktion) überbewertete Begabung/Intelligenz. - Auch Kenntnisse über Herstellung und Wirksamkeit von Aufmerksamkeit und Konzentration dürfen nicht fehlen. Im Hinblick auf die pädagogische Betreuung behinderter Schüler sind Kenntnisse der motivationalen Schülerreaktionen auf Mißerfolge ebenso wichtig wie die über Wirksamkeit individueller Anspruchsniveaus und Möglichkeiten zur Korrektur unrealistischer Selbstansprüche. Besonderes Augenmerk verdienen hier die Mißerfolgserfahrenen. Sie entwickeln die sehr lerneinschränkende Neigung, zu niedrige oder zu hohe Ansprüche an sich zu stellen. Nicht zuletzt ist auch deshalb für jeden Lehrer Vertrautheit mit der Attributionstheorie zu fordern.

3.1.5 Zu den notwendigen *Informationen über emotional-affektive Bedingungen* didaktischen Handelns gehören lehrhandlungsrelevante Kenntnis der Ergebnisse der Aggressionsforschung und der Zusammenhänge von Gewalt und Selbstwertgefühl. Ebenfalls wichtig ist Vertrautheit mit Ergebnissen der Angstforschung - insbesondere mit den Erkenntnissen über erlernte Hilflosigkeit - und Information über die Zusammenhänge von Angst und Leistung, soweit sie für das Lehrerhandeln bedeutsam sind.

3.2 Fertigkeiten

Fertigkeiten im Sinne handwerklich-kognitiven Könnens werden in der Ausbildung vermittelt - z. B. Lernzielformulierung, Unterrichtsplanung, Leistungsbeurteilung, individuelle Förderung von Schülern.

3.2.1 Aus den Informationen über *Entwicklung* abgeleitete Fertigkeiten beziehen sich z. B. auf die Einschätzung von Entwicklungsstadien oder -zuständen sowie auf die Bewertung von Aussagen über Begabung/Intelligenz etc.; dazu gehört die Fertigkeit zur Einschätzung der erwartbaren Leistung des einzelnen Schülers, die Fertigkeit der Bestimmung realistischer Anforderungs- und Förderziele. Lehrer sollen Fehlverläufe der Primärsozialisation erkennen und möglichst auffangen oder womöglich ausgleichen können. Hier gewinnt die Fertigkeit Bedeutung, besonderen Förderbedarf zu erkennen und durch Auswahl geeigneter Maßnahmen, mit denen etwa Entwicklungsrückständen zu begegnen ist, zu befriedigen (Förderdiagnostik). Selbstverständlich sind pädagogene Fehlentwicklungen rechtzeitig zu erkennen und zu vermeiden.

3.2.2 Die sozialpsychologischen Kenntnisse über *Kommunikation* sollen zur Unterrichtsorganisation und zur Herstellung lernförderlicher Arbeitsformen in leistungsniveaudifferenten Gruppen genutzt werden. Das Verständnis für Schülerrollen und Rollenverhalten dient der Fertigkeit zur Steuerung gruppendynamischer Prozesse. Aus der Sozialpsychologie abgeleitete Fertigkeiten helfen auch bei der Bekämpfung von Vorurteilen sowie zur Anregung von Schülerkooperation und Schülersolidarität.

3.2.3 Aus den Informationen über *Lernen* sollen Fertigkeiten zur Auswahl lern- und leistungsmotivierender Verstärker wie zum Lehren der „richtigen" Verstärker abgeleitet werden. (Wer in der sozialen Isolation eines als behindert Eingestuften lernt, auf die falschen Verstärker zu antworten, ist hinterher gesellschaftlich ausgegliedert; isoliertes Lernen in Sondersituationen führt zu Fehlerwartungen.) Lehrer brauchen auch Fertigkeiten zur Verhaltensmodifikation und zur Optimierung von Wahrnehmung, Diskrimination und Generalisierung. Sie sollen zur Optimierung von Aufmerksamkeit, Merkfähigkeit und Gedächtnisleistung beitragen können und nicht zuletzt das Lernen von Begriffen und Kategorien anleiten. Schließlich sollen sie als Beitrag zur Didaktik offenen Unterrichts mit differenten Lern- und Lehrzielen unterrichten, also lernförderlich planen, einleiten, lenken, beobachten, unterstützen und nachbereiten können.

3.2.4 Aus den Informationen über die *Motivationsforschung* ergeben sich Fertigkeiten zur Herstellung und Lenkung von Lernmotivation und zur Stabilisierung, Zentrierung und Stützung der Leistungsmotivation. Dazu gehören Fertigkeit im Setzen von Lernimpulsen und zur Optimierung von Aufmerksamkeit und Konzentration. Besonders wichtig sind hier Interventionsfertigkeiten gegenüber erfolgsarmen und fehlmotivierten Schülern sowie zur Schaffung realistischer individueller Anspruchsniveaus. (Auch die Setzung des eigenen Anspruchsniveaus wird gelernt.) Vor allem müssen Lehrer die Fertigkeit entwickeln, ihre Schüler Erfolge und Mißerfolge nicht als statische und schicksalhafte, sondern als veränderliche und individuell beeinflußbare Ergebnisse eigenen Handelns und eigener Bemühung zu erkennen und so zur Erzeugung lernförderlicher Attribuierungen beitragen.

3.2.5 Aus den Informationen über *Aggressions- und Angstforschung* abgeleitete Fertigkeiten beziehen sich z. B. auf Kompetenz im Umgang mit Schüleraggressionen, selbstbeobachtende Vermeidung von Lehreraggressionen und Vermeidung angsterzeugenden Lehrerverhaltens. Lehrer sollten über Fertigkeiten verfügen, Schülerängste aufzufangen und erlernte Hilflosigkeit abbauen zu helfen.

3.3 Qualifikationen

Zur Ausbildung für gemeinsamen Unterricht fehlt es weniger an der Vermittlung „sonderpädagogischer" Kenntnisse als vielmehr am Training sozialkommunikativer Qualifikationen der Lehrer (Teamfähigkeit, Kooperationsfähigkeit etc.). Qualifikationen sind direkt auf die Lehrtätigkeit bezogene emotional-kognitive Befähigungen - z. B. Ambiguitätstoleranz, Antizipationsfähigkeit, Frustrationstoleranz, Gelassenheit, Gerechtigkeit, Lernfähigkeit, Rollendistanz, Solidarität. Qualifikationen dieser Art müssen und können von Lehrern geübt werden.

3.3.1 Zu den wünschenswerten Lehrerqualifikationen gehören Bereitschaft zur Kooperation mit Schülern und zur Anregung von Kooperation bei Schülern. (Lehrer helfen Schülern, lassen sich aber auch von Schülern helfen.) Dazu ist Solidarität mit Kindern - insbesondere benachteiligten - erforderlich. Lehrer müssen zu kooperativer Kompetition statt zu neiderfüllter Konkurrenz ermuntern und bei sich selbst wie bei den Schülern Bereitschaft zur Wertschätzung von Erfolgen sozialen Lernens erzeugen auch und gerade der im Stofflernen weniger Erfolgreichen.

3.3.2 Lehrer sollen ihre pädagogischen Interventionen verstehen als Sozialisationshilfen zu Identitätsfindung und Persönlichkeitsentfaltung und als Modell für soziales Lernen. Dabei entfalten sie ihre eigene Flexibilität und Kreativität für binnendifferenzierte, individualisierte Erziehungsinterventionen (z. B. im „offenen Unterricht"). Sie erarbeiten sich im Sinne des sozialen Lernens die Verhaltensgewohnheit, bei ihren Schülern wie bei sich selbst die Setzung sozialbezogener und dennoch realistischer individueller Anspruchsniveaus zu fördern; sie haben die Bereitschaft zu behutsamer aber nicht überbehütender Intervention besonders gegenüber erfolgsarmen und fehlmotivierten Schülern. Sie erzeugen bei sich selbst und ihren Schülern die Einstufung von Erfolgen wie Mißerfolgen als persönlich beeinflußbare Variablen.

3.3.3 Lehrer müssen sich in Erleben und Verhalten in besonderem Maße an die Tatsache angepaßt haben, daß nicht alle Menschen gleich sind, aber gleiche Rechte haben müssen. Zu den erforderlichen qualifikatorischen Merkmalen der Lehrerpersönlichkeit gehören nicht zuletzt die Toleranz gegenüber Ungleichheit der Schüler und die Distanzierung der Lehrer von ihren impliziten Persönlichkeitstheorien zugunsten eines offeneren, differenzierteren Menschenbildes, das individuelle Variationen ausdrücklich zuläßt.

3.3.4 Dazu brauchen sie als individuell absicherndes Element der Lehrerpersönlichkeit ein stabiles hochpositives Selbstwertgefühl, das ihnen kritische Betrachtung der eigenen Person und Bewertung eigenen Handelns ermöglicht; insbesondere erforderlich sind kritische Reflexion und Evaluierung eigener Normen und Werte, eigener sozialer Bedürfnisse und Wirkungen wie z. B. Beliebtheitswünsche oder Durchsetzungstechniken, Formen der Machtausübung etc. Erst auf der Basis solcher Selbstsicherheit kann die Erkenntnis eigenen Förderbedarfs zugelassen werden, was wiederum die Voraussetzung für den Ausgleich von Defiziten ist, die eben nicht als Kennzeichen einer defizitären Lehrerpersönlichkeit eingestuft werden dürfen, sondern als individuell förderbare Teilqualifikationen. Solche Selbstgewißheit erweist sich dann auch in der Bereitschaft zu solidarischer Kooperation mit Kollegen, bei Planung und Durchführung differenzierenden bzw. individualisierenden Unterrichts.

3.4 Dispositionen

Dispositionen sind fundamentale und allgemeine persönlichkeitsgebundene Merkmale - z. B. Ausdauer, Belastbarkeit, Empathie, Gedächtniskapazität, Geduld, Gelassenheit, Gerechtigkeit, kognitiver Stil, Kooperativität, Optimismus und Solidarität. Diese können zwar kaum gelehrt werden; sind aber durch immanentes Training dimensionaler Anteile als demokratische Erziehungshaltungen zu befestigen.

3.4.1 Während die erwähnten Fertigkeiten und Qualifikationen mehr oder minder durch gezieltes Studieren in den Ausbildungsphasen erworben werden können, sind Dispositionen und ein Teil der Qualifikationen weniger Ergebnisse planvollen Lernens als vielmehr Aspekte der Person. Solche Charakteristika stammen nicht unbedingt aus der genetischen Information; überwiegend sind sie als Stilformen von Variablen zu sehen, die Handlungstrategien vorbereiten. Es handelt sich auch keineswegs um „feststehende, überdauernde Persönlichkeitsmerkmale" im Sinne von „traits", wie sie in vergangenen Jahrzehnten häufig Gegenstand psychologischer Forschung und psychologischer Diagnostik waren, sondern eben aus dem individuellen Sozialisations- und Berufsschicksal erwachsene, das Lehrerhandeln mitsteuernde Erlebens- und Verhaltensstile.

3.4.2 Zu den Dimensionen der Lehrerpersönlichkeit gehören immanente Inhalte wie soziale Kompetenz, nicht nur, aber auch und nicht zuletzt als Lehrerqualifikation für gemeinsamen Unterricht. Allerdings kann sozial-kommunikative Kompetenz kaum ein „Studienfach" sein. Vielmehr muß sie die i. e. S. lehrerausbildenden Veranstaltungen als hochschuldidaktisches Prinzip durchdringen. Lehrerausbildung muß insbesondere Anregungen zur Optimierung und Stabilisierung erforderlicher Dimensionen der Lehrerpersönlichkeit bieten. Stabilität der Person ermöglicht Fähigkeit zur Toleranz, Bereitschaft zur Solidarität mit Benachteiligten, Kooperationsbereitschaft und -fertigkeit (Teamfähigkeit), Aufgabe formaler Autorität im Unterricht (zugunsten funktionaler und qualifikatorischer), Einübung, Operationalisierung und Praktizierung von Team-Teaching.

3.4.3 Wir wollen hier die Disposition zur Kooperativität verstehen als soziale Kompetenz und Führungsqualität, nicht nur als Technik des Lehrerverhaltens, sondern vornehmlich als solidarische Haltung gegenüber Kindern wie Kollegen, als Achtung vor Kindern. Lehrer brauchen Empathie für sachgerechtes Eingehen auf die individuell unterschiedlichen auf den Kenntnisstand bezogenen wie emotional-affektiven Bedürfnisse aller Schüler; sie brauchen Flexibilität für binnendifferenzierende, individualisierte Erziehungsinterventionen, Kreativität für die (ständige) Herstellung (auch sehr einzelheitlicher) innovativer Lernsituationen. Weiterhin müssen sie Befriedigung für Schüler wie für sich selbst auch aus kleinsten Lernerfolgen der Schüler zu ziehen wissen.

3.4.4 Toleranz gegenüber Ungleichheit, gegenüber Abweichung von der impliziten Persönlichkeitstheorie (latenten Anthropologie) von Lehrern sind anzuregen zugunsten eines differenzierteren psychologischen und soziologischen Person-Modells, das individuelle Variationen nicht nur zuläßt, sondern als Bereicherung und Anregung zu sozialem Lernen begrüßt. Toleranz gegenüber individuellen Variationen dient durch schulische Lernsteuerung der Realisierung integrativer Modelle solidarischer gesellschaftlicher Interaktion. Dazu gehört selbstverständliche Duldsamkeit gegenüber Abweichungen im Verhalten, in der Leistung, im Lerntempo etc. Von Lehrern - und damit von der Lehrerausbildung - muß Offenheit für Unterschiede zwischen Menschen erwartet werden, Freiheit von der Neigung zur Schülerbeurteilung durch Defizitbeschreibungen, Stabilität gegen Normierung von Kindern, kritische Reflexion des Normalitätsbegriffs (bzw. wissenschaftlich fundiertes Mißtrauen gegenüber Normsetzungen), pädagogische Anwendung der Kenntnis der verschiedenen Vergleichs- und Beurteilungsnormen.

3.4.5 Professionelle Distanz plus emotionale Nähe setzen Fertigkeit im Umgang mit eigenen Ängsten voraus, um Verständnis für Schülerrollen und Rollenverhalten zu entfalten und so Fertigkeiten zur Steuerung gruppendynamischer Prozesse in der Schulklasse ebenso zu gewinnen, wie Bereitschaft zu kooperativem Verhalten gegenüber Schülern und Kollegen.

4. Zusammenfassung

Die hier zusammengetragenen Argumente und Forderungen entspringen einem Verständnis von Schule und Lehrerausbildung als Auftrag zur Herbeiführung integrativer pädagogischer und gesellschaftlicher Prozesse durch die Gestaltung gemeinsamen sozialen Lernens sowie individueller Förderung und Entfaltung der persönlichen Chancen jedes einzelnen Schülers und gleichzeitig auch jedes einzelnen Lehrers.

Folgende *Konsequenzen für das Lehrerstudium* sind zu ziehen:

- Künftige Lehrerinnen und Lehrer müssen nun endlich vollständig - also orientiert am Aufgabenfeld der „Schule für alle" - ausgebildet werden.

- Lehrerausbildung ist durch curriculare Revisionen zu einem integrationspädagogisch orientierten, stärker auf sozialkommunikative Kompetenz gerichteten, interdisziplinären Studium zu ergänzen und zu aktualisieren.

- Das Hauptgewicht der wissenschaftlichen Lehrerqualifikation und somit des Lehrerstudiums ist auf den Anteil unterrichtswissenschaftlicher und erziehungspsychologischer Disziplinen im Studium (Psychologie, Didaktik etc.) zu legen; dieser muß gegenüber althergebrachten Vorstellungen und Fehlplanungen wesentlich verstärkt und im Hinblick auf Persönlichkeitsstabilisierung und -flexibilisierung künftiger Lehrer intensiviert werden.

- Kenntnisse und Fertigkeiten, Qualifikationen und personale Dispositionen der Lehrer wie soziale Sensibilität, Kooperationsbereitschaft und Teamfähigkeit („Empathie", „Rollendistanz", „Ambiguitätstoleranz" etc.) müssen im Sinne der Anregung und Optimierung personaler Kompetenzen (auch in selbstreflexions- und einübungsorientierten Trainings) vorbereitet bzw. erweitert und unterstützt werden.

- Lehrerausbildung muß nicht zuletzt die Stärkung personaler Dispositionen ermöglichen für die Arbeit an einer Gesellschaft, die es als ihre demokratische Pflicht erkennt, ihre Minderheiten mitzutragen und mit Benachteiligten solidarisch zu sein.

Literatur

Eberwein, H. (Hrsg.): Behinderte und Nichtbehinderte lernen gemeinsam - Handbuch der Integrationspädagogik. Weinheim ^{3}1994

Fengler, J. & Jansen, G. (Hrsg.): Handbuch der heilpädagogischen Psychologie. Stuttgart ^{2}1994

Fengler, J.: Burnout und berufliche Deformation. In: *Fengler, J. & Jansen,* G., a. a. O., S. 304-320

Fengler, J.: Supervision. In: *Fengler, J. & Jansen, G.,* a. a. O., S. 321-332

Gaude, P.: Selbstbewertung und Beratung in der Lehrerausbildung. In: *Heyse, H. & Witerich, H.* (Hrsg.): Berichte aus Schulpsychologie und Bildungsberatung. Kongreßbericht der 8. Bundeskonferenz 1987, Bonn, S. 54-59

Gaude, P.: Wohlbefinden von Lehrern aus der Sicht pädagogisch-psychologischer Forschung. In: Berliner Institut für Lehrerfort- und -weiterbildung und Schulentwicklung (BIL) (Hrsg.): Grundschule konkret 10/1995, S. 19-23

Jansen, G.: Prozesse der Ausgliederung und der Integration. In: *Fengler, J. & Jansen, G.*, a. a. O., S. 283-303

Oelkers, J.: Die Rolle der Erziehungswissenschaft in der Lehrerausbildung. Vortrag auf der Tagung „Schule und Lehrerbildung neu denken" in Bielefeld, April 1993 (unveröff.)

Quitmann, H.: Supervision - Eine notwendige Bereicherung für Integrationsprojekte. In: *Eberwein*, a. a. O., S. 254-259

Seelig, G. F.: Erziehungspsychologische Überlegungen zu Aussonderung und Integration. In: *Eberwein*, a. a. O., S. 88-92

Seelig, G. F. & Wendt, W.: Lehrerbelastung. In: Pädagogik, 45. Jg., H. 1, 1993, S. 30-32

Klaus Riedel

Was kann Didaktik zur Integration von Behinderten und Nichtbehinderten in der Regelschule beitragen?

1. Behinderte in Klassen der Regelschule
   - eine selbstverständlich werdende Praxis

Im Mai 1994 hat die Kultusministerkonferenz vor dem Hintergrund internationaler Entwicklungen und Ergebnissen einer Vielzahl wissenschaftlich begleiteter Schulversuche (*Deppe-Wolfinger u. a.* 1990, *Heyer u. a.* 1994) eine Empfehlung verabschiedet, nach der in der Bundesrepublik „die Erfüllung Sonderpädagogischen Förderbedarfs ... nicht an Sonderschulen gebunden", vielmehr „die Bildung behinderter junger Menschen ... verstärkt als gemeinsame Aufgabe für grundsätzlich alle Schulen anzustreben" ist. Mit dem ausdrücklichen Ziel, „die Bemühungen um gemeinsame Erziehung und gemeinsamen Unterricht für Behinderte und Nichtbehinderte zu unterstützen" (Beschluß vom 6.5.1994, S. 2 f.), verliert die von Fürsorge und technischer Rationalität geprägte Tradition einer behindertenspezifischen Sonderbeschulung auch offiziell an Akzeptanz zugunsten eines pädagogischen Konzepts, das auf biographisch bedingte Beeinträchtigungen bei der Auseinandersetzung mit der Umwelt wie bei sozialen Interaktionen mit spezifischen Hilfen und (sonder-)pädagogischer Förderung ohne soziale Ausgrenzung reagiert.

Es bleibt zu hoffen, daß sich die Kultusminister der Konsequenzen ihres Beschlusses bewußt sind, denn auch wenn auf institutionell-organisatorische Varianten in Modellversuchen erprobter Integrationskonzepte verwiesen wird (S. 13 ff.), sind von ihnen nun entschiedener Veränderungen der administrativen Vorgaben des pädagogischen Handelns in der Schule einzufordern, damit die von außerordentlich engagierten Lehrerinnen und Lehrern in Integrationsklassen geleisteten Ansätze zur Überwindung einer ausleseorientierten Schule im Alltag der Regelschule eingelöst und weiterentwickelt werden können. Denn darüber sind sich Befürworter einer integrativen Pädagogik einig: Gemeinsames Lernen von Behinderten und Nichtbehinderten in der Regelschule ist nur zu verantworten, wenn sich diese selbst im Reformprozeß grundlegend verändert. Ohne vielfältige Anstrengungen, den Schulalltag zu humanisieren (*v. Hentig* 1994), in Schulleben, Unterricht, Kommunikationsbeziehungen, Leistungsbeurteilung „die Menschen zu stärken" (*v. Hentig*), jeden einzelnen zu aktiven und eigenständigen Sach- und Problemauseinandersetzungen zu ermutigen und konkurrenzorientierten Lernmotivationen entgegenzuwirken, kann die integrative Schule die in sie gesetzten Erwartungen einer umfassenden optimalen Förderung aller Schüler nicht erfüllen.

Mit der in mehreren Bundesländern bereits gesetzlich ermöglichten Integration Behinderter in die Regelschule und der damit einhergehenden verstärkten Inanspruchnahme dieses Förderungsweges (*Preuss-Lausitz* 1994 b) wird die Diskussion um die Integrationspädagogik künftig neue Akzente setzen müssen. Nachdem die Zweifel an der Realisierbarkeit eines Behinderte integrierenden Unterrichts ausgeräumt werden konnten und deren Förderung auch ohne Benachteiligung der Nichtbehinderten erfolgen kann (*Bless/Klaghofer* 1991), erscheint es im Interesse der sich im Schulalltag um Prozesse gemeinsamen Lernens Bemühender notwendiger als bisher, daß Bedenken in Aufgaben und Problemlösungsversuche, kritische Bewährungsprüfungen in Entwicklungsforschung transformiert werden. Die Folgen wären fatal, wenn mit den geringer werdenden Forschungsmitteln für Modellversuche und Vergleichstudien - dem Reformprojekt Gesamtschule vergleichbar - das wissenschaftliche Interesse sich nach der partiellen öffentlichen Akzeptanz und bildungspolitischen Durchsetzung des Reformprogramms der Mitverantwortung für dessen Weiterentwicklung entzöge und damit dem Unbehagen an steckengebliebenen Bildungsreformen Nahrung gäbe.

Die Herausforderung an die Didaktik ist in diesem Zusammenhang eine doppelte. Zum einen erwarten Praktiker, die sich der Aufgabe der Integration behinderter und nichtbehinderter Schülerinnen und Schüler stellen, sehr konkrete Hinweise, mit welchen didaktisch-methodischen Arrangements, mit welchen bewährten Verfahren, Methoden und Hilfsmitteln sie diese Aufgabe im Rahmen ihres Unterrichts bewältigen können. Diese pragmatische Orientierung ist kennzeichnend für die bisherigen Bemühungen. Das angestrebte Ziel gemeinsamen Lernens von Schülern mit sehr unterschiedlichen Lernvoraussetzungen stellt allerdings eine derart komplexe Aufgabe dar, daß selbst bei souveräner Beherrschung erprobter Organisations-, Lehr- und Lernformen die Grenzen dieses Repertoires erkennbar werden. Es müssen daher von didaktischer Forschung unterstützte Anstrengungen unternommen werden, um im integrativen Unterricht allen Kindern bzw. Jugendlichen möglichst optimale Lern- und Entwicklungschancen anbieten zu können. Dabei geht es weniger um die Erarbeitung einer spezifischen Didaktik der Integrationspädagogik als um die notwendige Weiterentwicklung eines binnendifferenzierten Unterrichts unter Einbezug auch behinderungsspezifischer Förderungsformen.

Im folgenden soll nach einer präzisierenden Aufgabenbestimmung der Integrationspädagogik in der Schule der Frage nachgegangen werden, welche Unterrichtsprinzipien sich in der bisherigen integrationspädagogischen Arbeit bewährt haben und in welcher Weise diese weiterentwickelt werden könnten. Damit ist zugleich systematisches, didaktisches Denken gefordert. Es wird sich hier auf Probleme der Unterrichtsorganisation und Unterrichtsgestaltung beschränken. Curriculare Fragen, inhaltliche Anforderungen an das Lehren und Lernen, Probleme der Beurteilung und Bewertung von Lernleistungen in heterogenen Lerngruppen aber auch Herausforderungen durch die Neudefinition der Lehrerrolle in Integrationsklassen kooperierender Pädagogen können im Zusammenhang dieses Beitrags nicht erörtert werden.

2. Aufgabenbestimmung der Integrationspädagogik in der Schule

Zunächst ist die Relativität des Behinderungsbegriffs und des Verständnisses von Behinderung ins Bewußtsein zu heben. „Aussagen darüber, was als Behinderung bezeichnet wird, hängen neben den Merkmalen der Person weitgehend auch von den allgemeinen Wertsetzungen, Erwartungen und Gewohnheiten in der Gesellschaft ab. Je nachdem, in welcher sozialen Umwelt ein Mensch lebt, ergibt sich, in welchem Umfang er von anderen und von sich selbst als mehr oder weniger behindert eingeschätzt wird" (*Deutscher Bildungsrat* 1973, S. 34). So hat die Schule durch die Definition ihrer Lernbedingungen und ihre Reaktionen auf Lernschwierigkeiten wesentlichen Anteil daran, wer als behindert gilt, zum Behinderten wird, individuell und gesellschaftlich in eine normabweichende Außenseiterposition gerät. Während eine defizitfixierte Sonderpädagogik Behinderungen als individuelle Schädigungen sowie als Leistungsausfälle aufgrund dieser Schädigungen klassifiziert und zu kompensieren versucht, sind bei Beeinträchtigungen im Lernen, im sozialen Verhalten, in der sprachlichen Kommunikation oder im psychomotorischen Bereich auch und vor allem die sozialen Voraussetzungen und Bedingungen dieser Beschwernisse zu berücksichtigen, Wechselwirkungszusammenhänge somatischer, psychischer und sozialer Befindlichkeiten ebenso wie Interdependenzen zwischen Leistungsdispositionen, Leistungserwartungen und Lernbedingungen zu beachten. *Sander* pointiert den Relationscharakter zwischen individuellen und sozialen Gegebenheiten, wenn er definiert: „Behinderung liegt vor, wenn ein Mensch aufgrund einer Schädigung oder Leistungsminderung ungenügend in sein vielschichtiges Mensch-Umwelt-System integriert ist." Selbst wenn sich Schädigung und Leistungsminderung einer (pädagogischen) Beeinflussung entziehen sollten, läßt sich der Behinderung entgegenwirken, denn „Umweltbedingungen können so verändert werden, daß der betreffende Mensch weniger behindert ist als zuvor" (*Sander* 1994, S. 105). Für die Schulpädagogik ergibt sich bei dieser Problemwahrnehmung ein radikaler Perspektivenwechsel: statt nach der Integrationsfähigkeit von „Behinderten" in die Regelschule zu fragen, hat diese selbst ihre Bereitschaft und Fähigkeit zur Integration zu prüfen, zu entwickeln.

2.1 Soziale Integration „Behinderter" und „Nichtbehinderter"

Unter sozialer Integration als Gegenkonzept zur institutionellen Separierung von Schülern mit deutlich unterschiedlichen Lern- und Leistungsdispositionen wird bildungspolitisch die Zusammenführung aller Kinder bzw. Jugendlicher eines Schuleinzugsgebiets in entsprechend heterogenen Jahrgangsklassen verstanden, im Diskurs der Integrationspädagogik der gemeinsame Schulbesuch als behindert und nichtbehindert Geltender in Klassen der Regelschule. Mit der letztgenannten Aufgabe ist im Grundschulbereich, anders als in der nach Schulformen gegliederten Sekundarstufe, zugleich auch der weitergehende Anspruch einlösbar. Werden auf bildungspolitischer Ebene vor allem Defizite im demokratischen Fundament unserer Gesellschaft thematisiert, so geht es bei der Infragestellung der Sonderschule darüber hinaus um die Überwindung einer fragwürdig gewordenen Schonraum-Pädagogik. Es soll nicht nur der gesellschaftlichen Ausgrenzung und Stigmatisierung bisher der Sonderbeschulung Zugewiesener entgegengewirkt werden, es geht um neue Lernchancen für „Behinderte" und „Nichtbehinderte"; wechselseitige Fremdheiten, Unsicherheiten, Vorurteile und Rollenzuweisungen sollen überwunden, aber auch die üblichen Ausblendungen von Problemen Behinderter bewußt werden, um deren Integration in allen gesellschaftlichen Lebensbereichen zu erleichtern.

Räumliche Nähe und Gelegenheiten zur unmittelbaren sozialen Interaktion durch die institutionelle Zusammenführung erhöhen die Chance, bewirken aber nicht zwangsläufig wechselseitiges Kennen und Anerkennen, Empathie und Toleranz, bejahte Gleichwertigkeit bei erfahrener Verschiedenheit. Dazu bedarf es vor allem Lernsituationen, die ein gleichberechtigtes Zusammenleben und gemeinsame Lernerfahrungen ermöglichen, in denen miteinander, voneinander und füreinander gelernt wird, im wechselseitigen Anregen und Korrigieren, Helfen und Ertragen, in denen Anders-Sein als Normalität erfahren, gegenseitige Rücksichtnahme und Hilfsbereitschaft als unverzichtbar erlebt, Ungleichheit in den Lernanforderungen als angemessene Form von Gerechtigkeit erkannt werden kann.

Anders als die in der Gesamtschuldiskussion der 70er Jahre wirksam werdende Orientierung am Gleichheitsideal, das pädagogische Konzepte einer kompensatorischen Erziehung und des Ausgleichs von Unterschieden nahelegte - *Flitner* (1985) spricht von „egalisierender Gerechtigkeit" -, plädiert die Integrationspädagogik vorrangig für die Anerkennung und Bejahung von Differenz, für die Gleichwertigkeit und Gleichberechtigung der Ungleichen. Der Perspektivenverengung des universellen Gleichheitsprinzips auf Leistung und Leistungsfähigkeit, soll entgegengewirkt, die Diskriminierung behinderter und soziokulturell abweichender Schüler, die aufgrund besonderer Lernvoraussetzungen und Lernbedürfnisse Opfer des Selektionsprozesses sind, soll überwunden werden. *Prengel* sieht in der „Offenheit für Heterogenität" einer nichtausgrenzenden Pädagogik die Chance einer gleichberechtigten Bildung aller Kinder. „Auf der Basis gleicher Rechte ist ein nicht hierarchisches Miteinander des 'Verschiedenen' (Adorno) möglich. Indem die Integrationspädagogik die egalitäre Tradition der Bildungsreform fortsetzt und hinsichtlich der Freiheit zur Verschiedenheit weiterentwickelt, unterscheidet sie sich von allen konservativen Versuchen, Unterschiede zwischen Menschen zur Rechtfertigung von Hierarchien heranzuziehen" (*Prengel* 1994, S. 95 f.).

Die mit dem Ziel der sozialen Integration intendierten persönlichkeitsbildenden Lernprozesse mitmenschlicher Empathie, verstehensorientierter Kommunikationsfähigkeit und belastbarer Kooperationsbereitschaft im sozialen Verhalten sind in sich komplex und von langfristiger Natur, zumal sie sich gegen Tendenzen gesellschaftlich vorherrschender Konkurrenzorientierung behaupten müssen. Auch wenn derzeit noch wenig verläßliche Aussagen über Langzeitwirkungen einer integrativen Pädagogik möglich sind, stimmen die bereits zahlreich vorliegenden Forschungsergebnisse darin überein, „daß die gemeinsame Erziehung zu sozialer Integration behinderter wie nichtbehinderter Kinder führt, ... jedoch vor allem bei Kindern aus Familien, die sozial eher isoliert sind, nicht auf die gleichsam 'automatische' Wirkung gemeinsamer Erziehung in der Schule vertraut werden kann" (*Podlesch/ Preuss-Lausitz* 1994, S. 71).

2.2 Optimale individuelle Förderung in heterogenen Lerngruppen

Skeptiker des integrationspädagogischen Ansatzes, die nicht dessen Zielsetzung ablehnen, zweifeln vor allem an der Kompatibilität der beiden zentralen Intentionen „soziale Integration" und „optimale Förderung aller". Während die erstere das Plädoyer für heterogene Lerngruppen stützt, erscheinen die Lernbedingungen für den Einzelnen in Lerngruppen mit ähnlichen Lernvoraussetzungen förderlicher. Es lassen sich zwei Argumentationsansätze unterscheiden, die beide darauf hinauslaufen, die gleichzeitige, gleichgewichtige Verfolgung beider Zielsetzungen zugunsten einer ungleichen Gewichtung im zeitlichen Nacheinander aufzugeben und dabei dem Anliegen individueller Förderung pädagogisch und zeitlich vor Zielsetzungen sozialen Lernens Vorrang einzuräumen.

In der Tradition sonderschulpädagogischen Denkens wird davon ausgegangen, daß in ihren Lern- und Entfaltungsmöglichkeiten erheblich eingeschränkte Kinder und Jugendliche für ihre Entwicklung zunächst von den Anforderungen und Belastungen der Regelschule verschonende Lernsituationen brauchen, einer auf ihre Probleme bezogenen besonderen Förderung und Unterstützung bedürfen. Von einer behinderungsspezifischen Sonderbeschulung wird erwartet, daß sie ihr Handicap ausgleichen oder mit ihm in einer Weise umzugehen lernen, daß eine Eingliederung in komplexe gesellschaftliche Lebenszusammenhänge gelingen kann.

In einer die Gesamtschulreform der 70er Jahre mitbestimmenden lerntheoretischen Tradition konzentriert sich die Argumentation auf das Problem einer optimalen Dosierung des Schwierigkeitsgrades von Lernanforderungen. Nach dem Prinzip der „Passung", das nach *Heckhausen* (1969, S. 212) von der motivations- und entwicklungspsychologischen Forschung vielfach erhärtet worden ist, „üben Aufgaben nur innerhalb einer mittleren Schwierigkeitszone einen Anreiz aus und motivieren den Schüler intrinsisch". So ist der Schluß naheliegend, daß unter der Zielsetzung einer optimalen Förderung aller in bezug auf die Lernanforderungen in ihrem sachstrukturellen Entwicklungsstand relativ homogene Lerngruppen besonders geeignet erscheinen. Soziale Integration wird dann, wie im Kern-Kurs-Konzept der meisten Gesamtschulen, in dem die Fachleistungs-Niveaukurse ergänzenden Unterricht angestrebt.

Beide Bedenken gegen ein integrationspädagogisches Förderungskonzept sind zu relativieren. Nach *Haeberlin* (1991, S. 180) „kann keine Untersuchung gefunden werden, welche die Überlegenheit der Sonderschule für die Förderung der Schulleistungen von schwachen Schülern empirisch nachgewiesen hätte"; deren bessere Leistungen in heterogenen Regelklassen „entlarven den leistungsbezogenen Vorteil von leistungshomogenen Sonderklassen durchgehend als Vorurteil". Auch die Wirkungsanalysen im Rahmen der Gesamtschulforschung bestätigen die schulleistungsfördernde Überlegenheit leistungshomogener Lerngruppen nicht (*Fend* 1980, S. 290 ff.). *Keim* (1987) weist bei einer kritischen Bilanzierung der Effekte des Fachleistungssystems darauf hin, daß seine sozialpädagogisch bedenklichen Auswirkungen - Tendenzen zur Selbstüberschätzung in den oberen, Insuffizienzgefühle in den unteren Niveaukursen - durch ein pädagogisch begründetes Gesamtschulkonzept mit stabilen heterogenen Lerngruppen vermieden

werden könnten, „die optimale Entfaltung aller Schüler sowohl in kognitiver als auch sozialer Hinsicht" (S. 100) eher möglich wäre.
Heterogenität der Lerngruppe durch die Integration Behinderter wirkt sich nach weitgehend übereinstimmenden Forschungsergebnissen auf die Schulleistungen lernschwacher aber auch geistig behinderter Kinder eindeutig positiv, auf die Nichtbehinderter zumindest nicht negativ aus; die Tendenz ist auch hier eher positiv (*Preuss-Lausitz* 1994 a, S. 301 f.). Diese Befunde dürften vor allem auf eine binnendifferenzierte Unterrichtsgestaltung zurückzuführen sein, bei der Schüler mit sehr unterschiedlichen Lernvoraussetzungen sich jeweils mit ihnen gemäßen Lernanforderungen auseinandersetzen können. „Passung" zwischen Lernaufgaben und individueller Lernfähigkeit ist offenbar nicht allein über eine Homogenisierung von Lerngruppen zu erreichen, sondern mindestens mit gleichem Erfolg und bei deutlicher Ausprägung individueller Leistungsprofile über Unterrichtskonzeptionen, die eine stärkere Individualisierung der Lernanforderungen anstreben.

Versteht man unter „optimaler Förderung aller" nicht nur die individuellen Lernfortschritte in den Schulleistungen, sondern bezieht diese Zielsetzung auf alle Aspekte der Persönlichkeitsentwicklung, so wird trotz der in Integrationsklassen erreichten Fördereffekte ein Problem sichtbar. In heterogenen Lerngruppen liegt es nahe, daß die Orientierung an Bezugsgruppennormen bei leistungsschwachen Schülern ihr Begabungsselbstbild beeinträchtigen kann und dabei im Vergleich zu Schülern in Sonderschulen ihr sozialemotionales Wohlbefinden und ihre Motivationsbereitschaft leidet. Auch wenn diese von *Haeberlin* (1991, S. 174 ff.) berichteten Befunde nicht bedenkenlos auf Lernbedingungen bundesdeutscher Integrationsklassen übertragen werden können, verweisen sie auf die Komplexität der integrationspädagogischen Aufgabe.

3. Gemeinsames Lernen und Individualisierung der Lernanforderungen

Mit der Integration behinderter Schüler in Regelklassen der Grundschule und Sekundarstufe erhöht sich die Heterogenität der Lerngruppen erheblich. Hier soll nicht nach deren Grenzen gefragt werden, da die Integrationsfähigkeit der Schule, anders als die Integrationsaufgabe, kein prinzipielles, sondern ein eher praktisches Problem ist. Soweit Schulen dem Modell der wohnortnahen Integration folgen, befinden sich in Integrationsklassen bei einer Gruppengröße von etwa 20 Schülern zwei bis maximal drei Kinder mit sonderpädagogischem Förderbedarf für in der Regel verschiedenartige Behinderungen. Nach dem sog. „Fläming-Modell" lernen etwa fünf Behinderte in einer Klasse von etwa 15 Schülern (*Preuss-Lausitz* 1994 b, S. 33). Zeitweise oder durchgehend arbeiten - nach unterschiedlichen Kooperations-Modellen - zwei Pädagogen gleichzeitig in der Klasse.

Eine Didaktik, die der doppelten Zielsetzung der Integrationspädagogik gerecht werden will, eine optimale Förderung des einzelnen Schülers in unmittelbarem Zusammenhang mit anspruchsvollen Zielen sozialen Lernens anstrebt, muß Konzepte der Lernplanung und Formen der Unterrichtsgestaltung überwinden, die von der Fiktion einer einheitlichen Lerngruppe und der unreflektierten Abstraktion des sog. Durchschnittsschülers ausgehen. Annahmen dieser Art erweisen sich bereits im Schulalltag der Regelschule als unangemessen. Lernprozesse vollziehen sich individuell, stehen in einem biographischen Kontext und haben in diesem einen für den Lernenden spezifischen Stellenwert.

Sich als Lehrer auf die Lernvoraussetzungen, Lerninteressen und Lernschwierigkeiten der einzelnen Schüler einzustellen, bedeutet mehr, als nach ihren lerngegenstandsbezogenen Vorkenntnissen und Fertigkeiten zu fragen. *Heckhausens* Hinweis auf die Bedeutung des sachstrukturellen Entwicklungsstands und eine diesem entsprechende Dosierung des Schwierigkeitsgrades von gestellten Aufgaben kann dazu verleiten, das Problem des Unterrichtens auf die intellektuell-kognitive Dimension des Lernens und seine motivationspsychologischen Aspekte zu reduzieren. Unterricht ist aber, anders als programmierte Unterweisung, stets auch und vor allem soziale Interaktion. In ihr erweisen sich kognitive Leistungen unmittelbar mit affektiven und sozialen Herausforderungen der Lernsituation verwoben, werden psychische wie soziale Belastungen zu Lernbarrieren. Optimale Förderung aller Schüler bedeutet daher, jeden Einzelnen in seinen biographischen Lebenszusammenhängen wahr- und anzunehmen, ihn seiner kognitiven, emotionalen und sozialen Entwicklung gemäß und seinen Möglichkeiten entsprechend zu fordern, in seinen individuellen Lernprozessen pädagogisch und didaktisch zu unterstützen.

Die Didaktik steht damit vor der Aufgabe, die sich in Integrationsklassen zwar in bezug auf Komplexität und Schwierigkeit, nicht aber prinzipiell von der in Regelschulen unterscheidet: Wie ist Unterricht zu organisieren, daß er auf die unterschiedlichen Lernvoraussetzungen der Schüler mit differenzierten Lernanforderungen reagieren kann? Wie sind Lernsituationen zu gestalten, daß sie Prozesse des gemeinsamen Lernens fördern und zugleich eine Individualisierung der Lernanforderungen ermöglichen?

Kaum anders als bei anderen schulpädagogischen Reformansätzen, stützten sich auch die ersten integrationspädagogischen Versuche nicht auf ein theoretisch fundiertes, für die Umsetzung in der Schule ausgearbeitetes Konzept, sie hatten eher den Charakter amtlich genehmigter „Pionierarbeit". Die dazu bereiten Lehrerinnen und Lehrer ließen sich bei der Bewältigung dieser neuartigen Aufgabe insbesondere von Traditionen reformpädagogischer Unterrichtspraxis anregen, die in einigen Grundschulen seit den 70er Jahren wiederbelebt und weiterentwickelt wurden. Dabei werden in den didaktisch-methodischen Bemühungen zwei handlungsleitende Grundsätze erkennbar, in denen schülerzugewandtes Engagement und eine pragmatische Problemlösungsstrategie zum Ausdruck kommen. Mit einer variablen Unterrichtsorganisation und mit einer aktivitätsfördernden Unterrichtsgestaltung werden Voraussetzungen für Lernsituationen geschaffen, die zu vielfältigen Formen einer individuell förderlichen Auseinandersetzung mit komplexen Problemen und dosierten Lernanforderungen anregen sollen.

3.1 Variable Unterrichtsorganisation und innere Differenzierung

Gemeinsames Lernen und Individualisierung der Lernanforderungen werden im Schulalltag durchaus als konkurrierende, ja sich widersprechende Ansprüche erfahren. Eine allen Schülern geltende gemeinsame Lernsituation wird zumindest nach einiger Zeit bei einigen zu Über- oder Unterforderung führen, individualisierte Lernaufgaben dagegen minimieren die unterrichtsgegenstandsbezogenen Kommunikationsprozesse. Ein Versuch, mit diesem Dilemma fertig zu werden, ist auch hier die zeitliche Entkopplung der Ansprüche. Es werden Unterrichtssituationen mit unterschiedlicher bzw. ausschließlicher Gewichtung jeweils einer der beiden Zielsetzungen vorgesehen und auf eine sinnvolle Ergänzung der auf diese Weise angeregten Lernprozesse vertraut.

Ausdruck dieser Strategie ist eine Unterrichtsorganisation, die mit der Gleichförmigkeit des herkömmlichen lehrerzentrierten Frontalunterrichts bricht und den Unterricht in wechselnden, flexibel aufeinander bezogenen Sozialformen - Einzel-, Partner-, Kleingruppen und Großgruppenarbeit - gestaltet. Dabei kann der inhaltliche Verbund dieser Lernsituationen sehr unterschiedlich sein. Einer eher von Überlegungen der Rhythmisierung des Tagesablaufs bestimmten und damit vorwiegend zeitlich-formal determinierten Folge stundenplanmäßig festgelegter Phasen gemeinsamen Lernens und einer durch Wochenplanvorgaben in Abfolge und Lernzeit variierender oder in der Freiarbeit frei zu wählender Aktivitäten und Sozialformen stehen Ansätze gegenüber, die diese Phasen wechselnder sozialer Arbeitsformen als Elemente und spezifische Beiträge eines gemeinsamen Unterrichtszusammenhanges konzipieren. Die Regel dürfte eine zwischen beiden Modellen angesiedelte variationsreiche Praxis sein.

Lernen in wechselnden Sozialformen erweist sich als ein entscheidender Schritt zu einer Differenzierung von Lernsituationen, ohne die Unterricht in heterogenen Gruppen nicht erfolgreich sein kann. Von zentraler Bedeutung ist allerdings, daß mit den jeweiligen lernorganisatorischen Bedingungen zugleich auch die Lernanforderungen variieren und dabei die spezifischen Lernvoraussetzungen der Schüler möglichst weitgehend berücksichtigt werden. Unterricht im Klassenverband wird beispielsweise, um für alle verständlich und ertragreich sein zu können, verbale Kommunikation auch durch andere Repräsentations- und Aneignungsformen des Unterrichtsgegenstandes (graphische, bildliche, handelnde, gegenständliche) zu ergänzen suchen, Gruppen- und Partnerarbeit läßt sich darüber hinaus im Anspruch der Aufgabenstellung stufen sowie in bezug auf die spezifische Rolle der Beteiligten, Arbeitsauftrag und Lösungsweg in unterschiedlichem Maße vorstrukturieren, Einzelarbeit ist möglich als angeleitete, hilfegestützte Übung bis hin zur selbständigen Auseinandersetzung mit einem komplexen Problem. Anliegen eines derart variantenreichen binnendifferenzierten Unterrichts, der je nach Alter der Schüler, Anzahl, Art und Grad von Behinderungen, aber auch in Abhängigkeit von Unterrichtsinhalten, Lehrerkompetenz und in der Klasse eingeführten Arbeitsformen eine unterschiedliche

Gestalt annimmt und sich keineswegs auf Lernvorhaben im Klassenraum beschränkt, ist es, alle Lernenden möglichst vielseitig und ihrem individuellen Entwicklungsstand entsprechend anzuregen und herauszufordern. Auf die Lernvoraussetzungen von Schüler-Gruppen abgestimmte Lernanforderungen können durch Differenzierung der Lernzeit, der Lernhilfen, der Darstellungsform von Lernergebnissen u. ä. weitgehend individualisiert werden. Dies gilt in besonderer Weise für die Kinder mit sonderpädagogischem Förderbedarf. Für sie ist darüber hinaus eine kontinuierliche professionelle Förderdiagnostik (*Suhrweier/Hetzner* 1993) und die Ausarbeitung individueller Förderpläne unverzichtbar.

In der Lehr- und Lernforschung wurden unterschiedliche Modelle entwickelt, die Lernangebote den individuellen Lernvoraussetzungen der Schüler anzupassen. Das bekannteste dieser „idealtypischen Abgrenzungen" (*Dumke* 1991, S. 44) eines adaptiven Unterrichts (*Kleber u. a.* 1977) ist das Konzept des „zielerreichenden Lernens", das Lernerfolge an die Beherrschung erforderlicher Leistungsvoraussetzungen gebunden sieht; „fehlen diese Voraussetzungen, die der Lernende bei Fortschreiten des Lernens selbst in den Lernprozeß einbringen müßte, so werden sich für ihn in zunehmendem Maß Schwierigkeiten ergeben", die zu kummulativen Defiziten und schließlich zum Scheitern in einem Lernbereich führen können (*Eigler/Straka* 1978, S. 11 f.). Didaktisch-methodisches Bemühen hat sich daher auf eine lernvoraussetzungsbezogene Unterrichtsplanung zu konzentrieren, nach jeder Lehr-Lern-Einheit mit Hilfe diagnostischer Verfahren Ursachen von Fehlern und Leistungsausfällen nachzugehen und den Schülern anschließend ein spezifisches Angebot für ein lückenschließendes Lernen (remedial teaching) bereitzustellen. Auch wenn unter alltäglichen Unterrichtsbedingungen die instruktionstheoretisch entwickelten Standards einer auf Lerndiagnose und valide Lernhierarchien gestützten Aufgabenfolge kaum einlösbar sind, gibt dieses Konzept Hinweise für eine an kognitiven Lernbarrieren und zu beherrschenden Arbeitstechniken ansetzende Lernplanung und für Bemühungen, möglichst viele Schüler mit unterschiedlichen Lernvoraussetzungen bei einer Individualisierung der Lernwege auf gemeinsame Lernziele einer Unterrichtseinheit zu orientieren.

Das kompensatorische Modell adaptiven Unterrichts verfolgt dagegen das Anliegen einer besonderen Unterstützung von Schülern mit Lernschwierigkeiten einmal durch zusätzliche, in der Regel auf Einschränkungen der allgemeinen Leistungsfähigkeit bezogene Hilfen (erforderlich stets bei sinnesgeschädigten Kindern), zum anderen durch das allgemeine Lernangebot ergänzende spezifische Lerngelegenheiten zum Ausgleich größerer Leistungslücken, zum Training grundlegender Arbeits- und Lerntechniken aber auch zur erforderlichen sozial-therapeutischen Stabilisierung vor allem verhaltensgestörter Schüler. Demgegenüber setzt das Präferenz-Modell vornehmlich auf Lernherausforderungen, die an den Stärken der Schüler anknüpfen, ihre Interessen aktivieren, auf ihr Fähigkeits-, Interessen- und Leistungsprofil eingehen und als Wahlpflicht- oder Wahlangebote zu einer größeren Identifikation mit den Lernanforderungen beitragen sollen. Dies läßt sich nicht allein in unterrichtlichen Randbereichen und Zusatzangeboten zu Lehrplanvorgaben, sondern beispielsweise auch in der Form arbeitsteiliger Beiträge eines Projektunterrichts oder eines umfassenden Arbeitsvorhabens ermöglichen.

Obwohl die drei unterschiedlichen Förderungsstrategien bei der Differenzierung und Individualisierung der Lernanforderungen in heterogenen Lerngruppen eine sich ergänzende Funktion haben, ist nicht zu verkennen, daß sie in bezug auf Impulse zur egalisierenden oder profilierenden Lernentwicklung der Schüler unterschiedliche Akzente setzen. In Integrationsklassen sind Bemühungen in beide Richtungen notwendig, da das Ziel der individuellen Förderung das Verfolgen möglichst vieler gemeinsamer Lernziele und Ermutigung der spezifischen Entwicklungsmöglichkeiten des Einzelnen impliziert. Bei dem Versuch, beide Ansprüche im Blick zu behalten, kann es nicht darum gehen, dem „didaktischen Dilemma integrativer Pädagogik" (*Ramseger* 1992) entgegenzuwirken, daß erfolgreicher Unterricht die Heterogenität der Lerngruppe zunehmend erhöht, sondern, sich diesem stellend, an dem Anspruch der gemeinsamen Förderung der zunehmend Verschiedenen festzuhalten.

Ohne Zweifel wird diese Aufgabe mit fortschreitendem Alter der Schüler, der Erweiterung und stärkeren Gewichtung des Fachunterrichts und insbesondere in Gesamtschulen durch das derzeit weitgehend verbindliche System fachleistungsbezogener Niveaudifferenzierung nicht nur schwieriger, sondern stößt durch die institutionell-organisatorischen Rahmenbedingungen auch auf Grenzen pädagogisch-didaktischer Gestaltungsmöglichkeiten des

Unterrichtsalltages. Dennoch belegen Erfahrungen aus Modellversuchen, daß auch in der Sekundarstufe integrativer Unterricht zu realisieren ist, der nach Beobachtungen von *Schley/Köbberling* (1993, S. 136) in Varianten folgende „Grundstruktur" erkennen läßt:

„– Gemeinsame Themeneinführungen über Darbietungen oder Präsentationen durch Schüler oder Lehrer sowie erste gemeinsame Annäherungen an den Gegenstand in gemeinsamen Beobachtungen, Erkundungen und Gesprächen bilden die gemeinsame Ausgangsbasis.
– Differenzierte Bearbeitungen in unterschiedlich zusammengesetzten Kleingruppen, in Partner- oder Einzelarbeit, während bestimmter Unterrichtsphasen oder in Wochenplanstunden, bilden den Kern individueller Lernprozesse.
– Präsentieren, Betrachten und Würdigen von Arbeiten, Aufeinander-Beziehen von Teilergebnissen, Zusammenfassungen und gemeinsame Folgerungen sind Inhalt gemeinsamer Zwischen- und Abschlußrunden."

Je stärker die Arbeit in den unterschiedlichen Phasen, auch für die Schüler mit besonderem Förderbedarf, inhaltlich aufeinander bezogen ist, desto mehr kann es gelingen, die Förderung kognitiven und sozialen Lernens auch unmittelbar miteinander zu verschränken, da Kommunikationsprozesse über einen gemeinsamen Unterrichtsgegenstand möglich werden. Doch wäre eine einfache Zuordnung von Kommunikationssituationen als der sozialen Integration dienend, von Einzelarbeit als der Entwicklung individueller Fähigkeiten und Fertigkeiten besonders förderlich, kurzschlüssig. Von Bedeutung sind nicht nur die mit einzelnen Sozial- und Arbeitsformen verbundenen spezifischen Lernchancen, sondern zugleich das bei einer flexiblen Unterrichtsorganisation sich verändernde Lernklima. Mit der weitgehenden Auflösung des Klassenverbands nimmt die Wahrscheinlichkeit zu, daß der einzelne Schüler in seiner Individualität wahrgenommen wird, sich selbst und seine Mitschüler als Ernstgenommene und Ernstzunehmende erlebt - eine Voraussetzung für selbstbestimmte Auseinandersetzung mit sachbezogenen wie sozialen Lernherausforderungen.

3.2 Aktivitätsfördernde Unterrichtsgestaltung und zieldifferentes Lernen

Berichte über die Unterrichtsarbeit in Integrationsklassen, die zahlreich aus der Grundschule aber zunehmend auch aus der Sekundarstufe vorliegen, lassen fast durchgängig durch reformpädagogische Traditionen und Diskussionen zum schülerorientierten Unterricht angeregte Versuche zur Gestaltung eines schüleraktiven Unterrichts erkennen. Die Einsicht, daß Lernen ein individueller, Unterricht ein auf einzigartige Lebenszusammenhänge bezogener und zu beziehender Prozeß ist, die Aufgabe des Lehrers also in der Förderung einer aktiven Auseinandersetzung mit Lernherausforderungen und Lernanforderungen besteht, wird zum leitenden Prinzip. Die didaktische Vermittlungs-Aufgabe wird stärker von den lernenden Subjekten als den inhaltlichen Vorgaben des Lehrplans bestimmt. Ausdruck dieser Orientierung ist, daß bei einer binnendifferenzierten Unterrichtsorganisation nicht fachdidaktische Probleme alternativer Lernplanung, sondern Fragen der Gestaltung aktivitätsfördernder Lernsituationen im Mittelpunkt stehen.

Stufenunabhängig gehören neben Handlungsmustern lehrerzentrierter Unterrichtsführung vor allem Tages-, Wochen- und ggf. Monatspläne, Freie Arbeit und Projektunterricht zu den selbstverständlichen Arbeitsformen von Integrationsklassen. In den ersten Schuljahren der Grundschule dominieren diese bisweilen den Unterrichtsalltag, inhaltlich in der Regel partiell verbunden mit gesamtunterrichtlichen Aktivitäten, Kreisgesprächen musisch-kreativen Betätigungen und den Tagesverlauf gliedernden Ritualen. Mit zunehmender fachunterrichtlicher Gliederung müssen Freiräume für derartige Arbeitsformen dagegen erst geschaffen und erstritten werden, zumal in der Sekundarstufe I Unterrichtskonzepte dieser Art kaum eine Tradition haben. Gemeinsam ist diesen Formen einer relativ offenen Unterrichtsgestaltung, daß die Schüler mit Arbeitsaufträgen konfrontiert werden, die ihnen Entscheidungsfreiräume geben, von ihnen Eigenaktivität erwarten, Aufgabenzuwendung, Selbstkontrolle und Mitverantwortung für den eigenen Lernprozeß.

Lerneinstellungen und Arbeitshaltungen dieser Art sind nicht einfach vorauszusetzen, für viele Schüler implizieren sie mühsame Umorientierungen von bisher prägenden Sozialisationserfahrungen und von Erwartungen an den Schulunterricht. Es ist daher notwendig, die Lernenden schrittweise an die äußerst komplexen Anforderungen der Selbststeuerung von Lernaktivitäten heranzuführen, sie mit Verhaltensweisen und Arbeitstechniken selbständiger Aufgabenbewältigung vertraut zu machen, mit ihnen Regeln für ein störungsarmes Nebeneinander sowie für wiederkehrende Kooperationsformen zu erarbeiten. Gelingt es, Unterricht so zu planen und zu gestalten, daß in der Auseinandersetzung mit Lernanforderungen zugleich auch das Lernen selbst gelernt werden kann, d. h. allgemeine und fachspezifische Methoden und Techniken der Aufgaben- und Problembearbeitung erworben werden können - von Verfahren zielgerichteter Informationsbeschaffung, -verarbeitung und Ergebnispräsentation bis zu Möglichkeiten der Arbeitsteilung, Kooperation und partnerschaftlicher Hilfe - aber auch kognitive Operationen der Sachauseinandersetzung geübt werden - von Prozessen des Analysierens, Vergleichens, Ordnens, Hypothesenbildens, Prüfens, Schlußfolgerns, Beurteilens und Entscheidens bis hin zu komplexen Anforderungen des Planens, Organisierens, Kontrollierens und Bewertens von Handlungsverläufen - dann kann über den Aufbau operativer und methodischer Kompetenz ein entscheidender Beitrag zur Entwicklung selbständiger Aufgabenauseinandersetzung geleistet werden. Mit Nachdruck weist *Wenzel* (1987) in einer Untersuchung bedeutsamer Komponenten und Möglichkeiten der Entwicklung von Selbststeuerungsfähigkeiten im Unterricht darauf hin, daß diese „sich nur in längeren Zeiträumen und durch wiederholte Anwendung und Übung zu arbeitsfähigem Besitz herausbilden" (S. 226) und sieht in deren „Bewußtheit" eine „Voraussetzung ihres kompetenten und selbstverantworteten Einsatzes" (S. 165). Selbst wenn letzteres auch bei Bemühungen des Lehrers, Arbeitsschritte und Handlungsverläufe durch unmittelbare Hinweise und Reflexionsanstöße ins Bewußtsein der Schüler zu heben, in Unterrichtszusammenhängen bis weit in die Sekundarstufe nur in Anfängen gelingen dürfte, so gilt die Erfahrung eigener aktiver Sach- und Problemauseinandersetzung, selbst Akteur und Verursacher positiver Handlungsfolgen zu sein, durch Anstrengung (selbst)gesetzte Ziele erreichen zu können, als wesentliche Bedingung intrinsischer, vom Lernenden selbst ausgehender Lernmotivation.

Unterrichtssituationen, die im Rahmen von Tages-, Wochen- oder Epochenplänen den Schülern die Auseinandersetzung mit Lernanforderungen in Reihenfolge, zeitlicher Ausdehnung und ggf. weiteren Gestaltungsmomenten der Arbeitsbedingungen freistellen, fordern die Lernenden nicht nur zur Eigenaktivität und selbständigen Organisation ihres Arbeitsprozesses heraus, sie ermöglichen zugleich, differenziert und individuell dosiert, Verantwortung für den eigenen Lernprozeß zu übernehmen. Sind Schüler mit diesen Verhaltenserwartungen und Anforderungen an sie vertraut, lassen sich die

Ansprüche an ihre Selbststeuerungsfähigkeit steigern, können überschaubare, klare Arbeitsaufträge durch zunehmend komplexere ergänzt und ersetzt werden. Über Formen interessenbestimmter Freier Arbeit läßt sich schrittweise anspruchsvoller Projektunterricht vorbereiten, der bei Öffnung und Erweiterung von Planungs- und Entscheidungsfreiräumen unter inhaltlichem, arbeitsmethodischem und sozialem Aspekt Möglichkeiten einer kontinuierlichen Kompetenzerweiterung bietet. Bei ihm geht es um die arbeitsteilige Auseinandersetzung mit einem gemeinsam formulierten Thema/Problem nach gemeinsam erstelltem Arbeitsplan, dessen Arbeitsprodukte von relativ selbständig arbeitenden Gruppen nach möglichst weitgehend eigenständiger Informationsbeschaffung, -verarbeitung und Ergebnisdarstellung zusammengetragen, wechselseitig vermittelt, ausgewertet und bewertet werden. Die beratende Unterstützung und Hilfe der/des Lehrer(s) gilt jetzt weniger dem Einzelnen, sondern den einzelnen Gruppen, wobei die Aufmerksamkeit nicht zuletzt der individuell förderlichen Mitwirkung aller an den Gruppenarbeitsprozessen zu gelten hat.

In den Bemühungen um einen schülerzentrierten, aktivitäts- und handlungsorientierten Unterricht in Integrationsklassen sind vielfältig reformpädagogische Ansätze von Dewey, Freinet, Montessori, Petersen, Reichwein u. a. wiederzuerkennen. Zum Teil wird auch das Anliegen erkennbar, in der Unterrichtsarbeit Offenheit und Strukturierung, Wahlfreiheit und Verbindlichkeit, Konzentration und Entspannung, die Herausforderung von „Kopf, Herz und Hand" (Pestalozzi) in ein fruchtbares Spannungsverhältnis zu bringen. Drei Momente sollen hervorgehoben werden, die für eine aktivitätsfördernde Unterrichtsgestaltung unverzichtbar sind:

Die Kristallisationspunkte des Unterrichts sind eigenständig zu lösende Aufgaben. Sie stehen in einem lehrgangsmäßigen Zusammenhang, sind didaktische Einheiten im Rahmen von Unterrichtsthemen oder ergeben sich unmittelbar aus der Projektarbeit, sie beziehen sich auf sachliche, methodische oder gestalterische Fragen, fordern zu Einzel-, Partner- oder Gruppenarbeit auf, lassen sich als Übungsaufgabe, Arbeitsauftrag oder Problem formulieren. Dabei schließt selbständiges Aufgabenlösen helfende Unterstützung nicht aus. Aufgaben haben die Funktion, Lernprozesse anzustoßen, zu organisieren und weiterzuführen. Ihre motivierende Valenz ist neben dem individuell stimulierenden Schwierigkeitsgrad nicht zuletzt abhängig von den er-

kennbaren Sinnzusammenhängen und der persönlichen Bedeutsamkeit für den Lernenden.
Die eigenständige Auseinandersetzung mit Lernaufgaben wird durch selbständig zu nutzende Lern- und Arbeitsmittel erleichtert. Aufgaben werden den Schülern häufig über Arbeitsbögen und andere didaktische Materialien vermittelt. Erfolgreiches Lernen setzt dann Vertrautheit mit den didaktischen Prinzipien des Lernmaterials und den erforderlichen Arbeitstechniken voraus und verlangt in leistungsheterogenen Gruppen in der Regel Abstufungen im Schwierigkeitsgrad, Varianten in der medialen Repräsentation und ggf. behinderungsspezifische Unterstützungsangebote; wo immer sachangemessen, sollten sie den Schülern die Lernerfolgskontrolle selbst ermöglichen. Darüber hinaus sind unmittelbar zugängliche Hilfsmittel - vom Wörterbuch bis zur Lupe - aber auch allgemeine, sach- und unterrichtsthemenbezogene Nachschlagewerke und Materialsammlungen für einen die selbständige Sachauseinandersetzung fördernden Unterricht unentbehrlich. Offene Unterrichtsformen setzen eine pädagogisch reflektierte, altersangemessene Gestaltung einer didaktisch durchdachten und vielfältig anregenden, motivationsfördernden Lernumwelt voraus. Durch sie soll unmittelbar, über Optionen und Wahlentscheidungen der Schüler selbst, befördert werden, was instruktionsorientierte Unterrichtskonzepte auf eher indirektem Weg der Optimierung von Lehrstrategien anzustreben versuchen: die Adaption der Lernanforderungen an die individuellen Lernvoraussetzungen.

Zu den aktivitätsfördernden Impulsen gehören auch didaktisch inszenierte Kommunikationsanlässe. Neben dem sachbezogenen Austausch in Partner- und Kleingruppen sollen für das Gespräch in der Großgruppe drei Typen hervorgehoben werden. In den ersten Jahrgängen der Grundschule relativ verbreitet, in seinen Möglichkeiten einer Verschränkung von schulischen und außerschulischen Erfahrungen und Lernprozessen häufig jedoch noch intensiver zu nutzen, ist der tägliche Morgenkreis. Er erlaubt, an Traditionen des bei Bertold Otto entwickelten Gesamtunterrichts anzuknüpfen, in dem bewegende Fragen, Erlebnisse und aktuelle Ereignisse in einer einzuübenden Gesprächskultur zur Sprache kommen und verarbeitet werden können. Unverzichtbar für einen binnendifferenzierten Unterricht sind zudem gemeinsame Erörterungen der zentralen Inhalte und Probleme von Unterrichtseinheiten, die Aussprache über gemeinsame Erfahrungen und Erlebnisse, die Diskussion von Arbeitsvorhaben, Arbeitsschritten und Arbeitsergebnissen.

Es hat den Anschein, daß in manchen Integrationsklassen dieser sachorientierte Austausch in nicht unbedenklicher Weise vernachlässigt wird. Für die Sozialerziehung von besonderer Bedeutung sind darüber hinaus Situationen, in denen Beziehungsprobleme oder Konflikte thematisiert und zu überwinden versucht werden. Auch wenn in diesem Zusammenhang die Möglichkeiten sprachlicher Kommunikation begrenzt sind und durch andere Formen der Verarbeitung ergänzt werden müssen, können von den Schülern bei diesen Gelegenheiten Konfliktkonstellationen durchschaut und Wege der Konfliktlösung eingeübt werden.

In Integrationsklassen wird bei dem Bemühen um weitgehende Individualisierung der Lernanforderungen besonders augenfällig, was ein Unterricht ohne bewußte Binnendifferenzierung leicht zu verdecken vermag: Auch wenn bzw. soweit es für alle Schüler anzustrebende gemeinsame Lernziele gibt, werden diese nur von einigen jeweils zur gleichen Zeit erreicht; gleichschrittige Lernprozesse sind eine Fiktion, die die Praxis des Frontalunterrichts aufrechterhält. Unter der Programmatik der optimalen Förderung von gleichberechtigt Ungleichen in heterogenen Lerngruppen fällt es dagegen leichter, Ungleichzeitigkeit und Varianten bei Lernfortschritten in bezug auf für alle geltende Lernziele, aber auch unterschiedliche Lernziele für einzelne Schüler zu akzeptieren. Das bedeutet für die konkrete Unterrichtssituation die Anerkennung eines zieldifferenzierten Lernens nicht nur für die Schüler mit besonderem Förderungsbedarf. Lernvoraussetzungsorientierte Lernanforderungen, die mehr als die Lernzeit individualisieren, erhöhen zudem aufgrund des Implikationszusammenhangs von Lernwegen und Lernzielen die Heterogenität der individuellen Lernentwicklungsverläufe in der Lerngruppe, so daß sich Binnendifferenzierung nicht nur als Konsequenz aus der Heterogenität von Lerngruppen ergibt, sondern Binnendifferenzierung diese Heterogenität zugleich steigert und die Notwendigkeit zieldifferenten Lernens erhöht.

Zieldifferentes Lernen kann allerdings nicht bedeuten, das Förderungsprinzip der Individualisierung durch differenzierte Lernzielvorgaben zu perfektionieren. Den Gefahren einer technokratischen Komplexitätsreduktion didaktischer Probleme läßt sich durch eine Unterrichtsgestaltung entgegenwirken, die die Schüler in Lernsituationen durch Entscheidungsfreiräume selbst bei der Dosierung der Lernanforderungen beteiligt. Auch gemeinsame Kommunikationssituationen enthalten für die Beteiligten partiell differente Anregungsqualitäten, die, lerntheoretisch noch unzureichend analysiert, mit informellem, latentem Lernen in Alltagssituationen vergleichbar sind.

3.3 Gemeinsamer Unterrichtsgegenstand und kooperative Aufgabenbearbeitung

Es ist nicht zu verkennen, daß das Förderkonzept zieldifferenten Lernens z. T. auch als Entlastung von einem umstrittenen Anspruch integrationspädagogischer Arbeit interpretiert wird. Nach einem vierjährigen Modellversuch „Integrationsklassen" stellte dessen Leiter, der Hamburger Oberschulrat *Müller* (1988, S. 38 f.) fest: „Wir haben erfahren, ... daß schulische Integration noch keineswegs einfach als gescheitert gewertet werden darf, wenn gemeinsame Aktivitäten an gleichen Lerninhalten nur selten oder gar nicht verwirklicht werden können". Er widerspricht damit *Feuser*, dem wissenschaftlichen Leiter eines Bremer Schulversuchs, der darauf besteht, daß Integration nicht ohne Kooperation der Beteiligten gelingen kann, diese aber nur zu erreichen ist, „wenn Unterricht einen 'gemeinsamen Gegenstand' hat. ... Integrativer Unterricht verlangt eine 'Innere Differenzierung' von Zielen, Methoden und Medien bei gleichen Inhalten" (*Feuser/Meyer* 1987, S. 104 f.).

Da auch *Müller* „mehr Gewicht auf Gemeinsamkeit beim Lernen legen" möchte, dem aber eine „Überforderung unserer Lehrer" wie die sich „auseinanderentwickelnden Interessen und Fähigkeiten der Kinder" entgegenstünden (S. 38 f.), ergibt sich sein Plädoyer für einen ziel-, methoden-, medien- und inhaltsdifferenzierten Unterricht offenbar aus den Schwierigkeiten des alternativen didaktischen Konzepts. Dennoch bleiben Integrationsklassen hinter ihren Möglichkeiten zurück, wo als gemeinsame Erfahrung der Kinder eine „Fülle wechselseitiger Begegnungen und Anregungen" der im Klassenraum ganz unterschiedlichen Aktivitäten Nachgehender ausreicht und gemeinsames Lernen auf sich bietende Gelegenheiten beschränkt bleibt (S. 39).

Feuser, der die „Überwindung individueller Curricula zugunsten individualisierter Lernplanung" im Rahmen eines gemeinsamen Curriculums anstrebt (*Feuser* 1989, S. 17 ff.), plädiert in einem „entwicklungslogischen" Argumentationszusammenhang für eine weitreichende, geradezu alle Lernbereiche/Fächer umfassende projektorientierte Organisation des Unterrichts, da allein dieser die Chance eröffne, an den jeweils spezifischen Erfahrungen und Interessen der Schüler anzuknüpfen und sie auf unterschiedlichem Niveau der Wahrnehmungs-, Denk- und Handlungskompetenz in der Beschäftigung mit einem gemeinsamen Lerngegenstand zusammenzuführen. Durch innere Differenzierung der Lernaufgaben und Individualisierung der Lernziele soll die Arbeit aller am gemeinsamen Inhalt/Gegenstand und die Kooperation miteinander in einer Weise erfolgen, daß der Beitrag des einzelnen „für das Gelingen des gesamten Vorhabens bedeutend ist" (*Feuser/Meyer* 1987, S. 22). Notwendig erscheint ihm für ein derart integrierendes wie differenzierendes Unterrichtskonzept die Weiterentwicklung eines von Klafki und Stöcker vorgelegten Dimensionen- und Kriterienrasters zur inneren Differenzierung (*Feuser/Meyer* 1987, S. 36), das für Phasen der Unterrichtsgestaltung (Aufgabenstellung/-entwicklung; Erarbeitung; Festigung; Anwendung/Transfer) Möglichkeiten der Differenzierung von Lernanforderungen aufzeigt (Stoffumfang/Zeitaufwand; Komplexitätsgrad; Anzahl der notwendigen Durchgänge; Notwendigkeit direkter Hilfe/Grad der Selbständigkeit; Art der inhaltlichen oder methodischen Zugänge/der Vorerfahrungen; Kooperationsfähigkeit) und dabei drei Aneignungs- bzw. Handlungsebenen unterscheidet (konkrete Aneignungs- bzw. Handlungsebene; explizit sprachliche Aneignungs- bzw. Handlungsebene; rein gedankliche Aneignungs- bzw. Handlungsebene). Die Individualisierung der Lernanforderungen soll auf der Grundlage einer Sachstrukturanalyse, die didaktisch-mediale Hilfen der Gegenstandsaneignung bereitzustellen habe, und einer Tätigkeitsstrukturanalyse, die lernstrukturelle und therapeutische Hilfen für die planmäßige Entwicklung der Wahrnehmungs-, Denk- und Handlungskompetenz ermitteln müsse, bei einer Individualisierung der Lernwege von einer Individualisierung der Lernziele ausgehen. (Letzteres ist gegen Klafki/Stöcker gerichtet; *Feuser* 1989, S. 28 ff.) Während die Variabilität der Lernziele die Voraussetzung für optimale Lernfortschritte des Einzelnen sichern soll, erscheint der gemeinsame Lerngegenstand als konstitutive Bedingung sozialer Integration. Beide Zielsetzungen, das ist der Anspruch, sollen in einem komplexen Verfahren curricularer Planung aufeinander bezogen und in einem binnendifferenzierten, kooperationsfördernden, projektorientierten Unterricht gemeinsam zu realisieren versucht werden.

Auch wenn *Feusers* lerntheoretisch fundierter Ansatz durch den in der Schulpraxis nicht zu leistenden Planungsaufwand ohne detaillierte curriculare Vorgaben als generelles Konzept integrativen Unterrichts nicht einlösbar erscheint und mit der Option für eine differenzierte Lernzielorientierung, Verführungen technischer Rationalität zu bedenken sind, lassen seine auch von bildungstheoretischen Zielvorstellungen beeinflußten Überlegungen einen Weg erkennbar werden, wie den desintegrierenden Tendenzen von Unterrichtsdifferenzierung und einer möglichen Reduzierung sozialer Integration auf räumliche Koexistenz entgegengewirkt werden kann. Geht man davon aus, daß Unterrichtsgegenstände lehrgangs- oder problemorientierte Lehr- und Lernformen nahelegen und anspruchsvolle Unterrichtskonzepte beide Lernorganisationsformen zumindest partiell miteinander zu verknüpfen suchen, dann sind auch in Integrationsklassen sowohl sequenziell gestufte als auch inhaltlich zu gliedernde komplexe Sachauseinandersetzungen zu pflegen und zieldifferente Lernanforderungen möglichst thematischen Zusammenhängen zuzuordnen bzw. aus diesen zu entwickeln. Damit ließe sich sicherstellen, daß zumindest zeitweilig alle Schüler, wenn auch auf unterschiedliche Weise, zu einem gemeinsamen Unterrichtsthema beitragen, sich an dessen Erarbeitung beteiligen und ihre Lernanstrengungen als akzeptable Möglichkeiten individueller Sachauseinandersetzung erfahren und gewürdigt werden können. Der gemeinsame Unterrichtsgegenstand erhält dann für alle jenen Facettenreichtum, den die zu ihm Beitragenden diesem jeweils zu geben vermögen.

Ein gemeinsames Unterrichtsthema als verbindendes Glied vielfältiger individueller Lernanstrengungen bleibt als Anspruch hinter den von *Feuser* formulierten Anforderungen einer projektorientierten, arbeitsteilig organisierten und lernvoraussetzungsbezogenen individuellen Lernplanung zurück, kann aber als erster und pragmatischer Schritt in eine solche Richtung verstanden werden. Die aus dem Schulversuch veröffentlichten Unterrichtsbeispiele (*Feuser/Meyer* 1987; *Demmer-Dieckmann* 1991) dürften einen ähnlichen Status beanspruchen. Wenn der kommunikative Austausch über die Lerninhalte bei einer Individualisierung der Lernanforderungen als didaktische Aufgabe aus dem pädagogischen Problemhorizont gerät, werden wichtige Formen komplexer Umweltauseinandersetzung, Weltaneignung und Orientierung vernachlässigt, den Kindern entscheidende Anregungen für ihre kognitive und soziale Entwicklung vorenthalten, das Anliegen sozialer Integration durch Vernachlässigung von gemeinsamen Problemauseinandersetzungen relativiert. Selbstverständlich werden in diesen gemeinsamen Lernsituationen die Lerninhalte sehr unterschiedlich wahrgenommen, entnehmen die Beteiligten aus dem im Interaktionsprozeß facettenreich konstituierten Unterrichtsgegenstand jeweils spezifische Anregungen. Lernprozesse vollziehen sich stets durch selektive Wahrnehmung. Dies wird nur dann zum Problem wenn die Individualisierung von Lernanforderungen allein als fremdbestimmte, lernzielorientierte und schwierigkeitsdosierte Lernaufgabe vorgestellt, nicht aber auch als Möglichkeit einer nicht lernzielfixierten lernvoraussetzungsbezogenen individuellen Verarbeitung einer komplexen Lernherausforderung erkannt wird. Beide Formen lernender Sachauseinandersetzung ermöglichen Lernfortschritte, beide Formen einer entsprechend zum Lernen motivierenden Unterrichtsgestaltung haben ihre spezifischen Chancen und Grenzen und erhalten in ergänzender Funktion ihre didaktische Berechtigung. Je mehr es dabei gelingt, den Unterricht in projektähnlichen Arbeitsformen zu organisieren, desto mehr nähern sich die individualisierten Curricula der Schüler mit besonderem Förderbedarf individualisierten Lernplänen eines partiell gemeinsamen Curriculums.

Soll die thematische Verknüpfung von unterschiedlichen Lernaktivitäten eine kognitive und soziale Lernprozesse herausfordernde unterrichtsgegenstandsbezogene Kommunikation und Kooperation ermöglichen, so sind bisher kaum Anstrengungen erkennbar, für die Arbeit in Integrationsklassen kooperative Lernformen systematisch zu reflektieren und erprobend zu entwickeln. Neben der Pflege von aktivitätsfördernden und handlungsorientierten Kommunikationsformen in der Großgruppe geht es insbesondere darum, die didaktischen Möglichkeiten von Partner- und Kleingruppenarbeit auszuschöpfen. Zwar gehören diese Sozialformen zum unterrichtsmethodischen Repertoire der Lehrer und Lehrerinnen, und kaum jemand dürfte der Einschätzung widersprechen, „daß kooperativem Lernen in Gruppen eine ganz besonders hohe Qualität innewohnt" (*Terhart* 1984, S. 150), doch zu klären ist, unter welchen Bedingungen eine solche Qualität zu konstatieren, ggf. zu steigern ist. Dabei sind inhalts- und aufgabenspezifische Aspekte zu berücksichtigen, arbeitsgleiche und arbeitsteilige, situationsgebundene und längerfristige, frei gewählte und pädagogisch nahegelegte Kooperation zu unterscheiden, gleichgewichtige Zusammenarbeit von Unterstützung, Helfen von sozialer

Betreuung abzuheben und nicht zuletzt Freiheitsgrade zwischen angeleiteter und selbstbestimmter Arbeit von Bedeutung. Auch Fragen der optimalen Gruppengröße sowie der Zusammensetzung und Konstanz der Partner sind für Ansätze einer Didaktik kooperativen Lernens erneut zu stellen.

Benkmann und *Pieringer* (1991) unterscheiden bei der Auswertung einschlägiger Untersuchungen für die Arbeit in Integrationsklassen zwei „Strategien", bei denen „Gleichaltrige entweder als Lehrpersonen (Peer-Tutoring) oder als gleichwertige Partner (Peer-Kooperation) eingesetzt werden" (S. 132 ff.), und sehen im Tutoring-Modell „eher ein Verfahren zur Übung und Festigung von Kulturtechniken (Lesen, Schreiben, Rechnen) sowie von Wissensbeständen", während das Kooperations-Modell mit höheren Anforderungen an die Selbstorganisation der Gruppe und des Arbeitsprozesses sich anbietet, „Erkenntnisse und Einsichten über sachliche und soziale Zusammenhänge" zu erarbeiten (S. 142). Als Tutoren können, nach entsprechender Einarbeitung, nicht nur leistungsstarke, sondern auch Kinder mit Behinderungen tätig werden. Dieser für das Selbstwertgefühl und den Aufbau sozialer Kompetenz bedeutsame Rollenwechsel ist leichter unter Organisationsformen einer (zeitweiligen) Durchbrechung des Jahrgangsklassenprinzips realisierbar, so daß sich Kooperationszusammenhänge mit benachbarten Jahrgangsklassen anbieten oder auch die konsequente Vergrößerung der Lerngruppenheterogenität nach dem Vorbild jahrgangsübergreifender Stammgruppen der Petersen-Pädagogik (*Skiera* 1985). Um die Schüler mit den noch weitergehenden Anforderungen an Selbständigkeit, Lern- und Sozialverhalten in der Peer-Kooperation nicht zu überfordern und Ansprüche an diese schrittweise zu erhöhen, plädieren *Benkmann/Pieringer* für einen „Stufenplan von stark strukturierendem Peer-Tutoring hin zu offeneren Formen der Peer-Kooperation" (S. 143).

Eine spezifische Form von relativ dauerhafter Peer-Kooperation wurde für Gesamtschulen entwickelt, die eine „integrationspädagogische" Alternative zur äußeren Fachleistungsdifferenzierung suchten. So wird an der Lichtenbergschule in Göttingen-Geismar seit 20 Jahren im Rahmen eines Organisationsmodells unterrichtet, in dem die Kerngruppen (30 Schüler) eines Jahrgangs in jeweils relativ konstante, leistungsheterogen zusammengesetzte Tischgruppen (5-6 Schüler) gegliedert sind. Die Arbeit in diesen unter pädagogischer Einflußnahme gebildeten Lerngruppen bestimmt neben Unterrichtsgesprächen in der Kerngruppe, kerngruppenübergreifend gestalteten Lernsituationen und Einzelarbeit den größten Teil des Unterrichts (*Schlömerkemper* 1987, S. 22 f.). Auch wenn dieses Modell nicht ohne weiteres auf Lerngruppen mit behinderten Schülern übertragbar ist und in den ersten Jahren der Grundschule noch kaum mit dauerhaften, belastbaren Sozialbeziehungen gerechnet werden kann, zeigt es einen Weg, die in der Vor- und Grundschularbeit entwickelte Integrationspädagogik mit ihrem dominierenden Element der individuellen Förderung durch schwierigkeitsdosierte Einzelarbeit über die wechselseitige Förderung sachbezogenen und sozialen Lernens in Formen kooperativer Aufgabenbewältigung weiterzuentwickeln. Gemeinsames Lernen von Behinderten und Nichtbehinderten könnte damit durch die Intensivierung von Kommunikations- und Kooperationsprozessen zwischen ihnen, aber auch durch die in dieser Zusammenarbeit zusätzlich möglichen subjektbezogenen Lernhilfen, eine neue Qualität gewinnen.

4. Zur Lösung anstehende Probleme

Integrationspädagogischen Zielsetzungen verpflichtetes didaktisches Handeln, das sich bemüht, eine den vielfältigen Aufgaben und Lernsituationen binnendifferenzierten Unterrichts entsprechende Kleingruppen-Lernkultur zu entwickeln und gemeinsames Lernen mit differenzierten Lernanforderungen am gemeinsamen Unterrichtsgegenstand zu ermöglichen, kann nicht nur die grundgesetzlich aufgetragene gleichberechtigte Förderung behinderter und nicht behinderter Kinder und Jugendlicher befördern, es leistet zugleich einen wesentlichen Beitrag zur notwendigen inneren Schulreform. Damit Lehrern diese Aufgabe zugemutet werden kann, sind Voraussetzungen für ihre pädagogische Arbeit einzufordern, die bildungspolitische Entscheidungen erforderlich machen.

Unverzichtbar und dringlich ist eine Reform der Lehrerausbildung, die den komplexen Zusammenhang von gesellschaftlichen Veränderungen, Schulentwicklung und Lehrerbildung reflektiert und die künftigen Lehrer auf die Anforderungen ihrer Berufstätigkeit vorbereitet. Mit der integrationspädagogischen Aufgabe ist nicht nur die Unterscheidung zwischen Lehrämtern für allgemein-/berufsbildende Schulen und Sonderschulen zu überwinden, es sind vielmehr durch die Erweiterung der erziehungswissenschaftlichen und didaktischen Studienanteile und eine Verknüpfung theoretischer Studien mit schulpraxisbezogener Ausbildung in Praktika, Projektwochen und 2. Ausbildungsphase Rahmenbedingungen zu schaffen, daß alle künftigen Lehrer sich mit den Voraussetzungen, Bedingungen und Ansätzen integrationspädagogischer Arbeit in der Schule auseinandersetzen, wahlweise besondere Qualifikationen zur Förderung von Schülern mit Behinderungen erwerben und sich auf die veränderten Anforderungen einer Berufspraxis, eine neue Wahrnehmung der Lehrerrolle, vorbereiten. Da in einigen Bundesländern die Anzahl der Integrationsklassen sprunghaft steigt und sich bereits ein Mangel an Lehrern abzeichnet, die bereit und fähig sind, ihr berufliches Handeln den neuen Aufgaben entsprechend zu verändern, sind neben der Erweiterung der Fortbildungsangebote bei den in der Regel langwierigen Innovationsprozessen der Lehrerausbildungsbedingungen auch Ansätze einer schrittweisen Reform zu prüfen.

Notwendig sind nach der Empfehlung der Kultusministerkonferenz, die Förderung der Schüler mit sonderpädagogischem Förderbedarf als Aufgabe grundsätzlich aller Schulen anzustreben, auch die Sicherung und Weiterentwicklung der schulorganisatorischen und curricularen Rahmenbedingungen, die sich bei der Integration von Behinderten in Modellversuchen als hilfreich und erforderlich erwiesen. Voraussetzung für die integrationspädagogische Arbeit ist eine relativ geringere Schülerzahl und, in gleicher Weise abhängig von der Anzahl behinderter Schüler sowie von Art und Umfang des sonderpädagogischen Förderbedarfs, eine erhöhte Personalausstattung. Mindestens die Standards der Versuchsbedingungen sollten eingehalten werden, Regelungen der Zusammensetzung und der Zusammenarbeit des Pädagogenteams aber für auf den Einzelfall anzupassende Lösungen und die Erprobung von Varianten offen sein. Da in der Sekundarstufe eine sehr große Anzahl von Fachlehrern die Koordination der integrationspädagogischen Arbeit erschwert und einsetzende äußere Fachleistungsdifferenzierung dem Prinzip der Binnendifferenzierung von heterogenen Lerngruppen entgegensteht, erscheint es zudem erforderlich, die rechtlichen Restriktionen gegen das in einigen Gesamtschulen sich bewährende Team-Kleingruppen-Modell abzubauen. Generell geht es darum, die Vorgaben für die Organisation und Gestaltung von Schule und Unterricht, die inhaltliche Profilbildung und Bewertung von Lernprozessen, die Definition und Anerkennung von Schulabschlüssen rechtlich in einer Weise zu fassen, daß sie bei der Festlegung von Ansprüchen und Kriterien zur Überprüfung ihrer Einlösung die Weiterentwicklung der Schule von einer bürokratisierten zu einer stärker pädagogisch zu verantworteten Institution ermöglichen, den Lehrerkollegien und Schülern größere Freiräume der verantwortlichen Suche nach Wegen der Einlösung dieser Ansprüche eröffnen. Damit fordert die Integrationspädagogik zur Auseinandersetzung mit Problemen heraus, die nicht nur schulpolitische Sprengkraft enthalten. Die Frage, welchen Beitrag die Didaktik zu einer nicht aussondernden, alle Schüler optimal fördernden Schule leisten kann, berührt auch die Frage, ob und wie die Gesellschaft eine solche Schule politisch gestalten will.

Literatur

Benkmann, R./Pieringer, G.: Gemeinsame Erziehung behinderter und nichtbehinderter Kinder und Jugendlicher in der allgemeinen Schule. Entwicklungsstand und Forschung im In- und Ausland. Berlin, Pädagogisches Zentrum 1991.
Bless, G./Klaghofer, R.: Begabte Schüler in Integrationsklassen - Untersuchung zur Entwicklung von Schulleistungen, sozialen und emotionalen Faktoren. In: Zeitschrift für Pädagogik 37 (1991), H. 2, S. 215-223.
Demmer-Dieckmann, I.: Innere Differenzierung als wesentlicher Aspekt einer integrativen Didaktik. Beispiele aus dem projektorientierten Unterricht einer Integrationsklasse in der Primarstufe. Bremen, Wissenschaftliches Institut für Schulpraxis 1991.
Deppe-Wolfinger, H./Prengel, A./Reiser, H.: Integrative Pädagogik in der Grundschule. Bilanz und Perspektiven der Integration behinderter Kinder in der Bundesrepublik Deutschland 1976-1988. Weinheim 1990.
Deutscher Bildungsrat. Empfehlungen der Bildungskommission: Zur pädagogischen Förderung behinderter und von Behinderung bedrohter Kinder und Jugendlicher. Bonn 1973.
Dumke, D.: Integrativer Unterricht: eine neue Lehrmethode? In: *ders.* (Hg.): Integrativer Unterricht. Gemeinsames Lernen von Behinderten und Nichtbehinderten. Weinheim 1991, S. 33-56.
Eberwein, H. (Hg.): Behinderte und Nichtbehinderte lernen gemeinsam. Handbuch der Integrationspädagogik. 3. aktual. u. erw. Aufl. Weinheim 1994, S. 55-68.
Eigler, G./Straka, G. A.: Mastery Learning. Erfolg für jeden? Zielerreichendes Lernen. Erprobung einer herausfordernden Konzeption. München 1978.
Fend, H.: Theorie der Schule. München 1980.
Feuser, G.: Allgemeine integrative Pädagogik und entwicklungslogische Didaktik. In: Behindertenpädagogik 28 (1989), S. 4-48.
Feuser, G./Meyer, H.: Integrativer Unterricht in der Grundschule. Ein Zwischenbericht. Oberbiel 1987.

Flitner, A.: Gerechtigkeit als Problem der Schule und als Thema der Bildungsreform. In: Zeitschrift für Pädagogik 31 (1985), H. 1, S. 1-26.

Haeberlin, U.: Die Integration von leistungsschwachen Schülern - Ein Überblick über empirische Forschungsergebnisse zu Wirkungen von Regelklassen, Integrationsklassen und Sonderklassen auf „Lernbehinderte". In: Zeitschrift für Pädagogik 37 (1991), H. 2, S. 167-189.

Heckhausen, H.: Förderung der Lernmotivierung und der intellektuellen Tüchtigkeiten. In: *Roth, H.* (Hg.): Begabung und Lernen. Ergebnisse und Folgerungen neuerer Forschungen. Deutscher Bildungsrat. Gutachten und Studien der Bildungskommission. Bd. 4. Stuttgart 1969, S. 193-228.

Hentig, v. H.: Die Schule neu denken. 3. bearb. u. erw. Aufl. München 1994.

Heyer, P./Korfmacher, E./Podlesch, W./Preuss-Lausitz, U./Sebold, L. (Hg.): Zehn Jahre wohnortnahe Integration. Behinderte und nichtbehinderte Kinder gemeinsam an ihrer Grundschule. 2. überarb. Aufl. Frankfurt/M. 1994.

Keim, W.: Fachleistungskurse an Gesamtschulen. Eine kritische Bestandsaufnahme. In: *Steffens, U./Bargel, T.* (Hg.): Untersuchungen zur Qualität des Unterrichts. Beiträge aus dem Arbeitskreis „Qualität von Schule". Heft 3. Hessisches Institut für Bildungsforschung und Schulentwicklung. Wiesbaden 1987, S. 77-110.

Kleber, E. W./Fischer, R./Hildeschmidt, A./Lohrig, K.: Lernvoraussetzungen und Unterricht. Zur Begründung und Praxis adaptiven Unterrichts. Weinheim 1977.

Kultusministerkonferenz (Hg.): Empfehlungen zur sonderpädagogischen Förderung in den Schulen in der Bundesrepublik Deutschland. Beschluß vom 6.5.1984.

Müller, H.: Integration aus der Sicht der Schulbehörde. In: *Wocken, H./Antor, G./Hinz, A.* (Hg.): Integrationsklassen in Hamburger Grundschulen. Bilanz eines Modellversuchs. Hamburg 1988, S. 25-47.

Podlesch, W./Preuss-Lausitz, U.: Soziale Integration - Ziele und Ergebnisse nach 15 Jahren gemeinsamer Erziehung. In: *Heyer, P. u. a.* (Hg.): 1994, S. 65-72.

Prengel, A.: Zur Dialektik von Gleichheit und Differenz in der Pädagogik. In: *Eberwein, H.* (Hg.): 1994, S. 93-98.

Preuss-Lausitz, U.: Integrationsforschung: Ergebnisse und „weiße Flecken". In: *Eberwein, H.* (Hg.): 1994 a, S. 299-306.

Preuss-Lausitz, U.: Wohin geht die Integrationsentwicklung in Deutschland? In: *Heyer, P. u. a.* (Hg.): 1994 b, S. 30-37.

Ramseger, J.: Das didaktische Dilemma integrativer Pädagogik. In: Zeitschrift für Pädagogik, 29. Beiheft: Erziehungswissenschaft zwischen Modernisierung und Modernitätskrise. Weinheim 1992, S. 301-304.

Sander, A.: Behinderungsbegriffe und ihre Konsequenzen für die Integration. In: *Eberwein, H.* (Hg.): 1994, S. 99-107.

Schley, W./Köbberling, A.: Zwischenbericht der Wissenschaftlichen Begleitung. Evaluation der Strukturen, Bedingungen und Arbeitsformen in den Integrationsklassen der Sekundarstufe I. Institut für Behindertenpädagogik. Universität Hamburg 1993.

Schlömerkemper, J.: Lernen im Team-Kleingruppen-Modell (TKM). Biographische und empirische Untersuchungen zum Sozialen Lernen in der Integrierten Gesamtschule Göttingen-Geismar. Frankfurt/M. 1987.

Skiera, E.: Schule ohne Klassen - Gemeinsam lernen und leben. Das Beispiel Jenaplan. Heinsberg 1985.
Suhrweier, H./Hetzner, R.: Förderdiagnostik für Kinder mit Behinderungen. Neuwied 1993.
Terhart, E.: Lehr-Lern-Methoden. Eine Einführung in Probleme der methodischen Organisation von Lehren und Lernen. Weinheim 1984.
Wenzel, H.: Unterricht und Schüleraktivität. Probleme und Möglichkeiten der Entwicklung von Selbststeuerungsfähigkeiten im Unterricht. Weinheim 1987.

Renate Valtin

Erfolgreich lesen und schreiben lernen, auch in Integrationsklassen

Für den schulischen und beruflichen Erfolg ebenso wie für die Teilhabe am kulturellen, politischen und gesellschaftlichen Leben ist die Beherrschung der Schriftsprache von grundlegender Bedeutung. Wir wissen heute, daß ein Versagen im Lesen und Schreiben für die Betroffenen eine entscheidende Lernbehinderung bedeutet, die nicht selten aufgrund der damit verbundenen Mißerfolgserlebnisse auch Störungen im Bereich der Persönlichkeit und des Verhaltens nach sich zieht. Es ist eine wichtige Aufgabe der Grundschule, den Kindern das Lesen- und Schreibenlernen erfolgreich zu ermöglichen. Die Forschungen der letzten Jahre im Bereich der Grundlagenforschung, der Didaktik zum Schriftspracherwerb und zu Lese-Rechtschreibschwierigkeiten haben wesentliche Erkenntnisse darüber erbracht, wie Kinder lesen und schreiben lernen und aufgrund welcher Schwierigkeiten es bei einigen Kindern zu Mißerfolgen kommt. Eine Umsetzung dieser Erkenntnisse kann wesentlich dazu beitragen, daß der Anteil von Kindern mit besonderen Schwierigkeiten im Schriftspracherwerb erheblich reduziert und somit Aussonderung vermieden und fast allen Kindern ein Erfolg beim Lesen- und Schreibenlernen ermöglicht werden kann.
Bevor Prinzipien für einen erfolgreichen Schriftspracherwerb vorgestellt und abschließend einige daraus resultierende Folgerungen für die Lehrerbildung vortragen werden, sollen zunächst der theoretische Hintergrund und die neuesten Erkenntnisse der Schriftspracherwerbsforschung aufgezeigt werden.

Neue Erkenntnisse der Forschungen zum Schriftspracherwerb

Um abschätzen zu können, was es für Schulanfänger bedeutet, das Lesen und Schreiben zu lernen, tut man gut daran, die Geschichte der Schriftentwicklung zu betrachten. Die Menschheit hat nämlich Jahrtausende gebraucht, um das heute gültige Prinzip der Schrift, das Alphabet, zu erfinden. Während überall auf der Welt Menschen auf die Idee kamen, Begriffsschriften zu entwickeln, in denen die *Bedeutung* eines Wortes dargestellt wird, entstand das Alphabet, das die *Lautung* der Sprache abbildet, nur einmal - und zwar vor etwa 2000 Jahren bei den Phöniziern. Diese lange Entwicklung legt Zeugnis davon ab, welche abstrakten und komplexen sprachanalytischen Leistungen für das Erlernen der Schriftsprache erforderlich sind.

Schon allein die Grundvoraussetzung, Bedeutung und Klang zu trennen, ist für Kinder schwierig, weil sie einen anderen Zugang zur Sprache haben und Wörter auf die Bedeutung und den Handlungszusammenhang beziehen, z. B.: *„Geburtstag heißt Geburtstag, weil man dann Geschenke bekommt"*; Kuh ist ein längeres Wort als Piepvögelchen, *„weil sie größer ist"*. Und auf die Frage: *„Hör genau hin. Womit fängt Auto an?"*, gibt es auch Kinderantworten wie: *„Mit einer Stoßstange"*. Vor allem schwachbegabten Kindern fällt dieser Abstraktionsschritt sehr schwer.

Aber nicht nur die Abstraktion vom Handlungs- und Bedeutungskontext und die Konzentration auf die lautliche Seite der Sprache sind wichtige Voraussetzungen zum Erwerb der Schriftsprache, sondern weitere sprachanalytische Leistungen wie

– die Gliederung semantischer Einheiten in Wörter (Wortkonzept),
– die Fähigkeit, den kontinuierlichen Sprechfluß innerhalb eines Wortes in einzelne Segmente zu zergliedern (Phonembewußtsein und Lautanalyse),
– die Fähigkeit, diesen Lautsegmenten die entsprechenden Schriftzeichen zuzuordnen (Kenntnis der Phonem-Graphem-Zuordnung sowie orthographischer Regeln).

Betrachten wir zunächst diese Komponenten etwas genauer:

Wortkonzept
Jeder erwachsene Schriftkundige weiß, daß in einem Satz *alle* Redeteile aufgeschrieben und zwischen den Wörtern Lücken gelassen werden. Es ist

viel zu wenig bekannt, daß Schulanfängern normalerweise diese Einsicht fehlt: Viele Kinder glauben nämlich, daß nur Hauptwörter bzw. Hauptwörter und Verben aufgeschrieben werden, nicht aber Artikel und andere Funktionswörter. Sie haben auch noch nicht die Einsicht erworben, daß es eine Entsprechung zwischen der Reihenfolge der gesprochenen und der geschriebenen Wörter gibt (weitere Ergebnisse und Untersuchungsverfahren dazu bei *Valtin u. a.* 1993). Kinder gliedern Sätze zunächst in Bedeutungseinheiten und können sie noch nicht in Wörter gliedern, deshalb fällt es ihnen anfänglich auch schwer, Lücken zwischen den Wörtern zu lassen.

Phonembewußtsein und Lautanalyse
Wir Erwachsene haben den fälschlichen Eindruck, daß wir beim Reden einzelne Laute hintereinander sprechen oder beim Zuhören einzelne Laute nacheinander wahrnehmen, weil wir uns am vorgestellten Schriftbild orientieren. *Jung* (1977) hat dies in einem einfallsreichen Experiment nachgewiesen. Dabei wurden per Tonband Sätze vorgesprochen, die teilweise manipuliert waren, indem akustisch ähnliche Wörter vertauscht wurden, z. B. „Der Arzt hat seinen Puls ge*füll*t". „Die Mutter hat sein Glas ge*fühl*t". Die Versuchspersonen hatten zu entscheiden, ob es sich um einen langen oder kurzen Vokal handelte. Die meisten bemerkten die Vertauschung gar nicht, da sie sich am vorgestellten Schriftbild orientierten und objektiv im Lautbestand nicht vorhandene Laute zu hören glaubten. Sogenannte Legastheniker schnitten bei dieser Aufgabe sogar besser ab, weil sie noch nicht über die Schriftbildvorstellungen verfügten. Diese gute Leistung ist ein Beleg dafür, daß LRS-Kinder sehr wohl genau hören können, ihre Probleme liegen eher in der Analyse als in der Wahrnehmung von Lauten.
Die Lautanalyse ist so schwierig, weil beim Reden die einzelnen Laute miteinander verschmolzen werden. *Andresen* (1984, S. 25) schreibt dazu: „Die Silbe und nicht der Einzellaut bildet die artikulatorische Grundeinheit. D. h., daß innerhalb der Silbe benachbarte Laute sich gegenseitig beeinflussen; die abstrakten, auf der Ebene der Sprachstruktur wohl unterschiedenen Phoneme verschmelzen auf dem Wege der Realisierung in der Artikulation gewissermaßen miteinander. Man kann es an sich selbst beobachten: Artikuliert man das Wort blasen, so nimmt die Zunge, schon bevor der Verschlußlaut, der am Anfang steht, realisiert wird, die Stellung zur Artikulation des Folgelauts ein. Daher ist die Zungenstellung bei der Artikulation des Wortes Boot vom Beginn an eine andere."

Kinder müssen erst allmählich lernen, daß sich Wörter in lautliche Segmente zerlegen lassen und daß bestimmten Schriftzeichen bestimmte Lautsegmente zuzuordnen sind. Auch wenn die Kinder die Zuordnung von einzelnen Lauten und Buchstaben erlernt haben, dauert es noch eine ganze Weile, bis sie zur vollständigen Phonemanalyse - vor allem bei Wörtern mit Konsonantenhäufungen - fähig sind.

Kenntnis der Phonem-Graphem-Zuordnungen
Die von den Lernenden zu meisternde Schwierigkeit besteht darin, daß es keine Eins-zu-eins-Zuordnung von Lauten und Schriftzeichen gibt. Einerseits sind die Schriftzeichen unterschiedlich komplex, denn sie können aus einem (a), zwei (ah) oder drei Buchstaben (sch, ieh) bestehen, andererseits gibt es eindeutige Grapheme, die ein Phonem repräsentieren (wie l, r, m, t und h) und mehrdeutige Grapheme, die zwei Phoneme repräsentieren (wie „d" für /d/ und /t/ in Hand, „b" für /b/ und /p/ in Stab).

Die beschriebenen Kenntnisse und Einsichten werden von Kindern nicht schlagartig von heute auf morgen und auch nicht kontinuierlich erworben. Vielmehr lassen sich charakteristische Stufen beobachten, die jeweils durch eine dominante Strategie gekennzeichnet sind. Mit geeigneten Methoden lassen sie sich - so zeigt eine einjährige Längsschnittuntersuchung an Vorschülern und Erstkläßlern (*Valtin u. a.* 1993) - bei jedem Kind beobachten.
Das folgende Schaubild vermittelt einen groben Überblick über diese Entwicklungsstufen und Strategien, die das Kind auf dem Wege der Aneignung von Schriftsprache erwirbt:

Fähigkeiten und Einsichten	Lesen	Schreiben	
1	Nachahmung äußerer Verhaltensweisen	„Als-ob"-Vorlesen	Kritzeln	1
2	Kenntnis einzelner Buchstaben an Hand figurativer Merkmale	*Erraten von Wörtern* auf Grund visueller Merkmale von Buchstaben oder -teilen (Firmenembleme benennen)	*Malen von Buchstabenreihen*, Malen des eigenen Namens	2
3	Beginnende Einsicht in den Buchstaben-Laut-Bezug, Kenntnis einiger Buchstaben/Laute	*Benennen von Lautelementen*, häufig orientiert am Anfangsbuchstaben, Abhängigkeit vom Kontext	*Schreiben von Lautelementen* (Anlaut, prägnanter Laut zu Beginn des Wortes), „Skelettschreibungen"	3
4	Einsicht in die Buchstaben-Laut-Beziehung	*Buchstabenweises Erlesen* (Übersetzen von Buchstaben- und Lautreihen), gelegentlich ohne Sinnverständnis	*Phonetische Schreibungen* nach dem Prinzip „Schreibe, wie du sprichst"	4
5	Verwendung orthographischer bzw. sprachstruktureller Elemente	*Fortgeschrittenes Lesen:* Verwendung größerer Einheiten (z.B. mehrgl. Schriftzeichen, Silben, Endungen wie -en, -er)	*Verwendung orthographischer Muster* (z.B. -en, -er; Umlaute), gelegentlich auch falsche Generalisierungen	5
6	Automatisierung von Teilprozessen	*Automatisiertes Worterkennen und Hypothesenbildung*	*Entfaltete orthographische Kenntnisse*	6

Abbildung 1: Entwicklungsmodell des Lesen- und Schreibenlernens (aus: *Haarmann* 1993, S. 75)

Beim Schreiben unbekannter Wörter sind folgende Strategien zu beobachten:

Stufe 0 = Kritzelstufe
Schon dreijährige Kinder beginnen, das Schreiben von Erwachsenen nachzuahmen. Schreiben ist für sie Nachvollziehen der Schreibbewegungen und Hinterlassen von Spuren auf Papier, meist ohne Einsicht, daß diese Spuren eine kommunikative Bedeutung haben.

Stufe 1 = Phase des Malens willkürlicher Buchstabenfolgen (willkürliche Schreibungen, Pseudo-Wörter)
Die Kinder schreiben einzelne Buchstaben oder malen buchstabenähnliche Zeichen ohne jeglichen Bezug zur Lautung der Wörter. Die folgende Abbildung zeigt den Satz „Ich bin ein Junge/Mädchen", wie er von drei Kindern verschriftet wird.

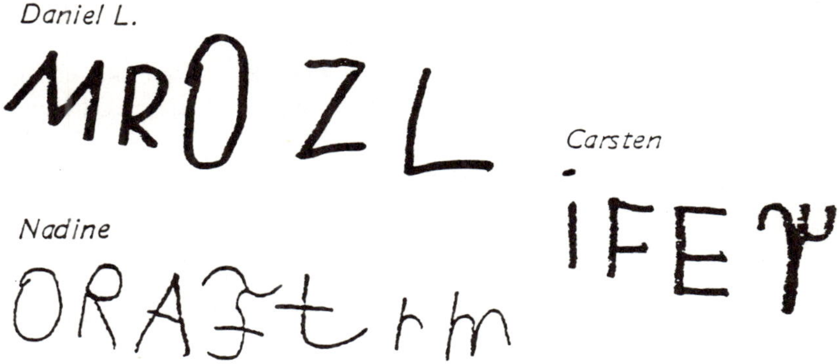

Daniel L.

MROZL

Carsten

IFEΨ

Nadine

ORAƷ̱ᴛ ʰ ʰ

Abbildung 2

Stufe 2 = Halbphonetisches Niveau ("skelettartige Schreibungen")
Die ersten Ansätze einer lautorientierten Schrift werden erkennbar. Die Abbildung der Rede in Schrift bleibt allerdings rudimentär, die Kinder geben nur einzelne Lautwerte wieder und lassen auch noch ganze Wörter aus. Es wird nicht in Wörter segmentiert, bzw. Lücken zwischen den Buchstaben haben keine Funktion.

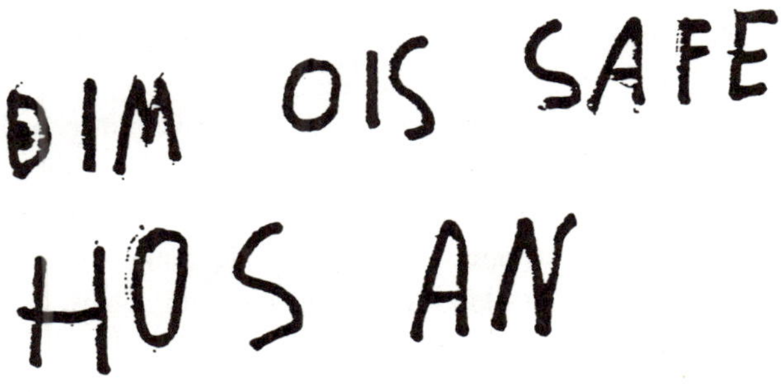

DIM OIS SAFE
HOS AN

Abbildung 3: „Die Mäuse schlafen in den Häusern"

Weitere Beispiele für Skelettschreibungen sind MS (Maus), RTA (Ritter), SLT (Salat).
Auf dem Wege zur phonetischen Strategie sind Kinder, die Übergangskonsonanten auslassen (GAS für Gans, CERA für Zebra).

Stufe 3 = Phonetische Strategie (Schreibe-wie-du-sprichst)
Auf diesem Niveau findet sich eine fast vollständige phonetische Abbildung aller zu hörenden Laute. Die Kinder orientieren sich dabei vorwiegend an ihrer Umgangssprache. Sie sprechen die Wörter langsam vor sich her und notieren dabei die bei der Artikulation auftauchenden Laute, z. B. „aien" oder „aein" für „ein", „ont" für „und".
Beispiel: „ESCH BEN AIEN METSCHN".
Durch das gedehnte Artikulieren entstehen auch künstlich andersartige Laute: „esch" statt „ich", „ben" statt „bin", „leshn" statt „lesen".

Stufe 4 = Phonetische Umschrift und erste Verwendung orthographischer Muster
Aus den phonetisch geschriebenen Wörtern „unt" bzw. „lesn" wird „und" bzw. „lesen". Auf dieser Stufe entstehen viele Fehler dadurch, daß Kinder fälschlich orthographische Regelungen dort anwenden, wo sie nicht gefordert sind. Wir sprechen dann von „Übergeneralisierungen", z. B.: „er vragt" (fragt), „mier" (mir), „Oper" statt Opa.

Stufe 5 = Vollständige, richtige orthographische Wiedergabe fast aller Wörter
Die Kinder berücksichtigen nun wichtige orthographische Regeln. Hauptfehlerschwerpunkte sind - wie wir aus statistischen Erhebungen wissen - die Groß- und Kleinschreibung, Dehnung-Schärfung, sowie der Unterschied von das und daß.
Bei vielen Kindern lassen sich Hinweise auf die Verwendung mehrerer Strategien finden. Vor allem unter Streß (bei Zeit- und Leistungsdruck, beim Schreiben von langen oder schwierigen Wörtern, z. B. mit Konsonantenhäufungen, bei nachlassender Konzentration gegen Ende eines Diktats oder Textes) ist häufig zu beobachten, daß Kinder auf eine einfachere Strategie als die zunächst angewendete zurückgreifen.

Auch in bezug auf das Lesenlernen ist bei den Kindern eine Änderung der bevorzugten Lesestrategien feststellbar. Hier lassen sich folgende Strategien unterscheiden (vgl. *Scheerer-Neumann* 1987):

Stufe 0: „Als-ob-lesen"
Kinder ahmen die äußerlich sichtbaren Verhaltensweisen geübter Leser nach und tun so, als ob sie lesen. Sie halten sich ein Buch (manchmal verkehrt herum) vor die Nase, murmeln vor sich hin oder wiederholen bzw. erfinden Geschichten und sprechen mit unnatürlicher Betonung.

Stufe 1: „naiv-ganzheitliches" Lesen
Die Kinder haben noch keine Einsicht in die Buchstaben-Laut-Beziehung und erraten Wörter, wobei sie sich an einzelnen Buchstaben, gelegentlich auch Einzelheiten von Buchstaben, orientieren (Coca-Cola). Fragt man Kinder dieser Stufe, woran sie ein Wort erkannt haben, erhält man höchst eigenartige Antworten. Jochen erkennt z. B. seinen in Schreibschrift geschriebenen Namen „an dem Regenwurm", d. h. dem Häkchen des J. Nur selten können Kinder dieser Stufe den Buchstaben einem Lautwert zuordnen.

Stufe 2: Benennen von Lautelementen
Die Kinder haben ansatzweise erkannt, daß Buchstaben Laute darstellen und erraten Wörter häufig aufgrund des Anfangsbuchstabens, wobei sich allerdings häufig Verwechslungen ergeben („Telefon" statt „Toilette").

Stufe 3: buchstabenweises Erlesen
Das Kind kennt inzwischen die meisten Buchstaben und deren Laute und versucht nun, jedes Wort buchstabenweise zu lesen. Vielen Kindern gelingt dabei aber noch nicht die Bedeutungsentschlüsselung. So liest ein Kind „Gar-teen", erkennt aber das Wort nicht.

Stufe 4: fortgeschrittenes Erlesen: Nutzen von größeren Einheiten
Das Kind lernt allmählich, größere Verarbeitungseinheiten als den Einzelbuchstaben zu verwenden. Es erkennt mehrgliedrige Schriftzeichen und beginnt, Silben und Morpheme zu nutzen („Spa-zier-gang").

Stufe 5: entfaltete Lesefähigkeit
Das Kind gelangt zu flüssigem Lesen und zur Sinnentnahme.

Bei den beschriebenen Entwicklungsschritten handelt es sich um Strategien, die Kinder anwenden, wenn sie ihnen *unbekannte* Wörter schreiben und lesen sollen. Daneben verfügen die Kinder über einen allmählich anwachsenden Bestand an gelernten Wörtern (dazu gehören z. B. ihr eigener Name, die Lernwörter des Leselehrgangs, der Name von geliebten Personen oder andere Lieblingswörter). Diese Lernwörter werden zunächst *auswendig* gelernt, und der Wortschatzumfang ist begrenzt. Manche Kinder bleiben aufgrund ihres guten Gedächtnisses für Wortbilder bis zum Ende des ersten Schuljahres völlig unauffällig, da sie die Fibeltexte auswendig kennen und beim Abschreiben keine Schwierigkeiten haben. Den tatsächlichen Entwicklungsstand kann man folglich nur feststellen, wenn Kinder Wörter, die nicht zu ihrem Lernwortschatz gehören, schreiben und lesen, zum Beispiel, indem ihnen unbekannte Wörter oder Sätze zum Lesen vorgelegt oder diktiert werden, oder indem ihre spontanen Verschriftungen beachtet werden. Auch Kritzelbriefe, die von den Kindern vorgelesen werden, geben Aufschluß (weitere Anregungen und Beispiele dazu in *Valtin/Naegele* 1993).

Dieses Entwicklungsmodell verdeutlicht, daß *alle* Kinder charakteristische Schwierigkeiten haben, die in der Natur der Sache liegen, aber nicht in Defiziten der Kinder. In der früheren Forschung wurden vielfach die Probleme der Kinder auf besondere Defizite zurückgeführt (wie Raumlagelabilität oder auditive Differenzierungsmängel). Fast alle Kinder in der Anfangsphase vertauschen jedoch spiegelbildliche Buchstaben, wie d und b, weil sie die Form, nicht jedoch die Lage im Raum als bedeutungsunterscheidend wahrnehmen. Ebenso haben zunächst alle Kinder Schwierigkeiten, eine vollständige Lautanalyse vorzunehmen, ohne daß es sich hierbei um auditive Wahrnehmungsmängel handelt.

Sieben Prinzipien für einen erfolgreichen Schriftspracherwerb

1. Das Kind dort abholen, wo es steht

Die Kenntnis der Stufen beim Schriftspracherwerb bzw. der dominanten Strategien ist für Lehrer und Lehrerinnen wichtig, damit sie Stärken und Schwächen von Kindern beim Lesen- und Schreibenlernen erkennen und nach dem Prinzip der optimalen Passung gezielte Fördermaßnahmen ergreifen können.

Das Stufenmodell verdeutlicht die Schwierigkeiten, die *alle* Kinder beim Lesen- und Schreibenlernen aufweisen. Vor allem aus Fallbeobachtungen wissen wir, daß die langsamen Lerner, zu denen auch Legastheniker und lernbehinderte Kinder zu rechnen sind, sich besonders lange auf den unteren Ebenen der Schriftentwicklung aufhalten und in gravierenden Fällen dort stehenbleiben. Einerseits haben sie beim Lernen offenbar größere Hürden zu überwinden, andererseits fehlt ihnen die optimale Passung des Lernangebots. Klaffen die Lernvoraussetzungen und der Unterrichtsstoff zu weit auseinander, können die Kinder von den Lernangeboten nicht mehr profitieren und bleiben immer weiter zurück. Bei der heute noch überwiegenden Form des Frontalunterrichts laufen langsam lernende Schüler Gefahr, hinterherzuhinken, weil sie aufgrund ihrer Lernvoraussetzungen das größere Wortschatzangebot und die immer schwieriger werdenden Wörter nicht mehr bewältigen können. Dadurch stellen sich beim Kind Mißerfolgserlebnisse sowie Beeinträchtigungen des Selbstwertgefühls und der Gesamtpersönlichkeit ein.

Die Feststellung des Entwicklungsstandes und der dominanten Strategie eines Kindes ermöglicht die Auswahl geeigneter Fördermöglichkeiten zur Hinführung zur „Zone der nächsten Entwicklung". Als Grundsatz gilt, eine möglichst optimale Passung zwischen der Aneignungsstufe und dem Lernangebot herzustellen.

Das Entwicklungsmodell zeigt die Zonen der nächsten Entwicklung an und ist deshalb ein gutes förderdiagnostisches Hilfsmittel.

2. Anwendung einer sachadäquaten Methode beim Schriftspracherwerb

Zahlreiche Erfahrungsberichte, aber auch einige empirische Untersuchungen *(Herff* 1993, *May* 1994) deuten darauf hin, daß Kinder am effektivsten lesen und schreiben lernen, wenn sie mit Hilfe des analytisch-synthetischen Verfahrens direkt zur Erfassung der Struktur der Alphabetschrift angeleitet werden. Die Einsicht in die Struktur der Schrift erlangen die Kinder am besten durch die Arbeit an ausgewählten Lern- oder Schlüsselwörtern. Diese entstammen dem aktiven Wortschatz der Kinder und sind so ausgewählt, daß sie lebendige und aussagekräftige Texte ermöglichen. Vom Schriftzeichen- und Phonembestand her sind sie zunächst prägnant und eindeutig.

Die Kinder prägen sich einfach strukturierte Wortbilder („Schlüsselwörter") ein, die von Anbeginn an voll durchgegliedert werden, und zwar visuell, auditiv, sprechmotorisch und manuell (durch Schreiben oder Legen von Buchstabenkarten). Die Funktion der Schriftzeichen (Grapheme) als Repräsentant eines Wortes innerhalb einer Klangfolge wird schon zu Beginn bewußt gemacht. Bei dieser sachlogischen Leselernmethode wird den Schülern die Beziehung von Graphem und Phonem und das Durchgliedern der Wörter konsequent vermittelt. Das Legen der Wörter mit Buchstabenkarten bzw. das Drucken oder das gleichzeitige Schreiben der Wörter bietet mannigfaltige Möglichkeiten zum simultanen Vollzug der Analyse und Synthese von Wörtern und zum Erfassen der Reihenfolge der Schriftzeichen bzw. der zeitlichen Abfolge von Lauten in einem Wort.

Um den Kindern die Einsicht in die Struktur unseres Lautschriftsystems zu erleichtern, ist die Auswahl der Art und Reihenfolge der Schlüsselwörter und der in ihnen enthaltenen Buchstaben/Laute sorgfältig zu bedenken. Aus den oben aufgezeigten Entwicklungsstufen wird deutlich, daß das Kind bei der Aneignung des Gegenstandes sich selbst die Komplexität reduziert: So werden zunächst nur markante Laute/Buchstaben wahrgenommen, Konsonantenhäufungen und Übergangskonsonanten nicht bemerkt und die Schrift nach dem Prinzip „Schreibe-wie-du-sprichst" strukturiert. Aus diesen Ergebnissen leiten wir die Konsequenz ab, daß Kinder zunächst an einfach strukturierten, möglichst lautgetreuen Wörtern die Einsicht in das alphabetische Prinzip erwerben sollen. Die ersten Wörter sollten deshalb aus eingliedrigen und möglichst eindeutigen Schriftzeichen bestehen. Wenn die ersten Buchstaben der Fibel oder der Eigenfibel Konsonanten sind, die man gedehnt sprechen kann (wie m, f, l, r), wird die Synthese erleichtert („Mama" ist leichter zu synthetisieren als z. B. „Papa"). Erst zu einem späteren Zeitpunkt des Lehrgangs sollten mehrgliedrige Schriftzeichen und schwierige Konsonantenverbindungen auftauchen. Daß ein Phonem durch zwei- oder dreigliedrige Grapheme repräsentiert werden kann, sollte den Kindern an den entsprechenden Schlüsselwörtern veranschaulicht werden, indem „Zweier" oder „Dreier" auf ein Segmentfeld gedruckt werden: ei n Au t o, Sch n ee, k o mm t.

Die Arbeit am Schlüsselwort und an den Buchstaben/Lauten erfolgt mit allen Sinnen: visuelles Erfassen und Gliedern, lautliches Unterscheiden, Mitartikulieren und Nachsprechen, Hantieren mit Buchstaben- und Wortkarten, Legen, Nachfahren und Schreiben von Buchstaben und Wörtern.

Der Lehrgang, sei es eine Fibel oder eine Eigenfibel, sollte auf einer begrenzten Anzahl von Schlüsselwörtern und Zusatzwörtern basieren mit vielfältigen Wiederholungen und Übungsformen, so daß auch langsamer lernenden Kindern ein Lernerfolg möglich wird. Diese sorgfältige Planung des Lernangebots ist vor allem deshalb wichtig, weil die schulischen Erfolge oder Mißerfolge des Kindes in den ersten Lernphasen beim Schriftspracherwerb eine entscheidende Bedeutung für seine Biographie haben und seine Freude am Lernen, sein Selbstkonzept und sein Vertrauen in die eigenen Leistungsmöglichkeiten erheblich beeinflussen.

Das analytisch-synthetische Verfahren, das theoretisch und empirisch abgesichert ist, wird inzwischen in den meisten Richtlinien der Bundesländer als Leselehrmethode in der Grundschule vorgeschrieben. Deshalb ist es mehr als verwunderlich, daß in der Sonderpädagogik nach wie vor beim Lesenlernen synthetische und analytische Verfahren benutzt werden, die gegenüber der analytisch-synthetischen Methode gravierende Schwächen aufweisen.
Die *synthetischen* Verfahren beginnen an einem Punkt, der erst am Ende stehen sollte: der Isolierung des Schriftzeichens, was bereits eine Abstraktionsleistung voraussetzt (Erkennen, daß ein Graphem eine Klasse von Lauten und Lautvarianten repräsentiert). Wird der Einzellaut zudem als Empfindungs- oder als Sinnlaut eingeführt, so wird das Verständnis der Funktion des Lautes erschwert, was zu den bekannten Schwierigkeiten beim Lautverschmelzen führen kann. Schon in den dreißiger Jahren hat *Bosch* auf diesen Mangel hingewiesen. Er berichtet, daß nach der Sinnlautmethode unterrichtete Schüler häufig Geschichten zu Wörtern erzählen, anstatt das Wort zu erlesen, zum Beispiel beim Wort „nun": „NNN knurrt der Karo, und der Junge will sich nicht waschen, uuuu ist das kalt" (*Bosch* 1984). Gerade schwachbegabten Schülern fällt die Abstraktion vom Sinnlaut sehr schwer. Auch Leselehrgänge, in denen zunächst nur Silben geübt werden, wie *Born* (1987) es für das Lesenlernen bei Lernbehinderten vorschlägt, verführen zum mechanischen „Silbenbellen" (*Bosch* 1984) und können somit zu einer Erschwernis des Sinnverständnisses beitragen bzw. überhaupt die Einsicht verstellen, daß es sich beim Lesen um eine sinnvolle kommunikative Tätigkeit handelt.
Beim *ganzheitlichen* Verfahren wird unsere Schrift zunächst wie eine Begriffsschrift behandelt, und die Beziehungen zwischen Klang- und Schriftstrukturen werden den Kindern nicht bewußt gemacht. Das bedeutet,

daß viele Gelegenheiten zur auditiven und visuellen Binnendifferenzierung des Wortes nicht genutzt werden.

Ähnlich merkwürdig ist die Beliebtheit der Lautgebärdenmethode in der Sonderpädagogik. Sicherlich gibt es einige Kinder, denen es Schwierigkeiten bereitet, bestimmte Laute voneinander zu unterscheiden, und es ist sinnvoll, sie durch Gebärden auf die Artikulationsstelle hinzuweisen. Das vollständige Inventar aller Lautgebärden zu lehren, halte ich jedoch für überflüssig, weil die Kinder dann neben den Buchstaben und Lauten noch ein drittes Symbolsystem lernen müssen. Daß einzelne Lehrer und Lehrerinnen gute Erfahrungen mit der Lautgebärdenmethode machen, schreibe ich dem Enthusiasmusfaktor zu. Wenn man denselben Zeitaufwand, den man in das Erlernen der Lautgebärden steckt, in die visuelle, auditive, sprech- und schreibmotorische Durchgliederung von einfachen Wörtern legt, können die Einsichten der Kinder in das alphabetische Prinzip besser gefördert werden. *Bosch* hat schon in den dreißiger Jahren eine immer noch aktuelle Kritik an den Lautgebärdenmethoden dargelegt, die ich an dieser Stelle nur wiederholen kann. *Bosch* erkennt an, daß diese Methode durchaus eine Bedeutung für das Sprechenlernen bei Kindern mit leichten Sprechstörungen haben kann, daß sie aber „für die Erfassung der Buchstabenfunktion keine Förderung bedeutet ... Die Erlernung der Gebärdensprache mag ein schönes Spiel bedeuten, unter dem Gesichtspunkt der Sprachheilpädagogik von Nutzen sein, das Lesenlernen im normalen Falle fördert sie nicht" (S. 29). „Es fragt sich, ob die mit dem Anklammern an diese Stütze sich ergebende Abrichtung auf den rein technischen Vorgang der Lautverschmelzung nicht zum Schaden des Lesens im höheren Sinne gereiche" (*Bosch* 1984, S. 28).

3. Integration von Lesen- und Schreibenlernen von Anfang an

Die Verzahnung von Lesen- und Schreibenlernen unterstützt das Erlernen der charakteristischen Merkmale der Buchstaben und das Erkennen der alphabetischen Struktur unserer Schrift. Das Schreiben, gekoppelt mit Dehnsprechen, lenkt die Aufmerksamkeit auf die Abfolge der Buchstaben und die genaue Durchgliederung des Wortes und fördert somit die Einsicht in das phonematische Prinzip unserer Schrift. Weit bedeutsamer jedoch als dieses sachlogische Argument ist der motivationale Effekt des gleichzeitigen Lesens und Schreibens, denn Kinder wollen von Beginn an auch schreiben bzw. Buchstaben, Wörter und Texte abmalen. Damit die Kinder von den

Vorzügen dieses Ansatzes allerdings uneingeschränkt profitieren können, sollte man eine einheitliche Schrift zum Lesen und Schreiben wählen. Gute Erfahrungen sind in den alten Bundesländern mit der Druckschrift, sei es in Gemischtantiqua (*Spitta* 1988), aber auch in Großantiqua (*Valtin* 1990), gemacht worden.

Das anfängliche „Schreibdrucken" bietet die folgenden Vorzüge:
– Es knüpft an vorschulische Erfahrungen der Kinder an,
– es fällt den Kindern wegen der einfachen Strukturelemente leicht und kann ohne Vorübungen begonnen werden, und
– es eröffnet die Möglichkeit, Schreibenlernen von Beginn an als kommunikative Handlung erfahrbar zu machen (Kinder schreiben ihre eigenen Wörter, Sätze oder Bildgeschichten).

Eine schwedische Untersuchung zeigt, daß sich die längere Verwendung von Druckschrift als alleiniger Schriftart positiv auswirkt: Kinder, die bis ins dritte Schuljahr druckten, waren in der Handschriftqualität, der Schreibgeschwindigkeit sowie der Lese- und Rechtschreibleistung anderen Kindern überlegen. (*Malmquist/Valtin* 1974, S. 348). *Daumenlang* (1972) hat festgestellt, daß die Leseleistung der Kinder nach 4 Schulmonaten signifikant besser war, wenn sie beim Schreiben Druckschrift anwendeten.

Die geschilderten Vorteile der Gemischtantiqua werden noch vergrößert, wenn in den ersten Wochen oder Monaten nur die Großantiqua-Buchstaben verwendet werden. Für einen Einstieg mit diesen großen Druckbuchstaben, welche die römische Monumentalschrift bildeten, die zu Beginn dieses Jahrhunderts als Steinschrift bezeichnet wurde, sprechen sachlogische, lernpsychologische und historische Argumente:

- *Hoher Bekanntheitsgrad*: Zu Schulbeginn können fast alle Kinder ihren eigenen Namen in Großbuchstaben schreiben, und sie kennen mindestens drei- bis viermal so viele große wie kleine Buchstaben.

- *Leichte Einprägbarkeit*: Große Buchstaben sind prägnanter und auffallender. Schließlich werden auch wichtige Textinformationen (Überschriften in Büchern und Zeitschriften, Werbesprüche, Sprechblasen-Texte in Comics) sowie viele den Kindern bekannte Produktnamen (OMO) so geschrieben.

- *Leichtere Unterscheidbarkeit*: Die großen Buchstaben sind leichter voneinander zu unterscheiden (A E O B D T F L). Kleine Buchstaben sind einander ähnlicher (a e o b d t f l) und deswegen schwerer zu merken. Da für Schulanfänger zunächst nur die Form der Buchstaben, nicht aber ihre Lage im Raum bedeutsam ist, neigen sie zu Buchstabenverwechslungen (d - b, p -

q), was bei Großbuchstaben, die sich stärker unterscheiden, nicht so leicht möglich ist.

- *Leichte Schreibbarkeit*: Da Vorschulkinder in ihren Zeichnungen bereits die Elemente verwenden, aus denen die Großantiqua-Buchstaben gebildet werden - nämlich gerade Linien und Bögen -, können Schwungübungen oder ein Schreibvorkurs entfallen. Durch das Schreiben der großen Druckbuchstaben wird die Handmotorik so geübt, daß der Übergang zur Gemischtantiqua und zu verbundenen Schriften ohne zusätzliche schreibmotorische Übungen vonstatten gehen kann.

- *Kindgemäßheit*: Wer die spontanen Schreibversuche von Kindern beobachtet, wird feststellen, daß diese fast ausschließlich Großantiqua-Buchstaben verwenden (s. Abb. 2 und 3). Selbst wenn Kinder von Beginn an die Schreibschrift oder Gemischtantiqua lernen, verwenden sie bei neuen Wörtern, die sie frei konstruieren, Großantiqua-Buchstaben (s. unten die Abb. 4 und 5).

- *Historische Argumente*: Ein Blick in die Geschichte der Pädagogik zeigt, daß der Beginn des Lese- und Schreibunterrichts mit Großantiqua eine lange Tradition hat (s. dazu *Valtin* 1990). Außer *Fröbel* haben sich *Sütterlin, Steiner u. a.* dafür eingesetzt, den ersten Schreib- und Leseunterricht mit den „großen lateinischen Buchstaben" zu beginnen. Vor allem in den 20er Jahren unseres Jahrhunderts war die Großantiqua im Anfangsunterricht in vielen Klassen verbreitet und hatte viele überzeugte Anhänger sowohl unter Schreib- als auch unter Lesedidaktikern, gerade auch in Sonderschulen. Zu Beginn unseres Jahrhunderts gab es übrigens zahlreiche empirische Untersuchungen, in denen beim Lesen- und Schreibenlernen die Überlegenheit der Steinschrift (Großantiqua) über die damals übliche Kurrentschrift festgestellt wurde. Auch noch nach dem 2. Weltkrieg erschienen zahlreiche Fibeln, die mit Großantiqua begannen. Da diese aber synthetische Verfahren favorisierten, verloren sie an Bedeutung mit dem Aufkommen der Ganzheitsmethode.

Bislang ermöglichen zwei Fibeln einen Beginn mit Großbuchstaben: „Kunterbunt" (Klett-Verlag) und „Bunte Fibel", in der Ausgabe „MO und MARA" (Schroedel-Verlag).

4. Ermöglichung und Förderung eigener Schreibversuche

Es ist für den verantwortlichen Pädagogen nicht immer leicht, eine didaktische Balance zwischen dem freien Schreiben und dem Schreiben in strukturierten Übungen herzustellen. Es gibt Kinder, die mit wenigen Lernimpulsen auskommen, um das Prinzip der Buchstabenschrift selbständig-entdeckend zu erfassen und in eigenen Verschriftungen anzuwenden. Die meisten Kinder bedürfen jedoch angeleiteter Schreibübungen, um dabei die Voraussetzungen zu erwerben, die für das selbständig-freie Schreiben erforderlich sind. In der Lerngruppe des 1. Schuljahres darf darum das freie Schreiben keine ausschließliche Methode sein, sondern nur eine mögliche Aktivitätsform im Rahmen vielfältiger schriftsprachlicher Betätigungen. Diese Folgerung ist auch aus dem Stufenmodell des Lesens und Schreibens ableitbar: Kinder brauchen geraume Zeit, bis sie zur vollständigen Lautanalyse, der Voraussetzung für freies Schreiben, in der Lage sind.

Ein besonders hilfreiches Arbeitsmittel zur Einübung in die selbständige schriftliche Äußerung sind „Schreibgeschichten-Bilder", die das Kind anregen, mit Hilfe des geübten Wortschatzes eigene „Geschichten" zu schreiben. Anfangs kommen kleine Sätze zustande, manchmal auch nur einzelne Wörter. Doch schon bald werden die schriftlichen Äußerungen umfangreicher. Anbei einige Beispiele für Schreibmalgeschichten zur Bunten Fibel:

Abbildung 4

Abbildung 5

Es ist ganz natürlich, daß die Kinder ungeübte Wörter „nach Gehör" verschriften und dabei die Besonderheiten der deutschen Rechtschreibung noch weitgehend unberücksichtigt lassen. Es bedeutet einen gewaltigen Schritt in die Entwicklung zum selbständigen Schreiben, wenn das Kind in der Lage ist, die Laute eines Wortes wahrzunehmen und mit den entsprechenden Buchstaben zu notieren. Darum dürfen diese Verschriftungsergebnisse nicht als Falschschreibungen betrachtet werden, sondern vielmehr als stufengerechte Individuallösungen. Zunächst bleiben die individuellen Verschriftungen der Kinder unangetastet stehen, erst im Verlaufe des Lehrgangs werden je nach der persönlichen Entwicklung „Verbesserungen" vorgenommen.

Für das freie Schreiben lassen sich vielerlei weitere Anlässe schaffen. Beispielsweise schreiben die Kinder Briefe an einen kranken Mitschüler, sie malen und schreiben vom Klassenausflug, sie gestalten ein gemeinsames Ferienbuch, sie schreiben der Lehrerin oder einem Mitschüler Briefe und stecken ihn in den in der Klasse aufgehängten Briefkasten (und erhalten möglicherweise eine Antwort).

Da die Kinder in freien Schreibarbeiten nicht nur die geübten Wörter verwenden, sondern auch Wörter, in denen mehr als die geübten Laute und Buchstaben vorkommen, muß das Kind in die Lage versetzt werden, zu den wahrgenommenen Lauten selbständig die Buchstaben zu finden. Die Grundtechnik der Wortdurchgliederung erlernt das Kind im Umgang mit den Schlüsselwörtern: Bei den analytisch-synthetischen Operationen am Wort sind Sehen, Hören und Sprechen simultan beteiligt. Wenn das Kind den Bezug zwischen der Lautstruktur im gesprochenen Wort und der Buchstabenfolge im geschriebenen Wort erfaßt hat, ist eine wichtige Grundvoraussetzung für eigenständiges Verschriften erfüllt. Als Hilfsmittel für das Verwenden von ungeübten Buchstaben hat sich eine Anlauttabelle bewährt, wie sie inzwischen von mehreren Verlagen angeboten wird, z. B. aus dem Schroedel-Verlag die Buchstabeneisenbahn, die an der Klassenwand aufgehängt werden kann, oder der Anlaut-Kreis für die Hand der einzelnen SchülerInnen.

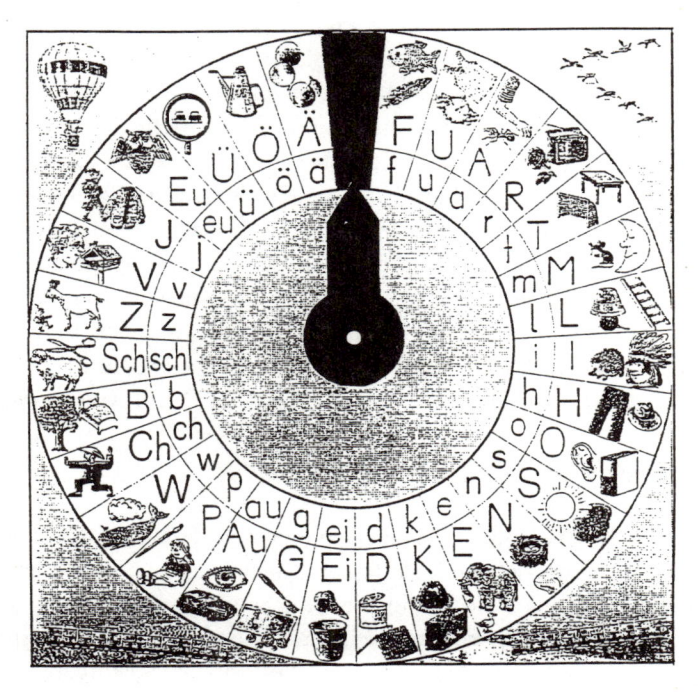

Abbildung 6: Anlaut-Kreis (im Original farbig, zur Kennzeichnung verschiedener Buchstabenarten).

Mit Hilfe einer Anlauttabelle kann das Kind zu einem Laut den entsprechenden Buchstaben finden, indem es den Laut im „Anlaut-Verfahren" mit den Anlauten der Bilder vergleicht. Während manche Kinder schon in kurzer Zeit den selbständigen Gebrauch der Anlauttabelle erlernen und zu ganz erstaunlichen Schreibergebnissen gelangen, bedürfen andere langfristiger und intensiver Übung mit der Lehrerin.

Der Anlaut-Kreis bildet in der hier vorgetragenen Unterrichtskonzeption ein zusätzliches Arbeitsmittel innerhalb eines integrierten Lese- und Schreiblehrgangs, wobei die Kinder mit Hilfe des Schlüsselwortverfahrens die visuelle, auditive und sprechmotorische Durchgliederung eines Wortes an einem vorliegenden Schriftbild erfahren und von Beginn an das orthographisch richtige Schreiben erlernen. Ein Ansatz wie „Lesen-durch-Schreiben", der in den ersten Phasen die Kinder ausschließlich zum freien Verschriften der von ihnen gewählten Wörter und Texte anhält, stellt sehr hohe Anforderungen an die Lernvoraussetzungen der Kinder: Sie müssen die Vergegenständlichung von Sprache und die Abstraktion vom Bedeutungskontext begreifen, ohne das dafür hilfreiche Schriftbild vor Augen zu haben, und sie müssen zu einer vollständigen Lautanalyse befähigt sein, was - wie das Stufenmodell des Schriftspracherwerbs zeigt - jedoch eine relativ späte Errungenschaft ist. Kinder lernen mit Hilfe von Anlauttabellen die Strategie „Schreibe-wie-du-sprichst", eine zwar wichtige, aber häufig unzureichende Strategie (wenn Kinder z. B. Zoo als TSO verschriften), die zudem höchstens dann erfolgreich ist, wenn die Kinder über die hochdeutsche Aussprache und - im Falle ausländischer Kinder - über gute deutsche Sprachkenntnisse verfügen. Dies ist aber nicht immer der Fall. Deshalb findet man in freien Verschriftungen häufig dialektale Verfärbungen (z. B. wenn ein bayerisches Kind das Wort „Bäckergeselle" phonetisch völlig richtig als BEGAXEL verschriftet).

5. Motivation zum Schriftspracherwerb schaffen

Nicht alle Kinder sind zu Schulbeginn motiviert, lesen und schreiben zu lernen, zumal wenn sie aus schriftfernen Milieus stammen und ihnen erwachsene Modelle fehlen, die Schriftsprache gebrauchen. Aus diesem Grund sind „extrinsische" Motivierungen nötig und sinnvoll. Viele Lehrerinnen und Lehrer verwenden deshalb für den Leseanfang Spielfiguren. Aus der Begegnung mit Spielfiguren ergeben sich Möglichkeiten, die ersten Lesewörter in lebendige Erlebnissituationen einzubetten und so bei den Kindern eine hohe Motivation zur Nachahmung freizusetzen. Mit Handpuppen (z. B. Fara und Fu oder Mara und Mo aus der Bunten Fibel) lassen sich vielfältige Spielmöglichkeiten nutzen. Beispielsweise helfen die beiden Puppen einander oder den Kindern beim Lesen, sie schreiben mit der Kreide im Mund an die Wandtafel, erzählen Geschichten, spielen kleine Szenen, üben Spielregeln ein, erklären neue Arbeitstechniken, geben Lob, Ermutigung und Ratschläge bei der Arbeit. Erfahrungsgemäß sind auch sehr sprachgehemmte Kinder leicht zu motivieren, sich von einer Puppe ansprechen zu lassen und sich mit ihr zu unterhalten.

Eine weitere wichtige Motivation erfahren die Kinder durch den sinnvollen Gebrauch von Schriftsprache, wenn Lesen und Schreiben in kommunikativ relevante Situationen eingebettet sind (sich gegenseitig kleine Briefe schreiben, sich Geschichten vorlesen oder vorlesen lassen, Poster und Bücher erstellen).

Vor allem durch eine „Veröffentlichung" der kindlichen Produkte - und seien sie noch so bescheiden - wird die Motivation zum richtigen Schreiben geweckt: Zeichnungen, Bilder, Lieblingswörter, kleine Sätze oder auch ganze Geschichten werden an der Klassenwand aufgehängt oder zu Lesebüchern für die Klasse zusammengestellt.

6. Differenzierung, aber wie?

Soll die Grundschule ihrem reformpädagogischen Auftrag sowie dem gemeinsamen Lernen von Kindern mit und ohne Behinderung gerecht werden, darf sie nicht nur eine effektive Lernanstalt sein, in der möglichst viel Lernstoff in die Köpfe der Kinder gepackt wird, sondern sie sollte auch und vor allem Lebens- und Erfahrungsraum der Kinder sein und Raum für vielfältige soziale Erfahrungen und soziales Lernen bieten: sich kennenlernen, miteinander spielen und arbeiten, sich auseinandersetzen, sich gegenseitig tolerieren, Rücksicht nehmen auf die langsamen Lerner, auf Kinder mit Beeinträchtigungen, aber auch auf schnell Lernende und die Besser-Wisser. Deshalb ist ein gemeinsames Fundament für die Klassen wichtig. Differenzierung kann nicht heißen, daß von Beginn an Kinder in homogene Gruppen aufgeteilt werden, unabhängig voneinander lernen und sich in ihrem Leistungsstand immer weiter voneinander entfernen. Differenzierung sollte in den ersten Schuljahren vorrangig unter sozialem Aspekt erfolgen (zum Einüben kooperativer Verhaltensweisen, zum gegenseitigen Anregen) und erst in zweiter Linie unter dem Leistungsaspekt, zumal das strenge Differenzieren in homogene Leistungsgruppen sich als unvorteilhaft für die sozial-emotionale Entwicklung der Kinder der schwächeren Gruppen herausgestellt hat. In jedem Unterricht, bezogen auf eine Unterrichtsstunde bzw. eine Lerneinheit, ist deshalb ein dreischrittiges Vorgehen zu empfehlen:

1. Ausgehen von einer gemeinsamen Basis
In dieser Lernphase - und sei sie noch so kurz - arbeiten die Kinder an einem gemeinsamen Lerngegenstand, zum Beispiel lernen sie ein neues Wort oder ein neues Schriftzeichen oder sie lesen gemeinsam einen kleinen Text. Auch lern- oder geistigbehinderte Kinder werden hier einbezogen. Wenn zum Beispiel die Lehrerin ein neues Wort an der Tafel erarbeitet, erhalten diese Kinder ein Blatt, auf dem das Wort in großem Format geschrieben ist, so daß sie sich besser darauf konzentrieren können. Wird ein Text erarbeitet, können diese Kinder ebenfalls einbezogen werden, so daß sie am anschließenden Unterrichtsgespräch teilnehmen können: Ein guter Leser liest ihnen den Text bzw. evtl. eine leichtere Version davon vor, und sie arbeiten ihren Leistungen entsprechend am Text (z. B. bekannte Buchstaben oder bekannte Wörter einkreisen). Wenn lern- und geistigbehinderte Kinder in diese gemeinsame Phase einbezogen werden, lernen sie aufgrund der Anregungen durch andere Kinder vermutlich mehr, als wenn sie ein individualisiertes Lehrprogramm durchlaufen, bei dem sie im wesentlichen nur eine Person, den (Förder-)Lehrer, als Interaktionspartner haben.

2. Differenzierung
Im Anschluß daran erfolgt eine Phase, in der nach Lerntempo und Schwierigkeitsgrad differenziert wird. Einige neuere Lehrgänge beinhalten vielfältige Materialien, die zur Differenzierung geeignet sind und die Lehrkräfte von der mühsamen Materialbeschaffung und -erstellung freisetzen. So sind zum Beispiel die Lese- und Schreibübungshefte, die zur „Bunten Fibel" (Beginn mit Großantiqua) gehören, so konzipiert, daß zu jeder Fibelseite je zwei Seiten aus dem Lese- und Schreibübungsheft gehören. Die Vorderseite enthält das Fundament, die Rückseite Aufgaben zur Differenzierung, die nicht von allen Kindern bewältigt werden müssen. Der Lehrgang „Fara und Fu" aus dem Schroedel Verlag besteht neben der Fibel aus einem umfangreichen Programmpaket mit Materialien, die zur Einzel- und Partnerarbeit im differenzierenden Unterricht geeignet sind, z. B. die „Lese-Übungs-Kartei mit Selbstkontrolle" und die „Leselernspiele mit Selbstkontrolle". Diese, die

Fibel ergänzenden Materialien, sind so gestaltet, daß für Frühleser und langsamer lernende Kinder ein gemeinsamer Arbeits- und Lernzusammenhang gewahrt ist.

3. Phasen der Freiarbeit und des offenen Lernens

Auch in Integrationsklassen sollte so weit wie möglich das gemeinsame Lernen am gemeinsamen Lerngegenstand (wenn auch auf unterschiedlichem Niveau) gefördert werden. Das Spannungsverhältnis zwischen gemeinsamem und individuellem Lernen ist allerdings schwer lösbar. Neben dem gemeinsamen Unterricht sollten die Kinder Zeit für freie Arbeit erhalten, in der sie sich allein oder mit einem Partner Aufgaben und Materialien auswählen und sich ihr Lerntempo selbst bestimmen können. Dies ist besonders wichtig im Hinblick auf Kinder mit Beeinträchtigungen bzw. besonderen Bedürfnissen. Das Materialangebot sollte den Kindern Möglichkeiten für Eigenaktivität und selbständiges Probieren einräumen, damit sie sich die Funktion und den Aufbau der Schrift aneignen können. Für Phasen der Freiarbeit und des offenen Lernens, in denen Kinder selbstbestimmt und nach eigenem Tempo lernen, wird eine Leseecke eingerichtet bzw. werden weitere Zusatzmaterialien, zum Beispiel in einer Lesekiste, bereitgestellt. Die Einrichtung einer gemütlichen „Leseecke" im Klassenzimmer eröffnet den Kindern die Möglichkeit, sich zu bestimmten Zeiten zurückzuziehen, sich Bilderbücher anzuschauen, eine Geschichte zu lesen oder vorlesen zu lassen oder sich mit einem Leselernspiel zu beschäftigen.

Wegen der unterschiedlichen Lernfortschritte im Lesen ist es notwendig, sowohl für die langsam als auch für die schnell lernenden Kinder zusätzliche Materialien bereitzustellen. In vielen Klassen hat sich die Einrichtung einer kleinen Sammlung (z. B. in einer „Lesekiste") bewährt, aus der die Kinder selbständig Materialien auswählen können. Gegebenenfalls kann der Schwierigkeitsgrad gekennzeichnet sein (verschiedene Farben oder Zeichen). Der Kasten enthält Leseaufgaben, kurze Texte, Witze, Rätsel, aus verschiedenen Fibeln, Büchern und Zeitschriften herausgeschnittene Geschichten oder von der Lehrerin oder von Kindern selbstgefertigte Materialien. Geeignet sind auch Lesehefte aus dem Klett-Verlag („Pit, der Rabe") oder aus dem Schroedel-Verlag (die „Bunten Texte" und „Bunten Leseübungen", ein Arbeitsmittel mit Selbstkontrolle für den differenzierenden Leseunterricht; die einzelnen Seiten lassen sich herauslösen und in Klarsichtfolien aufbewahren). Im Schroedel-Verlag gibt es die „Bunten Lesehefte", eine fibelbegleitende Klassenbibliothek, die aus 40 unterschiedlichen Büchlein besteht. Das Reizvolle an dieser Klassenbibliothek ist, daß die kleinen Geschichten auf reduzierten Buchstabenbeständen basieren (die zum Lesen notwendigen Buchstaben sind jeweils hinten auf einem Heftchen abgedruckt). Da jedes Heft dreimal vorhanden ist, kann auf breiter Basis gearbeitet werden. Ein Kind kann allein, mit einem Partner oder in der Gruppe lesen.

Dieses Angebot an Zusatzmaterialien gewährleistet, daß die Kinder mit sinnvollen, angemessenen und motivierenden Aufgaben beschäftigt sind. Die Lehrerin ist weitgehend von der Materialbereitstellung befreit und findet Zeit zur Beobachtung, Beratung und Ermunterung der Kinder sowie zur Förderung einzelner Kinder mit Lernschwierigkeiten.

7. Selbständigkeit des Kindes ermöglichen durch sorgsam strukturierte Lernhilfen

Die im Anfangsunterricht verwendete Fibel bzw. der Eigenlehrgang sollte dem oben genannten Prinzip verpflichtet sein. Das bedeutet, daß die Lernangebote so zu gestalten sind, daß sie die Kinder direkt zur Erfassung der Struktur unserer Schrift anleiten und gleichzeitig Anregungen und Freiräume bieten für differenziertes Vorgehen, selbstentdeckendes Lernen und selbstbestimmte Tätigkeiten.

In den ersten Phasen des Lese- und Schreibunterrichts ist meiner Erfahrung nach ein sorgfältig strukturierter Lehrgang, der nach dem Prinzip der Isolierung der Schwierigkeiten aufgebaut ist, am günstigsten für alle Kinder. Dies läßt sich mit und ohne Fibel realisieren. Auch wer ohne Fibel arbeitet, braucht für sich ein Konzept, das gewährleistet, daß alle Kinder systematisch zum alphabetischen Prinzip unserer Schrift hingeführt werden und daß alle Kinder alle Buchstaben und Laute lückenlos beherrschen. Eine Fibel kann der Lehrerin diese Arbeit erleichtern und als Leitmedium dienen, denn sie kann folgendes gewährleisten:

- daß wichtige Grundlagen systematisch und lückenlos eingeführt werden, so daß zum Beispiel die Kinder ein vollständiges Buchstabenangebot erhalten,
- daß der Wortbestand ausreichend wiederholt wird,
- daß den Kindern das Prinzip des Alphabets zunächst an einfachen, möglichst lautgetreuen Wörtern verdeutlicht wird und Überforderungen vermieden werden,

- daß von einem gemeinsamen Fundament aus zunehmend stärker differenzierend gearbeitet werden kann und die Kinder gleichzeitig Anregungen und Freiräume erhalten für selbstentdeckendes Lernen (z. B. mit Hilfe einer Anlauttabelle) und selbstbestimmte Tätigkeiten (z. B. freies Schreiben, freie Auswahl von Materialien in den Zeiten der Freiarbeit),
- daß Kinder ein eigenes Buch erhalten. Für nicht wenige Kinder ist die Fibel das erste richtige Buch, das sie ihr eigen nennen können,
- daß Kinder mit vielfältigen Textsorten konfrontiert werden, zum Beispiel auch Gedichten, Liedern, literarischen Texten und anderen Erzeugnissen unserer Schriftkultur.

Bei Kindern, die im ersten Schuljahr vorwiegend eigene Texte verschriften, besteht die Gefahr, daß sie kaum sprachliche Anregungen durch anspruchsvollere Texte erhalten.

Schriftspracherwerb ist wie jegliches Lernen ein aktiver Prozeß, d. h. das Kind muß sich den Lerngegenstand aktiv aneignen. Daraus darf jedoch nicht gefolgert werden, daß Schriftspracherwerb ein natürlicher Prozeß wie das Sprechenlernen ist. Jedes Kind lernt ohne direkte Unterweisung sprechen. Beim Schriftspracherwerb, der eine Sprachanalyse voraussetzt, sind jedoch Hilfen erforderlich. Bei Kindern, die früh und vor der Schule lesen lernen, wird häufig übersehen, welchen Anteil die Eltern an den schriftsprachlichen Kenntnissen und Fähigkeiten der Kinder haben, die es geschafft haben, sich scheinbar selbständig ihren eigenen Lernweg und über ihre eigenen Wörter das Lesen und Schreiben beizubringen. Auch ein Unterricht ohne Fibel kann auf eine gewisse Systematik bei der Einführung von Schriftzeichen und Wörtern und auf eine gewisse Lenkung nicht verzichten. In diesem Sinne kann und soll die Fibel ein Hilfsmittel zur Entlastung der Lehrerinnen und Lehrer sein, sie muß jedoch genügend Raum für Offenheit bieten selbstentdeckendes, eigenaktives Lernen der Schülerinnen und Schüler zuzulassen. Diese Offenheit ermöglicht auch zusätzliche Aktivitäten der Lehrerinnen und Lehrer, die auf die Lernbedürfnisse der jeweiligen Klasse zugeschnitten sind. Neben der Vermittlung eines Grundwortschatzes anhand der Schlüsselwörter sollte ein eigener Klassenwortschatz erarbeitet werden bzw. können die Kinder ihre eigenen Lernwörter einbringen. Dies wird auch dadurch ermöglicht, daß die Kinder zum spontanen Verschriften ihrer eigenen Wörter, Sätze und Texte angeregt werden.

Forderungen für die Lehrerbildung

Nicht nur die Schulanfänger müssen, um Schriftsprache erfolgreich lernen zu können, eine kognitive Klarheit in bezug auf Funktion und Aufbau der Schrift erwerben, auch für die zukünftigen und praktizierenden Lehrer ist dies notwendig. Aus diesem Grunde ist zunächst zu fordern, daß sich künftige Lehrer in Integrationsklassen gründliche theoretische Kenntnisse aneignen, nicht nur in bezug auf den Sachgegenstand Schriftsprache (hier vor allem linguistische Kenntnisse zum Zusammenhang von Sprache und Schrift, von Phonem- und Graphem-Korrespondenzen), sondern auch in bezug darauf, wie Kinder Schriftsprache erwerben (s. das Stufenmodell der Entwicklung) und mit welchen Schwierigkeiten dabei zu rechnen ist (zum Beispiel in bezug auf die Vergegenständlichung von Sprache, das Wortkonzept oder die Phonemanalyse). Wichtig ist auch die Kenntnis methodisch-didaktischer Vorgehensweisen (Vor- und Nachteile diverser Leselehrverfahren, Überblick über diagnostische und therapeutische Verfahren). Außer diesen theoretischen Kenntnissen sind jedoch auch praktische Erfahrungen wichtig. Gerade in bezug auf Schriftspracherwerb ist ein stärkerer Praxisbezug - als bislang gewährleistet - notwendig. Die Studierenden sollten dazu verpflichtet werden, ein Kind über einen längeren Zeitraum beim Lesen- und Schreibenlernen zu beobachten und förderdiagnostische Maßnahmen ergreifen. Dies kann innerhalb der üblichen Praktika erfolgen (in Berlin also im Rahmen des Orientierungs- bzw. Unterrichtspraktikums) oder in Lehrveranstaltungen mit Projektcharakter. Dies müssen nicht unbedingt so anspruchsvolle Projekte sein wie die von Ariane Garlichs in Kassel initiierte Schülerhilfe, wo Studierende sich dazu verpflichten, ein ganzes Jahr lang ein Kind mit Schwierigkeiten zu beobachten und innerhalb und außerhalb des Unterrichts zu begleiten. Es kann sich auch um förderdiagnostische Seminare handeln, wobei Studierende in Absprache mit den Lehrkräften ein Kind mit Lernschwierigkeiten über einen gewissen Zeitraum begleiten und einen Förderplan erstellen.

Diese für angehende GrundschullehrerInnen aufgezeigten Lehrveranstaltungen sollten auch für SonderschullehrerInnen verpflichtend sein. Gerade der Sonderpädagogik täte es im Interesse der betroffenen Kinder gut, wenn die neueren Ergebnisse zum Schriftspracherwerb und die sich daraus ergebenen

Konsequenzen für Leselehrmethoden zur Kenntnis genommen würden, zumal häufig genug noch synthetische Verfahren (zum Beispiel die Silbenmethode) oder Methoden des naiv-ganzheitlichen Lesens empfohlen oder praktiziert werden.

Im Berliner Lehrerbildungsgesetz ist für angehende Grundschullehrer nur eine obligatorische Veranstaltung für den Schriftspracherwerb im Umfang von zwei Semesterwochenstunden vorgesehen. Es erscheint dringend geboten, den Umfang der Veranstaltung auf mindestens sechs Semesterwochenstunden zu erhöhen, die entweder im Lernbereich Deutsch oder in der Fachdidaktik Deutsch angesiedelt sein könnten. Mit den Fachdidaktikern des Faches Deutsch ist eine engere Kooperation als bisher anzustreben, da viele von ihnen die didaktischen Konzeptionen auf ältere Kinder im Sekundarbereich beziehen. Eine Übertragung auf jüngere Kinder im Grundschulalter ist nicht ohne weiteres möglich, da sie anders als ältere lernen, weil sie über qualitativ andere Formen der kognitiven Verarbeitung verfügen.

Neben einer verbesserten Ausbildung in der ersten Phase ist auch eine Verbesserung in der zweiten Phase sowie in der Lehrerfort- und -weiterbildung zu fordern. Referendare und Referendarinnen klagen häufig darüber, daß sie zu wenig Möglichkeiten erhalten, Formen differenzierenden und offenen Lernens in ihrer Klasse zu erfahren und zu erproben. Darüber hinaus sollten schulorganisatorisch Möglichkeiten eröffnet und erweitert werden, daß die einzelnen Lehrer, die häufig noch als Einzelkämpfer arbeiten, durch Hospitationen, Kooperation mit anderen und durch Supervision kollegiale Anregung und Hilfen erfahren.

Literatur

Andresen, H.: Psycholinguistische Aspekte des Rechtschreiblernens und didaktische Vorschläge, in: *Naegele, I./Valtin, R.* (Hrsg.): Rechtschreibunterricht in den Klassen 1-6, Frankfurt: Arbeitskreis Grundschule 1984, S. 23-27.

Born, L.: Psychologische und linguistische Voraussetzungen für das Lesenlernen bei Lernbehinderten und Vorstellung einer entsprechenden Schreib-Lese-Methode, in: *Eberle, G./Reiß, G.* (Hrsg.): Probleme beim Schriftspracherwerb, Heidelberg 1987, S. 154-164.

Bosch, B.: Grundlagen des Erstleseunterrichts, Reprint der 1. Auflage 1937, Arbeitskreis Grundschule, Frankfurt 1984.

Daumenlang, K.: Schreiblehrgang und Leseleistung in der ersten Jahrgangsstufe. Schule und Psychologie, Heft 16, 1972.
Haarmann, D. (Hrsg.): Handbuch Grundschule, Bd. 2, Weinheim 1993.
Herff, I.: Die Gestaltung des Leselernprozesses als elementare Aufgabe der Grundschule, Diss., Universität Köln 1993.
Jung, U.: Zur auditiven Diskrimination legasthener und normaler Schüler, Linguistik und Didaktik, 31, 1977.
Malmquist, E./ Valtin, R.: Förderung legasthenischer Kinder in der Schule, Weinheim: Beltz 1974.
May, P.: Rechtschreibfähigkeit und Unterricht, Hamburg 1994.
Scheerer-Neumann, G.: Wortspezifisch: Ja - Wortbild: Nein. Ein letztes Lebewohl an die Wortbildtheorie. Teil 2, Lesen, in: *Balhorn, H./Brügelmann, H.* (Hrsg.): Welten der Schrift in der Erfahrung der Kinder, Konstanz 1987.
Spitta, G.: Von der Druckschrift zur Schreibschrift, Frankfurt 1988.
Valtin, R.: Erstunterricht mit Großbuchstaben, in: Grundschule, Heft 3, Heft 5, Heft 7-8, 1990.
Valtin, R. u. a.: Kinder lernen schreiben und über Sprache nachzudenken - eine empirische Untersuchung zur Entwicklung schriftsprachlicher Fähigkeiten, in: *Valtin, R./ Naegele, I.* (Hrsg.): „Schreiben ist wichtig!" - Grundlagen und Beispiele für kommunikatives Schreiben(lernen), Arbeitskreis Grundschule, Frankfurt 1986, 3. Auflage 1993.
Valtin, R./Naegele, I. (Hrsg.): Schreiben ist wichtig! - Grundlagen und Beispiele für kommunikatives Schreiben(lernen), Frankfurt: Arbeitskreis Grundschule 1986, 3. Auflage 1993.

Christine Keitel

Erfahrung mit Mathematik für alle: Differenzierung und Integration im Mathematikunterricht

Einleitung

"Maths was always my worst subject!"

Mathematik gehört nach wie vor zu den Unterrichtsfächern, die starke Gefühle von Abneigung, Angst und Inkompetenz hervorrufen (vgl. *Buxton* 1984). Warum ist das so? Wie kommt es, daß eine emotionale Reaktion auf das Schulfach jede Fähigkeit, mathematisch zu denken, auf Dauer blockieren kann? Warum erscheint Mathematik so vielen Schülern als so schwierig, daß sie sich selbst mehrheitlich als „behindert" ansehen? Als untauglich und nicht imstande, in diesem Schulfach irgendetwas für sie selbst persönlich Gutes und Erfolgreiches zu erfahren?

Wenn von Mathematik die Rede ist, sprechen viele Erwachsene, Eltern und Laien ebenso wie Lehrer und Schüler schnell von vorhandener oder nicht vorhandener Begabung oder Talent, von einer „natürlichen" Fähigkeit des mathematischen Denkens und infolgedessen von einem „natürlichen Interesse" an Mathematik, die offenbar öfter fehlen als vorhanden sind.

Was bedeutet für solch ein Unterrichtsfach die Frage der Integration von Schülern mit besonderen Bedürfnissen? Eine unzumutbare zusätzliche Belastung für die Lehrpersonen und Interessierten angesichts der vielen Schwachen, Ängstlichen und Uninteressierten und deshalb von vornherein unsinnig? Überlassen wir das Problem der schwachen und bedürftigen Schüler nicht besser dem außerschulischen Nachhilfeunterricht oder den Fachleuten in der „Mathematik-Klinik", die in Fallstudien nachweisen, daß sie mit vielen Mühen und Kosten und unter Zuhilfenahme moderner Technologien und vollständiger Individualisierung wenigstens die Rechenschwäche, mit dem

Term Dyskalkulie in den Bereich des Krankhaften verwiesen, „heilen" können?

Begabungstheorien entlasten von der Auseinandersetzung mit Schwierigkeiten, Bedürfnissen oder dem Desinteresse von Schülern. Sie stützen andererseits explizite oder implizite Zielvorstellungen, an einer Schule für alle ein Fach letztlich vor allem so zu unterrichten, daß die wenigen Begabten nicht in ihrer Entfaltung behindert werden. Es findet sich kaum wissenschaftliche Literatur, die sich mit der Integrationsproblematik von Schülern mit besonderen Bedürfnissen im Mathematikunterricht befaßt oder dafür Vorschläge unterbreitet: In der Mathematikdidaktik für die Sekundarstufen gibt es das Thema gar nicht, in der grundschul-pädagogischen Literatur zur Integration ist der Mathematikunterricht meist ausgeblendet.

Wenn andererseits eine Mehrheit aller Schüler im gegenwärtigen Mathematikunterricht durchaus „besondere Bedürfnisse" hat, so darf man erwarten, daß sich die Didaktik dieser Problematik annimmt. In der Tat sind Lernschwierigkeiten im Mathematikunterricht ein klassisches Thema der Didaktik. Die Integration von Schülern, die auf eine Laufbahn als Mathematiker zusteuern, und solchen, die alsbald mit dem Stigma des definitiv „Unbegabten" versehen werden, ist ein kaum lösbares Dilemma des Mathematikunterrichts, dem viele Überlegungen gelten. Da die Unterschiede zwischen den Polen des „Begabten" und des „Unbegabten" äußerst weit auseinanderliegen, können die Deutungsversuche und Lösungsvorschläge, die in der Mathematikdidaktik dieser Problematik gewidmet werden, vielleicht auch für die allgemeine Integrationspädagogik von Interesse sein. Ich möchte hier einige Gedanken dazu vortragen; ihre Umsetzung in die Schulpraxis ist in einigen Ländern, vor allem in Großbritannien und den Niederlanden, weiter gediehen als bei uns.

Traditionelle Untersuchungen zu Lernschwierigkeiten im Mathematikunterricht sind meistens individual-psychologisch orientiert und konzentrieren sich auf klassifizierende Fehleranalysen, stoffdidaktische Analysen und Visualisierungsangebote. Sie legen häufig eher eine stärkere Aussonderung und Differenzierung durch Homogenisierung von Leistungsgruppen bis hin zu Einzelfallhilfe nahe, und nur selten wird das gemeinsame Lernen im Klassenkollektiv oder in der heterogenen Kleingruppe thematisiert. Solange es wünschenswerter und auch interessanter erscheint zu untersuchen, wie besonders begabte, talentierte und interessierte Schüler gefördert werden können, und welche besonderen Maßnahmen ergriffen werden sollten, sie bei einer Mehrzahl von Nicht-Begabten, von Nicht-Talentierten und von Nicht-Interessierten zu identifizieren und ihre gesellschaftlich immer wichtigere mathematische Begabung in einem besonderen Unterricht gezielt zu entwickeln, wird sich an den negativen Mathematikerfahrungen für die meisten nicht viel ändern.

Können wir es uns aber leisten, den Mathematikunterricht als eine Spezialausbildung für einige wenige zu konzipieren und organisieren und ihn zugleich für alle verbindlich zu machen? Können wir weiter zulassen, daß das gemeinsame Lernen von vielen durch Frustration und Angst blockiert wird?

Bereits die Zielkonflikte des Mathematikunterrichts verweisen auf den sozialen Aspekt der mathematischen Bildung, einen Bezug, der durchaus auch dort besteht, wo als ihr Horizont die „reine" Mathematik erscheint. Selbstverständlich spiegelt dieser soziale Aspekt die fundamentale und zugleich „Alltags"-Rolle, die die Mathematik in der modernen Industriegesellschaft spielt, und ebenso spiegeln die Konzeptionen, die für den allgemeinbildenden Mathematikunterricht entworfen werden, die Art und Weise, wie die Rolle der Mathematik in der Gesellschaft interpretiert und akzentuiert wird.

Die soziale Rolle von Mathematik

> *"It is my contention that the modern order is founded upon a rational, scientific and calculating form of government, a government which claims to describe and control nature according to natural laws. Thus mathematics can be understood as absolutely central to this production of order... Not only did mathematics become reasoning and cognitive development, but its language became the universals of language development; form and meaning as universals."*
> *(Walkerdine 1988, S. 211-212)*

Etwas vergröbernd kann man drei Sichtweisen der Bedeutung und Funktion von Mathematik identifizieren, die spezifische Folgerungen für die Gestaltung des Mathematikcurriculums nach sich ziehen: Die Mathematiker selbst sehen die Bedeutung von Mathematik, der „Königin der Wissenschaften", in dem konsistenten und generalisierbaren System von Theorien, also vor allem darin, daß sie Elemente einer formalen Sprache bereitstellt: Notationen, Symbole, Terminologien, Definitionen, Regeln; zugleich aber auch Elemente von formalen Routinen für den Umgang mit den Notationen und Symbolen: Algorithmen, Logik als Schlußweisen der Argumentation, logische Hierarchien. Durch das Schaffen (oder Aufdecken) von Beziehungen zwischen den Elementen von formaler Sprache und Routinen in Sätzen, Netzwerken, Modellen, Theorien entstehen formale Systeme zur universellen Beschreibung. Mathematik wird dabei entweder als freie geistige Konstruktion oder als Rekonstruktion eines vorhandenen idealen Ordnungssystems betrachtet. Mathematikunterricht dient in dieser Sichtweise in erster Linie der Vermittlung des konsistenten Systems von Mathematik, der mathematischen Methodologie zur (Weiter-)Entwicklung von Generalisation und Abstraktion und deren Sicherung durch Beweisen.

In einer anderen Sichtweise wird in der Anwendungspraxis ebenso wie in Wissenschaften, die mathematische Instrumentarien gebrauchen, Mathematik vor allem in ihrer Funktion als Produzent von „Werkzeugen" für bestimmte Tätigkeiten, als „Dienerin" geschätzt: sie liefert mit den mathematischen Modellen, mit den Rechenvorschriften, Problemlöseprozeduren und Gebrauchsweisen für diese Modelle allgemeingültige formale Methoden für die Beschreibung von Realität, für die Vorhersage von Erscheinungen und Ergebnissen von Eingriffen in die Realität und zur Vorschrift für Herangehensweisen und formale Ergebnissicherung. Mathematische Tätigkeiten werden zu universellen Tätigkeiten, wie das Quantifizieren und Messen, die Orts- und Zeitbestimmung, das Erklären durch In-Beziehung-Setzen und Schlußfolgern, das Entwerfen von Systemen, das Konstruieren und das „Spielen" in virtuellen Aktionen. Gemäß dieser Sichtweise hat Mathematikunterricht vor allem die Kenntnisse und Fertigkeiten für den Gebrauch der „Werkzeuge" sicherzustellen, sowohl in einfacher Form als je aktuell neu beschriebenes „Basiswissen" für verschiedene Praxis- und Berufsbereiche, als auch für Forschung und Entwicklung in Wissenschaft und Technik.

Die soziale Orientierung dieser beiden Sichtweisen ist auf Menschen bezogen, die die Mittel des gesellschaftlichen Handelns entwickeln und steuern und über sie verfügen. Das Interesse der didaktischen Konzeptionen, die aus ihnen abgeleitet sind, der klassischen Gymnasial- und Sekundarschuldidaktiken, gilt einer mehr oder weniger weitgefaßten Bildungselite, dem wissenschaftlichen, technischen, ökonomischen Führungspersonal. Die Demokratisierungsprozesse der zurückliegenden Jahrzehnte haben zu einer immer pluralistischeren und offeneren Interpretation dieser Ziele beigetragen, sie dadurch aber auch in die Krise geführt.

Diese Demokratisierungstendenzen, die den Begriff der Allgemeinbildung zunehmend umgewertet haben - von einer universellen Bildung zu einer Bildung für alle - haben auch eine dritte Sichtweise der gesellschaftlichen Bedeutung und Funktion von Mathematik und Schulmathematik hervorgebracht. Diese Sichtweise unterscheidet sich von den früheren zunächst durch die soziale Perspektive: Ihr Interesse gilt den in der industriellen Massengesellschaft von der zunehmenden Mathematisierung aller Lebensbereiche *Betroffenen*. Sie fragt, wie die Schule den Menschen befähigen kann, die gegebenen Lebensverhältnisse, über die er nicht bestimmt, zu bewältigen. Mathematik, verstanden als menschliche Tätigkeit in sozialem Umfeld, wird dabei analysiert als wesentlich bestimmt durch soziale Strukturen, zugleich aber solche Strukturen mitbestimmend und als formale schaffend. Systeme und Hierarchien, formale Methoden wie mathematische Modelle oder formale Argumentationsweisen werden durch Transformation und Verwendung zu quasi-natürlichen gesellschaftlichen Regeln und Festlegungen und damit zu gesellschaftlichen Ordnungen und Mustern für soziale Organisationen, Institutionen und ihr Reglement. Untersuchungen betreffen z. B. formale Regelsysteme in Produktion, Verwaltung, Bürokratie, Management, Justiz, Militär. Damit sind Mathematisierungen nicht automatisch positiv bewertet, sondern durchaus zwiespältig zu sehen: Wer verfügt über die Macht, Strukturen zu schaffen, und wessen Interessen drücken sich darin aus bzw. lassen sich in ihnen realisieren? In wessen Interesse wird mathematisiert? Mathematikunterricht könnte unter diesem Blickwinkel die Zielsetzung haben, nicht nur mathematisches Wissen, Kenntnisse oder Fertigkeiten zu vermitteln, sondern vor allem dazu zu befähigen, den Prozeß der Mathematisierung der Gesellschaft zu durchschauen und kritisch zu beurteilen.

Es versteht sich, daß eine Sichtweise, die Mathematik im sozialen Kontext interpretiert, auch in der Entwicklung didaktischer Konzeptionen dem sozialen Kontext eine entscheidende Rolle zumißt; ja, die sozialen Formen des Lernens, die die Demokratisierung der Schule in den letzten Jahrzehnten hervorgebracht hat, werden ohne Zweifel viel stärker als einzelne fachinhaltliche Neuinterpretationen als primäre pädagogische Errungenschaften dieser Zeit angesehen werden. Auch das Bemühen um die Integration von benachteiligten Gruppen gehört dazu.

Man muß aber darauf insistieren, daß beides zusammengehört: Die soziale Organisation des Lernprozesses und eine unter sozialen Aspekten fundierte Bestimmung der Bildungsinhalte. Amerikanische Reformprojekte zum Mathematikunterricht der 60er Jahre, die ganz methodisch orientiert waren, haben gezeigt, wie sich Fachinhalte verflüchtigten und der Lernprozeß zu einer leeren sozialen Übung schrumpfte. Ein mathematikdidaktischer Begriff, der beides einfassen könnte, fachliche Kompetenz und eine Orientierung an Zielen der realen Lebenswelt, ist der der „Numeracy" oder „Mathematical Literacy".

Exkurs:
Abstraktion und Formalisierung

Zentrale Gegenstände der Analyse und Evaluation des gesellschaftlichen Mathematisierungs- und Strukturierungsprozesses sind Abstraktionen und Formalisierungen als die Charakteristika mathematischen Denkens und Handelns und die Auswirkungen ihrer Anwendung auf Handlungsmöglichkeiten des einzelnen und der sozialen Gruppe.

Die historische Entwicklung der Mathematik und die Vorstellung von Mathematik sind eng mit dem Begriff der Abstraktion verbunden. Abstraktionen werden dabei vor allem als Denkabstraktionen angesehen. Mathematik setzt jedoch bei der Schaffung von abstrakten, formalen Begriffen bereits Abstraktionen voraus: Abstraktionen im Handeln, die erst in einem zweiten Schritt zu Denkabstraktionen werden. Abstraktionen im Handeln sind meist soziale Abstraktionen, real im gemeinsamen Handeln einer sozialen Gruppe oder Gesellschaft, und werden, obwohl nicht notwendig bewußt, als selbstverständliche Muster oder Regeln des sozialen Handelns in der Gruppe oder Gesellschaft befolgt. Diesen Ursprung des formalen mathematischen Denkens beschreibt *Sohn-Rethel* (*Sohn-Rethel* 1967) am Beispiel des Tauschwertbegriffs und deutet daraufhin, daß grundlegende mathematische Begriffe wie der Zahl- oder Raumbegriff durch Bezug zu Realabstraktionen als soziale Abstraktionen erklärt werden können: *Realabstraktionen* sind die Basis von *Denkabstraktionen*, durch *Reflexion* der in den Handlungen bereits vorliegenden Realabstraktionen werden *abstrakte Strukturen* gewonnen. (Hier trifft sich eine philosophisch-soziologische Deutung der Entwicklung von Mathematik mit einer erkenntnistheoretischen der Kognitionspsychologie: *Piaget* beschreibt die Entwicklung des Raum- und Zahlbegriffs ganz analog). Denkabstraktionen können interpretiert werden als die Vorstellung von Handlungen, und in der Vorstellung entsteht eine neue Welt als System möglicher, gedachter Handlungsabläufe. Die Welt der Denkabstraktionen ist frei: sie erlaubt unbekannte, imaginäre Handlungen ohne reale Konsequenzen. Die Möglichkeiten und die tatsächliche Macht der Mathematik heute liegen vor allem in diesem Potential abstrakter, imaginärer Versuch-Irrtum-Handlungen als wissenschaftlichem und angewandt-praktischem Unternehmen. Der wiederholte Gebrauch von mathematischen Begriffen und ihre Materialisierung in Maschinen oder Sozialtechnologien transformiert die Welt der Handlungsmodelle in eine reale Welt; z. B. technologische Konstruktionen als „black boxes", die Abstraktionsprozesse ersetzen. Es entsteht „implizite" Mathematik; sie erscheint als „natürlich", „unsichtbar", „kristallisiert" in der automatischen Maschine, in der Organisation von Produktion und sozialen Prozessen. Denkabstraktionen werden durch die Transformation real-wirksam, „realisierte Abstraktionen". Durch generelle Durchsetzung und Verbreitung von Quantifizierung und Messen entsteht die Universalität des Zahlbegriffs als Maß für alle Dinge: Zahlen werden zu Daten und Fakten.

Formalisierungen, die Schaffung von formalen Strukturen, in denen nur Beziehungen zwischen Objekten betrachtet werden, geschehen in verschiedenen Medien: beim Formalisieren von Sprache entsteht eine neue, formale Sprache mit dem Ziel der Gewinnung einer vollständigen, unzweideutigen Grammatik, beim Formalisieren von Handlungsroutinen entstehen formale Vorschriften wie Codices, Manuale zu Arbeitsabläufen algorithmische Muster in Verhaltensweisen analog zu mathematischen Algorithmen und Kalkülen. Ergebnis der Formalisierung ist die autonome, selbstbezogene, dekontextualisierte, depersonalisierte Struktur „ohne Ansehen der Person", zeitunabhängig und unabhängig von Erfahrungen. Soziale Algorithmen sind beispielsweise Arbeitsinstruktionen, Rezepte, juristische Ordnungen und Gesetze, Regelungen der Fließbandarbeit, Computerprogramme. Die wachsende Mathematisierung und Technologisierung führen dazu, daß soziale Algorithmen mehr und mehr die individuelle und kollektive Arbeit, die soziale Kommunikation und das Sozialverhalten bestimmen, soziale Organisationen wie Bürokratien oder Verwaltungen werden zu mächtigen, selbständigen „Megamaschinen", die Partikularisierung und Standardisierung in der Massenproduktion sind Voraussetzung und Ergebnis der Entwicklung autonomer Mechanismen oder Maschinen. Mit der Formalisierung geht eine Problemtransformation einher: aus qualitativen Problemen werden für die Modellanwendung quantitative, „kalkulierbare", d. h. berechenbare Probleme, eine Reduktion auf Daten in Form von Quantitäten, und damit werden standardisierte formale Datenbearbeitungsverfahren notwendig (*Skovsmose* 1990).

Ein zirkularer Prozeß findet statt: Die Gesellschaft wird unter dem Einfluß von langfristigem ökonomischen und sozialen Wandel mehr und mehr formalisiert und mathematisiert, im Gegenzug verlangt die von Technologie dominierte Umwelt mehr und mehr Mathematik, um diesen Prozeß aufrechtzuerhalten. Mathematische Hilfsmittel und Kenntnisse werden immer notwendiger, da Mathematik das wichtigste Werkzeug bereitstellt, mit Mathematisierungen und daraus resultierenden Technologien umzugehen. Viele menschliche Tätigkeiten werden durch Mathematisierung soweit formalisiert, daß sie allein mit Hilfe mathematischer Modelle kontrolliert und geändert werden können, damit erscheint sowohl die Kontrolle als auch jede durch die Modelle bewirkte Veränderung zugleich objektiv und unvermeidbar. Mathematik und die von ihr initiierte Technologie wird mehr und mehr zum „natürlichen Mittel" für die Lösung aller Probleme und für die Entwicklung der Gesellschaft (*Keitel & Ruthven* 1993). Wie kann dieser Prozeß der fortschreitenden Mathematisierung verstanden und womöglich kontrolliert werden?

„Numeracy" oder „Mathematical Literacy"

> *"Since we are all consumers of mathematics, and since we are both beneficiaries as well as victims, all mathematizations ought to be opened up in the public forums where ideas are debated. These debates ought to begin in .... school." (Davis 1989, S. 28)*

Der Begriff „Numeracy" oder „Mathematical Literacy" soll hier als Fremdwort verwendet werden, denn er erscheint ebenso nützlich wie unübersetzbar: Er ist eine pädagogische Analogschöpfung zur „Literacy", aber zu diesem Begriff gibt es kein Äquivalent in der deutschen Sprache, sondern eigentümlicherweise nur zu seiner Negation, der „Illiteracy", die, nicht ganz deckungsgleich, mit Analphabetismus übersetzt wird. Das Kunstwort Numeracy ist definitorisch nicht präzise festgelegt, vielmehr hat es seine Bedeutung mit dem Fortgang der didaktischen Diskussion verändert und erweitert.

Zwar hat die Bedeutung von Mathematik in unserer Gesellschaft zugenommen, gleichzeitig damit aber hat die Bedeutung der Schulmathematik, d. h. dessen, was in der Schule heute noch tatsächlich gelehrt und an Fähigkeiten und vor allem Fertigkeiten gelernt wird, abgenommen. Die meisten mathematischen Operationen, die in speziellen Berufen oder im täglichen Leben notwendig sind, abgesehen einmal von der Arbeit weniger Spezialisten, werden heute von Maschinen oder anderen technischen Hilfsmitteln geleistet. Die Beherrschung mathematischer Techniken wie der „Grundrechenarten" in der Arithmetik, die früher als der Kern einer mathematischen Grundbildung und wichtigster Bestandteil von „Numeracy" angesehen wurde, hat durch die Verfügbarkeit von Computern und Taschenrechnern ihre Funktion verloren, sie ist sogar überflüssig und sinnlos geworden; andere Kenntnisse und Fertigkeiten, die der Mathematikunterricht vermittelt, werden niemals gebraucht.

Numeracy wird in der neueren Literatur daher auch und überwiegend diskutiert als das Verständnis für das Entstehen und die Fähigkeit zum Interpretieren von Zahlendaten, Nachvollziehen und Prüfen logischer Schlüsse; Interpretieren, Überprüfen und Kritisieren von Tabellen, Kurven, Visualisierungen, jeder Art von Rechnungen und rechnerischen oder allgemein zahlenbezogenen Argumenten und solchen mit mathematischer Basis (wie Taschenrechner oder Computer), zum Abschätzen und Überschlagen von Rechnungen und Folgen von logischen Schlüssen. Mathematisches Bewußtsein, ein Sinn für Zahlen schließt die Begründung von Zahlendaten und Zahl-Operationen und eine Reflexion über ihren Gebrauch in Kommunikation mit anderen ein: Hier beginnt das Beweisen und der Beweis als Argumentieren und Begründen gegenüber anderen.

Der Mathematikunterricht bietet den Schülern meist die einzige Gelegenheit, Mathematik explizit zu erfahren, in einer Welt, in der soviel implizite Mathematik wirksam ist. Aber geht er über die Einführung in Routinen, Regeln, Automatismen hinaus? Erzeugt er statt Macht nicht vielmehr Ohnmacht gegenüber den „mathematisch-logischen" Sachzwängen? Die in Aufgabenstellungen übliche Befehlssprache wie „Löse ..., Suche ..." verlangt ja gerade eine Unterordnung und Gehorsam, die systematische Betrachtung der Regeln und geschlossenen Ordnungsmuster schließt eine Diskussion über Mathematik und ihre wechselvolle Sozialgeschichte, über Konsequenzen von Anwendungen bei anderen Wegen oder Ansätzen, in anderen Kontexten eher aus. Und eine Rückübersetzung und Interpretation von Formalismen geschieht meist nur als erneute Einkleidung von Rechenergebnissen in Kontexte der „irrealen" Textaufgaben. Mit der Einübung in die Technologien geht eine Unterwerfung unter das „Gesetz der Sache" einher: Kritik an mathematischen Lösungen, an der Verwendung von Mathematik ist scheinbar immer eine Kritik an der Objektivität, der Logik des „Nur-Wahr-oder-Falsch". Die konsequente Quantifizierung geht zulasten des qualitativen Wahrnehmens, Erkennens, Begründens, und zwar in dreifacher Hinsicht: der sozialen (auch wissenschaftlichen) Akzeptanz qualitativer Verfahren, der Bedeutungszumessung des qualitativen Wahr-(für wahr)Nehmens sowie der Vermittlung und Einübung von Fähigkeiten des Verknüpfens und der gegenseitigen Überprüfung quantitativer und qualitativer Zugangs- zu und Zugriffsweisen auf Realität.

Die Mathematisierung der Gesellschaft hat Einfluß auf das individuelle und gesellschaftliche Leben jedes einzelnen. Um selbständig denken, urteilen und handeln zu können, müßten also Kompetenzen entwickelt werden, die Mathematisierungsprozesse und seine Auswirkungen verstehen und beurteilen zu können. Eine der Auswirkungen besteht darin, daß die Formalisierung von Sprache und Handlung den Zusammenhang von Intuition und logischem Schließen, von Bedeutung und Sinn mathematischer Modelle und ihrer Funktion und Technologisierung auflöst. Was heißt es und wie wirkt es sich aus, mit Formalisierungen zu leben, von ihren Auswirkungen betroffen zu sein? Wie können die angewandten mathematischen Modelle kompetent beurteilt und bewertet und vor allem wieder rekontextualisiert werden? Wie können wir herausfinden, welche Intentionen und Interessen zu welchen Modellen führen und geführt haben? Wer entscheidet darüber? Mathematik hat hier eine politische Dimension, und der Begriff „Numeracy" muß in einem weiteren Rahmen von „Scientific and Technological Literacy" definiert werden. Was bedeutet es für den einzelnen und seine Gruppe angesichts dieses komplexen Prozesses der Transformation der Gesellschaft in einer Abstraktionsgesellschaft, mit Zahlen umgehen zu können, einen Sinn für Zahlen und Daten zu entwickeln, in der Lage zu sein, Daten und Zahlen zu interpretieren und ihre Verwendung in formalen Modellen ebenso zu verstehen, wie aus den verschiedenen Darstellungs- und Visualisierungsformen wie etwa Tabellen, Diagrammen oder grafischen Darstellungen herauszulesen? Wie kann der „Sachzwang" der Algorithmen hinterfragt oder kontrolliert werden? Können wir implizite Mathematik „sichtbar", d. h. analysierbar und reflektierbar machen? Wie können „Megamaschinen" kontrolliert werden? Wie gelangen wir alle - in einem demokratischen Prozeß - zu einem sozialen Kontrakt für angewandte Mathematik? Welche Konsequenzen hat das für Epistemologie, Inhalte und didaktische Konzeptionen von Lehr- und Lernweisen? Welche Rolle werden und sollen dann Algorithmen in der Schule spielen?

Mathematikunterricht kann heute erst dann als allgemeinbildend und als Mathematikunterricht für alle angesehen werden, wenn eine Verlagerung des syntaktisch-logischen zum semantischen Denken stattfindet; d. h. er sollte, statt ausschließlich in die mathematische „Grammatik" einzuüben, auch in die mathematische „Literatur" und „Literaturkritik" einführen. Mathematik soll nicht mehr nur als fertiges Produkt, sondern als von allen nachvollziehbare soziale Tätigkeit verstanden werden, nicht als ein geschlossener Wissensbereich, sondern als ein sich entwickelndes Feld, in dem individuelle und gesellschaftliche Interessen und Intentionen agieren. Insbesondere muß es das Ziel des Mathematikunterrichts sein, nicht nur die Fähigkeit zum Gebrauch und der Rechtfertigung von Mathematik, sondern auch zur Kritik und zur Suche nach Alternativen zu entwickeln. Lehrer werden dann nicht die Vermittler und Besitzer von Wissen *für*, sondern Anreger, Interpreten und Kritiker von Wissen zusammen *mit* den Schülern. Einführung in die „Literatur" schließt die Entwicklung von Metawissen, von Wissen über Wissen ein, dies setzt gemeinsame Reflexion voraus.

Der Gebrauch von mathematischen Modellen in Kontexten verlangt bei der Evaluation, der „Literaturanalyse", notwendig Wissen über Wissen und Reflexion, individuelle wie kollektive. Diese kann auf verschiedenen Ebenen ansetzen, die z. T. noch eng an dem Bereich der Mathematik, aber auch außerhalb, an dem Bereich des Kontextes, orientiert ist. Nach der Bearbeitung eines Problems, innerhalb eines Modells, könnte z. B. gefragt werden: Haben wir die Rechnung richtig ausgeführt? Ist der Algorithmus akkurat benutzt? Welche Wege der Kontrolle, Mittel der Prüfung haben wir? Oder etwas allgemeiner: Haben wir überhaupt die richtige Operation oder Methode gewählt? Gibt es vielleicht verschiedene Algorithmen zum selben Problem?

Ist das mathematische Werkzeug zuverlässig, passend ...? Hier bleiben die Schüler noch eng im mathematischen Bezugsrahmen.

Andere Fragen können gar nicht beantwortet werden, wenn die Schüler nicht den Bezugsrahmen der Mathematik verlassen und die Fragen vom Kontextbereich gleichgewichtig mit berücksichtigen: Ist das gewählte Modell überhaupt geeignet für die spezifische Situation, für unsere Zwecke und Interessen, wenn wir den Kontext einbeziehen? Akzeptieren wir die Ziel-Mittel-Beziehung? Müssen wir überhaupt formale Mittel benutzen? Für welche Aspekte, Zwecke speziell? Sind die mathematischen Ergebnisse vernünftiger als intuitive oder globale Betrachtungen? Ist Mathematik per se hier notwendig und brauchbar?

Bezogen auf weitere Perspektiven des Gebrauchs von formalen Techniken in Problemlöseprozessen könnte allgemeiner gefragt werden: Was sind allgemeine Folgen des Gebrauchs formaler Mittel? Wie beeinflußt der Algorithmus unsere Wahrnehmung von Realität? Welche Rolle spielt diese Sorte Mathematik in unserer Gesellschaft? Am Ende steht die Reflexion über den Evaluierungsprozeß selbst: Wie und was haben wir geprüft? Unsere Handlung? Unser Denken? Beides? ...

Unterrichtsgestaltung: Selbsttätigkeit, kollektives Lernen und Integration

> *Progression has to do with the ways in which teachers and pupils together explore, make sense of and construct pathways through the network of ideas, which is mathematics. Each person's "map" of the network and of the pathways connecting different mathematical ideas is different, thus people understand mathematics in different ways. (Burton 1994, S. 15)*

> *Am Anfang des Unterrichts steht also nicht die Wissensvermittlung des Lehrers, am Anfang stehen die Schülerprodukte, sie haben Priorität. (Gallin und Ruf 1991, S. 55)*

Eine Revision der Mathematikdidaktik, die aus einer sozialen Perspektive heraus und in dem Bemühen unternommen wird, der Realität der modernen Gesellschaft Rechnung zu tragen, gelangt zur Identifikation spezifischer, neuer Qualifikationen, die der Mathematikunterricht vermitteln muß. Der besondere Charakter der Problemsituationen, in denen diese Qualifikationen gebraucht werden und sich bewähren sollen, muß auch dort erlebt werden, wo sie erworben werden sollen, und die Art und Weise, wie sie erworben werden, sollte modellhaft erfahrbar machen, wie solche Probleme bewältigt werden können.

Das Spektrum dieser Probleme ist vielfältig, und auch ihre Komplexität kann sehr unterschiedlich sein. Gemeinsam ist ihnen, daß eine adäquate Problemlösung den Wechsel zwischen mehreren Ebenen und verschiedenen Graden des konkreten Kontextes und formaler Explikation erfordert, und daß solche Übersetzungsmodelle verstanden und interpretiert werden müssen. Gerade wo die Problematik simpel erscheint, können Abstraktionen von großer Tragweite in das Erscheinungsbild des realen Kontextes bereits eingegangen sein und die Lösungsmöglichkeiten bereits determinieren (vgl. *Keitel et al.* 1993, S. 243-279). Vernünftige, d. h. alltagspraktische Problemlösungen können „naive" Strategien benutzen oder auch den gesamten Prozeß der Formalisierung durchlaufen; eine inhaltliche Deutung der Problemstellung, auch im Hinblick auf die involvierte eigene Stellung und die Berücksichtigung entsprechender Interessen, setzt jedoch häufig die Durchdringung und Deutung der verborgenen impliziten Abstraktionen voraus.

Soziale Interaktion ist das Medium, in dem sich Probleme, die mit mathematischen Mitteln angegangen werden, zu ihrer heutigen Form entwickelt haben. Bestimmte Aspekte solcher Probleme können daher nur in sozialer Interaktion erfahren werden: Der Aspekt von Mathematik als Kommunikationsmittel, der Konventionscharakter der Symbole und Notationen, historisch bedingte Aspekte sowohl mathematischen als auch realen Handelns, die eingeschränkte Gültigkeit des Richtig- oder Falsch-Urteils angesichts der Artikulation und Durchsetzung von Interessen. Es ist evident, daß für die Unterrichtsgestaltung entsprechend den hier dargestellten Leitgedanken lerntheoretische Vorstellungen adäquat erscheinen, die die Wissens- und Erkenntnisentwicklung dialogisch interpretieren, die soziale Interaktion als Voraussetzung für Lernen und Erkenntnisgewinnung ansehen. Solche finden sich beispielsweise in der sowjetischen Psychologie der „gegenständlichen Tätigkeit" oder im sozialen Konstruktivismus (vgl. *Ernest* 1994), da von diesen die Konstruktion von Wissen als die Auseinandersetzung mit Gegenständen in sozialer Interaktion, durch Dialog, Reflexion, Kritik und Gegenkritik, durch das Aushandeln von Bedeutung mit den Lernpartnern angesehen wird. Wissen des anderen ist dabei nicht nur zusätzliche Information, sondern notwendiger Widerpart im Diskurs, die dialogische Beziehung im Lernen ist notwendige Bedingung der Wissensgewinnung, die zugleich Erkenntnisse bereichert und erweitert. Reflexion bedeutet Interpretation und Rückschau, sie setzt Eigentätigkeit voraus und braucht Dialoge und Diskurse, nicht Transmission von Informationen oder Fakten.

Es ist ferner evident, daß das Herangehen an komplexe Sachverhalte, deren Problemstrukturen nicht ablesbar sind oder nur unvollständig zu Tage treten, außerordentlich dadurch befördert werden kann, daß möglichst vielfältige Kompetenzen, unterschiedliche Erfahrungshorizonte und Vorlieben in der Interaktion zusammentreffen. Die *heterogene*, in sich möglichst reich *differenzierte Gruppe* scheint daher am besten geeignet, einen produktiven Zugang zu den gegebenen Themen zu finden, eine soziale Vielfalt von Interessen widerspiegeln zu können, Voraussetzungen für den Vergleich und die Evaluation von Lösungswegen zu schaffen und individuelle Stärken einbringen und entwickeln zu können. Schon diese grundlegende Erkenntnis belegt die Notwendigkeit einer nicht nur nach Leistungsniveaus, sondern nach Interessen und Problemen differenzierenden, d. h. einer integrationspädagogisch akzentuierten Mathematikdidaktik.

Schließlich ist aus der vorausgehenden Diskussion ersichtlich geworden, daß dem *selbständigen, eigenen Handeln des Schülers* für sich und seine Gruppe, dem gemeinsamen Vorgehen und der selbstbestimmten Entwicklung der Gruppe ausschlaggebende Bedeutung für die Konzeption des konstruktiven, kooperativen und reflexiven Lernens von Mathematik zukommen.

Es gibt ermutigende Berichte über modellhafte Projekte und Fallstudien aus England, Holland, Italien, Dänemark, in denen Schüler sich eigenständig mit Mathematisierungen auf unterschiedlichen Ebenen der Abstraktion und Komplexität des Kontextes auseinandersetzen und selbst an der Problemformulierung oder -neuformulierung ihrer Arbeit beteiligt sind - in denen manchmal sogar Mathematik mit Umwelterziehung in Verbindung gebracht wird. Das Besondere an den vorgestellten Projekten und Berichten von Schülerprojektaktivitäten ist, daß sie Wissensentwicklung und Engagement in Aktionen, Diskurs und Kooperation miteinander verbinden, daß sie den Umgang mit mathematischen Modellen – wie z. B. im einfachsten Fall mit Zahlen in einem problemhaltigen Kontext – erproben und auswerten und zugleich als Prozeß bewerten. Die Nutzung von Algorithmen wird dabei ergänzt durch eigenständige Sammlung von Informationen und Daten und deren Verarbeitung, durch Diskussion und kritische Evaluation der Ergebnisse, evtl. durch Umsetzung der Ergebnisse in neue Handlungen oder Projekte. Projekte mobilisieren Eigenaktivitäten von Schülern und Schülergruppen. Sie verbinden soziales Lernen mit kognitiver Entwicklung und stellen für integrationspädagogische Vorschläge eine geeignete Grundform des Arbeitens dar, weil sie ermöglichen, unterschiedliche Interessen einzubringen und nach Aushandlung durchzusetzen, und unterschiedliche Fähigkeiten und Herangehensweisen der beteiligten Schüler erfordern, und durch die Rückbesinnung am ehesten die Chance bieten, eine gemeinsame Erkenntnis für alle zu erreichen und zu formulieren.

Schüler erfahren, daß Erkenntnis nicht nur Wissen rekonstruiert, sondern partiell auch neu schafft. Lokale und konkrete Informationen, aus denen Wissen gewonnen wird, stellen eine spezifische Beziehung her zwischen dem Schüler und seinem Wissen, das er besitzt und über das er verfügt. Gewonnenes Wissen kann andere interessieren und für sie nützlich sein: dafür muß es *dargestellt*, verstehbar umgeformt werden für andere. Empirisch ermitteltes (Meßdaten-)Wissen und andere Formen von sozial wichtigem Wissen wie des Miteinander-Umgehens oder Sich-Durchsetzens werden miteinander verbunden. Bei der Arbeit in außermathematischen Kontexten kommt der Herangehensweise und der Informationssammlung besondere Bedeutung zu: das Auswählen von relevanten Daten gehört ebenso dazu wie Ergebnisse im Kontext interpretieren zu können, neben allgemeinen Rechenverfahren sind wichtige allgemeine Strategien das Schätzen, Approximieren und verschiedene Näherungsansätze, Versuch-Irrtum-Methoden werden effektiver als Standardregeln oder -verfahren, die Vereinfachung von schwierigen Aufgaben kann als Weg erfahren werden, Problemlösen zu beginnen. Auf der Suche nach Mustern und Regeln werden das Argumentieren und Begründen, das Schlußfolgern, die Hypothesenbildung und das Testen geübt, Vorformen von Beweisen und Gegenbeweisen werden in Begründungen und Argumentationen ausprobiert.

Projekte sind die anspruchsvollsten Aktivitätskomplexe von Schülern, ihre Realisierung kann jedoch nur gelingen, wenn frühzeitig und in bewußter Stufung der Entwicklung gezielt die Selbständigkeit und Eigentätigkeit angeregt und die Gruppenverantwortlichkeit ausgebildet werden. Auch sind im Schulalltag Projekte oft schwer zu organisieren.

Arbeitsweisen und Handlungsmöglichkeiten von Projekten können aber auch im bescheidenen Rahmen kleinerer Einheiten initiiert und realisiert werden. Für solche Arbeitsstrukturen hat sich in der niederländischen Mathematikdidaktik - in der Arbeit des Freudenthal-Instituts - der Begriff der „eigen produktie" durchgesetzt, der von *Selter* in die deutsche Diskussion eingeführt wurde und hier übernommen werden soll (*Selter* 1993, vgl. auch *Bird* 1985, 1986, 1987, *Burton* 1994, *Frankenstein* 1989, *Gallin & Ruf* 1991, *Gravemeijer et al.* 1990, *Hughes* 1984, *Lave* 1988, *MSEB* 1993, *Saxe & Gearhart* 1988, *Shuard et al.* 1991, *Zaslavsky* 1987).

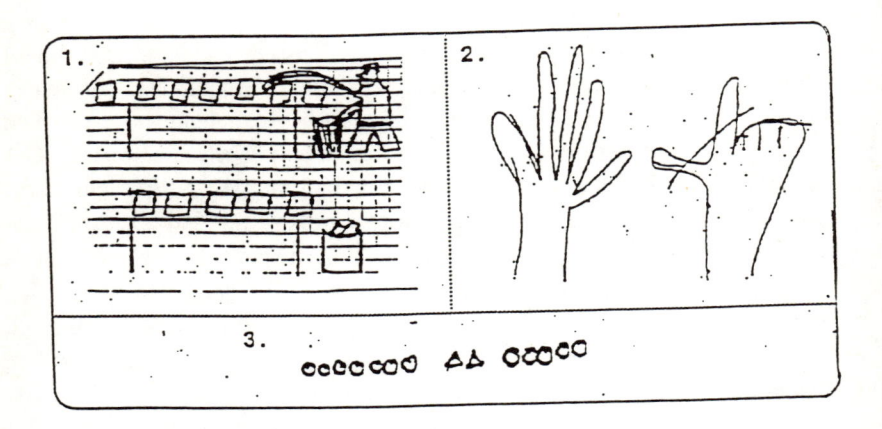

Abbildung 1: Erste Versuche, Handlungen in symbolische Darstellungen zu übersetzen (aus: *Selter* 1993, S. 56)

Naturgemäß sind Themenfelder von Eigenproduktionen weitaus beschränkter als in Projekten, und sie werden häufiger von kleinen Gruppen oder auch als Einzelarbeiten entstehen: Die Interaktion entwickelt sich dann mehr daraus, wie die Produktionen in der Klasse zusammengeführt und zum Ausgangspunkt der weiteren Arbeit gemacht werden.

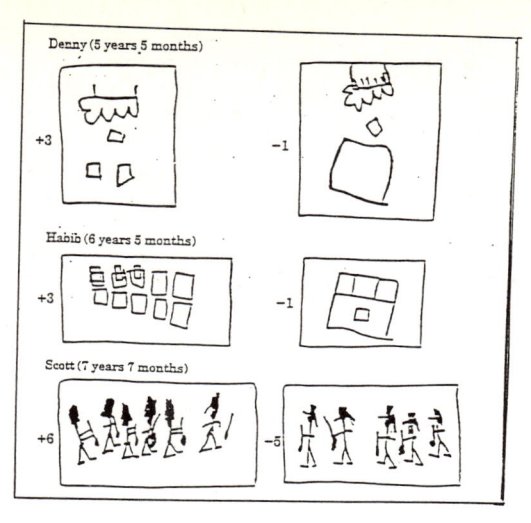

Abbildung 2: Unterschiedliche Darstellungsversuche für Addition und Subtraktion (aus: *Hughes* 1984, S. 75)

Eigenproduktionen dienen als Basis für die Unterrichtsplanung des Lehrers, sie liefern Informationen über das Vorwissen und die Vorgehensweisen der einzelnen Kinder, sie geben eine gute Rückmeldung zum Unterricht.

Abbildung 3: Erfinden vorläufiger Rechenwege (aus: *Shuard et al.* 1991, S. 33)

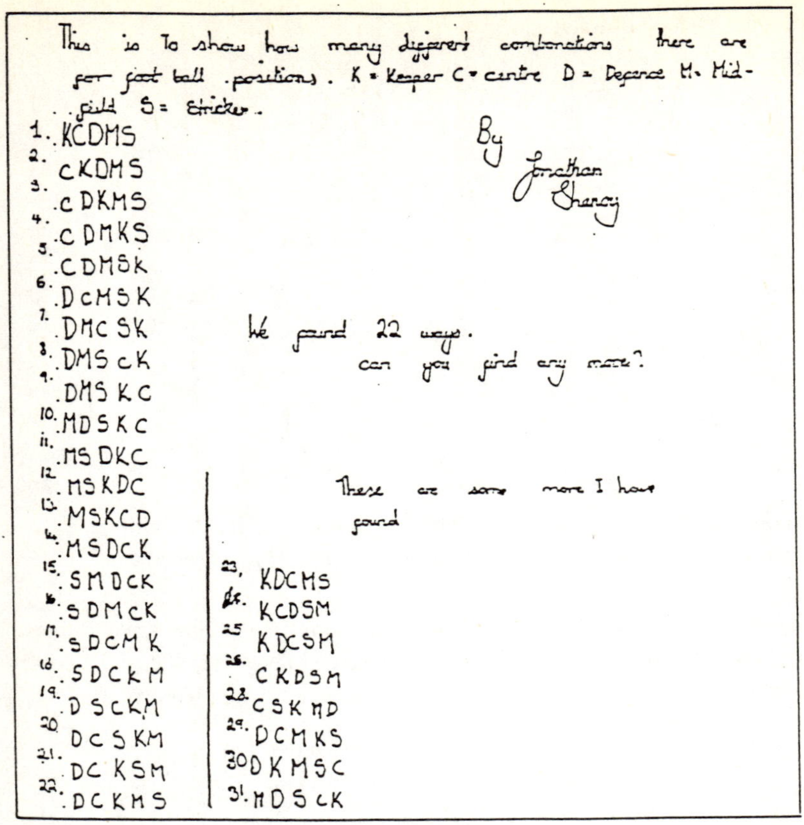

> This is to show how many different combinations there are for foot ball positions. K = Keeper C = centre D = Defence M. Midfield S = Striker.
>
> By Jonathan Shancy
>
> 1. KCDMS
> 2. CKDMS
> 3. CDKMS
> 4. CDMKS
> 5. CDMSK
> 6. DCMSK
> 7. DMCSK
> 8. DMSCK
> 9. DMSKC
> 10. MDSKC
> 11. MSDKC
> 12. MSKDC
> 13. MSKCD
> 14. MSDCK
> 15. SMDCK
> 16. SDMCK
> 17. SDCMK
> 18. SDCKM
> 19. DSCKM
> 20. DCSKM
> 21. DCKSM
> 22. DCKMS
>
> We found 22 ways. Can you find any more?
>
> These are some more I have found
>
> 23. KDCMS
> 24. KCDSM
> 25. KDCSM
> 26. CKDSM
> 27. CKDSM
> 28. CSKMD
> 29. DCMKS
> 30. DKMSC
> 31. MDSCK

Abbildung 4: Induktives Vorgehen kann Voraussetzung für die Ableitung von Regeln sein (aus: *Burton* 1994, S. 100)

Ihre wichtigste Funktion besteht aber darin, Grundlage der Kommunikation der Schüler in der Gruppe zu sein, als Vorschau und Rückschau des Lern- und Arbeitsprozesses, wenn sie sich über das Ergebnis einer Problembearbeitung oder Handlung verständigen wollen oder unterschiedliche Erfahrungen austauschen und Sinn und Bedeutung des Gelernten verhandeln.

1:00 am	sleeping
2:00	sleeping
3:00	still sleeping
4:00	snoring
5:00	still snoring
6:00	falling out of bed
7:00	try to get back to sleep
8:00	get up have breakfast
9:00	at school and working
10:00	playing in play time
11:00	working in school
12:00	at lunch and going home
1:00 pm	at lunch play
2:00	unfortunately doing work
3:00	get ready to go home
4:00	watching children's ITV
5:00	having dinner
6:00	watching TV
7:00	still watching TV
8:00	getting school stuff ready
9:00	go to bed
10:00	asleep
11:00	asleep
12:00	fast asleep

Abbildung 5: Erfinden von mathematischen Darstellungen: Der Tagesablauf als Tabelle (aus: *Burton* 1994, S. 71)

Abbildung 6: Erfinden von mathematischen Darstellungen: ... oder aber auch kontextnah und zusätzlich gemalt! (aus: *Burton* 1994, S. 70)

Untersuchungen mit Eigenproduktionen haben gezeigt, daß die Lehrer ihre Schüler meistens unterschätzen, daß diese viel mehr können und auch darstellen können, als ihre Lehrer ihnen zumuten, das gilt sowohl für als schwach wie auch als stark eingeschätzte Schüler.

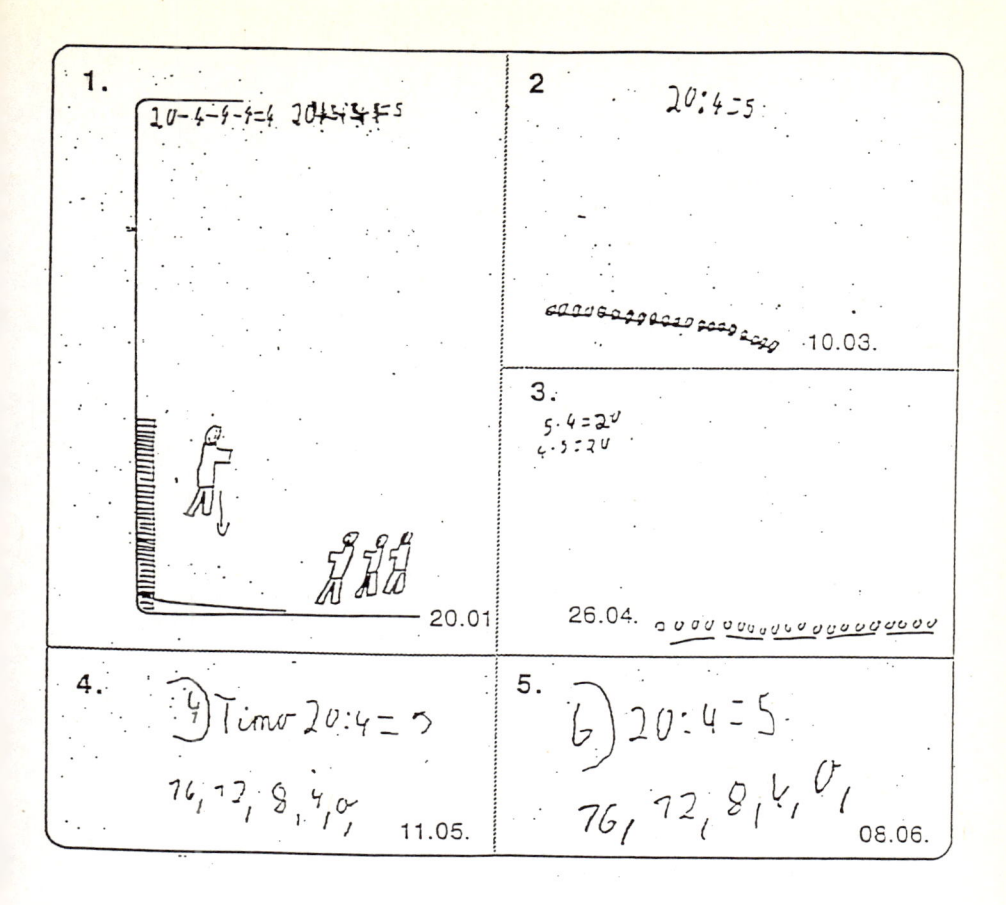

Abbildung 7: Division unbekannt - Erfindung von Rechenwegen (aus: *Selter* 1993, S. 258)

Die Freiheit und Offenheit der Aufgabenstellung ist ein wichtiger Aspekt bei der Anregung zu Eigenproduktionen oder Eigenkonstruktionen. Rechenaufgaben mit mehr als einer Lösung werden zu kleinen Forschungsaufgaben, die die Suche nach Mustern und allgemeinen Regeln, nach Begründungen und speziellen Darstellungsformen einschließen, und können dann ganz allmählich zu größeren Aufgabensystemen und projektartigen Problemstellungen ausgebaut werden.

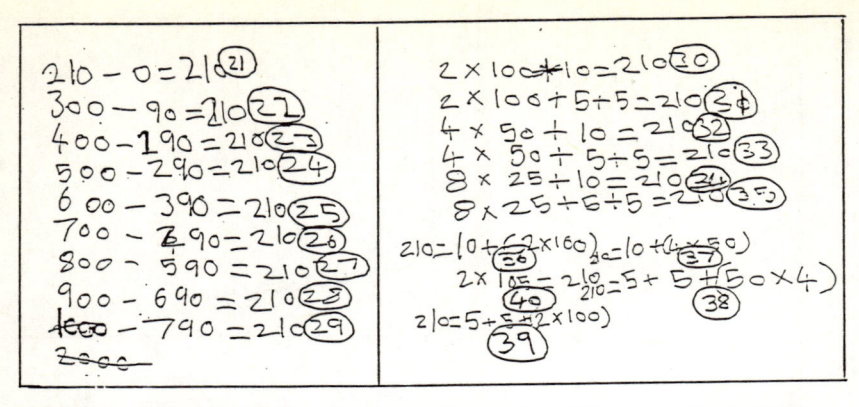

```
210 - 0 = 210  (21)        2 × 100 + 10 = 210  (30)
300 - 90 = 210 (22)        2 × 100 + 5 + 5 = 210 (31)
400 - 190 = 210 (23)       4 × 50 + 10 = 210 (32)
500 - 290 = 210 (24)       4 × 50 + 5 + 5 = 210 (33)
600 - 390 = 210 (25)       8 × 25 + 10 = 210 (34)
700 - 490 = 210 (26)       8 × 25 + 6 + 5 = 210 (35)
800 - 590 = 210 (27)       210 = (0 + (2 × 160)) = 10 + (4 × 50)
900 - 690 = 210 (28)            (36)              (37)
1000 - 790 = 210 (29)      2 × 105 = 210 = 5 + 5 + (50 × 4)
2000                           (40)   210           (38)
                           210 = 5 + 5 + (2 × 100)
                                  (39)
```

Abbildung 8: Mathematik gehört den Lernenden: Wieviele Möglichkeiten können wir finden, das Ergebnis 210 darzustellen? (aus: *Burton* 1994, S. 25)

Die Darstellung des Gefundenen, seine Aufbereitung, ist nicht nur für den Lehrer gedacht, sondern vor allem für die Mitschüler: Darstellung für andere, um mit ihnen darüber kommunizieren zu können.

Claire
I am trying to find out how many numbers have seven factors. So far I have found:
64 = (1, 2, 4, 8, 16, 32, 64)
The number 64 is even. If you take 1 from 64 you are left with 63 which is in the seven times table. The factors of 64 all double.
The prime number of all the factors is 2. All the numbers which are the factors of 64 have 2 as their prime factor except 1.
I could not find any more numbers with seven factors so I began to ask myself questions:
Is 64 the only number with seven factors and if so why?
Does 7 have anything in common with 64?

Arbeitsbericht über eine Forschungsaufgabe (aus: *Bird* 1986, S. 10)

Eigenproduktionen können in verschiedenen Medien stattfinden und verschiedene Herangehensweisen zulassen, die mathematiknahe ist nur eine mögliche davon. Die Schüler werden dazu angeregt und ermutigt, sich auf vielfältige Weise auszudrücken: zunächst im mündlichen Erläutern (Protokoll des lauten Denkens), in Zeichnungen von Beziehungen oder der Darstellung von Rechenwegen, kleinen Sätzen oder Aufsätzen, dargestellten gefundenen Mustern usw. So wie in der Sprachentwicklung Kinder erst lernen zu sprechen, bevor sie lesen und schreiben, wird in Mathematik erst gehandelt und darüber gesprochen, an konkreten Materialien ausprobiert, was dann als erkanntes Muster notiert werden kann, und erst dann kann es gelingen, mentale Bilder und deren sozial akzeptierte Darstellungen in Kongruenz zu bringen.

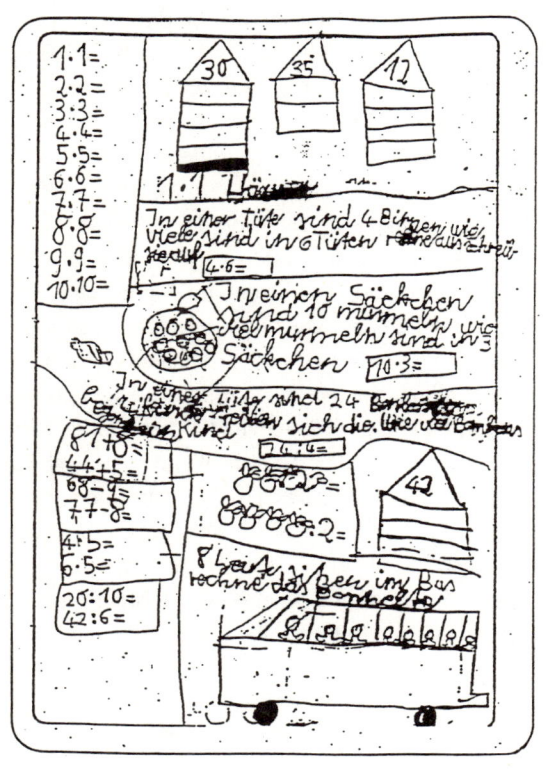

Abbildung 9: Eine Schulbuchseite für die nächsten Schulneulinge (aus: *Selter* 1993, S. 218)

Im Hinblick auf die Unterrichtsorganisation können Eigenproduktionen zur Evaluation von Unterricht benutzt werden, sie produzieren Material für den weiteren Unterrichtsablauf und unterstützen neue, offene Formen der Leistungsbeurteilung. Für den Lernprozeß der Schüler sind Eigenproduktionen wichtig, weil sie zu sozialer Interaktion und Kooperation anregen, das eigene Vorgehen reflektieren helfen, die Ausdrucksfähigkeit von Schülern in verschiedenen Medien und Darstellungsweisen differenziert schulen helfen und den Schülern Möglichkeiten der Unterrichtsinitiative und -gestaltung geben.

Wichtig ist dabei, daß ein positives Verhältnis zu den Eigenproduktionen entwickelt und unterstützt wird. Eigene Aufzeichnungen haben immer etwas Vorläufiges - dies gehört zum Lernprozeß, aber sie materialisieren den Lernprozeß und fordern dazu auf, ihn zu verbessern und zu durchdenken. Insofern Lehrer ein Risiko darin sehen, den Schülern zuviel Freiheit zu geben, weisen *Ahmed/Williams* (*Ahmed & Williams* 1989 und 1991) darauf hin, daß diese Unselbständigkeit in der Schule erst erworben wird; ihre Untersuchungen zeigen, daß sogar als besonders schwach eingeschätzte Schüler langfristig von der zugelassenen und ermutigten Freiheit bei alternativen Unterrichtsformen profitieren. Die Mehrdeutigkeit der Ergebnisse ist darüberhinaus eine große Chance des Unterrichts, weil es die Breite des Erkenntnisspektrums erweitert und das Klima im Unterricht verbessert. Es muß natürlich gelingen, daß aus individuell entstandenem oder in Kleingruppen gefundenem Wissen ein von vielen oder allen geteiltes Wissen wird.

Streefland weist vor allem auf die Bedeutung der Eigenproduktionen für die fortschreitende Entwicklung der Schematisierung oder Generalisation und Abstraktion hin: informelle Lösungswege und selbstgefundene Notationen sind Gegenstand der Reflexion: "Construction and production play an important part in the process of progressive *schematising* and shortening, which are aspects of *progressive mathematising*. During the teaching/learning process the solutions of applied problems are continuously subjected to inventarisations, continuously the question of possible shortening is raised." (*Streefland* 1991, S. 39)

> *„Sometimes we made some mistakes. But we learnt by our own mistakes, too. We also learnt a lot of mathematical words for shapes. We learnt lots of different ways to make cubes. We learnt one of Eulers lores. We had to do still pictures of shapes to get the idea of three dimentional shapes. We practiced lots of nets with paper. But the other day we made a shape each with cardboard. Some weeks we worked in groups. We learnt lots of different names for shapes."*

Reflexion über das Gelernte (aus: *Burton* 1994, S. 121)

Damit können schon in der Grundschule Ziele mathematischen Lernens werden:
- Mathematik zu erfahren als ein wichtiges Element für die Kommunikation,
- Mathematik kennenzulernen als ein mächtiges Werkzeug, nicht nur als Rechnen,
- Erfahrung mit der selbstgeschaffenen Ordnung und Struktur, den Beziehungen innerhalb der Mathematik zu gewinnen,
- Bewußtsein von den Möglichkeiten und Grenzen der Mathematik in der Anwendung zu entwickeln,
- spezifisch mathematische Vorstellungswelten, Herangehensweisen, flexible Betrachtungsweisen zu entwickeln,
- sich an mathematikspezifisches systematisches Arbeiten zu gewöhnen,
- unabhängig und autonom zu arbeiten,
- kooperativ zu arbeiten,
- durch Forschungstätigkeit zur Vertiefung von Gedanken und Ideen zu gelangen,
- Vertrauen in die eigene Leistungsfähigkeit, den eigenen Weg zu entwickeln,
- eine positive und konstruktiv-kritische Haltung gegenüber Mathematik zu gewinnen.

> Maths is interesting when ... „*the teacher does not go 'waffle, waffle, waffle ... page 64 exercise A, B, C D'. It's different in this class because we don't just do routine word, we practise something that is very important - thinking.*"
>
> „*I think it gives us a very good chance to do better. I like it because we are our own boss and we are much more independent. It is much better than staring at the teacher for a lesson or two. That can get terribly boring.*"
>
> „*When I done pages and pages of work I used to hate and dred going to the lessons. Now I like maths because we solve things.*"

"Maths is interesting when ..." (aus: *Selter* 1993, S. 46)

Mathematikdidaktik und Pädagogik

Seit den Reformen der 60er Jahre hat sich die Fachdidaktik, insbesondere die Mathematikdidaktik, von der allgemeinen Erziehungswissenschaft emanzipiert. Die Kommunikation zwischen beiden ist dabei sehr zurückgegangen, ein Vorhaben wie das vorliegende gibt Gelegenheit, dies zu bedauern.

Der Mangel an entwickelter Kommunikation besteht auch innerhalb der Fachdidaktik. Das pädagogische Rad wird ständig neu erfunden. Ein Schatz von ingeniösen Versuchen und viel wertvolle Erfahrung aus Forschung und Entwicklung liegen unter dem Wust von Material begraben, das die vergangenen Jahrzehnte produziert haben.

Durch die Integrationsdiskussion ist vielleicht eine Chance entstanden, Erkenntnisse der verschiedenen Didaktiken neu zu überprüfen und wieder zusammenzuführen. Daß eine intensivere Zusammenführung von Erkenntnissen und Erfahrungen der verschiedenen Didaktiken die Bewältigung von Aufgaben wie der der Integration von Schülern mit besonderen Bedürfnissen erleichtern und beschleunigen würde - zumal in Zeiten knapper werdender Ressourcen -, muß eine Hypothese bleiben, zumal dies auch nur Konsequenzen hat, wenn es zu einer veränderten Lehrerbildung führte. Die Mathematikdidaktik hat ohne Zweifel von der besonderen Intensität profitiert, mit der zeitweise an einer Reform des Mathematikunterrichts gearbeitet wurde, und einige interessante Ergebnisse erzielt, die über ihren eigenen Bereich hinaus nutzbar gemacht werden könnten. Zu Befürchtungen, daß eine hermetische Fachsprache den Zugang zu ihnen verbaue, ist kein Anlaß. Wie anders Mathematik ist und erfahren werden kann, zeige das abschließende Wort eines Sechsjährigen:

In Mathe ist das gut, da kann man alle Regeln selber herstellen, neue erfinden und immer selbst Ergebnisse überprüfen, anders als beim Schreiben, wo man nachschlagen muß, wie ein Wort geschrieben werden muß! (Erstklässler)

Literatur

Ahmed, A., Williams, H., 1989, A Maths Curriculum for All? In: Support for Learning. Serving Special Educational Needs, 4, 4, 221-226
Ahmed, A., Williams, H., 1991, Raising Achievement in Mathematics Project 1986-1989. A Curriculum Development Study. Bognor Regis, West Sussex Institute of Higher Education, Mathematics Education Centre
Baruk, S., 1985, L'Age du Capitaine. De l'Erreur en Mathématiques, Paris, Editions du Seuil
Beth, E., Piaget, J., 1966, Mathematical Epistemology and Psychology. Dordrecht, Reidel
Bird, M., 1985, Mathematics with Eight and Nine Years Old. Bognor Regis, West Sussex Institute of Higher Education, Mathematics Education Centre
Bird, M., 1986, Mathematics with Ten and Eleven Years Old. Bognor Regis, West Sussex Institute of Higher Education, Mathematics Education Centre
Bird, M., 1987, Generating Mathematical Activities in the Classroom. Bognor Regis, West Sussex Institute of Higher Education, Mathematics Education Centre
Burton, L., 1989, Thinking Things Through. Problem Solving in Mathematics. Oxford, UK, Blackwell
Burton, L., 1994, Children Learning Mathematics. Patterns and Relationships. Herts, UK, Simon and Schuster
Buxton, L., 1984, Do You Panic about Maths? Coping with Maths Anxiety. London, Heinemann
Davis, Ph. J., 1989, Applied Mathematics as Social Contract. In: *Keitel et al.*, Mathematics, Education and Society. Paris, UNESCO, 24-28
Ernest, P. (ed), 1994, Constructing Mathematical Knowledge: Epistemology and Mathematical Education. London, Falmer
Frankenstein, M., 1989, Relearning Mathematics. A Different Third R-Radical Maths. London, Free Association
Gallin, P., Ruf, U., 1991, Sprache und Mathematik in der Schule. Zürich, LCH

Gravemeijer, K., van den Heuvel-Panhuizen, M., Streefland, L., 1990, Contexts, Free Productions, Tests and Geometry in Realistic Mathematics Education. Utrecht, OW & OC

Hughes, M., 1984, Children and Number. Oxford, Basil Blackwell

Keitel, C. u. a., (eds.), 1989, Mathematics, Education and Society. Paris, UNESCO

Keitel, C., 1995, Numeracy and Scientific and Technological Literacy. In: *Jenkins, E.*, Scientific and Technological Literacy. Paris, UNESCO (in press)

Keitel, C., Ruthven, K., 1993, Learning from Computers: Mathematics Education and Technology. Berlin, Springer

Lave, J., 1988, Cognition in Practice: Mind, Mathematics and Culture in Everyday Life. New York, Cambridge University

Mathematical Sciences Education Board (MSEB) (eds.), 1993, Measuring up. Prototypes for Mathematics Assessment.Washington, National Academy

Saxe, B. G., Gearhart, M. (eds.), 1988, Children's Mathematics. New Directions for Child Development, San Francisco, Joss-Bass

Selter, C., 1993, Eigenproduktionen im Arithmetikunterricht der Primarstufe. Wiesbaden, DUV

Shuard, H., Walsh, A., Goodwin, J., Worcester, V., 1991, PRIME: Calculators, Children and Mathematics. Hemel-Hempstead, Simon and Schuster

Skovsmose, O., Mathematical Education and Democracy. In: Educational Studies in Mathematics, 1990, 19, 23-41

Sohn-Rethel, A., 1967, Geistige und körperliche Arbeit. Frankfurt, Fischer

Streefland, L., 1991, Fractions in Realistic Mathematics Education. Dordrecht, Kluwer

Walkerdine, V., 1988, The Mastery of Reason. London, Routledge

Zaslavsky, C., 1987, Maths Comes All Alive. Portland, Walch

Gudrun Doll-Tepper

Integrative Ansätze im Schul- und Freizeitsport von Menschen mit Behinderungen

1. Zur Problemstellung

Kinder und Jugendliche mit verschiedenartigen Behinderungen, also mit Körper- und Sinnesbehinderungen, aber auch mit Lern- und Verhaltensproblemen werden heute im Sonderschulsystem und zunehmend im Regelschulsystem, also gemeinsam mit nichtbehinderten Schülern und Schülerinnen, unterrichtet.
Mit dem Thema des gemeinsamen Unterrichts setzen sich Praktiker, Wissenschaftler, Politiker und nicht zuletzt auch Eltern intensiv, oft auch sehr leidenschaftlich und kontrovers auseinander.
„Integration" ist zu einem Reizthema geworden. Insbesondere für den Bereich von Kindergarten, Vorschule und Schule fehlt es nicht an Empfehlungen, Aktionsprogrammen etc., die häufig große Erwartungen hervorrufen, in der Praxis aber oft ihre Umsetzung vermissen lassen. Dies soll mit einigen wenigen Beispielen belegt werden:
In der Charta des Europarates: Sport für alle: Behinderte Menschen (Straßburg 1987) heißt es sinngemäß:
In den letzten Jahrzehnten haben die meisten europäischen Länder behinderte Kinder ins Regelschulsystem aufgenommen. Obwohl es einige erfolgreiche Konzepte gibt, hat dies insgesamt jedoch zu einer erheblichen Verschlechterung für viele behinderte Kinder im Fach Bewegungs-/Leibeserziehung und im Sport geführt ...
Sportlehrer sehen sich heutzutage in ihrem Unterricht ein oder zwei behinderten Kindern gegenüber, für deren Förderung sie entweder nicht ausgebildet sind oder sich zu unerfahren fühlen. Oft finden sie keine andere Lösung, als die Kinder vom Sportunterricht zu befreien. Obwohl die Lehrerausbil-

dung Verbesserungen erfahren hat, muß dieses Problem jedoch als eines der vorrangig zu lösenden betrachtet werden, denn: behinderte Kinder müssen das gleiche Recht wie nicht behinderte Kinder haben, an Bewegungsaktivitäten und am Sport teilzunehmen (*Council of Europe* 1987, 20). Im weiteren Text wird dann auch auf die Rolle der Sonderschulen im Zusammenhang mit Sportunterricht eingegangen. Der 7. Sportbericht der Bundesregierung (1990) betont ebenfalls die Bedeutung des Sports in allen gesellschaftlichen Bereichen für die Integration. Dies geschieht dort unter der Überschrift „Sport als Lebenshilfe". Im 2. Aktionsprogramm für den Schulsport (1985) wird mit entsprechenden Forderungen auf dieses Thema eingegangen.

Zur Verbesserung des Schulsports der behinderten Schüler und Schülerinnen, die keine Sonderschule besuchen, werden folgende Maßnahmen für erforderlich erachtet:
„– Verbindliche Aufnahme des Themenbereiches 'Behindertensport' in die allgemeine Sportlehreraus- und -fortbildung;
– interdisziplinäre und schulorientierte Erforschung des Sports der Behinderten;
– Einrichtung von klassen- und schulübergreifenden Sportstunden für behinderte Schüler, falls sich dies in Einzelfällen als erforderlich erweisen sollte;
– Intensivierung des außerunterrichtlichen Sportangebotes;
– Bemühungen um regelmäßige Sportkontakte zu außerschulischen Partnern; insbesondere Sportvereinen;
– Berücksichtigung der Belange des Behindertensports bei Bau, Umbau und Ausstattung von Sportanlagen" (*KMK/DSB/Kommunale Spitzenverbände* 1985, 11-12).

Schließlich hat sich eine interne Arbeitsgruppe der Kommission „Sport" der KMK mit der „Integration behinderter Schüler(-innen) in den Sportunterricht an allgemeinen Schulen" auseinandergesetzt und 1991 einen Bericht vorgelegt, der die historische und aktuelle Entwicklung von Integrationsbemühungen im schulischen und außerschulischen Sport beschreibt. Für dieses Unterrichtsfach wird eine doppelte Aufgabe aus pädagogischer Sicht formuliert: „... nämlich sowohl die Selbständigkeit, Lern- und Kommunikationsfähigkeit behinderter Kinder zu fördern und soziale Situationen erfahrbar zu machen als auch auf das Umfeld im Sinne der Integrationsbestrebungen erzieherisch Einfluß zu nehmen" (*KMK-Arbeitsgruppe* 1991, 11/12). Anzumerken ist hier, daß beklagt wird, wie sehr man sich auf amerikanische Literatur und Unterrichtsmaterialien stützen müsse, da es an deutschsprachiger fehle.

Ehe auf die gegenwärtige Realität und die konzeptionellen und organisatorischen Möglichkeiten im Bereich von Bewegung, Spiel und Sport im schulischen Bereich eingegangen wird, soll noch eine kritische Anmerkung zur Art der Auseinandersetzung mit diesen Themen innerhalb der beteiligten Fachwissenschaften gemacht werden. Auch wenn es von Experten schon häufig beklagt wurde, es kann an dieser Stelle nur wiederholt werden: von seiten der sportwissenschaftlichen Teildisziplinen, und hier insbesondere von seiten der Sportpädagogik, gibt es nur in sehr geringem Umfang eine Auseinandersetzung mit dem Thema „Integration von Problemkindern in den Sport/Sportunterricht", - allerdings erfolgt zunehmend schon eine Thematisierung der Bedeutung von Bewegungserziehung für Kinder mit verschiedenartigen Behinderungen (z. B. *Rusch/Größing* 1991) - andererseits wird aus der allgemeinen Pädagogik und aus der Sonderpädagogik nur selten auf bewegungsorientierte Konzepte in Theorie und Praxis eingegangen.
In den Veröffentlichungen der Integrationspädagogik-Vertreter gar kommt der Bereich der Bewegungserziehung oft überhaupt nicht vor (z. B. *Projektgruppe Integrationsversuch* 1988; *Preuss-Lausitz/Richter/Schöler* 1985; *Eberwein* 1994) oder befindet sich in totaler Randposition (z. B. im „Ratgeber gegen Aussonderung", *Rosenberger* 1988).

2. Zur Situation von Menschen mit Behinderungen im Schul- und Freizeitsport

Es besteht uneingeschränkt Konsens zwischen den Vertretern verschiedener Fachdisziplinen über die Bedeutung von Bewegung, Spiel und Sport für den gesamten Entwicklungsprozeß von Kindern insbesondere aber für Kinder mit Behinderungen. Aufgrund besonderer Lebensumstände oder behinderungsspezifischer Konstellationen kann der Stellenwert sportlicher Betätigung für Kinder mit Behinderungen u. U. größer sein als für nichtbehinderte Menschen. Hinzuweisen ist insbesondere auf die präventiven, therapeutischen und rehabilitativen Funktionen von Bewegung bzw. Sport. Vielfach haben Menschen mit Behinderungen nur eingeschränkte Körper- und Bewegungserfahrungen machen können. Oft haben sie seit ihrer Kindheit ihren Körper und Bewegung als etwas Schmerzliches (z. B. bei bestimmten Therapieübungen) erlebt.

Sportliches und spielerisches Handeln kann deshalb für sie auch bedeuten, neue und intensive Erfahrungen mit ihrem Körper zu machen, z. B. „Anstrengung" und „Entspannung", aber auch „Ermüdung" zu erleben.

Viele Kinder mit Behinderungen sind gezwungen, sich in einem eingeschränkten Lebensraum zu bewegen. Durch Sport und Spiel kann man neue Orte kennenlernen, z. B. Schwimmbäder, Freizeitanlagen, Sporthallen etc. und damit den engen Aktionsraum erweitern.

In Deutschland ist insbesondere von den Vertretern der Psychomotorik bzw. Motopädagogik (z. B. *Kiphard* 1979, 1983; *Irmischer/Fischer* 1990) ein Ansatz der Persönlichkeitsförderung durch Bewegung entwickelt worden. Dabei wird angestrebt, durch vielfältige Bewegungsangebote den Kindern eine verbesserte Ich-Kompetenz (Körpererfahrung), Sachkompetenz (Materialerfahrung) und Sozialkompetenz (Sozialerfahrung) zu vermitteln. Ausgangspunkt für weitere Lernprozesse ist also der Erwerb von Kompetenzen, die über Erfolgserlebnisse im Bereich von Körper- und Bewegungserfahrungen angestrebt werden. Dabei gehen erzieherisch und therapeutisch orientierte Maßnahmen häufig fließend ineinander über.

Es soll hier nur noch auf zwei weitere wichtige Bedeutungsfaktoren eingegangen werden, die im Zusammenhang mit dem Sporttreiben hervorzuheben sind:

– *der Ausgleich zur Bewegungsarmut*; Studien über das Freizeitverhalten von Kindern und Jugendlichen mit Behinderungen belegen, daß sie sich häufig sehr passiv verhalten, z. B. viele Stunden vor dem Fernsehgerät sitzen, kaum im Freien mit anderen Kindern spielen oder gar einem Sportverein angehören. Hier können Bewegung, Spiel und Sport neue Anreize schaffen und damit schließlich auch

– *die soziale Integration befördern*.

Vielen Kindern und Jugendlichen, die z. B. Sondereinrichtungen besuchen, die zudem noch durch therapeutische Maßnahmen zeitlich sehr eingebunden sind, bietet sportliche Betätigung in schulischen bzw. außerschulischen Handlungsfeldern (z. B. im Sportverein) die Chance der Begegnung. Der Sport ermöglicht es ihnen, neue Bewegungen zu erlernen, neue Spiele und Spielregeln kennenzulernen, Wettkämpfe zu bestreiten, Abenteuerliches und

Risikoreiches zu erleben. In Spiel und Sport lassen sich individuelle Leistungsverbesserungen erreichen. Durch positive Erfahrungen mit sich selbst und ihrer sozialen Umwelt können Kinder und Jugendliche mit Behinderungen zunehmend Sicherheit und Selbstbewußtsein erlangen und sie können Anerkennung und Achtung durch andere erleben.

Trotz dieser positiven Zuschreibungen (vgl. *Fediuk* 1992; *Scheid* 1995) nehmen Menschen mit Behinderungen nur sehr eingeschränkt an den Sportangeboten in Schule und Freizeit teil. Schüler und Schülerinnen mit Behinderungen werden häufig vom Schulsport ausgeschlossen oder sind nur sehr wenig aktiv am Sportunterricht beteiligt. Im organisierten Sport in Deutschland zeichnet sich ein ähnliches Bild ab:
Analysiert man die Mitgliederstatistiken des Deutschen Sportbundes (DSB) und des Landessportbundes Berlin (LSB) so stellt man folgendes fest:

Der Anteil der im Behinderten-Sportverband organisierten Mitglieder im DSB betrug im Jahr 1994 nur knapp 1 %. Das heißt, daß bei einer Gesamtbevölkerung von ca. 80 Millionen, von denen ca. 10 % „behindert" sind, knapp 2,5 % der Menschen mit Behinderungen in Behinderten-Sportvereinen organisiert sind, während der in Sportvereinen organisierte Teil der Bevölkerung ohne Behinderungen bei über 28 % liegt. Bundesweit ist also der Anteil der nichtbehinderten Bevölkerung, die in einem Sportverein organisiert ist, mehr als zehnmal größer als der entsprechende Anteil der Menschen mit Behinderungen. Im Kinder- und Jugendbereich bis 15 Jahre sinkt der Anteil der in Behindertensportvereinen Organisierten auf ca. 0,25 %. Im nicht-organisierten Freizeitsport dürfte die Anzahl der Menschen mit Behinderungen, die sich regelmäßig sportlich betätigen, noch sehr viel niedriger sein als bei den sog. Nichtbehinderten, die wesentlich leichter Zugang zu sportlicher Aktivität (z. B. Joggen, Radfahren, Teilnahme an Aerobic- oder Fitneß-Programmen) finden. Eine Reihe von Vereinen hat es sich in den letzten Jahren zur Aufgabe gemacht, ein Spiel- und Sportangebot *für alle* zu schaffen, dabei sollen insbesondere Menschen mit und ohne Behinderungen angesprochen werden (vgl. *Sportjugend Hessen* 1991; *Kapustin/Scheid* 1993; *Rheker* 1993).
Bezogen auf die Integrationsentwicklungen im Bereich der Schule lassen sich verschiedene Problemfelder identifizieren, die die Bereiche Administration, Einstellung und Qualifikation betreffen:

	Probleme	Lösungsmöglichkeiten
Administration	Klassengröße Vorbereitungszeit Anzahl der Lehrer zusätzliches Personal	finanzielle Förderung Vorschriften/Gesetzgebung zusätzliche Betreuungsangebote
Einstellung	Administration Lehrer Klassenkameraden Eltern	Information Kommunikation Kooperation
Qualifikation	Mangel an: theoretischen Grundlagen Unterrichtsmethoden Supervision	Ausbildung von Lehrkräften – Lehrerausbildung an der Hochschule – Ergänzungsstudiengäng – Lehrerfortbildung

Auch ein internationaler Vergleich gibt interessante Aufschlüsse, so z. B. zwischen den Integrationsbemühungen der letzten zwanzig Jahre zwischen Deutschland und den USA:

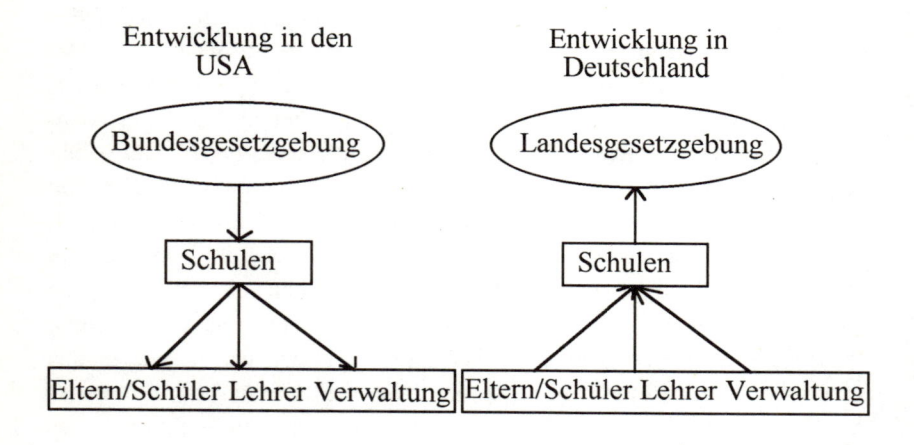

```
    Entwicklung in den              Entwicklung in
          USA                         Deutschland

    ( Bundesgesetzgebung )       ( Landesgesetzgebung )
              │                             ▲
              ▼                             │
         [ Schulen ]                   [ Schulen ]
          ╱   │   ╲                     ╱   ▲   ╲
         ▼    ▼    ▼                   
   [Eltern/Schüler Lehrer Verwaltung] [Eltern/Schüler Lehrer Verwaltung]
```

Die Gegenüberstellung macht deutlich, wie sehr gesetzgeberische Initiativen in den USA die Integrationsbestrebungen im schulischen Alltag unterstützt haben. Der Schulsport für Kinder und Jugendliche mit Behinderungen hat dabei in besonderer Weise profitiert, weil speziell ausgebildetes Personal eingesetzt wird. Amerikanische Universitäten bieten - im Gegensatz zu bundesdeutschen Hochschulen - umfangreiche Studien im Fach „Adapted Physical Education" an, die verpflichtend von allen Lehramtsstudenten und -studentinnen zu besuchen sind und die auch als Spezialfach absolviert werden können.

3. Einstellungen von Sportlehrkräften zur Integration von Menschen mit Behinderungen im Sport

Über die Gründe, die zu einer geringen sportlichen Betätigung von Menschen mit Behinderungen führen, lassen sich verschiedene Vermutungen anstellen. *Neerinckx* (1992) identifiziert drei Bedingungsfelder, in denen bestimmte Voraussetzungen erfüllt sein müssen, wenn eine sportliche Betätigung von Menschen mit Behinderungen gelingen soll:
1. Kontextuelle Aspekte. Dazu gehören eine positive Einstellung gegenüber Menschen mit Behinderungen sowie ein unterstützendes Interesse der Gesellschaft.
2. Eine stabile Persönlichkeit, um die Behinderung bewältigen zu können.
3. Eine positive Einstellung auf seiten der Person mit einer Behinderung gegenüber sportlicher Betätigung sowie das Vorhandensein entsprechender Sportangebote.

In einem vom Bundesinstitut für Sportwissenschaft geförderten Forschungsprojekt sind wir (*Doll-Tepper et al.* 1994) der Bedeutung der Einstellungen von Sportlehrkräften für die Integration von Menschen mit Behinderungen im Schul- und Freizeitsport nachgegangen. Mit Hilfe von quantitativen und qualitativen Erhebungsinstrumenten sollten die Einstellungen von Sportlehrern/Sportlehrerinnen, von Sportstudenten/Sportstudentinnen und von Übungsleitern/Übungsleiterinnen zur Integration von Menschen mit Körper- und Lernbehinderungen in allgemeine Sportgruppen untersucht werden.

Die Einstellungen wurden unter Verwendung eines standardisierten Fragebogens (PEATH) ermittelt. Darüber hinaus wurden 12 Übungsleiter/Übungsleiterinnen in Intensivinterviews unter Verwendung einer halbstandardisierten Befragung zu den Bedingungen und Hintergründen ihrer Einstellungen befragt.

Insgesamt wurden 1357 Fragebögen ausgewertet. Folgende Ergebnisse wurden ermittelt:
- Eine Analyse der faktoriellen Struktur der Testwerte ergab im wesentlichen drei Faktoren: Effekt der Integration auf die Schüler (mit und ohne Behinderung), Lerntempo und Lehrerbelastung, sozialer Aspekt der Integration.
- Mittelwertvergleiche und Varianzanalysen ergaben, daß - bei insgesamt tendenziell positiven Einstellungen - von den untersuchten unabhängigen Variablen insbesondere die Art der Behinderung, die Integrationserfahrung und die selbst wahrgenommene Kompetenz die Einstellungen beeinflussen.
- Die interviewten Übungsleiter/Übungsleiterinnen beurteilten die Integration von Menschen mit Behinderungen in allgemeine Übungsgruppen insgesamt positiv. Schwierigkeiten sahen sie im Zusammenhang mit folgenden Bereichen: sozialpsychologische Faktoren, institutionelle Faktoren, inhaltliche Faktoren und Qualifikation.

Bestandteil der Studie war auch eine Befragung über den Kenntnisstand im Behindertensport. Trotz der Tatsache, daß die Untersuchung im Jahr 1992 - also in einem Jahr der Winter- und Sommer-Paralympics - durchgeführt wurde, zeigten alle Befragten eklatante Kenntnislücken. Selbst eine verstärkte Medienberichterstattung reicht also bisher noch nicht aus, um den Informationsstand über den Sport von Menschen mit Behinderungen zu verbessern.

4. Konzeptionelle Vorschläge für eine modifizierte Ausbildung im Fach Sport/Sportwissenschaft

In einer Reihe von Untersuchungen und Befragungen wurde deutlich, daß der Qualifikation der Lehrkräfte (Trainer, Lehrer) eine zentrale Bedeutung zukommt. So wurden in den letzten Jahren verstärkt Konzepte entwickelt, die eine verbesserte Trainer- und Lehrerausbildung im Fach Sport im Hinblick auf Behindertenthemen und Integrationsmöglichkeiten zum Ziel haben. Bezogen auf die Übungsleiter- und Trainerausbildung - also gültig für den organisierten Sport im Freizeitbereich, aber weitgehend auch für den Bereich der Sportlehrerausbildung - lassen sich folgende wichtige Fragen stellen:

- Wer ist für die Trainerausbildung zuständig?
- Welche Art der Kooperation kann zwischen den Sportverbänden, den Behindertensportverbänden und den universitären Ausbildungseinrichtungen entwickelt werden?
- Welche Rolle spielen in diesem Prozeß Sportler und Sportlerinnen mit Behinderungen?
- Können Sportler und Sportlerinnen mit Behinderungen Trainer und (Sport-)Lehrer werden?
- Welche Kompetenzen werden benötigt?
- Sind spezielle Curricula für die Ausbildung von Lehrern und Trainern im Bereich des Behindertensports erforderlich?
- Sollten die Ausbildungsprogramme eher „Behinderung" oder „Sport" thematisieren?
- Welche Formen der Qualitätskontrolle können eingeführt werden?
- Woher rekrutieren wir zukünftige Trainer und Sportlehrer?

In einem internationalen Vergleich von Ausbildungsmöglichkeiten (vgl. *Doll-Tepper* 1994) für Übungsleiter und Trainer wird deutlich, daß es einen erheblichen Mangel an Fachleuten gibt. Das trifft auch für den Bereich der akademischen Ausbildung von Sportlehrern zu.

Gegenwärtig können die Lehrangebote im Fach „Sportwissenschaft" hinsichtlich der Berücksichtigung des Themenkomplexes „Behinderung und Bewegung/Sport" in drei Formen unterschieden werden.

a) Lehrangebot als Wahl- bzw. Wahlpflichtfach

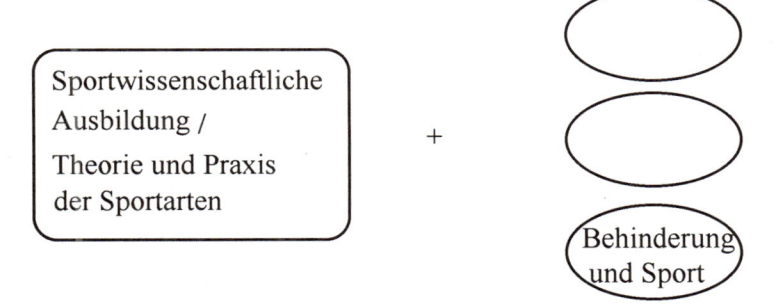

| Sportwissenschaftliche Ausbildung / Theorie und Praxis der Sportarten | + | ◯ ◯ (Behinderung und Sport) |

b) Lehrangebot als Pflichtfach

> Sportwissenschaftliche
> Ausbildung /
> Theorie und Praxis   (Behinderung
> der Sportarten   und Sport)

c) Integriertes Lehrangebot

> Sportwissenschaftliche
> Ausbildung
> z. B. Sportgeschichte
> inkl. Paralympische Bewegung
> Theorie und Praxis der Sportarten
> z. B. Basketball
> (inkl. Rollstuhlbasketball)

Am häufigsten findet sich an deutschen Universitäten, d. h. an den Instituten für Sportwissenschaft, ein Lehrangebot, das Themen von Bewegung, Spiel und Sport in Prävention und Rehabilitation bzw. unter integrativen Aspekten als Wahlangebot thematisiert.

Die Aufnahme in den Pflichtfächerkanon wird an einigen sportwissenschaftlichen Einrichtungen gegenwärtig diskutiert. Vorbilder existieren hier vor allem bereits in den Lehrangeboten an amerikanischen und kanadischen Universitäten, wo Lehrveranstaltungen im Bereich „Adapted Physical Activity" (= Prävention, Rehabilitation, Behindertensport) - wie bereits dargestellt - zum Pflichtangebot gehören. Zunehmend finden sich - festzustellen auch bei der Analyse internationaler Entwicklungen - integrierte Lehrangebote, in der sportwissenschaftlichen Lehre z. B. in der Teildisziplin Sportgeschichte (Behandlung der Olympischen und Paralympischen Bewegung), in der Teildisziplin Biomechanik (Bearbeitung von Bewegungsanalysen von Sportlern mit und ohne Behinderungen) etc. und im Bereich der Theorie und Praxis der Sportarten, z. B. in der Basketball-Ausbildung, in die eine Einführung in das Rollstuhl-Basketballspiel integriert ist. Erste Erfahrungen mit diesem integrierten Ansatz liegen inzwischen auch am Institut für Sportwissenschaft an der Freien Universität Berlin vor.

Dennoch reichen die bisherigen Lehrangebote zum Thema „Behinderung und Sport" unter Berücksichtigung integrativer Ansätze nicht aus. Zu diesem Ergebnis kam 1988 eine Arbeitsgruppe von Lehrkräften und Wissenschaftlern verschiedener Universitäten Europas und schlug deshalb die Einrichtung eines speziellen Studienganges vor.

5. Ergänzende Ausbildungsangebote auf europäischer Ebene

Um Studierenden im Fach „Sportwissenschaft/Bewegungswissenschaft" eine zusätzliche Qualifikationsmöglichkeit zu schaffen, wurde 1991 erstmals das europäische Zusatzstudium „European Master's Degree in Adapted Physical Activity" in Leuven (Belgien) angeboten.

„Adapted Physical Education/Activity" (= Prävention, Rehabilitation, Behindertensport) ist ein interdisziplinärer Lehr- und Forschungsbereich, der international in den letzten Jahren große Anerkennung gefunden hat. Die folgende Übersicht zeigt die beteiligten Fachdisziplinen.

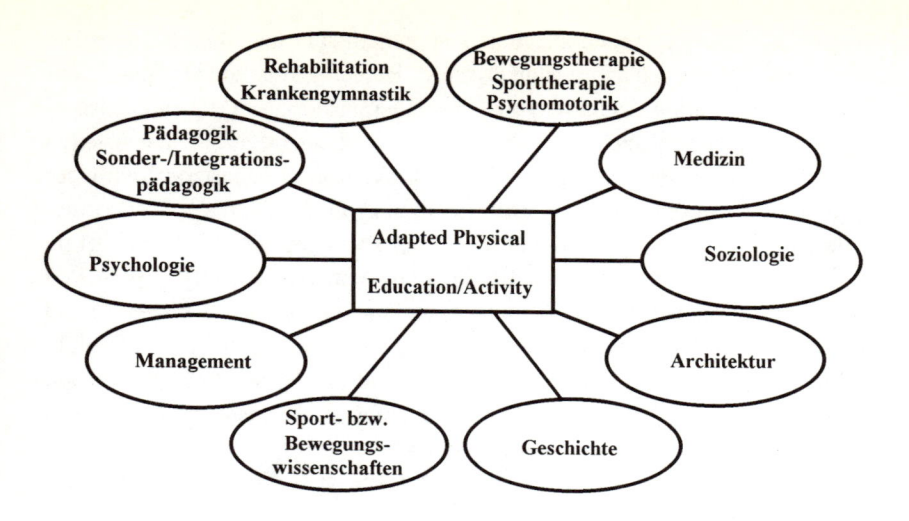

```
                    Rehabilitation          Bewegungstherapie
                    Krankengymnastik        Sporttherapie
                                            Psychomotorik
        Pädagogik
        Sonder-/Integrations-                          Medizin
        pädagogik

                              Adapted Physical
        Psychologie                                    Soziologie
                              Education/Activity

            Management                                 Architektur

                    Sport- bzw.
                    Bewegungs-         Geschichte
                    wissenschaften
```

Ursprünglich waren an der Entwicklung und Einrichtung dieses Postgraduierten-Studiums auf der Basis des ERASMUS-Programmes neun Universitäten verschiedener Länder beteiligt.

EUROPEAN MASTER'S DEGREE IN ADAPTED PHYSICAL ACTIVITY PARTICIPATING UNIVERSITIES 1991/92

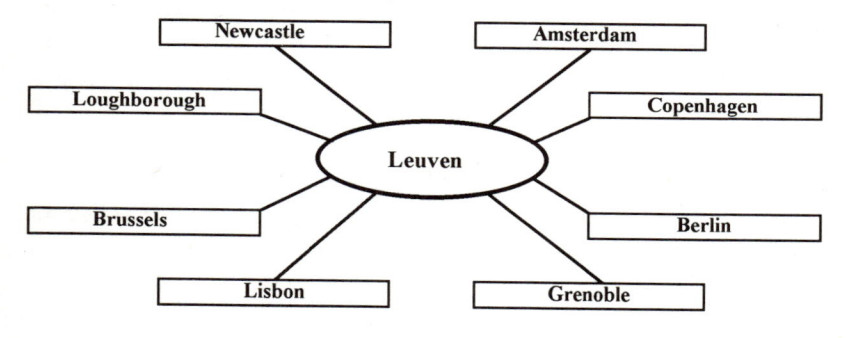

```
            Newcastle                Amsterdam

    Loughborough                              Copenhagen

                            Leuven

    Brussels                                  Berlin

            Lisbon                   Grenoble
```

Inzwischen nehmen im Studienjahr 1995/96 bereits 27 Hochschulen teil. Das Studium gliedert sich in eine Ausbildungsphase in Leuven, in der ein umfangreiches Programm zu absolvieren ist; daran anschließend können die Studierenden eine der beteiligten Hochschulen für den zweiten Studienabschnitt, der eine Spezialisierungsphase darstellt, wählen. Das Studium wird

mit einer wissenschaftlichen Hausarbeit abgeschlossen („Master's Thesis", vgl. *van Coppenolle et al.* 1993). Eine entsprechende Studien- und Prüfungsordnung liegt für die Freie Universität Berlin vor.
Dieses zusätzliche Qualifizierungsangebot wird gegenwärtig nicht nur von Studierenden aus Europa wahrgenommen, sondern inzwischen sind auch Studenten aus anderen Teilen der Welt (z. B. Australien, Kanada, Israel) eingeschrieben. Das macht deutlich, wie groß das Interesse und die Nachfrage nach speziellen Qualifikationen weltweit gegenwärtig ist.

6. Ausblick: ein Plädoyer für interdisziplinäre Zusammenarbeit

Lehre und Forschung im Bereich „Behinderung und Sport" basieren auf Erkenntnissen aus unterschiedlichen Wissenschaftsbereichen, z. B. der Sportwissenschaft und ihren Teildisziplinen (Sportsoziologie, Sportgeschichte, Sportpädagogik, Sportpsychologie, Trainings- und Bewegungswissenschaft, Sportmedizin) sowie der Sonderpädagogik/Rehabilitationspädagogik/Rehabilitationswissenschaft, der Psychologie, der Medizin etc.
Der Anspruch auf fächerübergreifende Zusammenarbeit wird häufig gestellt, jedoch weit seltener praktiziert.
Im folgenden sollen einige Vorschläge für eine Kooperation gemacht werden, die zur Diskussion gestellt werden.
Ausgewählte Problemstellungen im Hinblick auf interdisziplinäre Zusammenarbeit in den Bereichen:

Forschung

Bei der wissenschaftlichen Untersuchung von Phänomenen, die unter der globalen Überschrift „Bewegungs- und Verhaltensprobleme im Kindesalter" zusammengefaßt werden können, ist m. E. eine interdisziplinäre Zusammenarbeit - sowohl im Bereich der Diagnostik als auch der Therapie bzw. Betreuung - dringend erforderlich. Bei der Sichtung und Auswahl von Untersuchungsverfahren sind medizinische, psychologische, pädagogische Aspekte zu berücksichtigen, die Entscheidung für geeignete Therapieverfahren, z. B. Krankengymnastik, Verhaltenstherapie, psychomotorische Therapie, sollte ebenfalls durch eine interdisziplinär zusammenarbeitende Fachgruppe entschieden und in ihrem Verlauf verfolgt werden.

Lehre

Die Auseinandersetzung mit speziellen Problemen integrativen Unterrichts, z. B. auch des gemeinsamen Sportunterrichts von behinderten und nichtbehinderten Kindern, stellt Anforderungen an Fachleute unterschiedlicher Disziplinen, z. B. Pädagogen, Sonderpädagogen, Psychologen, Sportlehrer. Im Rahmen der akademischen Lehre sollte den Studierenden vermittelt werden, daß und in welcher Weise Kooperation realisiert werden kann. Dies kann einerseits in der Lehre im jeweiligen Fachgebiet geschehen, indem auch Kollegen anderer Fachdisziplinen hinzugebeten werden oder andererseits auch in Form von Ringvorlesungen.

Praxisgestaltung

Im Rahmen der psychomotorischen Förderung von Kindern mit Bewegungs- und Verhaltensproblemen ist eine Zusammenarbeit von Fachleuten verschiedener Disziplinen (Pädagogen/Sonderpädagogen, Bewegungserzieher/Sportlehrer/Motopädagogen o. ä., Mediziner, Psychologen etc.) dringend erforderlich. Um eine solche Kooperation zu praktizieren, müssen regelmäßig Teamtreffen stattfinden, bei denen aus der Sicht der jeweiligen Experten die aktuelle Situation des Kindes erörtert wird und Planungen für das weitere Vorgehen miteinander besprochen und abgestimmt werden.

Beispiele für interdisziplinäre Zusammenarbeit lassen sich gegenwärtig vor allem im internationalen Bereich anführen. Der bereits vorgestellte Europa-Studiengang „European Master's Degree in Adapted Physical Activity" stellt eine besonders gelungene Form fächerübergreifender Zusammenarbeit in der Lehre dar. Aber auch auf der Ebene der „International Federation of Adapted Physical Activity (IFAPA)" und des „International Paralympic Committee Sport Science Committee (IPCSSC)" wird über Fachwissenschaftsgrenzen hinweg zusammengearbeitet, um beispielsweise ein „International Research Register" und eine „International Database: Paralympic Sports/Adapted Physical Activity" zu erstellen. Diese positiven Erfahrungen sollten wir auch für unsere Lehr- und Forschungstätigkeit an unseren Universitäten nutzen, und hier noch größere Anstrengungen unternehmen, Kommunikation zu verbessern und - wo immer sinnvoll - Kooperationsmöglichkeiten in Lehre, Forschung und Praxis zu entwickeln und zu nutzen.

Literatur

Council of Europe, European Charter for Sport for All: disabled persons, Strasbourg 1987

Doll-Tepper, G., The Training of Professionals in Adapted Physical Activity, in: Mester, J. (Ed.), Sport Sciences in Europe 1993, Aachen 1994

Doll-Tepper, G./Schmidt-Gotz, E./Lienert, C./Döen, U./Hecker, R., Einstellungen von Sportlehrkräften zur Integration von Menschen mit Behinderungen in Schule und Verein, Köln 1994

Doll-Tepper, G./von Selzam, H./Lienert, C., Teach the Teachers: Including Individuals with Disabilities in Physical Education, in: Journal of ICHPER, Vol. XXVIII, No. 2, 1992, 23-27

Eberwein, H. (Hrsg.), Behinderte und Nichtbehinderte lernen gemeinsam, Handbuch der Integrationspädagogik, 3. aktualisierte und erweiterte Aufl., Weinheim 1994

Fediuk, F., Einführung in den Integrationssport, Teil 1 und Teil 2, Kassel 1992

Hahn, M., Behinderung als soziale Abhängigkeit, Gammertingen 1981

Interne Arbeitsgruppe der Kommission „Sport" der KMK, Berichterstatter R. Frank, Integration behinderter Schüler(innen) in den Sportunterricht an allgemeinen Schulen, 1991

Irmischer, T./Fischer, K. (Red.), Psychomotorik in der Entwicklung, Schorndorf 1990

Kapustin, P./Scheid, V. (Hrsg.), Schule und Sportverein. Partner in der Erziehung, Aachen 1993

Kiphard, E. J., Motopädagogik, Modernes Leben, Dortmund 1979

Kiphard, E. J., Mototherapie, Band 1 und Band 2, Dortmund 1983

Neerinckx, E., Obstacles on the way to the sports field. An analysis of the psycho-social factors preventing physically disabled from sports practise. Vortrag gehalten auf dem Symposium der „North American Federation of Adapted Physical Activity", Montreal 1992

Preuss-Lausitz, U./Richter, U./Schöler, J. (Hrsg.), Integrative Förderung Behinderter in pädagogischen Feldern Berlins, Berlin: TU 1985

Projektgruppe Integrationsversuch: Das Fläming-Modell, Weinheim 1988

Rheker, U., Spiel und Sport für alle, Aachen 1993

Rosenberger, M. (Hrsg.), Ratgeber gegen Aussonderung, Heidelberg 1988

Rusch, H./Größing, S., Sport mit Körperbehinderten, Schorndorf 1991

Scheid, V., Chancen der Integration durch Sport, Aachen 1995

Sportjugend Hessen (Hrsg.), Bewegung Kunterbunt, Frankfurt 1991

Ständige Konferenz der Kultusminister der Länder/Deutscher Sportbund/Kommunale Spitzenverbände, Zweites Aktionsprogramm für den Schulsport, Bonn 1985

Van Coppenolle, H. et al. (eds.), European Master's Degree in Adapted Physical Activity-Textbook, Leuven-Amersfoort 1993

Walter Dürr[*]

Integration von Menschen mit Behinderungen aus berufspädagogischer Sicht

1. Phänomenologische Darstellung des zu behandelnden Personenkreises und statistischer Grundlagen

Unter dem Begriff der Integration aus berufspädagogischer Sicht ist stets die Integration in Arbeit und Beruf gemeint, welche in der Regel betrieblich organisiert ist. Für den von uns beschriebenen Personenkreis der Menschen mit Behinderungen ist erkennbar, daß die Chancen der Integration sich eher verschlechtern als verbessern. So weist der Dritte Regierungsbericht des Bundesarbeitsministeriums über die Lage der Behinderten für die Zeit von 1986 bis 1992 einen Rückgang der Beschäftigungsquote von 5,2 % auf 4,3 % aus. Vorgeschrieben ist in Betrieben bei mindestens 16 Beschäftigten eine Quote von 6 %. 1992 erreichten die privaten Unternehmen gerade 3,9 %, die öffentlichen Arbeitgeber 5,2 %, und selbst die Bundesregierung erreichte nur eine Quote von 5,5 %. Die nicht besetzten Stellen - gegenwärtig sind es etwa 478.000 - werden mit einer Ausgleichsabgabe in Höhe von je DM 200 pro Monat und pro Stelle belegt. D. h.: für die nicht besetzten Stellen für Arbeitnehmer mit einer Behinderung werden etwa DM 1,14 Mdr. an die Hauptfürsorgestellen bezahlt (vgl. *Hübner* 1995). Das bedeutet: Dreiviertel aller Arbeitgeber machen von der Möglichkeit der Ausgleichsabgabe Gebrauch. Diejenigen Arbeitgeber, die die Menschen mit Behinderungen beschäftigen, organisieren einen Großteil dieser wenigen, schlecht bezahlten Arbeit in Form von Heimarbeit oder übergeben sie betreuten Betrieben, also an einen externen Bereich außerhalb ihrer eigenen Betriebe.

---

[*] unter Mitarbeit von Petra Aisenbrey

Eine andere Berechnungsweise für das Bundesland Berlin ergibt ein ähnlich ungünstiges Bild. Für den Monat September 1994 weist die Statistik eine Arbeitslosenzahl von insgesamt 206.600 aus. Davon waren 8.600, d. h. ungefähr 4 % Menschen mit Schwerbehinderungen. Zu bedenken ist, daß der Anteil der Langzeitarbeitslosen, d. h. derjenigen, die von sozialer und beruflicher Ausgrenzung besonders betroffen sind, steigt; als Sonderbewegung im Ostteil der Stadt ist ein Wegfall der geschützten Abteilungen in den ehemaligen DDR-Betrieben zu verzeichnen (vgl. *Landesarbeitsgemeinschaft/Werkstätten für Behinderte/Institut für Sozialforschung und Betriebspädagogik (LAG/WfB/ISB)* 1994, S. 3). Für diejenigen Menschen mit schweren Behinderungen, die aufgrund der Arbeitsmarktbedingungen keinen Arbeitsplatz finden können, bleibt noch der Weg in die Werkstatt für Behinderte. Die Bundesarbeitsgemeinschaft der Werkstätten für Behinderte weist für das Jahr 1992 insgesamt 592 anerkannte Werkstätten für Behinderte aus, in denen 143.000 Personen beschäftigt wurden, davon 80 bis 85 % Menschen mit geistigen Behinderungen (vgl. Mensch und Beruf: Hamburger Abendblatt, 27./28.05.1995). Daß dieser benachteiligte Personenkreis auf dem normalen Arbeitsmarkt bisher kaum Chancen hat, einen Arbeitsplatz zu finden, zeigt auch die Übertrittsquote von weniger als 1 % (vgl. *LAG/WfB/ISB* 1994, S. 2). Als Problem ergibt sich hier, daß die Werkstätten für Behinderte auf ihre sogenannten „Leistungsträger" angewiesen sind, weil sie die Entgelte ihrer Beschäftigten selbst erwirtschaften sollen. Bedenkt man zudem, daß den Werkstätten für Behinderte die Vermittlung ihrer Beschäftigten auf den normalen Arbeitsmarkt nicht honoriert wird, daß vielmehr die Zuweisung an öffentlichen Mitteln von der Zahl ihrer Beschäftigten und der Größe des Betriebes abhängig ist, so wird deutlich, daß die Werkstätten unter den gegebenen Bedingungen kein Interesse daran haben können, mehr Beschäftigte auf den Arbeitsmarkt zu vermitteln. Die Lebenshilfe hat einmal errechnet, daß eine Vermittlungsquote von ungefähr 7 %, d. h. etwa 10.000 Menschen möglich wäre. Als integrationshemmend erweisen sich außerdem die für Menschen mit Behinderungen geltenden Kündigungsschutzbedingungen. Es wird argumentiert, daß sie eine Erhöhung der Arbeitskosten bewirken und damit die Einstellungsbereitschaft der Unternehmen mindern. So bezeichneten im Rahmen einer von Brandt zwischen Dezember 1982 und März 1983 durchgeführten bundesweiten Repräsentativbefragung rund 44 % der privaten Arbeitgeber den besonderen Kündigungsschutz als „ziemlich belastend" und weitere 28 % als „geringfügig belastend". Angesichts dieser Einschätzung ist es kaum überraschend, daß 72 % der privaten Arbeitgeber dem abschließenden Statement zustimmten, der besondere Kündigungsschutz halte sie davon ab, schwerbehinderte Arbeitnehmer einzustellen (vgl. *Sadowski/Frick* 1992, S. 25 ff.). Dies beruht auf der Tatsache, daß die Kündigung eines Schwerbehinderten ohne vorherige Zustimmung der Hauptfürsorgestelle rechtsunwirksam ist und die Kündigungsfrist mindestens vier Wochen beträgt. Hinzu kommt, daß auch die Beendigung des Arbeitsverhältnisses ohne Kündigung wegen Erwerbsunfähigkeit auf Zeit bzw. Berufsunfähigkeit zustimmungsbedürftig ist. Binnen eines Monats nach Antrag auf Zustimmungserteilung soll die Hauptfürsorgestelle eine Entscheidung treffen.

Als Schwerbehinderung gilt ein Grad der Behinderung von mindestens 50, wobei gemäß Schwerbehindertengesetz von 1986 Behinderung nicht mit einer pauschalen Leistungsminderung gleichzusetzen ist. Leider zeigt die Praxis, daß diese mißverstandene Interpretation weiterhin in der Öffentlichkeit angewendet wird. Doch bietet dieses Gesetz auch Ansatzpunkte für eine offensive Auslegung: In der Neufassung von 1986 lautete das Schwerbehindertengesetz wörtlich „Gesetz zur Sicherung der Eingliederung von Schwerbehinderten in Arbeit, Beruf und Gesellschaft" (vgl. *HORIZON-Arbeitsgruppe*, S. 228). Im Sinne einer „Normalisierung" bedeutet dies ein Leben für Menschen mit Behinderungen „so normal wie möglich", d. h. nicht isoliert von der Gesellschaft. Hierzu gehört auch eine nicht von der Gesellschaft isolierte Arbeitsstelle. Die Schwerbehinderung wird vom Versorgungsamt aufgrund einer medizinischen Begutachtung zuerkannt. Als Kriterium wird auch heute noch die aus dem Jahre 1974 stammende Definition verwendet: „Auswirkung einer nicht nur vorübergehenden Funktionsbeeinträchtigung, die auf einem regelwidrigen körperlichen, geistigen oder seelischen Zustand beruht" (*HORIZON* 1995, S. 39). Eine derartige Stigmatisierung wird auch durch eine neue Gesetzesüberschrift des Schwerbehindertengesetzes von 1986 nicht aufgehoben.

Im folgenden werden Modellversuche skizziert, die sich unter den geschilderten Rahmenbedingungen mit der beruflichen Integration von Menschen mit Behinderungen beschäftigen.

2. Skizzen einiger Modellversuche zur beruflichen Integration von Menschen mit Behinderungen

2.1. Berliner Qualifizierungswerkstatt

Es handelt sich hierbei um ein eher traditionelles Modell nach dem Motto: Erst qualifizieren, dann plazieren. Die einzelnen Berliner Werkstätten versuchen in einer übergreifenden Initiative die Möglichkeiten ihres besonderen, geschützten Arbeitsmarktes zu nutzen und Mitarbeiter mit Behinderungen so zu fördern, daß sich ihnen Chancen auf dem allgemeinen Arbeitsmarkt eröffnen. Im Rahmen des Modellversuches sollen in den Werkstätten für Behinderte Beschäftigungsplätze geschaffen werden, die so weit wie möglich dieselben Anforderungen an die Beschäftigten stellen, wie sie in Betrieben der freien Wirtschaft üblich sind. Außerdem sucht man nach neuen Aufgaben, für die sich ein Markt entwickeln läßt. Schließlich sollen ungefähr 180 Beschäftigte der Berliner Werkstätten beruflich so weit ausgebildet werden, daß von einer Angleichung an die Bedingungen der freien Wirtschaft gesprochen werden kann. Für diesen Personenkreis werden die Integrationschancen von den Werkstätten als hoch eingeschätzt. Gleichzeitig wollen die Werkstätten versuchen, nach und nach leistungsfähige Bereiche ihres Betriebes erwerbswirtschaftlich zu organisieren. Dabei wollen sie sich auf den strukturellen Wandel des regionalen Wirtschaftsraumes einstellen. Gedacht wird an die Bereiche Dienstleistung, Umwelt/Recycling und neue Technologien. Auch die Betreuer in den Werkstätten, die sogenannten Gruppenleiter, sollen weitergebildet werden. Zudem sollen Integrationsberater und -assistenten Arbeitsbedingungen und -abläufe den Anforderungen in erwerbswirtschaftlichen Unternehmen weitgehend angleichen. In einem weiteren Schritt sollen dann die Arbeitsplatzanforderungen und das Leistungsvermögen der Mitarbeiter mit Behinderungen empirisch ermittelt werden. Auf dieser Grundlage sollen Konzepte entwickelt werden, die zur Förderung und Qualifizierung geeignet sind. Diese Qualifizierung soll ergänzt werden durch arbeitsplatzbezogene Anleitung, theoretische und praktische Unterweisung (vgl. *LAG/WfB/ISB* 1994).

Für diesen Modellversuch ist auch eine Projektbegleitung vorgesehen. Dabei wird sich als strukturelles Problem die Übertragbarkeit des Gelernten in die beruflichen Ernstsituationen erweisen.

2.2. Integrationsfachdienste

Hierbei handelt es sich um eher systemtheoretisch-synergetische Modellversuche. Dabei lassen sich folgende Ausgangsüberlegungen anstellen: Ein allgemeines Phänomen humaner Kultur ist es, daß Menschen sich gegenseitig helfen, wo Hilfe zur Selbststabilisierung im Hinblick auf die äußeren Bedingungen ihrer Existenz als notwendig wahrgenommen wird. Beispiele hierfür sind Kinder, alte Menschen in der Familie, die Mutter im Haushalt. Auch Menschen mit Behinderungen benötigen in diesem Sinne Unterstützung beim Wohnen und Arbeiten. Betrachtet man das Phänomen des Helfens auf diese Weise, so erscheinen Entwicklungen immer möglich. Sie verlaufen nicht geradlinig, sondern in einem Wechsel von stabilen Phasen und Krisen. Neue höhere Ebenen der Leistungsfähigkeit können bei geeigneter Hilfestellung erreicht und stabilisiert werden.

Mit diesen Überlegungen ist die Annahme vereinbar, daß bei konsequenter Anwendung der Möglichkeiten pädagogischer Förderung mehr Menschen mit Behinderungen als bisher ein Fähigkeitsniveau erreichen können, das ein Leben mit größeren Freiheitsräumen außerhalb von Anstalten und sonstigen Spezialeinrichtungen ermöglicht. Dabei ist zu bedenken, daß menschliche Freiheitsräume auch das Risiko des Scheiterns einschließen. Diese Annahme gilt auch für reguläre Beschäftigungsverhältnisse, verbunden mit einer besonderen Form der Unterstützung am Arbeitsplatz, d. h. für alle Menschen. Solche Unterstützung wird von den Fachdiensten bereits erfolgreich geleistet.

Zu nennen sind hier insbesondere die Mitglieder der *HORIZON-Arbeitsgruppe*:

Berufsbegleitender Dienst - Reutlingen (BBD), Fachdienst Integrationsberatung - Berlin (FIBB), Hamburger Arbeitsassistenz - Hamburg, Projekt Integration und Arbeit - Gelsenkirchen (vgl. *HORIZON-Arbeitsgruppe*).

Die konkrete Vorgehensweise der Mitglieder dieser Arbeitsgruppe orientiert sich jeweils an den spezifischen Bedingungen des vorliegenden Einzelfalles. Gemeinsam ist allen jedoch die Überzeugung, daß eine Gewöhnung an die Simulation von Arbeitsverrichtungen zwangsläufig die Möglichkeit verhindert, betriebliche Realität zu erfahren, auf die gerade vorbereitet werden soll. Lernort ist daher stets der Arbeitsplatz. Der § 48 BBIG und § 42 HWO bestimmen Sondervorschriften für die Ausbildung von körperlich, geistig oder seelisch behinderten Jugendlichen. Zur Zeit gibt es etwa 140 anerkannte Ausbildungsberufe für diesen Personenkreis (vgl. *HORIZON-Arbeitsgruppe*, S. 70). Die entsprechenden Qualifizierungsmaßnahmen sind hinsichtlich ihrer Lernziele, ihrer Methoden und ihrer zeitlichen Vorgaben nicht an allgemeinen, normierten Richtlinien orientiert. Alle Maßnahmen beziehen sich auf individuell zu definierende Teilqualifikationen, die einerseits aus den konkreten Anforderungen an einen Arbeitsplatz und andererseits aus den Voraussetzungen einer konkreten Person hervorgehen. Folglich wird jede Qualifizierungsmaßnahme für einen Integrationsprozeß jeweils gesondert geplant, durchgeführt und überprüft.

Aus dem Spektrum der Integrationsfachdienste soll im folgenden der Fachdienst Integrationsberatung Berlin, Abteilung Rehabilitation näher beleuchtet werden.

2.3. Fachdienst Integrationsberatung Berlin - Rehabilitation

Seit dem 15.10.1991 arbeitet FIBB-Rehabilitation (FIBB-Reha) als Projekt im Rahmen des Fachdienstes Integrationsberatung Berlin mit drei Mitarbeitern. Schon wesentlich früher, kurz nach der Anfangsphase des Fachdienstes, wurde die Notwendigkeit der beruflichen Integration von Menschen mit Behinderungen in den allgemeinen Arbeitsmarkt sichtbar und daher ansatzweise auch praktiziert. Der Förderzeitraum von FIBB-Reha war durch finanzielle Rahmenbedingungen, z. B. Mittel der Bundesanstalt für Arbeit, zunächst auf zwei Jahre befristet.
Mit diesem Projekt soll der, wie bereits vorher dokumentiert, sehr hohen Arbeitslosigkeit, beziehungsweise Langzeitarbeitslosigkeit, von Menschen auch mit einer Schwerbehinderung, entgegengewirkt werden. In enger Zusammenarbeit mit den Arbeitsvermittlern und Arbeitsvermittlerinnen der Berliner Arbeitsämter wurden und werden schwerpunktmäßig langzeitarbeitslose Menschen mit einer Schwerbehinderung auf den allgemeinen Arbeitsmarkt integriert.
Die primäre Zielsetzung von FIBB-Reha läßt sich mit folgender Definition darstellen: „Es geht nicht in erster Linie darum, einen behindertengerechten Arbeitsplatz zu akquirieren, sondern einen normalen Arbeitsplatz mit einem entsprechend qualifizierten bzw. von den Fähigkeiten her geeigneten Bewerber zu besetzen. Dieser Platz kann dann je nach behinderungsbedingter Notwendigkeit gestaltet werden" (FIBB-Reha Kurzinfo Nr.1, Dez.1991, S. 4).

Speziell in diesem Bereich der Fachdienstarbeit wird deutlich, daß Integration von Menschen mit Behinderung nicht eine Anpassung dieses Personenkreises auf einen bestimmten Arbeitsplatz bedeuten kann, sondern daß eine Kooperation stattfinden muß, die auf seiten des Betriebes die Bereitschaft erfordert, einen normalen Arbeitsplatz zur Verfügung zu stellen, der den Bedürfnissen von Menschen mit Behinderungen anzugleichen ist.

An dem Punkt, an welchem öffentliche Einrichtungen oftmals aufgrund von Überlastung gezwungen sind, weiterführende Hilfen zu reduzieren, kann FIBB-Reha sowohl arbeitsbegleitende Unterstützung für die Bewerber als auch Beratung der Unternehmen, besonders während der Eingliederungsphase, anbieten. Dieses Angebot einer dauerhaften Begleitung des Integrationsprozesses schafft mit einigem Erfolg flankierende Strukturen für eine funktionierende Zusammenarbeit.

Bis Dezember 1991 wurden von FIBB-Reha 44 Schwerbehinderte in Betrieben betreut und zu 20 Berliner Unternehmen enge Kontakte geknüpft. Daraus resultierend wurde der Fachdienst mit seinen Dienstleistungsangeboten auch an andere Betriebe weiterempfohlen.

Die immer härter werdende Konkurrenz auf dem Arbeitsmarkt führte zu einer Umstrukturierung und Neuorientierung des Akquisitionskurses bei Betrieben. So wird öffentlichkeitswirksamen Strukturen, wie beispielsweise einem durch die Integration entstehenden „sozialen Firmenprofil" (FIBB-Reha, Oktober 1992, S. 2), große Bedeutung beigemessen. Die Betonung dieser Darstellungsmöglichkeit für Betriebe, beispielsweise neben ökologischen Aspekten auch soziale Aspekte in Betrieben der Berliner Wirtschaft zu berücksichtigen, zeigte erste Wirkung.

Dies belegen auch die Zahlen, wonach in dem Zeitraum vom 01.01.1992 bis 15.09.1992 allein 80 Aufnahmegespräche geführt wurden, 17 Klienten dauerhaft in unbefristete Arbeitsverhältnisse integriert werden konnten und 25 Berliner Betriebe aktiv mit FIBB-Reha kooperierten und kooperieren, also der Fachdienst dort integrative Leistungen erbrachte und erbringt.

Eine ständig wachsende Nachfrage von Klientenseite, die über FIBB-Reha Begleitung und Beratung etwas erfahren möchte, verdeutlicht die Sinnhaftigkeit eines derartigen Projektes und der in diesem Rahmen angebotenen Dienstleistungen. Gleichzeitig bestätigt sie die Notwendigkeit, durch das Aufrechterhalten flexibler Unterstützungsangebote bei der beruflichen Integration einer steigenden Arbeitslosigkeit von Menschen mit Behinderungen und anderen schwer vermittelbaren Personen entgegenzuwirken.

3. Praxisorientierte Aspekte einer Integration: Zwei Fallbeispiele

Eine wissenschaftliche Betrachtung sollte, speziell bei einer Thematik wie der „Integration von sozial benachteiligten Personen", enger definiert: von Menschen mit geistiger Behinderung, in den ersten Arbeitsmarkt, darum bemüht sein, diesen Bereich aus allen zur Verfügung stehenden Perspektiven zu betrachten. Hier soll nicht die theoretische Erklärung, welche ohne Frage für eine Gesamtdarstellung des Aspektes „Integration" unerläßlich ist, im Vordergrund stehen, sondern eine praxisorientierte Sichtweise (vgl. *Aisenbrey* 1993).

3.1. Fallbeispiel 1: Der gescheiterte Versuch einer Integration in den allgemeinen Arbeitsmarkt

Eine Integration von Menschen mit Behinderung im allgemeinen und speziell in diesem Fall, einer Person mit geistiger Behinderung, in den allgemeinen Arbeitsmarkt ist stets verbunden mit dem schwierigen Unterfangen, öffentliche Hilfe durch Behörden und Institutionen in Anspruch zu nehmen. „Behinderte Bürger sind aufgrund ihrer Behinderung erheblich mehr auf öffentliche Hilfe angewiesen als andere ... Mehr als andere benötigen sie deshalb gleich zu Beginn gute Wegweiser, Kompaß und Karte, um durch das Labyrinth der Gesetze und Ämter zu finden" (*Raßloff* 1985, S. 12).

Zum besseren Verständnis des gesamten Falles wird zunächst der Lebenslauf des Wolfram F. skizziert.

3.1.1. Überblick über den Lebenslauf des Wolfram F., seine Arbeits- und Wohnsituation
Wolfram F. wurde 1947 in Berlin geboren. Seine familiäre Situation ist nicht vollständig bekannt. Ursächlich für seine frühe Einweisung in die Karl-Bonhoeffer-Nervenklinik im Juli 1964 scheint der Tod seiner Mutter zu sein. Bis zu seinem 16. Lebensjahr lebte er bei seiner Familie. In der Nervenklinik wurde die Diagnose „Schwachsinn an der Grenze zur Imbezilität" gestellt und Wolfram F. mit einem Grad der Behinderung von 80 zusammen mit mittelgradig bis schwer geistig behinderten Männern untergebracht. Er bekam keine Medikamente. Aufgrund des Mangels an elterlicher Aufsicht wies Wolfram F. bei seiner Einweisung einen starken Verwahrlosungszu-

stand auf. Die Karl-Bonhoeffer-Nervenklinik versuchte diese Situation durch eine strenge Führung unter Kontrolle zu bringen. Im Rahmen des pädagogischen Konzepts der Nervenklinik arbeitete Wolfram F. zunächst in der Gartenkolonne der Klinik. Diese hatte die Aufgabe, die relativ große Anlage der Nervenklinik sauberzuhalten. Zwischen 1972 und 1985 war er der Kleiderkammer zugeteilt. Sein Aufgabenbereich erstreckte sich hierbei auf das Sortieren, Zusammenlegen und Einordnen der frisch gewaschenen Stationswäsche. Diese Tätigkeit wurde von den Bewohnern wie auch von dem Pflegepersonal als Privileg angesehen, da durch die anfallenden Aufgaben in der Kleiderkammer Wolfram F. aktiv in das Stationsgeschehen involviert war. Neben seiner Tätigkeit in der Kleiderkammer entwickelte er etwa zu dieser Zeit auch seine Vorliebe, Autos zu waschen. Das Pflege- und Leitungspersonal, welches seine Kraftfahrzeuge in der Regel auf dem Hof vor den jeweiligen Stationen parkte, entlohnte ihn für seine Waschdienste normalerweise mit Naturalien, wie etwa seltenem und begehrtem Kaffee, Zucker, Milch, Brot oder ähnlichem oder manchmal auch durch kleine Geldsummen (zwischen fünf und zehn DM). Durch positive Affirmation von seiten des Pflegepersonals und das wachsende Ansehen, das er bei seinen Mitbewohnern durch diesen Aufgabenbereich genoß, wurde das Autowaschen immer mehr zu seinem Lebensinhalt.

Im Mai 1986 zog er in eine Trainingswohnstätte des Deutschen Roten Kreuzes. Wolfram F. lebte zu der Zeit, als sich das Integrationsvorhaben entwickelte, bereits seit fünf Jahren in dieser Einrichtung. Er wies einen Verwahrlosungszustand auf, der sich, beruhend auf seinem mangelnden Verständnis für Hygiene in einem ungepflegten Äußeren und der Unfähigkeit, seinen eigenen Bereich entsprechend sauberzuhalten, äußerte. Wolfram F. war häufig in seinem Leben, von seiner Familie wie auch durch eine stetige Betreuerfluktuation enttäuscht worden, woraus sich einerseits eine Abneigung dem gesamten Betreuungspersonal gegenüber entwickelt hatte und andererseits ein starkes Mißtrauen gegenüber allen Personen resultierte, die sich ihm nähern wollten. Diese Ausgangsposition gestaltete sich für die Berichterstatterin, als Bezugsbetreuerin von Wolfram F., nicht ohne Schwierigkeiten. Die Tatsache, daß die Bezugsbetreuerin zuvor zwei Jahre in der Karl-Bonhoeffer-Nervenklinik gearbeitet hatte, in welcher er zu diesem Zeitpunkt noch immer während seiner Freizeit Kraftfahrzeuge wusch, um etwas Geld und Naturalien zusätzlich zu verdienen, stellte für ihn eine außergewöhnliche Situation dar. Diese Klinik, in der er zweiundzwanzig Jahre seines Lebens untergebracht war und in der er sich eine soziale Stellung erarbeitet hatte, war für ihn von besonderer Bedeutung und stellte einen Berührungspunkt mit der Betreuerin dar.

In sehr kleinen Schritten konnte ein Vertrauen aufgebaut werden, welches sich zunächst in der Akzeptanz der durch die Betreuerin vermittelten Verhaltensregeln manifestierte.

Nach einigen Monaten und einer Verbesserung des Körpergefühls und des Reinlichkeitsempfindens von Wolfram F. stabilisierte sich die Vertrauensbasis auch durch die Bemühung der Betreuerin, eine freundschaftliche Ebene in das vorherrschende Arbeitsverhältnis zu implizieren. Dank des mittlerweile fundierten Vertrauens erfuhr die Betreuerin auch viele Aspekte seiner Arbeitssituation. Er arbeitete seit seinem Einzug in die Trainingswohnstätte in einer Werkstätte für Behinderte, da jeder Mensch mit Behinderung, der in einer derartigen Einrichtung untergebracht ist, durch die Arbeit in einer Werkstatt für Behinderte einen Anspruch auf einen Wohnplatz in dieser oder einer ähnlichen Einrichtung erhält.

Seine Tätigkeit beinhaltete das Anbringen von Probepackungen an bestimmte Kosmetika, wie auch das Zusammensetzen und Verpacken von Neonröhren. Zusätzlich wusch er die Kraftfahrzeuge von mehreren Meistern gegen ein geringes Entgelt. Er beschrieb seine Situation dort als nicht erfüllend und berichtete öfter von Streitigkeiten mit Arbeitskollegen und dem Meister.

In dieser Phase kristallisierte sich immer deutlicher sein Wunsch heraus, sich vollzeitig mit dem Autowaschen beschäftigen zu können. Er begann sich eigenständig um eine Arbeitsstelle zu bemühen, die ihm dies ermöglichte, wobei er bei diesem Vorhaben von seiner Bezugsbetreuerin unterstützt wurde. Selbständig ging er zu diversen, im näheren Umfeld liegenden Tankstellen, um sich nach einer Einsatzmöglichkeit zu erkundigen.

Da Wolfram F. offensichtlich hochmotiviert war, unterstützte seine Bezugsbetreuerin ihn aktiv bei der Suche nach einer entsprechenden Arbeitsstelle.

Ein Arbeitsplatzwechsel der Betreuerin im Mai 1992 in den Fachdienst Integrationsberatung Berlin, verringerte den Kontakt zu Wolfram F. Ihr neuer Arbeitsplatz beim Fachdienst Integrationsberatung Berlin eröffnete durch das Kennenlernen vieler Formalien, die im Rahmen einer Integration von Menschen mit Behinderung wichtig sind, die Chance, eine Arbeitsstelle auf dem allgemeinen Arbeitsmarkt für Wolfram F. zu finden, der selbst trotz der erfahrenen Enttäuschungen sehr stark motiviert und engagiert war.

3.1.2. Die Durchführung des Vorhabens einer Integration auf den allgemeinen Arbeitsmarkt

Der erste Schritt in dieser Angelegenheit war, von allen am Entscheidungsprozeß für eine mögliche Integration beteiligten Personen eine Zustimmung zu erwirken. In einem Gespräch mit dem Heimleiter, der diesem Vorhaben positiv gegenüberstand, wurde die ehemalige Bezugsbetreuerin von Wolfram F. darauf hingewiesen, daß alle Betreuer der Trainingswohnstätte mitentscheiden und diese Entscheidung mittragen müßten, da diejenigen, die in ständigem Kontakt zu Wolfram F. standen, auch die möglichen Folgen dieser Integration zu tragen hätten.

Die Darstellung des Vorhabens wurde in die folgende wöchentliche Teamsitzung aufgenommen. Vornehmlich bestand Bedarf nach Klärung der Frage, wie Wolfram F. im Falle eines Scheiterns der Integration durch das Team wieder aufgefangen und stabilisiert werden könnte. Schließlich wurde der Entschluß gefaßt, den Versuch zu wagen.

Anschließend wurde telephonisch mit dem Rechtspfleger von Wolfram F. ein Termin vereinbart. Dieser stand einer Integration zunächst skeptisch gegenüber, da er die Belastbarkeit von Wolfram F. für zu gering erachtete. Nach einem zweistündigen Gespräch und einer Erwähnung der Tatsache, daß sowohl die Heimleitung wie auch die Betreuer der Trainingswohnstätte einer Integration zugestimmt hätten, gab der Rechtspfleger seine Erlaubnis unter der Bedingung, daß ihm der Arbeitsvertrag zur Gegenzeichnung vorgelegt würde und die Arbeitszeit zunächst höchstens 30 Stunden pro Woche betragen würde.

In einem darauf folgenden Gespräch mit dem für Wolfram F. zuständigen Ansprechpartner des Sozialpsychiatrischen Dienstes versicherte dieser der ehemaligen Betreuerin seine Hilfe, gemeinsam wurden die nächsten Schritte diskutiert.

Die zuständige Stelle des Sozialamtes Wedding wurde über das Integrationsvorhaben unterrichtet und mit dem zuständigen Arbeitsamt wurde ein Termin vereinbart.

Die Schwerbehinderten-Rehabilitationsabteilung dieses Arbeitsamtes klärte die frühere Betreuerin von Wolfram F. über die finanziellen Förderleistungen durch das Arbeitsamt und die ergänzende Förderung durch den Senat sowie die damit zusammenhängenden Formalitäten auf. Sobald die Stelle, in der er arbeiten könnte, feststünde, würde das Arbeitsamt die Anträge zur

Förderung der Einstellung Schwerbehinderter (FdE) an den Arbeitgeber senden. Zusammen mit einer Kopie des Schwerbehindertenausweises und dem Versorgungsbescheid müßten diese Anträge von dem Arbeitgeber an das zuständige Arbeitsamt zur Bearbeitung zurückgesendet werden.
Es wurde darauf hingewiesen, daß sowohl ein ärztliches Gutachten als auch ein sozialpsychiatrisches Zusatzgutachten beigebracht werden müßte. Beide Gutachten müssen durch Amtsärzte erstellt werden, die dem Arbeitsamt verpflichtet sind, da sonst kein Anspruch auf Förderleistungen besteht.
Der nächste Schritt bestand darin, mit der Sozialarbeiterin und dem Meister von Wolfram F. in der Werkstatt für Behinderte einen Termin zu vereinbaren, um zu gewährleisten, daß er für sechs Wochen von seiner dortigen Arbeit freigestellt und ihm der Arbeitsplatz in der Werkstatt für Behinderte freigehalten würde, damit er bei einem Scheitern der Integration in seiner Probezeit wieder seine vorherige Tätigkeit aufnehmen könnte.
Die für Wolfram F. zuständige Sozialarbeiterin der Werkstatt unterstützte nach einem Gespräch über den momentanen Stand der Integrationssituation dieses Vorhaben aktiv: Einerseits wollte sie den Freistellungsantrag für ein Außenpraktikum bei dem Leiter der Werkstatt für Behinderte erwirken und sie hat ein Gespräch zwischen dem Meister von Wolfram F. und seiner ehemaligen Betreuerin ermöglicht. Andererseits wollte sie schriftlich seine guten Fähigkeiten, Kraftfahrzeuge zu waschen, bestätigen.
Die Unterhaltung mit dem Vorgesetzten von Wolfram F., seinem Meister, verlief weniger positiv, da Wolfram F. in dieser Einrichtung zu der Elite der dort beschäftigten Menschen mit Behinderung zählte, in seinen Augen gerne dort arbeitete und auch mit viel Engagement die Wagen der dort angestellten Meister wusch und somit seine Integration einen Verlust für diese Werkstatt bedeuten würde. Dieser Meister versicherte aber, eine eventuelle Integration nicht zu verhindern, wenn dies Wolfram F.´s Wunsch sei.
In dem vom Arbeitsamt vorgeschriebenen ärztlichen Gutachten wurde festgestellt, daß der Versuch einer Integration befürwortet und das schriftlich zu erstellende ärztliche Gutachten binnen zwei Wochen dem Arbeitsamt zugesendet würde.
In einer Unterhaltung mit einer Integrationsberaterin des Fachdienstes Integrationsberatung Berlin, eröffnete sich die Möglichkeit, Wolfram F. in eine Mercedes-Filiale einzugliedern. Diese angebotene Arbeitsstelle wurde mit ca. 2000.- DM netto für 40 Stunden pro Woche bezahlt, wobei eingeräumt wurde, daß auch eine nur 30 Stunden umfassende Arbeitszeit möglich wäre.

Der Betriebsinhaber hatte durch die vorangegangenen Integrationen bereits Erfahrung mit einem sozial benachteiligten Personenkreis gemacht, und das angestellte Personal, selbst zum Teil benachteiligt, unterstützte das Vorhaben, eine weitere sozial benachteiligte, in diesem Fall geistig behinderte Person zu integrieren. Die auszuführende Tätigkeit beinhaltete das Waschen, Reinigen und Einwachsen von aus dem Werk kommenden Mercedes Limousinen.

Aus dem psychiatrischen Zusatzgutachten ergab sich das Einverständnis zu einer Integration. Einschränkend wurde festgestellt, daß die Arbeitszeit vorläufig auf höchstens 30 Stunden pro Woche zu beschränken sei, da es über die Belastbarkeit Wolfram F.'s noch keine Erfahrung gab.

Während der Rückfahrt erzählte Wolfram F., daß sein Meister, welcher großen Einfluß auf ihn hatte, nicht damit einverstanden wäre, wenn er die Werkstatt für Behinderte verließe. Seine neue Arbeitsstelle sei nicht das Richtige für ihn, da er nur in der Kälte Schneeschippen müßte und ihn dort alle neuen Kollegen auslachen würden, wohingegen er in seiner alten Arbeitsstelle doch eine respektable Stellung habe. Er wirkte sehr verängstigt, da er in seinen Augen nach dem Verlassen der Karl-Bonhoeffer-Nervenklinik nun zum zweiten Mal seine erarbeitete Stellung als eine respektierte Person verlieren würde. Der Versuch der ehemaligen Betreuerin, ihm die positiven Aspekte dieser Integration wieder näher zu bringen, beruhigten ihn.

Am nächsten Tag führte die frühere Bezugsperson von Wolfram F. ein Telephonat mit seinem Meister, um diese Situation aufzuklären, wobei der Meister in dieser Unterhaltung bestritt, ihn derart negativ beeinflußt zu haben. Allerdings habe er den Eindruck gewonnen, Wolfram F. wolle von sich aus in dieser Werkstatt bleiben, er selbst habe lediglich auf mögliche Nachteile in der neuen Arbeitsstelle hingewiesen.

Das Vorstellungsgespräch fand in der Mercedes-Filiale unter Anwesenheit der Integrationsberaterin und des Filialleiters statt. Die Werkstatt für Behinderte war darüber unterrichtet, daß Wolfram F. an diesem Tag nicht arbeiten würde und er von seiner ehemaligen Betreuerin in der Trainingswohnstätte abgeholt würde.

Wolfram F. wurde dort zum vereinbarten Termin nicht angetroffen, aber ein Telephonat mit seinem Meister in der Werkstatt für Behinderte ergab, daß er in seiner Abteilung arbeitete. Es wurde ein Treffpunkt mit dem Meister und Wolfram F. am Toreingang verabredet, um ihn abzuholen. Bei Ankunft seiner früheren Betreuerin wurde Wolfram F. gerade von seinem Meister nach unten gebracht, wobei dieser ihm zuredete, sich zumindest die neue Arbeitsstelle anzusehen und er dann immer noch die Möglichkeit hätte, weiterhin hier zu arbeiten.

Wolfram F. war in einem stark verwahrlosten Zustand, ungewaschen, nicht rasiert, und er trug verdreckte Kleidung, da er im Laufe seines Lebens, wie er zugab, die Erfahrung gemacht hatte, daß in diesem Zustand jeder Abstand von seiner Person nehmen würde. Das Vorstellungsgespräch verlief entsprechend den Voraussetzungen, die Wolfram F. anbot. Er erzählte, daß er von der Polizei verfolgt würde, daß er eigentlich ständig krank sei (zweimal in den letzten zwei Jahren), und daß ihm diese Arbeitsstelle, auch ohne sie gesehen zu haben, nicht gefalle, außerdem müsse er jetzt wieder zurück in seine Abteilung der Werkstatt für Behinderte, da er dort gebraucht würde.

Um Wolfram F. nicht das Gefühl zu geben, er trage selbst die Schuld, nicht eingestellt zu werden, erwähnte der Betriebsinhaber, daß es ihm wichtig wäre eine Person mit Fahrkenntnis, um die gewaschenen Wagen zu rangieren, einstellen zu können. Während der Rückfahrt bemerkte Wolfram F., daß der Betriebsinhaber ihn nicht einstellen wollte, da er nicht fahren könne, aber er sei mit dieser Situation sehr zufrieden.

3.2. Fallbeispiel 2: Der positive Verlauf einer Integration

Dies wird dokumentiert anhand der Einstiegsphase von Rainer N. Zwei Integrationsberaterinnen des Rehabilitationsteams des Fachdienstes Integrationsberatung Berlin (FIBB) führten die nachfolgend beschriebene Integration durch und gestatteten mit Einverständnis von Rainer N. und dem Betriebsleiter in diesem Rahmen der Berichterstatterin, zu jener Zeit studentische Hilfskraft im Fachdienst Integrationsberatung Berlin, an der Eingliederungsphase teilzuhaben und diese zu dokumentieren.

Der Fachdienst Integrationsberatung Berlin verbindet im Rahmen seiner Arbeit viele Komponenten. Eine Schlüsselposition zwischen Behörden, Arbeitgebern und Klienten innezuhaben, ermöglicht dem Fachdienst eine gute Zusammenarbeit und die Überwindung von Schwierigkeiten dieser drei Komponenten durch fachliche Kompetenz.

Die Klienten des Fachdienstes haben ihrer Persönlichkeit entsprechend die unterschiedlichsten Schwierigkeiten in einer Eingliederungsphase wie auch individuell differenzierte Bedürfnisse, was die Form und den Umfang der jeweiligen Betreuung betrifft. Dies bedeutet, daß die Integrationsberater des Fachdienstes mit starkem Einfühlungsvermögen die einzelne Integrationssituation erfassen müssen. Zusätzlich müssen von dem Integrationsberater Wege gefunden werden, einer Abhängigkeit des Klienten entgegenzuwirken, was speziell durch eine Anleitung zur Selbsthilfe gewährleistet werden soll.

3.2.1. Überblick über den Lebenslauf des Rainer N., seine Arbeits- und Wohnsituation

Rainer N. wurde 1958 in einer kleinen Stadt in Westdeutschland geboren. Er hat einen Grad der Behinderung von 80 und ist milieugeschädigt und lernbehindert, was durch eine feinmotorische Einschränkung und eine mäßige Konzentrationsfähigkeit in Erscheinung tritt.

Er besuchte zwischen 1964 und 1970 eine Grund- und Hauptschule und nach einer zweijährigen Pause aus familiären Gründen zwischen 1971 und 1975 eine Hauptschule. Nach der siebten Klasse beendete er vorläufig seine Schullaufbahn, holte aber den Hauptschulabschluß zwischen 1982 und 1984 in einer Abendschule nach.

Zwischen 1978 und 1988 arbeitete er in einer Werkstatt für Behinderte und absolvierte anschließend zwischen 1988 und 1992 eine Ausbildung im Berufsbildungswerk als Gärtner (Zierpflanzenbau).

Rainer N. lebte ab 1989 drei Jahre in einer Außengruppe des Deutschen Roten Kreuzes und seit 1992 allein in einer betreuten Wohnung.

3.2.2. Dokumentation der Integrationsarbeit bei Herrn N. durch den Fachdienst Integrationsberatung Berlin

Am 18.05.1992 nahm Rainer N. erstmalig das Dienstleistungsangebot des Fachdienstes Integrationsberatung Berlin in Anspruch. Im Laufe dieses ersten Gespräches mit einer Integrationsberaterin des Rehabilitationsteams wurde das Leistungsprofil in Zusammenarbeit mit Rainer N. erstellt. Das Leistungsprofil einer zu integrierenden Person ist insofern ein unerläßlicher Bestandteil der Integrationsarbeit, als eine möglichst genaue Kenntnis der Person, dem Schlüssel-Schloß-Prinzip entsprechend, das Finden einer geeigneten Arbeitsstelle erleichtert. Das Leistungsprofil setzt sich aus einer Merkmalskombination zusammen, die aus mehreren eigens dafür entwickelten Schemata ausgewählt werden kann. Der zu betreuende Klient wird in diesen Vorgang miteinbezogen. In diesem Rahmen werden die Personalien und der aktuelle Status festgehalten und durch Vordrucke ergänzt, die über die von FIBB erfaßten Menschen mit Behinderung, ihrer Schul- und Berufsausbildung, ihrer bisherigen Arbeit/Berufstätigkeit (mit Tätigkeitsschwerpunkten und Zusatzqualifikationen), ihrer zukünftigen Arbeit/Berufstätigkeit (Wünsche, wie z. B. Arbeitszeit) und ihrer Sozialanamnese Auskunft geben. Zusätzlich wird für Menschen mit Schwerbehinderung auf einem weiteren Vordruck die Art und Weise, sowie der Grad der Behinderung und die möglichen, daraus resultierenden Einschränkungen festgehalten. Dieser siebenseitige Leistungsprofilbogen gibt auch Auskunft über die Fähigkeiten der zu integrierenden Person, so daß dadurch in ein gezielt diesen Wünschen und Einschränkungen entsprechendes Arbeitsfeld eingegliedert werden kann, sobald eine passende Arbeitsstelle vorhanden ist. Auch für sie wird ein entsprechendes Anforderungsprofil auf seiten der Arbeitgeber erhoben.

Im Rahmen der Erstellung des Leistungsprofilbogens von Rainer N. wurde als gewünschte Tätigkeit Gärtner angegeben, da Rainer N. in diesem Betätigungsfeld auch einen Abschluß absolviert hatte, wobei eine Vollzeitbeschäftigung erwünscht wurde.

Bereits am Nachmittag desselben Tages wurde der erste Brief der Integrationsberaterin des Rehabilitationsteams abgeschickt, um Rainer N. zu informieren, daß möglicherweise schneller als erwartet die Aussicht auf einen Arbeitsplatz in einem Gartenbetrieb zur Verfügung stünde. Da Herr N. verreist war, wurde der nächste Termin auf den 01.06.1992 zur Erstellung der Bewerbungsunterlagen gelegt. Anschließend führte die Integrationsberaterin ein Gespräch mit der Betreuerin von Rainer N., um Informationen über seine Belastbarkeit zu erhalten.

In Zusammenarbeit mit einer zweiten Integrationsberaterin, die den Gartenbetrieb aufgrund ihrer vorherigen Arbeit bei FIBB bereits kannte, fand am 05.06.1992 ein persönliches Treffen mit dem Betriebsinhaber statt, wobei die Arbeitsstelle besichtigt und die betreffenden Mitarbeiter dieses Betriebes kennengelernt wurden. Der Betriebsinhaber teilte den beiden Integrationsberaterinnen mit, daß Herr N. mit einem regulären Arbeitsvertrag mit Probezeit ab dem 09.06.1992 eingestellt würde.

Daraufhin wurde am 06.06.1992 die für Rainer N. zuständige Arbeitsvermittlerin des Arbeitsamtes aufgesucht, um die Höhe der Zuschüsse zu klären. Es wurde vereinbart, daß das Arbeitsamt die vollen Kosten übernehmen würde (80 % durch das Arbeitsamt + 20 % durch den Senat im ersten Jahr, 70 % + 20 % im zweiten Jahr und 60 % + 20 % im dritten Jahr), der Betriebsinhaber jedoch die Anmeldung und die Abrechnung einreichen müßte.

Im Fachdienst Integrationsberatung Berlin wurde dann am selben Tag von der Integrationsberaterin die Bescheinigung von dem Betrieb für das Arbeitsamt vorbereitet, bei der Krankenversicherung AOK Informationen über die Anmeldung und Mitgliedschaft erworben, zwei Telephonate mit dem Fachverband für Garten- und Landschaftsbau über die Tarifbestimmungen und ein Anruf mit dem zuständigen Sozialarbeiter geführt, um die Frage der Abmeldung beim Arbeitsamt zu klären, sofern er vorher als arbeitslos gemeldet war, was i. d. R. der Fall ist.

Das nächste Telephonat fand am 10.06.1992, also einen Tag nach Beginn der Probezeit statt, wobei sowohl mit dem Betriebsinhaber wie auch mit Rainer N. über den Ablauf des ersten Arbeitstages gesprochen und eine beiderseitige Zufriedenheit erklärt wurde.

Nach Aufnahme dieser Tätigkeit wurde mit Rainer N. vereinbart, daß er sein Freizeitengagement beim DRK etwas einschränkt.

Die Integrationsberaterin besuchte ihn am 15.06.1992 an seinem Arbeitsplatz mit einem Kuchen für seinen Geburtstag, da in der Form der Integrationsarbeit von FIBB die Einbeziehung sozialer Aspekte eine wichtige Rolle spielte. Im Rahmen dieser Arbeit wird besonderer Wert darauf gelegt, eine ganzheitliche Integration zu fördern, da sowohl soziale, wie auch private und gesundheitliche Aspekte zum vollständigen Gelingen einer Integration beitragen.

Am selben Tag bedankte sich die Integrationsberaterin schriftlich bei dem Betriebsinhaber für den schnellen Abschluß des regulären Arbeitsvertrags mit Herrn N., klärte über den aktuellen Stand der Fördermittel auf und bat die vorbereiteten Anträge an das Arbeitsamt zu übersenden.

Von einem Kollegen wurde ihr mitgeteilt, daß Rainer N. gut mitarbeite und sehr kollegial sei.

Am 30.07.1992 rief der Betriebsinhaber an, um Fragen und Befürchtungen, den Zuschuß des Arbeitsamtes betreffend, zu klären, woraus gemäß den ihm übersandten Unterlagen scheinbar hervorging, daß er nur einen Teil der ihm mündlich zugesagten Zuschüsse zu erwarten habe. Die Integrationsberaterin konnte den Betriebsinhaber insoweit beruhigen, daß der von ihm gestellte Antrag auf Zuschüsse aus mehreren Teilen besteht (Eingliederungshilfe, Förderung nach dem Schwerbehindertengesetz und Aufstockung durch den Senat).

Am 21.09.1992 arbeitete die zweite Integrationsberaterin in dem Gartenbetrieb mit, um die zu bewältigende Tätigkeit kennenzulernen und dadurch

einerseits dem zu integrierenden Klienten das Gefühl zu vermitteln, ein Interesse an seiner Arbeitsweise und an seiner Person zu haben und andererseits dem Gartenbetrieb die Eingliederungsphase zu erleichtern.
Einige darauf folgende Telephonate mit Rainer N. betrafen seine privaten Schwierigkeiten, welche die Arbeitsfähigkeit und -belastung des Klienten zu beeinträchtigen drohten, da solche Probleme gerade bei Menschen mit Behinderungen zu einer Destabilisierung führen können. Die Integrationsberaterin erarbeitete innerhalb dieser Gespräche gemeinsam mit Rainer N. Lösungsmöglichkeiten.
Am 24.11.1992 wurde in einem Gespräch mit dem Arbeitsamt bestätigt, daß die ersten Zahlungen durch das Arbeitsamt binnen einer Woche erfolgen würden, die Zahlungen durch den Senat noch bearbeitet würden. Diese Ergebnisse wurden anschließend dem Betriebsleiter schriftlich mitgeteilt.
Das vorletzte Gespräch der bis zu diesem Zeitpunkt dokumentierten Eingliederungsphase wurde am 19.04.1992 geführt, in dessen Verlauf Rainer N. von dem plötzlichen Tod eines Elternteiles berichtete. Er befand sich in einem äußerst depressiven Zustand und wies eine leichte suizidale Gefährdung auf. In mehreren ausführlichen Gesprächen mit der zweiten Integrationsberaterin, die zunächst hauptsächlich auf der Basis des Zuhörens und des Beschwichtigens geführt wurden, konnte diese Gefährdung abgewendet werden.
Nach einigen Tagen Aufenthalt in seinem Heimatort arbeitete Rainer N. wieder in dem Gärtnereibetrieb und hatte sich trotz seines angegriffenen Zustandes soweit stabilisiert, daß die Suizidgefährdung ausgeschlossen werden konnte und seine Lebensfreude schrittweise wieder sichtbar wurde.
Insgesamt wurden von den beiden Integrationsberaterinnen 56 persönliche Treffen oder Telephonate geführt und zwölf Briefe in dieser Angelegenheit verschickt.
Besonders an diesem Beispiel einer Eingliederung durch den Fachdienst Integrationsberatung Berlin wird deutlich, daß eine Integration nicht die einfache Vermittlung eines Arbeitsplatzes ist. Das Gelingen einer Integration besteht aus einem Netz der verschiedenartigsten Komponenten, deren Einbeziehung unerläßlich ist. Bedeutsam ist das Auffangen der individuellen persönlichen, gesellschaftlichen, beruflichen, kollegialen und auch familiären Problematik jedes einzelnen Klienten. Die Voraussetzung dafür ist nicht nur persönliches Engagement und Einfühlungsvermögen, sondern auch

fachliche Kompetenz in pädagogischen, psychologischen, sozialwissenschaftlichen und nicht zu vergessen auch juristischen Bereichen.
Es sollte erwähnt werden, daß das eben dargestellte Fallbeispiel sich durch das rasche Finden eines geeigneten Arbeitsplatzes auszeichnete. Die Möglichkeit, einen Arbeitssuchenden binnen eines Tages in eine Arbeitsstelle zu integrieren, kann nicht als Regel bezeichnet werden.
Rainer N. vermittelte plausibel, daß in dieser Zeit der starke Wunsch, einer geregelten Arbeit nachzugehen, vorhanden war. Dies war die Prämisse für FIBB, sich dafür einzusetzen und Möglichkeiten zu finden, diesen Klienten in eine geeignete Arbeitsstelle zu integrieren. Der Wunsch nach Arbeit muß vorhanden sein, um nicht einem benachteiligten Personenkreis, der arbeitswillig ist, eine erwünschte Hilfe verweigern zu müssen, da die Arbeitskraft der FIBB-Mitarbeiter und Mitarbeiterinnen, trotz ihres starken Engagements begrenzt war und ist. Auch waren und sind auf der anderen Seite Arbeitgeber, die bereit sind, eine sozial benachteiligte Person zu integrieren, nicht sehr zahlreich.
Im Gegensatz zu kritischen Äußerungen über das Arbeitsamt beschrieb Rainer N. das Dienstleistungsangebot des Fachdienstes Integrationsberatung Berlin mit dem Gefühl, als Person mit all seinen individuellen Problemen ernst genommen zu werden, was großenteils auch auf die Ehrlichkeit der Integrationsberaterinnen zurückzuführen war, indem sie offen erzählten, möglicherweise nicht sofort eine Stelle für Rainer N. finden zu können, sich aber weiterhin zu bemühen. Diese Vorgehensweise beruhte auf dem Gedanken, lieber geringere Versprechungen zu machen, um bei einer Verzögerung der Enttäuschung entgegenzuwirken, bei einem raschen Gelingen der Integration jedoch die Freude zu steigern.
Die Stabilisierung des Selbstwertgefühles von Herrn N. wurde von den Integrationsberatern und Integrationsberaterinnen als ein wichtiger Aspekt zum Gelingen der Eingliederung in einen Arbeitsplatz betrachtet. Das Ernstnehmen, Analysieren und gemeinsame Lösen vieler oder möglichst aller persönlichen, gesellschaftlichen, familiären und beruflichen Schwierigkeiten dieses Klienten trug sichtbar zu seinem Wohlbefinden bei und damit auch zu einem stärkeren und intensiveren Einsatz seinerseits in der Arbeitsstelle. Dies wiederum löste durch den bemerkenswerten Einsatz Rainer N.´s auf der Seite des Arbeitgebers eine höhere Toleranz bei eventuell auftretenden Schwierigkeiten aus. Zusätzlich diente und dient jedes weitere Positivbeispiel in die-

sem hochsensiblen Bereich der Integration von Personen mit Behinderung als Akquisitionsgrundlage für weitere Betriebe.

3.3. Kritischer Vergleich der zwei Fallbeispiele

Deutlich sichtbar wird die unterschiedliche Herangehensweise in den beiden geschilderten Integrationsversuchen. Im ersten Fall liegt das Schwergewicht auf dem privaten Engagement der ehemaligen Betreuerin von Wolfram F. und wurde ohne spezielle Vorkenntnisse durchgeführt. Im zweiten Fall konnte Rainer N. mit Hilfe der Erfahrungen und der fachlichen Kompetenz der Integrationsberater und Integrationsberaterinnen des Fachdienstes Integrationsberatung Berlin eingegliedert werden.

Die Ausgangsbasis dieser beiden Fälle ist gänzlich zu unterscheiden, da sich in dem ersten Fall der Wunsch von Wolfram F. nach einer Arbeitsstelle als Autowäscher langsam herauskristallisierte und seine ehemalige Betreuerin, die diesen Wunsch befürwortete, ihn förderte und versuchte, diesen Wunsch zu realisieren, indem sie zunächst gemeinsam mit Wolfram F. eine speziell auf ihn zugeschnittene Arbeitsstelle suchte.

Ein solcher direkter Kontakt zu einem Personenkreis mit Behinderung ist dem Fachdienst Integrationsberatung Berlin nicht gegeben. Er ist darauf angewiesen, auf einen arbeitswilligen Personenkreis mit sozialen Benachteiligungen zurückzugreifen, der durch eine Kontaktaufnahme den ersten Handlungsschritt unternimmt.

Im ersten Beispiel war es nicht möglich, auf Erfahrungen oder fachliche Kompetenz zurückzugreifen. Vielmehr mußte die ehemalige Betreuerin die einzelnen für dieses Vorhaben notwendigen Schritte in Erfahrung bringen und selbst durchführen. Zahlreiche Gänge zu unterschiedlichen Behörden und Institutionen und geduldiges Warten waren notwendig, um die zuständigen Stellen ermitteln zu können.

Die zwei Integrationsberaterinnen des Fachdienstes verfügten über einen langjährigen Erfahrungshorizont in diesem Bereich und einen kontinuierlichen Kontakt zu den betreffenden Behörden. Diese Voraussetzung eines routinierten Umgangs, die Formalitäten einer Integration betreffend, und die Tatsache, als ein von öffentlicher Hand subventioniertes Projekt eine gewichtige Position einzunehmen, erleichterte die bürokratische und formelle Seite einer Integration in großem Maße.

Die beiden näher untersuchten Fallbeispiele können punktuell zur Darstellung der Schwiergkeiten herangezogen werden, die im Integrationsprozeß auftreten können.
Zu beachten ist stets, daß die unterschiedliche Persönlichkeitsstruktur der Betroffenen eine individuelle Handhabung unabdingbar macht, die auf der einen Seite sehr viel Kenntnis über die Person, auf der anderen Seite aber auch gute Beziehungen zu den Arbeitgebern und Arbeitgeberinnen erfordert.
In der Konzeption der Berliner Werkstatt für Behinderte gilt, wie allgemein in allen Werkstätten dieser Art, ein Hinführen auf eine Arbeitsstelle im allgemeinen Arbeitsmarkt durch Anleitung zur Selbständigkeit und ein Arbeitstraining als Zielsetzung. Die Verfasserin mußte erfahren, daß diese Vorgabe aus verschiedenen Gründen am Fallbeispiel nicht realisiert wurde. Menschen mit Behinderung, die in diesen Werkstätten weitgehend problemfrei arbeiten und die Zielsetzung der Einrichtung zu verwirklichen helfen, werden offensichtlich nur ungern dem allgemeinen Arbeitsmarkt zur Verfügung gestellt.
Am konkreten Fall wurde zudem deutlich, daß der persönliche Vorteil, den einzelne Meister der Einrichtung durch die Tätigkeit der behinderten Menschen erhalten, nur ungern aufgegeben wird. Im Fallbeispiel geschah dies, indem sie den großen Einfluß auf den Beschäftigten ausnützten, um diesen in seiner Bestrebung zu verunsichern.
Die Ohnmacht gegenüber den festgefahrenen Strukturen derartiger Einrichtungen wirkt auf den Integrationsprozeß und die Unterstützung dazu demotivierend.
Ohne die aktive Mithilfe durch Projekte wie den Fachdienst Integrationsberatung Berlin wären die Aussichten für benachteiligte Personen, in den allgemeinen Arbeitsprozeß integriert werden zu können, entsprechend geringer. Es bleibt zu hoffen, daß trotz der angespannten wirtschaftlichen und arbeitsmarktpolitischen Situation derartige Projekte auch zukünftig die nötige Finanzierungsgrundlage erhalten, um die Integration stigmatisierter und ausgegrenzter Personengruppen zu fördern.
Zudem zeigt sich, daß Arbeitsämter in der Regel durch die spezifischen Anforderungen, die eine Integration von sozial Benachteiligten mit sich bringt, überfordert sind. In diese Problematik greift konstruktiv der Fachdienst Integrationsberatung Berlin ein, indem er Hilfen anbietet, die über das für Arbeitsämter übliche Maß hinausgehen.

4. Hochschuldidaktische Konsequenzen

Sicherlich gehören zu einer Vermittlung derjenigen Kompetenzen, die man benötigt, um Personen wie die hier geschilderten in Arbeit, Beruf und Betrieb zu integrieren, Lehrveranstaltungen der Universitäten, in denen das erforderliche Sachwissen theoretisch und begrifflich konsistent und systematisch vermittelt wird. Das allein garantiert jedoch noch keinen Handlungserfolg. Unerläßlich erscheint daher ein stetiger Wechsel zwischen fachsystematischer Vermittlung, praktischer Erfahrung und Reflexion beider Teilbereiche in Hinblick auf die zu leistenden Aufgaben. Ein entsprechender Studiengang im Rahmen der Integrationspädagogik wäre dringend zu entwickeln. Fallstudien wie die hier vorgestellten können hierfür die Grundlage bieten. Der Aufbau ständiger Kontakte zu derartigen Fachdiensten ist eine notwendige Rahmenbedingung für die anzustrebende Professionalisierung des Studienziels Integrationsberatung. Wünschenswert wäre eine enge Zusammenarbeit zwischen den einschlägigen berufs- und wirtschaftspädagogischen sowie sonderpädagogischen Studiengängen der Universitäten und den Fachdiensten. Zu denken ist auch an die Vergabe von Lehraufträgen an erfahrene Integrationsberater und an Hospitationen der Hochschullehrer, wissenschaftlichen Mitarbeiter und Studenten in den Fachdiensten. Ziel dieser Kontakte wäre schließlich die gemeinsame Entwicklung und Erprobung der Inhalte für die entsprechenden Lehrveranstaltungen an den Hochschulen.

Literatur

Aisenbrey, P.: Die Integration von Menschen mit geistigen Behinderungen in die Arbeitswelt, dokumentiert anhand der Einstiegsphase. Ein Beitrag zur Erforschung des Methodenproblems insbesondere in Modellprojekten. Unveröffentlichte Diplomarbeit. Berlin 1993.
Fachdienst Integrationsberatung Berlin (FIBB) (Hrsg.): FIBB-Reha. Kurzinfo Nr.1, Dezember 1991. Berlin 1991.
Fachdienst Integrationsberatung Berlin (FIBB) (Hrsg.): FIBB-Reha. Kurzinfo Nr.2, Oktober 1992. Berlin 1992.
HORIZON-Arbeitsgruppe (Hrsg.): Unterstützte Beschäftigung. Handbuch zur Arbeitsweise von Integrationsfachdiensten für Menschen mit geistiger Behinderung. Berlin o. J. (1995).
Hübner, M.: Körperbehinderte. Besonders motiviert und zuverlässig. In: Hamburger Abendblatt, 27./28.05.1995.

Landesarbeitsgemeinschaft/Werkstätten für Behinderte/Institut für Sozialforschung und Betriebspädagogik (LAG/WfB/ISB) (Hrsg.): Berliner Qualifizierungswerkstatt, Dezember 1994.

Ohne Verfasser: Mensch und Beruf. In: Hamburger Abendblatt, 27./28.05.1995.

Raßloff, E.: Generelle Koordination der Behindertenarbeit als Aufgabe der Kommunen. In: *Isselhorst, R./Scherpner, M.* (Hrsg.): Koordination der Behindertenarbeit im örtlichen Bereich. Aus der Praxis für die Praxis. Stuttgart 1985.

Sadowski, D./Frick, B.: Die Beschäftigung Schwerbehinderter. Betriebswirtschaftliche Analysen und politische Empfehlungen. Mainz 1992.

Semlinger, K.: Die Arbeits- und Berufsförderung Behinderter in der Bundesrepublik Deutschland. Berlin 1983.

Martin Hildebrand-Nilshon

Kommunikation - Emotion - Sprache. Integrationspädagogische Aspekte der Arbeit mit lautsprachlich eingeschränkten Kindern und Jugendlichen

In meinem Beitrag möchte ich mich mit der Beziehung zwischen Kommunikation, Emotion und Sprache beschäftigen, und zwar einerseits aus entwicklungspsychologischer Sicht, andererseits aus der praxisbezogenen Sicht der Arbeit in einem Ausbildungs- und Forschungsprojekt, das die Kommunikationsförderung von Kindern und Jugendlichen mit mehrfachen Behinderungen, u. a. auch im lautsprachlichen Bereich, zum Thema hat. Das Projekt hat das Kürzel AAC-Beratung, das für Augmentative and Alternative Communication steht[1]. Es handelt sich um einen Forschungs- und Praxisbereich, der jetzt auch eine verbindliche deutsche Bezeichnung bekommen hat: „Unterstützte Kommunikation" (vgl. *Braun*, 1994 b; *Kristen*, 1994). „Unterstützte Kommunikation" (UK) ist nicht identisch mit dem Verfahren der „Gestützten Kommunikation" oder „Facilitated Communication" (FC), das aus Presse und Fernsehen und aus den beiden eindrucksvollen Büchern von *Birger Sellin* (*Sellin*, 1993, 1995[2]) bekannt ist, vielmehr könnte man FC als eine methodische Ausprägungsform unterstützter Kommunikation kennzeichnen, die für einen besonderen Personenkreis anwendbar ist. Das Arbeitsfeld „Unterstützte Kommunikation" befaßt sich mit den theoretischen (sozialwissenschaftlichen und medizinisch-neurologischen), technischen und pädagogisch-therapeutischen Grundlagen der Diagnose, der Interventionsstrategien und der Evaluation bei Prozessen der Kommunikationsförderung bei beeinträchtigter Lautsprache, wobei sich die Fördermaßnahmen sowohl auf die beeinträchtigten Personen wie auf den therapeutischen, den familiären, den erzieherischen, den sozialen und den politischen Kontext beziehen (sollten).

In diesem Beitrag möchte ich allerdings nur am Rande von der praktischen Arbeit mit alternativen und erweiternden Hilfsmitteln der Kommunikation sprechen, sondern mich mehr den grundlagentheoretischen und den pädagogischen Aspekten der Kommunikationsförderung bei beeinträchtigter lautsprachlicher Kommunikation zuwenden. Dazu werde ich fünf Thesen vorstellen und jede These auf drei unterschiedlichen Ebenen erläutern:

(1) Zunächst werde ich die These auf die Ebene sog. normaler, nichtbehinderter Entwicklung von Kommunikation und Sprache beim Säugling und Kleinkind beziehen, und zwar auf den Entwicklungsprozeß von der vorsprachlichen Phase bis zum Auftreten der ersten Wörter und der Entwicklung elaborierter lautsprachlicher Kommunikation.

(2) Als zweites werde ich dann fragen, welche Konsequenzen aus den Ergebnissen der ersten Ebene für die Entwicklung unter behindernden Bedingungen resultieren, insbesondere bei Kindern und Jugendlichen, die sich lautsprachlich nicht verständigen können und die in bezug auf ihre Sprach- und Kommunikationsentwicklung an anderen Orten des Kontinuums der Kommunikationsentwicklung stehen, als Kinder ohne Behinderungen.

(3) Auf der dritten Ebene geht es um die integrationspädagogischen Implikationen der Thesen, wobei ich hierbei um Nachsicht bitte, da es sich ausschließlich um Extrapolationen handelt, da wir im Rahmen unseres Forschungsprojektes Erfahrungen mit UK bisher nur in Sondereinrichtungen gemacht haben. Allerdings gibt es im Rahmen des landesweiten Schulversuchs des Pädagogischen Zentrums (jetzt BIL) positive Erfahrungen von UK in integrativen Kontexten (vgl. *Matt, Podlesch & Schmitt*, 1992).

Im Titel des Referats geht es um die Beziehung zwischen Kommunikation, Emotion und Sprache. Zwar wurde dieser Zusammenhang in der Entwicklungspsychologie bisher nur im Hinblick auf die Beziehung zwischen Kommunikation und Emotion untersucht, insbesondere in der empirischen Säuglingsforschung zur frühen Mutter-Kind-Interaktion. Die in diesem Bereich erarbeiteten gesicherten Erkenntnisse lassen sich m. E. jedoch auch auf die spätere Entwicklung der Sprache übertragen.

Seit den 70er Jahren steht fest, daß die mütterliche emotionale Verfügbarkeit (emotional availability) ein wichtiges Kriterium für eine positive Entwicklung der Mutter-Kind-Interaktion in den ersten Lebensmonaten darstellt. Dabei verstehen verschiedene Autorinnen und Autoren darunter verschiedene Aspekte des mütterlichen Verhaltens. *Margret Mahler* (1975/1978) versteht darunter die „ruhige Unterstützungsbereitschaft" (quiet supportiveness) der Mutter, während das Kind die Umwelt exploriert; ähnlich definiert *Emde* (1980, 1989) diesen Begriff. Die Mutter akzeptiert die Explorationsversuche des Kindes und seine dabei auftretenden positiven und negativen Affekte, d. h. die Mutter reagiert nicht nur auf Streß des Kindes, sondern auch auf die positiven Affekte. Neben dem Begriff der emotional availability finden sich deshalb verschiedene Kategorien, die den Zusammenhang zwischen Interaktion und Emotion zum Thema haben, z. B.

- psychological availability/unavailability (*Egeland & Erikson*, 1987). Die Kategorie der psychologischen Nichtverfügbarkeit stammt aus Untersuchungen von Müttern mißbrauchter oder vernachlässigter Kinder oder von depressiven Müttern. Eine Person, bei der man von psychological unavailability spricht, weist die kindlichen Versuche, Kontakt aufzunehmen, zurück, ignoriert sie, mischt sich übermäßig in die Aktivitäten des Kindes ein oder „überengagiert" sich; alle Aspekte können auch gemischt vorkommen.
- mütterliche Sensitivität oder Sensibilität, die sich besonders in der Bindungsforschung als zentrale Variable für eine sichere Bindung zwischen Mutter und Kind gezeigt hat. Dabei wird unter Sensitivität verstanden, daß die Mutter (oder andere Bezugspersonen) die Fähigkeit besitzen, Signale des Kindes genau zu erkennen und prompt und angemessen auf sie zu reagieren (vgl. z. B. *Grossmann & Grossmann*, 1991).
- mütterliche Kontrolle, womit die Fähigkeit zur Kooperation angesprochen ist. In enger Beziehung zur Sensitivität geht es bei diesem Merkmal um das Setzen von Zielen in Kooperation mit dem Kind, um Techniken des schrittweisen Schaffens von Stimmungen oder des Einführens neuer Situationen (im Gegensatz zum abrupten Einführen), um freundliche Verhandlungsführung und ähnliches. Die Variable umfaßt sowohl Aspekte der Sensitivität oder des Nichteinmischens, wie auch Aspekte von Direktivität und Unterstützung, wobei allerdings strittig ist, wie Kontrolle oder eine laissez-faire-Beziehung zueinander im Verhältnis stehen sollten.
- wechselseitige Affektabstimmung: *Daniel Stern* (1992, S. 83 ff. und 208 ff.) hat die klassischen Affekte noch um die Kategorie der Vitalitätsaffekte erweitert, die neben den diskreten Affekten wie Freude,

Trauer etc. die prozessualen und dynamischen Aspekte der Affektivität in Bewegungen und Handlungen beider Partner erfassen. Der Mechanismus der Affektabstimmung stellt eine affektive Beziehung zwischen Bezugsperson und Kind her, indem einer der beiden Partner den emotional strukturierten Tonus der Aktivität aufgreift und im eigenen Handeln mit ähnlichen dynamischen Merkmalen umsetzt, entweder in der gleichen oder in einer anderen Modalität. Wenn z. B. das Kind freudig mit einem Löffel auf den Tisch klopft, überträgt die Mutter die dynamischen Merkmale dieser Bewegung in eigene Handlungen, indem sie entweder mit der Stimme („bumm, bumm, bumm") oder mit dem Oberkörper oder mit der Hand ähnlich dynamische Bewegungen produziert wie das Kind.

In letzter Zeit wurde an diesen Modellen kritisiert, daß sie zu sehr mutter- oder helferzentriert sind und zu wenig die aktive Rolle des Kindes in diesem Prozeß berücksichtigen. Auch bei Kindern gibt es nämlich die Dimension der emotionalen Verfügbarkeit, auch das Kind kann mehr oder weniger responsiv, sensitiv oder einmischend und aufdringlich sein. Auch die Auswirkungen des kindlichen Temperaments auf das mütterliche Verhalten wurden untersucht (*Bates*, 1987; *Sroufe*, 1985), wobei es hier widersprüchliche Ergebnisse gibt. Zudem konnte gezeigt werden, daß sich die Einstellung der Mutter auf ihr Verhalten gegenüber dem Kind auswirkt, z. B. die Einstellung, daß ihr Kind als schwieriges Kind diagnostiziert wurde (*Campbell*, 1979). Hier konnte man die Auswirkungen, nämlich die Reduzierung der Antwortfreudigkeit der Mutter, durch das gesamte erste Lebensjahr beobachten, obwohl beim Kind selbst spätestens ab dem dritten Monat die ursprünglich auffälligen Verhaltensweisen verschwunden waren.
Ich möchte mich deshalb einer Definition von **emotionaler Verfügbarkeit** (EV) anschließen, die *Biringen & Robinson* 1991 formuliert haben. Diese Definition hat gegenüber der bindungstheoretischen Fassung der Bedeutung der mütterlichen Sensitivität den Vorteil, mehr Aspekte einzubeziehen und die Wechselseitigkeit des Prozesses zwischen Mutter und Kind mehr zu betonen. Die AutorInnen definieren **EV** als Konzept, das das Verhalten von Kind und Mutter in einem Beziehungskontext beschreibt, der vier Komponenten umfaßt, von denen sich zwei auf die Mutter und zwei auf das Kind beziehen, nämlich **mütterliche Sensitivität** und **Unaufdringlichkeit** sowie **Responsivität** gegenüber der Mutter und **Fähigkeit des Kindes, die Mutter einzubeziehen und zu engagieren**. Nun könnte man meinen, daß es sich

dabei um einen Etikettenschwindel handelt, da sich emotionale Verfügbarkeit bei näherem Hinsehen wieder in mütterbezogene und kindbezogene, d. h. personale Variablen verwandelt. Dieser Eindruck täuscht jedoch, da die Variablen auf seiten der Mütter nicht mehr bestimmbar sind, ohne in ihrer Interaktion mit den Variablen des Kindes gesehen zu werden. So kann eine Mutter z. B. einmischend oder aufdringlich sein, weil das Kind zu passiv ist und nicht initiativ wird.

(1) Mütterliche Sensitivität (Maternal Sensitivity) umfaßt bei *Biringen & Robinson* sowohl die adäquate Interpretation der kindlichen Impulse und die prompte Reaktion auf sie als auch die Fähigkeit, nichtpassende oder dissonante Momente oder Ereignisse per Verhandlungen zu lösen, sowie die Fähigkeit, eine Reihe von Affekten in der dyadischen Interaktion zum Ausdruck zu bringen und vorrangig durch positive Affekte zu regulieren. Sensitivität ist also nicht nur die kognitive Registrierung von Aktivitäten des Kindes, sondern deren Einbindung in einen emotionalen Rahmen. In einer warmen und freundlich akzeptierenden Atmosphäre kann sich das Kind selbst als wichtig, wertvoll und interessant für andere erfahren. Wenn sich das Kind so sieht, kann es auch von seinen Partnern als ein engagierterer Interaktionspartner wahrgenommen werden, d. h. die „investierten Emotionen" kommen zurück.

(2) Kindliche Responsivität (Child Responsiveness) ist die Kehrseite der mütterlichen Sensitivität. Das Kind zeigt der Mutter, daß sie richtig liegt, daß sie ihr Kind versteht, daß sie eine erfolgreiche oder gute Mutter ist. Ganz besonders bei freudig registrierten Wechselspielen hat das Jauchzen, Lachen oder Strampeln des Kindes an der richtigen Stelle einen hohen emotionalen Wert, nicht nur für die Mutter, sondern z. B. auch für die Betrachter eines entsprechenden Videofilms.

(3) Mütterliche Unaufdringlichkeit (Maternal Nonintrusiveness) bezieht sich auf den Prozeß von Spielen und alltäglichen Interaktionen, nicht nur auf das Problem von Verboten oder disziplinären Einschränkungen. „Dem Kind die Führung überlassen" wäre eine angemessene Übersetzung, wobei das Ideal auch hier wieder irgendwo in der Mitte liegt, d. h. die Mutter kann dem Kind sowohl einen kleinen Schubs geben, damit es aktiv wird, ebenso kann sie zeigen, daß sie nicht alles mit sich machen läßt, was für die Erfahrung der Grenzen von Selbst und Anderem äußerst wichtig ist. Ich möchte allerdings hinzufügen, daß dies nicht aus erzieherischen Gründen passieren sollte, d. h. dem Kind Grenzen zu setzen, weil man weiß oder gelernt hat, daß man das Kind nicht verwöhnen soll oder daß man zu seiner Selbstentwicklung Grenzen setzen muß. Solche Grenzen sind willkürliche und nicht von den Bedürfnissen des anderen gesetzte Grenzen. Grenzen resultieren in diesem Modell m. E. aus der emotionalen Befindlichkeit der Bezugsperson und deren Bedürfnissen, nicht aus abstrakten pädagogischen Regeln und Prinzipien. Dies schließt den Fall ein, daß Regeln und Prinzipien, z. B. moralische Regeln, die eigene emotionale Befindlichkeit prägen. Dies nimmt ihnen den Charakter der Abstraktheit.

(4) Einbezug der Mutter durch das Kind (Child Involvement of Mother) kennzeichnet die Fähigkeit des Kindes, die Mutter in der Interaktion zu halten oder sie zur Interaktion zu animieren, d. h. ebenso wie bei der mütterlichen Unaufdringlichkeit, die Mutter in gemeinsame Spielaktivitäten einzubeziehen und ihr Engagement aufrechtzuerhalten.

Aus Untersuchungen mit einer Skala, die emotionale Verfügbarkeit quantifizierbar mißt (Emotional Availability Scales), wird deutlich, daß die emotionale Verfügbarkeit wahrscheinlich keine individuell konstante Persönlichkeitsvariable von Bezugspersonen darstellt, sondern daß Personen - wie z. B. Mütter - je nach Situation und Interaktionspartner ihre Strategien variieren. Als Beispiel mag hier genügen, auf Untersuchungen mit Geschwistern zu verweisen. *Ward, Vaughn & Robb* (1988) *und Teti & Ablard* (1989) haben gezeigt, daß mehr als ein Drittel (39 % bzw. 36 %) der Geschwisterkinder sich in der Kategorie der Bindungsqualität (A, B oder C) unterschieden. Auch im Hinblick auf Söhne und Töchter gibt es Befunde, die auf unterschiedliche Muster der emotional availability hinweisen. Die Daten zeigen allerdings auch, daß sich 61% bzw. 64 % der Geschwisterkinder nicht in der Bindungsqualität unterscheiden. Welche Gründe für Konstanz oder Variabilität im einzelnen verantwortlich sind, bleibt zukünftigen Forschungsarbeiten aufgegeben.

Die bisher diskutierten Ergebnisse (**Ebene 1** der Argumentation) lassen sich in folgender These zusammenfassen:

1. These:
Die wechselseitige emotionale Verfügbarkeit (emotional availability) in einem Familien-, Betreuungs- oder Mutter-Kind-System ist die zentrale

Größe für die gesamte psychische Entwicklung des Kindes in den ersten Lebensjahren. Als Systemeigenschaft läßt sich emotionale Verfügbarkeit bestimmen als ein relationales Konzept mit folgenden Komponenten: Mütterliche Sensitivität, Antwortfreudigkeit des Kindes, mütterliche Nichteinmischung oder Unaufdringlichkeit und Fähigkeit des Kindes, seine Mutter einzubeziehen oder zu engagieren[3].

Für die **Ebene 2**, die Konsequenzen für die Entwicklung von Kindern mit Behinderungen, ergeben sich daraus folgende Überlegungen:
Das Konzept EV macht deutlich, daß auch auf seiten des Kindes Faktoren vorliegen können, die die emotionale Verfügbarkeit reduzieren. Sie sind nicht auf Defizite im Betreuungsverhalten der Mütter oder Bezugsperson zurückzuführen, sondern rühren von der physischen Beeinträchtigung her, wie z. B. verzögerte Antworttendenz, fehlende sensorische Integration oder fehlende motorische Kontrollmöglichkeiten. Bezugspersonen von Kindern mit Behinderungen befinden sich deshalb in einer zweifachen Zwickmühle: Auf der einen Seite bringt ihr Kind schwierige Voraussetzungen für gelingende und emotional positiv besetzte Interaktion mit, auf der anderen Seite sind sie von seiten der Gesellschaft, der Ärzte und professionellen Helfer mit bestimmten Einstellungen und Bewertungen konfrontiert, die sich auf angebliche oder tatsächliche Defizite in den Fähigkeiten und Entwicklungsmöglichkeiten ihres Kindes beziehen (vgl. *Adamson & McArthur*, 1995, bezogen auf Kinder mit Autismus). Sie haben also per definitionem ein schwieriges Kind, auch wenn dies sich vielleicht nur auf der Einstellungsebene, nicht dagegen auf der Verhaltensebene des Kindes manifestiert (vgl. *Campbell*, 1979).
Unter dieser Voraussetzung bedeutet mütterliche Sensitivität und mütterliches Nichteinmischen etwas völlig anderes als bei sog. normalen Kindern. Die von seiten der Mutter vielleicht vorhandene und bei anderen Geschwistern schon praktizierte Sensitivität kann ins Leere laufen, wenn die spezifischen Initiativen und Antwortmöglichkeiten des Kindes unbekannt sind oder der natürlichen - im Sinne von kulturell durchschnittlich zu erwartenden - Struktur zuwiderlaufen. Nichteinmischung dagegen wird in vielen Fällen zu ersetzen sein durch gezielte Intervention. Ich bin der Meinung, daß dazu in vielen Fällen eine gezielte Unterstützung notwendig ist, bei der Bezugspersonen und Experten zusammen eine Interaktionsstrategie entwickeln sollten, die den Möglichkeiten des jeweiligen Kindes und der Familie angepaßt ist. Das oben genannte interaktive Modell der emotionalen Verfügbarkeit kann

hier als Rahmen für die gemeinsame Erarbeitung einer Strategie dienen. Professionelle Helfer alleine sind nicht im Besitz des „richtigen Wissens"; z. B. verweist die Diagnose „Down-Syndrom" zwar auf ein bestimmtes Spektrum an Problemen, die konkrete Interaktion mit dem Kind in der betreffenden Familie kann davon aber nicht abgeleitet werden.

Für die **Ebene 3,** die Konsequenzen für die Integrationspädagogik, ergeben sich daraus folgende Überlegungen:
Was für die primären Bezugspersonen gesagt wurde, gilt auch für die im Integrationszusammenhang relevanten Interaktionspartner: Krabbel- oder Vorschulkinder, MitschülerInnen, andere Mütter, Erzieherinnen, Lehrer. Auch sie verfügen nicht automatisch über die Fähigkeit, die Ausgangsprobleme der Interaktion mit Kindern mit Behinderungen zu meistern. Wie Mütter und Väter brauchen auch andere Erwachsene eine spezielle Unterstützung bei der Diagnose der Wahrnehmungs- und Handlungsspezifika des Kindes mit einer Behinderung.
Gilt dies für andere Kinder ebenso? Oder anders gefragt: Sind Kinder sensiblere Kommunikationspartner? Ich würde die Frage mit einem klaren „Jein" beantworten. Wenn Kinder ohne Behinderungen mit besonders eingeschränkten Kindern interagieren oder sprechen, gibt es sehr viele Ausprägungsvarianten dieses Beziehungsgefüges. In jedem Fall ist die potentielle Zahl der Kommunikationspartner für ein behindertes Kind in Integrationseinrichtungen größer als in Sondereinrichtungen. Ob die damit verbundenen objektiven Möglichkeiten zur häufigeren Interaktion und Kommunikation für das behinderte Kind auch Realität werden, hängt m. E. mit zwei Aspekten zusammen: der Perspektive, die die Interaktion zeitlich und intensitätsmäßig hat und - damit eng verbunden - dem emotionalen Engagement der Interaktionspartner am Gelingen der Interaktion.
Positive emotionale Orientierungen kann man nicht verordnen, im Gegenteil, werden sie verordnet, schlagen sie ins Gegenteil um: sie werden zur negativen Orientierung, zum Zwang, dem man zu entkommen versucht. Während bei professionellen Helfern eine langfristige Interaktionsperspektive zum Inhalt ihres beruflichen Handelns gehört - zumindest soweit es sich um Sonderschullehrer, Heilerziehungspfleger oder andere in der Interaktion mit Menschen mit Behinderungen geübten Personen handelt - , kann man dies bei Vorschulkindern oder Schülern nicht voraussetzen. Sie handeln größtenteils impulsiv und nach ihren situativen Interessen. Diese Spontaneität hat -

häufig im Gegensatz zu den professionellen Helfern - zumeist einen emotionalen Gehalt. Die Kinder interessieren sich füreinander und sind neugierig in bezug auf Kinder mit Behinderungen. Das Hauptproblem scheint mir hier darin zu liegen, wie man bei mißlingender Interaktion das erlöschende Interesse aufrechterhalten oder wieder wachrufen kann. Dies ist m. E. ohne gezielte pädagogische Unterstützung nicht möglich, vorausgesetzt, es handelt sich um die richtige Art, denn ich sehe hier die Gefahr, daß man die Kinder in den Integrationsklassen mit moralischen Appellen dazu motiviert, mit den behinderten Klassenkameradinnen mehr zu interagieren und daß diese Forderung die Interaktion zum Pflichtprogramm macht, dem man entweder zu entkommen sucht oder es so schnell wie möglich hinter sich bringen möchte, damit man es abgehakt hat.

Die Lösung dieses Problems wird im Rahmen des traditionellen Unterrichtsmodells mit Fächerkanon und Stundenplan nur schwer möglich sein, wohingegen bei alternativen, projektähnlichen Aktivitäten vielfältigere Möglichkeiten der Integration bestehen. Wichtig dabei ist, daß die Kinder ebenso wie Eltern und andere Betreuer verstehen, warum die behinderten Kinder auf ihre spontanen Interaktions- und Kommunikationsimpulse nicht so reagieren wie ihre nichtbehinderten Altersgenossen. Die Transparenz der Blockierungen und Verarbeitungsprobleme ist die Voraussetzung. Dies kann man auch Vorschulkindern sehr gut vermitteln, z. B. indem man mit ihnen spielerisch diejenigen Aufgaben durchführt, die zur regulären entwicklungspsychologischen Diagnostik gehören, so daß ihnen an sich selbst, ihren SpielkameradInnen und an den behinderten KlassenkameradInnen deutlich wird, was man kann und was man nicht kann und daß es große individuelle Unterschiede gibt. Wenn dabei nicht nur die Defizite, sondern auch die Kompetenzen der Kinder deutlich werden, so daß auch Wege sichtbar werden, die eine Interaktion möglich machen, kann man auch Vorschulkinder zu einem bewußten Umgang mit den Besonderheiten der behinderten Partner anleiten. Voraussetzung für das Gelingen ist jedoch die Modellfunktion der ErzieherInnen und LehrerInnen: In ihrem Verhalten und dem darin zum Ausdruck kommenden emotionalen Engagement für das Zustandekommen der Interaktion und Kommunikation mit den behinderten Kindern liegt der Schlüssel des Erfolgs der Integration.

Vor diesem Hintergrund kann in unmittelbarem Anschluß an die Ausführungen zur ersten These die zweite formuliert werden, die die besondere Rolle der Beziehung zwischen Emotion und Kommunikationsentwicklung etwas deutlicher herausstellen soll.

2. These:
Die emotionale Verfügbarkeit beeinflußt in starkem Maße die Entwicklung der Kommunikation, weil sie die Voraussetzungen schafft, in den auf ein gemeinsames Ziel hin orientierten Handlungen mit dem Interaktionspartner dessen Absichten zu erkennen und auf die eigenen Absichten zu beziehen. Diese Wahrnehmung der Intentionen des anderen eröffnet den Zugang zu ihrer Beeinflussung und damit den Zugang zum Einsatz kommunikativer Mittel.

Die oben genannten Komponenten der emotionalen Verfügbarkeit lassen sich gut mit dem Modell der Entwicklung des Selbstempfindens von *Daniel Stern* vereinbaren. Er schlägt fünf Stufen der Entwicklung vor, die allerdings nicht mit der jeweils neuen Stufe verschwinden, sondern die von der neuen Qualität nur überlagert werden, für sich aber lebenslang aufrechterhalten bleiben und sich auch weiterentwickeln. Für die Entwicklung von Sprache und Kommunikation ist dabei besonders die dritte Stufe der Entwicklung des Selbstempfindens relevant, die bei normaler Entwicklung in der zweiten Hälfte des ersten Lebensjahres angesiedelt ist. *Stern* spricht hier von der Entwicklung eines intersubjektiven Selbstempfindens. Das Kleinkind lernt in der oben skizzierten Interaktion, daß der andere nicht nur mit ihm interagiert und interessante Beiträge zur gemeinsamen Aktivität beiträgt. Das Kind lernt auch, daß das Handeln des anderen ein eigenes intentionales und emotionales Zentrum hat, daß der Partner mit Bewußtsein ausgestattet ist, das man beeinflussen kann. *Barbara Zollinger* (1994, 1995) hat dafür den Begriff der Triangulation verwendet, wobei sie nicht die psychoanalytische Bedeutung dieses Begriffes, d. h. die Beziehung zwischen Vater, Mutter und Kind meint, sondern die Beziehung zwischen Kind, Objekt seiner Handlung oder seiner Wünsche und Bezugsperson. Waren vorher in der Entwicklung die Anstrengungen, etwas zu bekommen, entweder auf den Gegenstand direkt oder auf die Person gerichtet, kann das Kind gegen Ende des ersten Lebensjahres beide Perspektiven miteinander verschränken: Es kann seine Wünsche in bezug auf Objekte dadurch befriedigen, daß es versucht, den Partner als Mittel zur Zielerreichung einzusetzen. Es hat also erkannt, daß der Partner über ein Handlungszentrum verfügt, das man mit Hilfe von Gesten,

Lauten und Blicken zum Handeln in eine bestimmte Richtung veranlassen kann.

1. Exkurs zur Unterscheidung von Interaktion und Kommunikation:
Für mich beginnt mit der Beeinflussung des Partners auf ein gemeinsames Ziel hin die eigentliche Kommunikation im Sinne von absichtsvoller, bewußter Kommunikation. Andere AutorInnen benutzen den Kommunikationsbegriff schon für die vorher zu beobachtenden Wechselspiele und Interaktionen. Übereinstimmung besteht im Hinblick auf die neue Qualität der Verwendung kommunikativer Mittel. Meine Einschränkung des Kommunikationsbegriffs auf Prozesse, die die Intentionalität des anderen zum Gegenstand haben, hängt mit dem Verweisungscharakter des neuen Verhaltensaktes ab: Ein kommunikativer Akt, wie rudimentär er auch immer sein mag, verweist auf eine außerhalb des Aktes liegende Bedeutung, bei konventionalisierten Zeichen ist dies die Bedeutungsstruktur und die damit verbundene referentielle Seite des Kommunikationsaktes, bei den frühen individuellen Erfindungen des Kleinkindes, die nicht konventionalisiert sind, verweist der Akt auf ein vom Kind angezieltes Ergebnis, bei dem der Kommunikationspartner eine zentrale Rolle spielt. Die Bedeutungen hierbei sind nur situativ und mit Hilfe des Bewußtseins des Partners zu entschlüsseln, z. B. kann ein Zupfen am Pullover bedeuten: „kuck mal her", „mach´s nochmal", „ich will auch mitmachen", „nimm mich auf den Arm" etc. Der individuell erfundene Akt des Zupfens als Kommunikationsakt ist psychologisch etwas völlig anderes, als wenn das Zupfen direkt auf die mit Süßigkeiten gefüllte Hand gerichtet ist. Dann wäre der Akt direkt auf den Gegenstand Süßigkeit und nicht auf die Intentionalität, d. h. das Bewußtsein des Partners gerichtet. Kommunikation heißt, auf die Welt vermittelt über das Bewußtsein des anderen einzuwirken, statt sie direkt zu verändern. Interaktion heißt demgegenüber, mit dem anderen direkt, in seiner Körperlichkeit umzugehen. Zur Interaktion kann die Kommunikation auf einer oder auf beiden Seiten hinzukommen, was sie normalerweise auch immer tut. In der frühkindlichen Entwicklung sind diese beiden Aspekte des Verhaltens jedoch getrennt: zuerst interagiert das Kind, und aus der Interaktion erwachsen die Möglichkeiten und die Mittel zur Kommunikation. Die ersten Formen kommunikativer Akte des Kleinkindes lassen sich um den 9. Monat herum beobachten. *Daniel Stern* hat sie in seiner dritten Phase der Entwicklung des Selbstempfindens, der Phase des intersubjektiven Selbstempfindens, beschrieben.

Voraussetzung für das Entstehen des intersubjektiven Selbstempfindens gegen Ende des ersten Lebensjahres sind nach *Stern* drei Prozesse:
- **Interattentionalität:**
Säuglinge beginnen in dieser Zeit ihre Aufmerksamkeit zu fokussieren und zu begreifen, daß die Mutter dies auch kann. Das Folgen der Blickrichtung beim Zeigen mit dem ausgestreckten Zeigefinger ist eine beliebte Methode, Aufmerksamkeit herzustellen. Dadurch kann das Kind gemeinsame und divergierende Perspektiven erkennen, d. h. es kann sich jetzt auch an das Problem der Herstellung einer gemeinsamen Aufmerksamkeit machen.
- **Interintentionalität:**
In der Zeit um den 9. Monat tauchen beim Säugling Aktivitäten auf, die sowohl auf den Partner wie auf Objekte gerichtet sind. Der Bezugsperson wird ein innerer Zustand zugeschrieben, der etwas mit dem Verständnis für die eigenen Ziele und mit deren Erfüllung zu tun hat. Auch Späße und Neckereien beginnen in diesem Alter, Geschwister lachen zusammen oder ärgern sich. Dies läßt auf eine zumindest rudimentär erlebte Intersubjektivität schließen, die nach Meinung von *Daniel Stern* Quelle der Kommunikation ist.
- **Interaffektivität:**
Das gemeinsame Erleben affektiver Zustände ist das mächtigste Werkzeug zur Herstellung von Intersubjektivität. *Stern* hat dafür den Begriff der Affektabstimmung geprägt. Affektäußerungen des Kindes werden bei der Affektabstimmung von der Mutter oder anderen Bezugspersonen unmittelbar aufgegriffen und gespiegelt. Dadurch erfährt der Säugling, daß parallel zur eigenen emotionalen Erregung auch bei der Mutter eine emotionale Erregung stattfindet. Diese Erkenntnis fällt ihm dann besonders leicht, wenn die Parameter der Affektäußerung bei der Mutter - absolute Intensität, Intensitätskontur, Takt, Rhythmus, Dauer, Gestalt - gleich sind, die Modalität jedoch verschieden.

Man sieht also, daß die Affektabstimmung an zentraler Stelle des Erwerbs von kommunikativen Möglichkeiten steht. Affektivität stellt Gemeinsamkeit her, wie massenpsychologische Phänomene auch noch im Erwachsenenalter zeigen. Ohne die emotionale Dimension scheint es sehr schwer, wenn nicht unmöglich zu sein, das Bewußtsein des anderen in Relation zu den eigenen Absichten zu stellen und es gleichzeitig vom eigenen Bewußtsein zu differenzieren. Die Erkenntnis von Gemeinsamkeit und Unterschiedenheit sowie die Wahrnehmung eines Intentionalitätszentrums beim anderen, das mit Hilfe von Ausdrucksbewegungen, Gesten, Zeichen und anderen Mitteln beeinflußt werden kann, sind in diesem Modell eine entscheidende Quelle für die Entwicklung der Sprache.

Allerdings sind die hier verwendeten Zeichen - wie im obigen Exkurs schon ausgeführt wurde - noch äußerst individuell: Das Kind berührt die Hand, damit sie nochmals kitzelt, und schaut der Person dabei in die Augen. Es führt die Hand des Partners zum Spielzeugauto und fordert ihn mit Blicken zum Gegenstand und wieder zurück zu den Augen auf, das Spielzeugauto aufzuziehen oder fahren zu lassen oder ähnliches.

Für die **Ebene 2**, die Konsequenzen für die Entwicklung von Kindern mit Behinderungen, ergeben sich daraus folgende Überlegungen:
Wenn emotionale Verfügbarkeit die Kommunikation fördert, muß dies auch zum strukturierenden Prinzip der Kommunikation mit Kindern mit Behinderungen werden. Dies bedeutet, daß zuallererst eine interaktive Beziehung hergestellt werden muß. Die Interaktion ist gekennzeichnet durch Wechselseitigkeit, durch die Möglichkeit für das Kind, aktiv zu sein und Prozesse zu initiieren, und durch die sensible Reaktion des Partners auf diese Impulse, wie dies oben schon beschrieben wurde (emotional availability). Zentrales Merkmal dieses Interaktionsgeschehens ist die gemeinsame Aufmerksamkeit (joint attention) auf Objekte oder Ereignisse oder auf den jeweils anderen. Sie soll lustvoll, d. h. durch positive Affekte strukturiert sein.
Ein Beispiel für eine derartige Entwicklung von der Interaktion zur „joint attention" stammt aus der Fallstudie Cora, zu der entsprechende Videoausschnitte in der Ringvorlesung gezeigt wurden. In der hier vorliegenden Textform werde ich versuchen, die Bilder begrifflich zu paraphrasieren, wobei allerdings der prozessuale und dynamische Charakter des Geschehens nur unzureichend vermittelt werden kann.

2. Exkurs zur Geschichte und Entwicklung des Falles „Cora"
Cora ist ein geistig behindertes 13jähriges Mädchen, das in einer intensiven dyadischen Förderung mit einer AAC-Beraterin an neue Formen der Interaktion und Kommunikation herangeführt wurde. Die in bezug auf die kommunikativen Kompetenzen bzw. die Kommunikationspraxis von Cora durchgeführten Diagnosen bestätigen die Einschätzung der Entwicklungsdia-

gnosen (psychosoziales Entwicklungsalter eines einjährigen bis anderthalbjährigen Kindes) nur bedingt: Es fehlen symbolische Ja-Nein-Reaktionen und andere lautliche oder gestische Zeichen, wie sie für eineinhalbjährige Kinder charakteristisch sind. Berichte zu ihrer frühen Kindheit sagen nichts über das frühe Kommunikationsverhalten aus, so daß man nicht beurteilen kann, ob Cora früher evtl. symbolisch kommuniziert hat und ihre traumatischen Erfahrungen in den Sonderinstitutionen zum Verschwinden der einmal erreichten psychischen Leistungen geführt haben. Von daher kann man zwar oberflächlich betrachtet von einer Vergleichbarkeit mit dem Kommunikationsniveau normaler Kinder gegen Ende des ersten und zu Anfang des zweiten Lebensjahres sprechen. Cora war in der ehemaligen DDR als nicht förderungsfähig eingestuft worden, was zur Einstellung der Fördermaßnahmen und zu bloßer Versorgung führte. Die daraus resultierenden Verhaltensprobleme zogen dann weitere Einschränkungen der Entwicklungsmöglichkeiten nach sich, indem man sie zeitweise fixierte oder aber ihren Aktionsradius durch Gitter und ähnliche Barrieren einschränkte. Schwere Hospitalismusschäden waren die Folge. Cora ist z. Zt. Schülerin einer Klasse mit 6 SchülerInnen an einer Ganztagsschule für Geistigbehinderte. Die Zeit außerhalb der Schule verbringt Cora zu Hause in ihrer Familie. Sie hat zwei jüngere Geschwister.

Cora zeigte zu Beginn der Förderung keine gezielten Bemühungen, mit Betreuern oder anderen Erwachsenen in Kommunikation zu treten, es sei denn durch Schreien, Klopfen, stereotype Körperbewegungen und selbstverletzendes Verhalten (sofern man dies als Kommunikationsversuch interpretiert). Nach Auskunft der betreuenden Personen verfügte Cora weder über ein entwickeltes passives Sprachverständnis noch über eine eindeutige Ja-Nein-Reaktion. Ihre Hauptbeschäftigung bestand in der Manipulation von Gegenständen mit Fingern und Mund sowie im Streichen mit den Fingerspitzen über glatte Oberflächen (Fußboden, Zimmer- und Schranktüren), um dadurch quietschende Geräusche zu produzieren.

Laute produzierte Cora entweder in Protest- oder Frustrationssituationen oder wenn sie sich über etwas freute. Die phonetische Variabilität war dabei äußerst begrenzt, die von Kleinkindern bekannte Differenziertheit der Babbelsequenzen fehlte. Die fehlende Lautsprache war einer der Hauptgründe, warum Cora für die AAC-Förderung ausgewählt wurde.

Körperlich ist Cora nicht altersgemäß entwickelt. Zum einen hat sie Schwierigkeiten in der feinmotorischen Koordination aufgrund ihrer fehlenden gegenstandsspezifischen Erfahrungen, zum anderen bewegt sie sich auf dem Fußboden sitzend fort. Sie kann sich an passenden Gegenständen und Geräten aufrichten. In der Schule ist Cora neben der schulischen Betreuung in eine regelmäßige krankengymnastische und beschäftigungstherapeutische Förderung einbezogen.

In der Anfangsphase der Interaktion mit Cora griff die AAC-Beraterin Sabine Coras Vorliebe auf, an Plastikgegenständen durch Reiben mit den Fingern Geräusche und taktile Empfindungen hervorzubringen. Dies war allerdings eine Beschäftigung, der Cora zunächst ohne Interaktionspartner alleine nachging. Durch die Idee, Luftballons als Gegenstände anzubieten, mit denen Cora die von ihr bevorzugten Geräusche besonders intensiv produzieren konnte, gelang es Sabine, ein attraktives Angebot zu machen. Die taktile Stimulation beim Streichen und Kneten des aufgeblasenen Ballons mit Fingern und Hand war für Cora eine besonders positiv besetzte Erfahrung. Der Vorzug des gewählten Angebots bestand darin, daß es trotz der anfänglich fehlenden Interaktivität erweiterbar war in Richtung auf Interaktion. Es handelte sich also um ein Angebot, das Cora gerne aufgriff. Die AAC-Beraterin beteiligte sich nämlich nach und nach immer intensiver am Knautschen und Drücken des Ballons, sie mischte sich soweit ein, wie Cora dies ohne Protest zuließ. Der Ballon war auf diese Weise zum Gegenstand gemeinsamer Aufmerksamkeit und gemeinsamer Handlungen geworden, denn Cora bemerkte natürlich, daß nicht nur sie, sondern auch ihre Partnerin sich am Prozeß beteiligte. Das „Sich-Einklinken" in die selbststimulativen Bewegungsmuster führte deshalb dazu, daß Cora eine gemeinsame Aktivität am gemeinsamen Gegenstand registrierte - dies war für sie ein relativ seltenes Erlebnis. Besonders die dynamische Strukturierung der motorischen, lautlichen oder verbalen Beiträge Sabines zum gemeinsamen Handlungsprozeß am Ballon in Abstimmung mit den Beiträgen Coras, führten zur Registrierung einer Interaktion auf seiten Coras. M. a. W.: Die Beiträge der AAC-Beraterin zeichneten sich durch diejenigen dynamischen Merkmale aus, die von *Daniel Stern* (1992) mit den Begriffen Vitalitätsaffekte und Affektabstimmung gekennzeichnet wurden.

Wie schon ausgeführt, lernt das Kind durch Affektabstimmung, die eigenen von den Emotionen des anderen zu unterscheiden und das Unterschiedene wieder aufeinander zu beziehen. Affektabstimmung in der dyadischen Interaktion vereint, differenziert und vereint wieder auf einem neuen Entwicklungsniveau. Das „Sich-Einklinken" in die Manipulation des Ballons führte also dazu, daß Cora ihr „Spiel für sich" in ein „Wechselspiel mit Sabine" transformieren oder erweitern konnte. Hinzukam, daß die AAC-Beraterin die bei der intensiven Betätigung geplatzten Ballons immer wieder ersetzte und neue aufblies. Die Aktivitäten „Mitmachen" und „neue Ballons aufblasen" wurden auf diese Weise zusammengekoppelt und bildeten nach und nach einen Handlungszusammenhang, den Cora antizipieren konnte und der ihr ebenso großen Spaß zu machen begann wie das vorangegangene individuelle Manipulieren. Aus der gegenständlichen Einzelhandlung war ein variationsreiches soziales Wechselspiel geworden, in dem AAC-Beraterin und Gegenstände ihren Platz hatten. Sabine hatte aber nicht nur den physikalischen Platz, der Ballons aufblies oder abgab, vielmehr wurde Cora deutlich, daß Sabine ebenso zielgerichtet oder intentional handelte wie sie selbst. Die Antizipation des Verhaltens des anderen ist eine Seite, die Antizipation eines dem Verhalten zugrundeliegenden Intentionalitätszentrums, das man nicht nur antizipieren, sondern sogar aktiv beeinflussen kann, ist die andere, die qualitativ neue Seite dieser Interaktion. Sie markiert den Übergang zum Symbolischen: Beeinflussung der Intentionen des anderen mit Hilfe von (kommunikativen) Mitteln.

Die Variationen und Erweiterungen des Spiels - z. B. den Ballon durch die Luft fliegen lassen, wenn die Luft entweicht, oder die entweichende Luft ins Gesicht blasen lassen - führten dann auch zum Suchen des verschwundenen Ballons und zu Aufforderungsgesten von seiten Coras, die zum erneuten Aufblasen führen sollten. Der Interaktionsprozeß war dabei durch die in der Entwicklungspsychologie für frühe Spielformate gekennzeichneten Merkmale von „joint attention" und „social referencing"[4] gekennzeichnet (vgl. *Bruner*, 1995), die als Anzeichen für den Beginn der symbolischen Repräsentation angesehen werden.

Cora versuchte also, nicht nur in Richtung auf den Ballon aktiv zu werden, um ihm Geräusche und Empfindungen zu entlocken. Sie wurde vielmehr auch in Richtung auf ihre Interaktionspartnerin aktiv und wendete sich mit Gesten direkt an sie, und zwar Gesten, die sich auf den gemeinsamen Prozeß des Wechselspiels bezogen - meistens ging es darum, den Lufballon aufzublasen, herzugeben, ihn zu holen oder einen neuen aus der Tasche zu zaubern. Damit waren in einer Sequenz von neun Förderstunden die ersten eindeutig symbolischen Mittel in Form von Aufforderungsgesten spezifischer und unspezifischer Art entstanden. Das vorher kontaktlose Hantieren mit Gegenständen war einem gegenstandsangemessenen sozialen Wechselspiel gewichen, der beiden Partnern Vergnügen bereitete. Die Vertrautheit der Interaktion führte dann auch zu anderen symbolischen Formen. Neben der Aufforderungsgeste, die darin bestand, daß Cora der AAC-Beraterin den Luftballon hinhielt, benutzte Cora ihre Hand, um auf die Tasche zu tippen, in der sie neue Luftballons wußte, oder sie klatschte in die Hände oder klopfte auf Tisch oder Boden, um zum Aufblasen aufzufordern.

In der 17. Förderstunde versuchte sie sogar, in einer Situation außerhalb des Ballonspiels mit dem Mund ein „pphh" zu bilden. Man könnte dies als Versuch werten, das Wort „pusten" auszusprechen. Aber selbst wenn man das „pphh" nur als Nachahmung des Pustens von Sabine mit den eigenen Lippen wertet, hat der Einsatz in einem anderen Kontext, in dem weder vom Ballon noch von der Absicht der Partnerin, mit dem Spiel zu beginnen, die Rede sein konnte, eindeutig symbolischen Charakter, d. h. Coras Entwicklungsniveau ist auf der Ebene von Vorstellung und symbolischer Repräsentation anzusiedeln.

– Die Pustebewegung mit den Lippen war dann entweder Indiz für eine aufgeschobene Nachahmung des Aufblasens, was von *Piaget* und anderen als Voraussetzung für symbolische Repräsentation gewertet wird;
– oder sie fungierte als Lautierungsversuch, mit dessen Hilfe Cora versuchte - gewissermaßen als lautes Denken -, sich an das Ballonspiel zu erinnern, ebenfalls ein Indiz für aufgeschobene Nachahmung;
– oder sie war von Cora als spezifische Hinweisgeste gemeint mit der Bedeutung „laß uns mit Luftballons spielen", dann wäre es eine kommunikative Operation zur Orientierung der Partnerin;
– oder sie war der Versuch einer Lautbildung des Wortes „pusten", was als Vorstufe für eine kommunikative Operation zu werten wäre.

In jedem Fall kann man die Bewegung der Lippen, die schon am Ende der 14. Sitzung auftaucht, als aktive Form der sozialen Kontaktaufnahme und der Nutzung entsprechender Mittel klassifizieren. Das erste Ziel der Kommunikationsförderung, eine vertrauensvolle Interaktion aufzubauen, in der der Einsatz kommunikativer Mittel möglich wird, war demnach nach neun Sitzungen von Schulstundenlänge erreicht. Bis zur entwickelten Kommunikation wird zwar noch ein weiter Weg zurückzulegen sein. Wichtig ist jedoch, daß gezeigt werden konnte - und im Video immer wieder gezeigt werden kann - , daß Cora in der Lage ist, ihre Abkapselung unter günstigen Bedingungen selbst zu durchbrechen und ihre Kompetenzen zu entwickeln (bzw. die früher entwickelten wieder zu zeigen). In den Interaktionssituationen wurde auch deutlich, daß Cora über ein situationsangepaßtes Sprachverständnis verfügt, was zu Beginn der Förderung verneint worden war.

Verallgemeinert man diese Erfahrungen, heißt das, daß für die Entwicklung der Symbolfunktion unter behindernden Bedingungen zunächst die Herstellung einer gegenständlich oder körperlich vermittelten Interaktion zwischen Bezugspersonen und Kind notwendig ist, die durch positive Affektivität auf beiden Seiten gekennzeichnet sein muß: Das Kind muß Spaß an der Interaktion haben und die Bezugperson muß „Spaß" an der Gestaltung der Beziehung haben, wobei die persönlichen Gründe für die positive emotionale Zuwendung - um die Kategorie „Spaß" wissenschaftsförmig zu umschreiben - sehr unterschiedlich sein können. Ihr gemeinsamer Nenner müßte nach unserer Erfahrung die emotionale Gewißheit sein, daß der Interaktionsprozeß für beide Seiten eine positive Perspektive hat, beide also sich als Person kognitiv und affektiv einbringen oder erfahren können. „Joint attention" ist gewissermaßen der Kristallisationspunkt, in dem sich die beiden Personen aufeinander und auf ein Drittes - eine Bilderbuchseite, ein Spielzeug, ein Rollenspiel oder ein körperliches Wechselspiel - in einem Akt der Verschränkung von Emotion und Kognition beziehen. Aus diesem Kristallisationspunkt gemeinsamen Handelns erwächst das Bedürfnis für dessen Fortsetzung und damit auch die Notwendigkeit für Kommunikation als dem Mittel zu dessen Herstellung oder Aufrechterhaltung.

Für die **Ebene 3,** die Konsequenzen für die Integrationspädagogik, ergeben sich daraus folgende Überlegungen:
Wie könnte man sich die Interaktion mit Cora in einer Integrationsklasse in einer Grundschule vorstellen? Die Prinzipien der Einzelförderung müßten einerseits weitergeführt werden, andererseits hat z. B. Cora selbst schon den Kameramann in die Interaktion einbezogen und beginnt auch mit anderen Schülern und Lehrern der Sonderschule zu interagieren. In einer Integrationsklasse müßte man m. E. bestimmte Prinzipien der Kommunikation mit Cora allen Kindern vermitteln, wie dies in Verbindung mit der ersten These schon formuliert wurde. Welche Interessen sich von seiten der nichtbehinderten Kinder in bezug auf die Kommunikation mit Cora ergeben, ist nur schwer zu prognostizieren. Es kommt darauf an, was das jeweilige Kind in der Integrationsklasse aus den Interaktionen mit Cora gewinnen würde, wo für ihn oder sie die Perspektive läge, sich als Person einzubringen. Es gibt

keine Gründe anzunehmen, daß es keine Kinder in einer Grundschulklasse gäbe, für die Spiele mit Cora nicht ebenso attraktiv sein könnten, wie sie für Sabine oder für Cora selbst waren. Die entsprechenden Erfahrungen müssen die Kinder selbst machen. Dies setzt allerdings voraus, daß schulisches und unterrichtliches Handeln nicht nur aus der Perspektive der Wissensvermittlung gesehen wird. Hier ist noch mehr als in den Diskussionen zur Reform der Grundschule einzufordern, daß die Kinder die Möglichkeit haben müssen, ihre Bedürfnisse und Perspektiven im Handeln mit anderen zu artikulieren. Dabei reicht das Repertoire vom Schmusen bis zum Schreiben von Gedichten. Inwieweit die normalen Aktivitäten von Grundschulkindern mit ihrer Dynamik sowie ihrem hohen symbolischen und verbalen Anteil für Kinder wie Cora verstehbar wären und sie zur aktiven Beteiligung veranlassen würden, kann abstrakt schwer beurteilt werden. Die Gefahr, die ich sehe, besteht in der de facto Ausgrenzung im integrativen Kontext. Allerdings gibt es bisher schon eine Vielzahl an Erfahrungsberichten über die positiven Auswirkungen der Integration, auch wenn es sich um schwerst-mehrfach behinderte Kinder handelt - z. B. im landesweiten Schulversuch in Berlin (vgl. *Matt, Podlesch & Schmitt*, 1992).

3. These:
Die Kommunikationsentwicklung läßt sich in verschiedene, qualitativ voneinander zu unterscheidende Stufen, Niveaus oder Ebenen einteilen. Dabei gibt es mindestens drei problematische qualitative Sprünge: Der erste ist der Übergang von der Interaktion zur Kommunikation. Der zweite ist der Übergang von der Nutzung individueller, situationsgebundener Zeichen zu konventionalisierten Zeichen. Der dritte ist der Übergang von einzelnen Wörtern oder Zweiwortsätzen zur narrativen, selbstreflexiven Nutzung der Sprache in einer morphosyntaktisch entfalteten Form.

Jeder dieser Übergänge ist mit einer spezifischen Problematik auf der Seite der Emotionalität verbunden. Zum ersten qualitativen Sprung habe ich mit den *Stern*schen Begriffen der Inter-Affektivität und der Affektabstimmung schon einiges gesagt. Der zweite Übergang von den individuellen zu den konventionalisierten Zeichen ist bisher noch relativ unerforscht, da bei der normalen lautsprachlichen Entwicklung keine gravierenden Probleme auftreten. Die Kinder scheinen relativ schnell und problemlos die Artikulationsmuster der Bezugssprache zu übernehmen. Der phonetische Normierungs-

prozeß funktioniert zwar nicht fehlerfrei aber doch so problemlos, daß er fast wie ein Automatismus erscheint. Daß dem nicht so ist, zeigen zwei Beobachtungen:
Zum einen ist hier *Wygotskis* These von der Krise der Einjährigen anzuführen, zum zweiten die Erfahrungen mit Kindern bei denen die klassischen Sprachstörungen, wie Stammeln, Stottern, Poltern oder Dysgrammatismus diagnostiziert werden.
Wygotski (1987) beschreibt die Krise des Einjährigen als eine Art Trotzalter, in der verstärkt Affekte auftreten, weil sich das Kind verständlich machen will und nicht verständlich machen kann. Es hat das Prinzip des Einsatzes kommunikativer Mittel verstanden und konstruiert dementsprechend verbale Äußerungen. Da diese aber weder auf phonetischer noch auf semantischer Ebene den Formen der Erwachsenensprache entsprechen, gerät das Kind in eine Frustrations-Aggressions-Dynamik, die in der Entwicklung krisenhafte Züge annimmt und erst durch den qualitativen Sprung der Konventionalisierung gelöst wird.
Auch in den ätiologischen Modellen zu den klassischen Sprachstörungen im Kindesalter ist häufig von emotionalen Problemen als Auslöser oder Begleiterscheinung der Symptomatik die Rede. Man könnte daraus schlußfolgern, daß Emotionalität nur bei gestörten Sprachentwicklungsprozessen in Form von sozio-emotionalem Streß eine Rolle spielt, daß bei normaler Sprachentwicklung dagegen die kognitiven Aspekte primär relevant wären. Dieser Eindruck ist m. E. falsch. Ich möchte stattdessen feststellen, daß emotionale Prozesse zu den genuinen Merkmalen des normalen Sprachentwicklungsprozesses zählen. Sie wurden bisher nur sehr wenig beachtet. Zum einen, weil sich gelingende Konventionalisierung im allgemeinen sehr schnell vollzieht; zum anderen, weil positive Emotionen auf seiten des Kindes oder der Erwachsenen der Beziehung oder dem Inhalt der Kommunikation zugeordnet und nicht auf den Prozeß der Zeichenkonstitution oder der Konventionalisierung selbst bezogen wurden. Die emotionalen Begleiterscheinungen im Prozeß der Konventionalisierung sind die Fortsetzung der emotionalen Austauschprozesse in den frühkindlichen Interaktionen, die oben mit dem Begriff der emotional availability beschrieben wurden. Der Konventionalisierungsprozeß (vgl. dazu auch *Hildebrand-Nilshon & Kim*, 1994) impliziert nach diesem Verständnis, daß das Kind die Möglichkeit hat, aktive Vorschläge für kommunikative Mittel zu machen, die dann von den Kommunikationspartnern als Kommunikationsversuche aufgegriffen und wohlwollend

interpretiert werden - im Sinne von *Lois Blooms* (1973) „rich interpretation". Eine „rich interpretation" aber ist ein Aspekt des kommunikativen Aktes, der eine positive (emotionale) Einstellung dem Kommunikationspartner gegenüber voraussetzt. Es sind also zwei Voraussetzungen für den Kommunikationsakt auf seiten des Kindes erforderlich, um überhaupt erst die Chance zu bekommen, in den Prozeß der schrittweisen Konventionalisierung einzusteigen: initiativ sein können und akzeptiert werden. Denn daß für eine gelingende Konventionalisierung erfolgreiche kommunikative Akte vollzogen worden sein müssen, steht außer Zweifel. Die Konventionalisierung findet nicht vorab im Kopf statt, sondern durch das Feedback oder die Interpretation im praktischen Prozeß wird das Kind in die Lage versetzt, seine urspünglich selbstkonstruierten Kommunikationsmittel dem inhaltlich und formal normierten Modell anzupassen: Aus „brmm" wird „Auto", aus „Suh" wird „Schuh" und aus „wau wau" für alle Tiere wird „wau wau" für Hunde.

Für den dritten qualitativen Sprung gilt ähnliches. Die Integration von Kognition und Emotion bei der Entwicklung einer morphosyntaktisch elaborierten Sprache wurde für mich am eindrucksvollsten in dem von *Katherine Nelson* (1989) herausgegebenen Buch „Narratives from the Crib" geschildert, in dem die Selbstgespräche von Emily, einem zweijährigen Mädchen, aus unterschiedlichen Perspektiven und im Rahmen unterschiedlicher theoretischer Bezugssysteme interpretiert und analysiert werden. Emily hatte die Texte abends vor dem Einschlafen als Monologe geäußert, sie waren von den Eltern auf Tonband aufgenommen worden. Hier zeigt sich, wie das Mädchen entfaltete oder verdichtete Syntax und Semantik nutzt, um die Eindrücke des Tages, die Beziehungen Ich-Andere und Reflexionen über sich selbst zu ordnen und symbolisch zu ver- und zu bearbeiten. Die Einheit von Emotion und Kognition wird hier sehr anschaulich demonstriert.

Bruner (1990) spricht vom „act of meaning", von der Handlung der Bedeutungskonstitution als einem narrativem Prozeß, in dem man sich selbst symbolisch in der sozialen und gegenständlichen Welt, insbesondere in der Subkultur verortet und die eigene Biographie dabei immer wieder neu konstruiert und umkonstruiert. Dieser Konstitutions- und Konstruktionsprozeß wird sowohl von *Bruner* wie von *Daniel Stern* als ein narrativer Prozeß gekennzeichnet, bei dem die Integration von Emotion und Kognition mit Hilfe von symbolischen, d. h. sprachlich elaborierten Mitteln, eine zentrale Rolle spielt.

Für die **Ebene 2**, die Konsequenzen für die Entwicklung von Kindern mit Behinderungen, ergeben sich daraus folgende Überlegungen:
Bei unseren nichtsprechenden Schülerinnen und Schülern wurde die Schwierigkeit des Übergangs von den situationsspezifischen, individuellen Zeichenerfindungen zur Konventionalisierung besonders deutlich. Während gestische Konventionalisierungen im Fall von Cora (Beispiel: Händeklatschen) zu gelingen schienen, fehlte die lautliche Seite fast ganz, wenn auch das „phh", das für Pusten steht oder „Blase mir den Ballon auf" heißen könnte, hoffnungsvoll stimmt, daß sich auch auf der Artikulationsebene Entwicklungen zeigen. Bei weniger schwer behinderten Personen findet sich die Einschränkung beim Übergang vom Gebrauch einzelner Wörter zur morphosyntaktisch strukturierten Äußerung.
Wenn man nicht davon ausgeht, daß die Schwierigkeiten im Konventionalisierungsprozeß ausschließlich durch neurologische Schäden bedingt sind, gilt es, nach den psychosozialen Ursachen und nach den Kompensationsmöglichkeiten zu suchen, mit denen man bestehende neurologische Probleme umgehen kann (die Konzeption des Autismus aufgrund fehlender metakognitiver Fähigkeiten wie sie *Uta Frith* (1992) skizziert, wäre ein Gegenmodell dazu). Dies wird in den Erläuterungen zur nächsten These deutlicher.

Für die **Ebene 3,** die Konsequenzen für die Integrationspädagogik, ergeben sich daraus folgende Überlegungen:
Für die Lösung von Konventionalisierungsproblemen und für die Entwicklung einer narrativen Stufe des Selbstempfindens sind integrationspädagogische Kontexte m. E. unerläßlich, denn im Spiel der Kinder untereinander lassen sich die Konstruktionsprozesse von Bedeutungen und das Aushandeln von Rollen und Positionen beobachten und aktiv erleben. Letzteres setzt allerdings voraus, daß die Kinder sich auf den schwierigen Konstruktionsprozeß von Bedeutungen, der für Menschen mit Behinderungen charakteristisch ist, einlassen können. Dies wird bei der Vorstellung der nächsten These nochmals verdeutlicht.

4. These:
Dem Prozeß der Konventionalisierung liegt ein Aushandlungs- und Abstimmungsprozeß im soziokulturellen Kontext zugrunde, der die Wert- und Nor-

menstruktur des kulturellen, subkulturellen oder familialen Systems widerspiegelt, in den dieser Kontext eingebettet ist.

Kinder werden in unserer Gesellschaft und Epoche wahrgenommen als autonome Subjekte, mit denen man sich diskursiv auseinanderzusetzen hat. Schon im zweiten Lebensjahr sind Kinder heute mit teilweise aufwendigen Erklärungen konfrontiert, wenn es um die Einhaltung oder Übernahme von Regeln des Alltags geht, die früher einfach genannt oder verordnet oder gar nicht thematisiert, sondern nur in Handlungen demonstriert wurden. Sind die Kinder zu eigenen Äußerungen in der Lage, beteiligen sie sich am Diskurs. Sie erklären sich die Welt (siehe Emilies Texte in *Nelson* 1989).
Wie bei der vorigen These schon gezeigt wurde, liegt auch dem Prozeß der Konventionalisierung ein Prozeß des Aushandelns von Bedeutungen zugrunde, bei dem es darauf ankommt, daß das Kind seinen eigenen Entwurf von symbolischem Mittel zum Ausgangspunkt macht (s. o.: Initiative und Akzeptanz). Die Partner lassen sich darauf ein und interpretieren Bedeutung und Absicht. Zu Anfang des zweiten Lebensjahres, wenn das Kind die ersten Laute bedeutungsvoll zu nutzen beabsichtigt, interpretieren die auf das Kind orientierten Eltern eine Vielzahl von Varianten so, als wären sie phonetisch, semantisch, syntaktisch und pragmatisch richtige Äußerungen („rich interpretation"). Korrekturen finden relativ selten statt, häufig dagegen Wiederholungen mit Erweiterungen und Richtigstellungen. Mit anderen Worten: Unsere Kultur ermöglicht dem Kleinkind einen viele Monate, teilweise über zwei Jahre dauernden Prozeß des Ausprobierens und Aushandelns sprachlicher Bedeutungen und Bedeutungskombinationen in entspannten, positiv besetzten Interaktionssituationen, auch wenn es von subkultureller Gruppe zu subkultureller Gruppe Unterschiede in der Gestaltung dieser Interaktionen gibt. Das Anschauen und Vorlesen von Bilderbüchern, heute sogar interaktive Computerprogramme, sind die (sub)kulturellen Formate, die diesen Prozeß unterstützen sollen. Versprecher von Kindern oder kindliche Wortschöpfungen sind ein äußerst beliebtes Gesprächsthema, der Prozeß des Spracherwerbs hat einen relativ hohen Aufmerksamkeitswert. Sprache und Sprachlichkeit ist ein hoher gesellschaftlicher Wert. Form und Inhalt der Zeichen entstehen also in einem sozialen Aushandlungs- und Interaktionsprozeß, in dem die kindlichen Varianten akzeptiert und freudig zur Kenntnis genommen werden - ganze Fernsehsendungen profitieren vom Witz der kindlichen Wortschöpfungen und -konstruktionen. Form und Inhalt der Zei-

chen durchlaufen demnach einen sehr positiv bewerteten sozialen und soziokulturellen Normierungsprozeß.

Für die **Ebene 2**, die Konsequenzen für die Entwicklung von Kindern mit Behinderungen, ergeben sich daraus folgende Überlegungen:
Dieser Prozeß des Aushandelns findet bei Kindern mit Behinderungen, insbesondere bei Kindern ohne Lautsprache, nicht statt. Hierzu können die obigen Bemerkungen Anhaltspunkte liefern: Initiative in der Kommunikation ergreifen, heißt zunächst ganz einfach motorisch beweglich zu sein, sei es sprechmotorisch oder gestikulatorisch. Dies ist körperbehinderten Kindern nicht oder nur sehr eingeschränkt möglich. Insofern gelten hier objektive Gründe für das Fehlen kommunikativer Initiativen und Aushandlungsprozesse. Bei den meisten Kindern ohne entfaltete Lautsprache kommen zu den objektiven Beeinträchtigungen in Form von körperlichen Handicaps noch subjektive im Bereich der Einstellungen hinzu. Man traut ihnen die Produktion eigener Zeichenvarianten nicht zu bzw. hält sie für den Ausdruck ihrer Behinderung. Während also normale Kinder für ihre individualistischen Versuche, Bedeutungen selbständig zu konstruieren, normalerweise positiv emotional verstärkt werden, gilt für Kinder mit Behinderungen das Gegenteil. Hier hält man u. U. individuelle und zunächst unverständliche Varianten von Kommunikationsversuchen für ein Indiz von geistiger Behinderung.
Künstliche Zeichen, sei es in Form von Kärtchen mit Bildern oder Texten, sei es in Form von technischen Geräten mit Sprachausgabe, werden als Alternative angeboten. Sie haben jedoch einen großen Nachteil: Sie werden von außen vorgegeben. Auch wenn das Kind dazu befragt wird, unterscheidet sich dieser Prozeß der Entwicklung der kommunikativen Mittel radikal vom normalen, in dem die Kinder keine Wörter vorgesagt bekommen, so daß sie dann auswählen können, ob sie „Wurst" oder „Käse", „essen" oder „fernsehen" als Zeichen übernehmen wollen. Vielmehr erfinden sprechende Kinder ihre Zeichen selbst, entweder indem sie Imitate von gehörten Wörtern produzieren, Eigenkonstruktionen vorschlagen oder indem sie beides miteinander kombinieren, so daß dann z. B. „Ato" für alles steht, was sich auf der Straße motorisiert fortbewegt.
Vorgefertigte graphische Symbole weisen bestimmte Merkmale des Konventionalisierungsprozesses per definitionem nicht auf: Die Formseite ist festgelegt. Kinder mit lautsprachlichen Beeinträchtigungen haben somit nicht die Chance, diesen Prozeß selbst aktiv nachzuvollziehen. Außerdem bietet

sich in der Phase des aktiven Spracherwerbs nur sehr selten die Gelegenheit, die passenden Zeichen dann einzuführen, wenn die Situation und die eigenen Kommunikationsabsichten das Zeichen gerade benötigen. Dann wäre nämlich vielleicht die Gelegenheit gegeben, ein von außen angebotenes „fertiges Zeichen' zu übernehmen. Doch auch in der kompetenten AAC-Arbeit ist es äußerst schwierig, solche Situationen zu konstruieren. Sie erfordern nämlich „Gedankenlesen", d. h. im vorhinein zu wissen, welches Zeichen gerade benötigt würde, um die Einheit von Kognition und Emotion im aktuellen Handlungsstrom für die Genese neuer Zeichen zu nutzen. Normalerweise werden neue graphische Symbole aber in einer kognitionszentrierten Lernphase eingeführt, ohne daß sie aktuell als Mittel zur Lösung von Kommunikations- oder Kooperationsproblemen benötigt würden. Vielleicht ist diese Einführung der Zeichen in emotional relativ neutralen Situationen einer der Hinderungsgründe für die Konventionalisierung bzw. für die Übernahme fertiger konventionalisierter Zeichen.

Bei Kindern ohne körperliche Einschränkungen könnte die Initiative auf den gestischen Bereich verlagert werden, was de facto auch passiert. Läßt man dies zu, was in der Vergangenheit aufgrund der Fixiertheit der Pädagogik auf die Lautsprache und die Unterbewertung der Gebärdensprache nicht immer der Fall war, entwickeln sich auf der Gestikebene ähnlich aktive Konventionalisierungsprozesse wie im lautsprachlichen Bereich. Wir können dies aus unserer Fallarbeit bei der Entwicklung von Thomas bestätigen. Er entwikkelte ein reichhaltiges Repertoire an eigenen und übernommenen Gesten, die in Verbindung mit seiner Mimik gut interpretierbar waren. Er war auch in der Lage, mit den Bezugspersonen konventionalisierte Formen auszuhandeln, so z. B. die Finger für die Wochentage, wobei dann z. B. das Berühren des Zeigefingers für alle Eingeweihten „Dienstag" bedeutete.

Parallel zur Gestik erarbeiteten wir mit Thomas graphische Symbole auf der Basis von Photos, die in der zweiten Phase dann durch Zeichnungen abgelöst wurden. Es zeigte sich, daß auch Strichzeichnungen die Möglichkeit der Konventionalisierung mit Initiative und Akzeptanz bieten: Aufgrund seiner motorischen Geschicklichkeit begann Thomas nämlich, sich an der Produktion der gezeichneten Symbole selbst zu beteiligen, nachdem dies sowohl seine Eltern als auch die AAC-Beraterin taten. Dabei ging es nicht um zeichnerisches Talent, sondern um die mit Hilfe von Strichmännchen und einfachen Abbildungen produzierten Botschaften von der Schule nach Hause und umgekehrt. Thomas sah die Konventionalisierungsversuche auf allen

Seiten und begann, sich auf graphischer Ebene aktiv am Prozeß der Bedeutungskonstitution zu beteiligen. Er konnte also beide Aspekte, Initiative und Akzeptanz, erleben und dabei seine eigenen Bedeutungen entwickeln. Heute ist er in der Lage, die Zeichen mit Hilfe eines Computers zum Sprechen zu bringen. Auch hierbei sollte man ihm eigene Initiativen und die Übernahme vorgefertigter Formen ermöglichen.

Für die **Ebene 3,** die Konsequenzen für die Integrationspädagogik, ergeben sich daraus folgende Überlegungen:
Die Nutzung künstlicher Hilfsmittel im integrativen Klassenverband, mehr noch: die Einführung solcher Hilfsmittel, schafft manchmal eine hoch artifizielle Kommunikationssituation. Kinder finden sie m. E. nur dann interessant, wenn sie in den Prozeß der Zeichengenese ebenso einbezogen sind wie die behinderten Kinder, denn der Prozeß des Aushandelns und des Interpretierens von Bedeutungen kann manchmal sehr mühsam sein und paßt nicht in die schnellen Kommunikationsgewohnheiten unserer Kinder. Auf der anderen Seite schafft die Integration eine Vielzahl von Kommunikationssituationen für das behinderte Kind, die, wie zu These 3 schon formuliert, die Möglichkeit eröffnen, passiv an „acts of meaning" teilzunehmen und damit die Kommunikation zwischen den MitschülerInnen besser zu verstehen.

5. These:
Auf der Basis der konventionalisierten symbolischen Formen der Kommunikation bietet die Sprache der Umgebung neue Möglichkeiten zur symbolischen Durchdringung des Verhältnisses von Selbst, Anderen und Welt. Es entsteht die Möglichkeit, mit symbolischen Mitteln über sich selbst und seine Beziehungen zur Welt und zu den Bezugspersonen zu reflektieren und die eigenen Erfahrungen und Emotionen symbolisch zu verarbeiten. Das Gedächtnis wird symbolisch strukturiert, ebenso das Selbstkonzept. Mit dem Prozeß der Konstruktion von Bedeutungen lernen die Kinder auch, sich selbst und ihre Geschichte narrativ zu konstruieren und mit neuen Erfahrungen immer wieder zu rekonstruieren.

Zur vollen Entfaltung narrativer Strukturen ist ein passives Wort- und Satzverständnis m. E. nur bedingt geeignet. Dazu sind komplexe logische und psychologische Bedeutungsgefüge notwendig, die die Nutzung der syntaktischen Möglichkeiten von Sprache erfordern, um Beziehungen zwischen

Handlungen, Personen und Welttatbeständen systematisch symbolisch zu repräsentieren und damit zur episodischen oder prozeduralen Speichervariante eine logisch-systematische hinzuzufügen, wobei die Besonderheit gerade in der Integration logisch-rationaler und psychologisch-emotionaler Komponenten der eigenen Biographie liegt: Etwas über sich selbst wissen und sich selbst positiv annehmen.

Die Rolle des Narrativen in der Organisation des Denkens wurde in der Psychologie erst wieder in den 80er Jahren relevant (vgl. *Bruner*, 1986, 1990; *Feldman et al.*, 1990; *Olson*, 1990), und man entdeckte die wichtige Rolle sprachlicher und metasprachlicher Strukturierungen bei der Organisation von Erzählungen und damit auch bei der Organisation des eigenen Gedächtnisses und des Selbstempfindens.

Für die **Ebene 2**, die Konsequenzen für die Entwicklung von Kindern mit Behinderungen, ergeben sich daraus folgende Überlegungen:
Unsere Erfahrungen mit Nutzern graphischer Sprachsysteme ohne entfaltete Syntax haben zur Hypothese geführt, daß der unten beschriebene Ko-Konstruktionsprozeß u. U. dazu führt, daß die aktive narrative Strukturierung und Restrukturierung der eigenen Erfahrungen leidet oder Defizite aufweist. Entfaltete Syntax und Morphologie sind Ausdruck komplexer symbolisch strukturierter Beziehungen zur Welt, insbesondere sind sie Organisatoren sozialer Beziehungen. Obwohl die klassische Psycholinguistik die Sprachrezeption und die Sprachproduktion mit integrativen Modellen zu erklären sucht, zeigen unsere Erfahrungen mit lautsprachlich eingeschränkten Personen, die Bliss-Symbole nutzen, daß ein hoch entwickeltes passives Sprachverständnis nicht zwangsläufig zur aktiven Nutzung der morphosyntaktischen Strukturen der Sprache befähigt, wenn mit der Hilfe eines Computers mit synthetischer Sprachausgabe der Übergang von semantisch organisierten graphischen Symbolsystemen zu lautsprachlich organisierten, morphosyntaktisch entfalteten Symbolsystemen geprobt wird. Daraus könnte man die Schlußfolgerung ziehen, daß Kinder ohne aktive Lautsprache u. U. große Probleme haben, die narrative, selbstreflexive Dimension der Erfahrungen und des Handelns für sich so zu nutzen, wie dies für sprechende Personen gilt. Da dies aber eine Defizithypothese wäre, muß man gleichzeitig nach den mit der bisherigen symbolischen Praxis verbundenen Leistungen und Vorteilen suchen. Hier fällt zunächst vor allem die große metaphorische Kraft auf, mit der Bliss-Nutzer oder auch andere Personen mit lautsprachli-

chen Behinderungen ihre Kommunikation bewältigen (vgl. z. B. die Texte von *Birger Sellin*). Es wäre also nach den Gemeinsamkeiten und Unterschieden zwischen der Organisation von Selbstreflexivität und Gedächtnis bei den Nutzern von graphischen Symbolsprachen auf semantischer Basis und den Nutzern der konventionellen Lautsprache mit der Betonung phonetischer und morphosyntaktischer Aspekte zu fragen.

Hinzukommt die charakteristische Form des Angewiesenseins auf andere bei vielen Aktivitäten einschließlich der Kommunikation. Bei der mit Hilfe graphischer Symbole vollzogenen Kommunikation wird fast immer die aktive Interpretation des Partners vorausgesetzt, der nach dem ersten Zeichen schon eine Hypothese über die Bedeutung der mit diesem Zeichen verbundenen komplexeren Äußerung formuliert. *Ursula Braun* (1994a) nennt diesen Prozeß Ko-Konstruktionsprozeß, weil Bedeutungen gemeinsam konstruiert werden. Diese frühzeitige Interpretation soll den mühsamen Prozeß des Zeigens auf die Symbole abkürzen und damit die Geschwindigkeit der Kommunikation normalisieren helfen. Dies führt dann z. B. dazu, daß das Zeigen auf das Fragezeichen und dann auf das Zeichen für „sauer" sofort zu Interpretationsversuchen auf seiten des Partners führt. Diese können dann folgende Formen annehmen: Der Partner muß sich zuerst fragen, ob „sauer" hier wörtlich oder im übertragenen Sinn gemeint ist, was aus der Situation klar wird; gilt die zweite Alternative fragt er nach der Bedeutung und beginnt damit den Ko-Konstruktionsprozeß: „Bist Du sauer?" - NEIN, „Willst du fragen, ob jemand anderer sauer ist?" - JA, „Willst du wissen, ob ich sauer bin?" - JA. Die Interpretationsvarianten werden vom behinderten Nutzer mit Bliss oder einer anderen Symbolsprache bestätigt oder verneint. Merkmal dieser Art der Ko-Konstruktion von Bedeutungen ist die starke Abhängigkeit der Interpretationen von der Bereitschaft der Partner, sich auf die behinderte Person einzulassen; teilweise sind die Interpretationen der graphischen Symbole nur bei sehr guter Kenntnis des Gegenübers und seiner Geschichte möglich. Es entstehen Abhängigkeiten, oder bestehende Abhängigkeiten, wie sie z. B. zwischen Eltern und Kindern selbstverständlich sind, können nicht alters- und entwicklungsgemäß abgebaut oder umstrukturiert werden. Dies ist bei gesprochener Sprache grundsätzlich anders, da sie sehr redundant ist, so daß nur in seltenen Fällen ein Ko-Konstruktionsprozeß erforderlich ist. Der Sprecher der Lautsprache kontrolliert und externalisiert die Bedeutung seiner Äußerung fast vollständig, während der Nutzer graphischer Symbole eher selten sämtliche Bedeutungselemente der Äußerung in

Form von Zeichensequenzen expliziert, sondern sich auf die Kreativität und Motiviertheit der Kommunikationspartner stützt, anhand weniger Symbole die beabsichtigte Botschaft zu erkennen. Dies führt dazu, daß sich Nutzer graphischer Symbolsysteme auch oft den Interpretationen des anderen unterordnen oder ihre ursprüngliche Absicht so verändern, daß sie den Ko-Konstruktionsvorschlägen gerecht werden. Dies führt dann häufig auch zu einer starken Anpassung an die Bezugspersonen und zur Tendenz, zu vielem ja zu sagen - auf Kosten der eigenen Persönlichkeitsentwicklung.

Es ist deshalb zur Zeit noch völlig ungeklärt, welche Lern- und Entwicklungsprozesse jenseits der im engen Sinne sprachbezogenen Kompetenzen notwendig sind, wenn Nutzer von graphischen Symbolsystemen zur Nutzung sprechender Computer überwechseln, die das Paradigma der Lautsprache eröffnen. Kompetente Nutzer sprechender Computer zeigen, daß der Wechsel durchaus möglich und erfolgversprechend ist. Wie lange er dauert, wenn man von Bliss und anderen Symbolsprachen her kommt, und welche sozioemotionalen Probleme sich dabei stellen, bleibt jedoch ein zu untersuchendes Problem.

Für die **Ebene 3,** die Konsequenzen für die Integrationspädagogik, ergeben sich daraus folgende Überlegungen:
Hier eröffnet die Integration wichtige Erfahrungsmöglichkeiten. Ich würde sogar sagen, daß ohne Kommunikation mit Gleichaltrigen und mit Personen außerhalb des Behindertenbereichs eine volle Entwicklung der Persönlichkeit nicht möglich ist. Dieser Prozeß ist allerdings auch mit großen Enttäuschungen und Schmerzen verknüpft, da Personen ohne Lautsprache mit Hilfe der Nutzung von sprechenden Computern erfahren müssen, daß das Distanzmedium Sprache auch zur Distanzierung genutzt werden kann. Während der Ko-Konstruktionsprozeß nur beginnen kann, wenn sich ein Partner findet, der auf die Symbole schaut und sie interpretieren hilft, braucht der sprechende Computer zunächst keine diesbezügliche Zuwendung, da er zur Aufforderung auf Distanz genutzt werden kann. Man kann sagen: „Guten Morgen, Petra, gehst du heute mit mir spazieren?" Mit Bliss kann man das Petra nur dann sagen, wenn sie sich darauf einläßt, die Bliss-Mappe zur Kenntnis zu nehmen und einen längeren Prozeß des Kommunizierens in der Ko-Konstruktion zu beginnen. Der via Computer mit Hilfe der Lautsprache geäußerte Satz macht es jetzt möglich, Petra auf Distanz zu befragen. Jetzt kann sich aber eine völlig neue Situation eröffnen: Petra sagt u. U.: „Nein,

ich habe heute keine Zeit." Die Kommunikation in Form von Frage und Antwort ist zwar gelungen, das anvisierte Ziel wurde aber damit nicht erreicht. Zwar gibt es diese Erfahrungen auch mit Bliss oder anderen Symbolsprachen, sie sind jedoch nicht so zahlreich wie bei der Kommunikation auf Distanz. Dies ist für viele nichtsprechende Personen eine völlig neue Erfahrung, da sie früher viele Frustrationen auf das Fehlen eines geeigneten Kommunikationsmediums zurückgeführt haben, während sie jetzt erkennen müssen, daß es gar nicht das Kommunikationsmedium ist, sondern daß es die Personen und ihre Einstellungen sind, die für viele Kommunikationsprobleme verantwortlich sind. Dies kann und muß man im Integrationszusammenhang und besonders dort lernen, wenn man mit Normalität mit allen ihren Aspekten konfrontiert wird, auch mit den behindertenfeindlichen und ausgrenzenden. Aber mit der verbesserten Kommunikationsmöglichkeit stehen auch bessere Möglichkeiten zur Verarbeitung dieser Erfahrungen zur Verfügung, sowohl innerpsychisch wie sozial, da man Wünsche äußern, Begründungen einfordern und auf Kränkungen aufmerksam machen kann.

Welche Schlußfolgerungen für die universitäre Ausbildung von Lehrern und Diplompädagogen lassen sich aus den obigen Ausführungen ziehen? Ich möchte diese Frage mit vier Punkten von unterschiedlicher Reichweite beantworten:

(1) Relevanz entwicklungspsychologischen Wissens
(2) Vertrautsein mit computertechnologischen Möglichkeiten
(3) bewußter und reflektierter Umgang mit den eigenen Gefühlen und Erfahrungen
(4) gesellschaftspolitisches Engagement für die Integration

Zu (1): Relevanz entwicklungspsychologischen Wissens

Als Entwicklungspsychologe fördert man zwangsläufig die eigene Disziplin. Die obigen Ausführungen haben m. E. jedoch deutlich gemacht, daß es sich nicht um Betriebsblindheit handelt, wenn man fordert, in die Ausbildung von Lehrerinnen oder Diplompädagogen Entwicklungspsychologie stärker zu integrieren als dies bisher der Fall war. Bisher wurde z. B. fast völlig übersehen, daß gerade in den Ergebnissen und Erklärungsmodellen zur frühkindlichen Entwicklung Erkenntnisinstrumente zur Verfügung gestellt werden, die auch auf ältere Schülerinnen und Schüler mit Behinderungen anwendbar sind, ohne diese gleichzeitig zu hilflosen Kleinkindern zu machen. Gerade wegen der Ungleichzeitigkeit der Entwicklung in unterschiedlichen Leistungs-, Verhaltens- und Erlebensbereichen ist die Kenntnis von Entwicklungstheorien und ihren Ausprägungen in unterschiedlichen Lebensabschnitten unabdingbar für eine angemessene pädagogische Förderung. Fragen der Kommunikationsentwicklung in der frühen Kindheit sind dabei ebenso wichtig wie Probleme der Adoleszenz (die in den obigen Ausführungen weniger zum Tragen kamen). Insbesondere um die prinzipielle Vergleichbarkeit behinderter und nichtbehinderter Entwicklung deutlich zu machen, ist dieses Wissen höchst praxisrelevant, wenn es in entsprechenden praxisintegrierenden Lehrkontexten vermittelt wird. Studierende können dabei erkennen, wie sich hinter den oberflächlich u. U. anders aussehenden, anders verlaufenden und teilweise wesentlich später einsetzenden Entwicklungsprozessen, die gleichen Prinzipien von Entwicklung zeigen, die für nichtbehinderte Personen gelten.

Zu (2): Vertrautsein mit computertechnologischen Möglichkeiten
In der deutschen Pädagogik herrscht z. Zt. eine von mir durchaus positiv eingeschätzte Skepsis gegenüber der Anwendung von Computern im pädagogischen Bereich vor. Dies gilt trotz einiger Gegenbeispiele auch für den Bereich der Arbeit mit Kindern mit Behinderungen. Computer werden dabei als Maschinen wahrgenommen, und Maschinen haben eigentlich in einem nach dem humanistischen Bildungsideal ausgerichteten Schulwesen nur dort etwas verloren, wo sie unmittelbar berufsvorbereitend eingesetzt werden können, also im Informatikunterricht oder in den Berufsschulen. Bis heute gibt es deshalb kaum nennenswerte Beispiele für einen kontinuierlichen Einsatz von Computern in der Grundschule.

Im sonderpädagogischen Bereich und in der Arbeit im Rahmen integrativer Ansätze erleben wir z. Zt. einen Umschwung. Besonders im Bereich der Kommunikationsförderung von Kindern, die sich lautsprachlich nicht verständigen können, wurde deutlich, daß nur mit Hilfe moderner Technologie Lautsprache zur Verfügung gestellt werden kann. Mehr und mehr wird auch deutlich, daß bestimmte Computerprogramme den Erwerb literaler Qualifikationen von Kindern mit und ohne geistige Behinderung erleichtern, auch wenn diese über eine aktive Lautsprache verfügen.

Ich möchte in diesem Fall für einen Mittelweg zwischen Technologie-Euphorie und Computer-Skeptizismus plädieren: Mit Computerunterstützung können spastisch oder anders körperlich behinderte Kinder Qualifikationen erwerben, die sie nicht nur in die Lage versetzen, die Lautsprache zu benutzen, sondern die ihnen auch berufliche Perspektiven in Verbindung mit Computerarbeitsplätzen eröffnen. Computer können diese Personen also theoretisch vom Stempel der Arbeitsunfähigkeit befreien. Es gibt jedoch auch noch eine zweite Seite der Medaille: Auf ihr steht zu lesen, daß diese Ergebnisse nicht durch den Computer oder die Technik hervorgebracht werden, sondern nur im Rahmen intensiver Betreuung erfolgreich vermittelt werden können, in der die betreffenden Personen nicht nur Vertrauen, Sicherheit und positive Zuwendung erfahren, sondern in der sich ihnen ein breiteres Feld von realen Kommunikations- und Interaktionsmöglichkeiten eröffnen muß. Also nur, wenn die technologischen Anteile eingebettet sind in eine entfaltete sozioemotionale Lebenspraxis, bergen sie die oben genannten Entwicklungsmöglichkeiten. Um diese beiden Dimensionen zusammenzubringen, bedarf es einer angemessenen Repräsentation computertechnologischer Möglichkeiten in pädagogisch-therapeutischer Einbettung im Studium. Es darf also nicht nur Seminare zur Einführung in Computernutzung geben, vielmehr muß die Verwendung technischer Hilfen in Verbindung mit denjenigen Fördermaßnahmen gebracht werden, die den Einsatz von Kommunikationhilfen für die Schülerinnen und Schüler attraktiv machen und eine langfristige Nutzung sichern.

Zu (3): bewußter und reflektierter Umgang mit den eigenen Gefühlen und Erfahrungen
Selbsterfahrung, die eigenen Ängste, Einstellungen, Gefühle kennenlernen und zu den Gefühlen des Gegenüber in Beziehung setzen zu können, ist Grundlage einer psychotherapeutischen Qualifikation. Die oben beschriebenen intensiven Beziehungen zwischen Kind und Betreuerin setzen solche Qualifikationen voraus. Zwar soll das Studium der Erziehungswissenschaften und der Integrationspädagogik keine Schmalspurausbildung in Psychotherapie sein, grundlegende Erfahrungen mit der eigenen Emotionalität sollten m. E. jedoch generelle Voraussetzungen für pädagogische Arbeit sein - bei Menschen mit ebenso wie bei Menschen ohne Behinderungen. Sowohl in der Einzelförderung wie im Klassenverband sind Erfahrungen im Umgang mit den eigenen emotionalen Impulsen und mit deren biographischer und situativer Genese unabdingbar. Besonders wichtig ist dabei die Bearbeitung der eigenen Einstellungen und Gefühle gegenüber Behinderung. Man kann fast sagen, daß es sich bei dieser Thematik um ein Tabuthema handelt. Die

Thematisierung von Problemen und Schwierigkeiten im Umgang mit Menschen mit Behinderungen scheint in der Ausbildung gleichbedeutend mit der Aufkündigung des Berufswunsches zu sein. Genau das Gegenteil ist jedoch richtig, nur wer dieses Problem aktiv benennt und bearbeitet, kann hoffen, damit umgehen zu können; denn die Ausgrenzung von Behinderten in unserer Gesellschaft macht weder an der Tür der Universität noch vor den Köpfen der Hochschullehrerinnen und Assistenten halt. Sie kann auch nicht per Entschluß aus den Köpfen entfernt werden. Sie kann nur bewußt gemacht werden und diskursiv bewältigt werden, wobei man sich im klaren sein muß, daß es keine Nischen in der Gesellschaft gibt, in der sich die Ausgrenzung nicht bemerkbar machen würde. Die Suche nach produktiven Umgangsformen mit dieser Thematik im Rahmen von Supervision einerseits und die gesellschaftspolitische Einmischung (s. Punkt (4)) andererseits scheinen mir im Moment die einzig gangbaren Wege zu sein, um einer Bewältigung näher zu kommen. Die in der praktischen Arbeit notwendige Supervision sollte deshalb in der Ausbildung vorbereitet werden durch die Entwicklung der Fähigkeit, die eigene Geschichte und die eigene Emotionalität zum Gegenstand von Reflexionsprozessen zu machen.

In diesem Zusammenhang ist die Entwicklung von Kooperationsfähigkeit außerordentlich bedeutsam: Selbstreflexion und Kooperation sind eng gekoppelt, weil z. B. Ängste, etwa Konkurrenz- oder Profilierungsängste, die Quelle für Kooperationsbarrieren darstellen. Die Zusammenarbeit mit Kolleginnen und Kollegen, insbesondere aber mit außerschulischen Instanzen, den Eltern oder Heimerziehern, ist eine Dimension erfolgreicher Förderung. Erst wenn die Kommunikationsmittel, die im Rahmen der schulischen Förderung entstehen oder vermittelt werden, ihre außerschulische Wirkung entfalten können, wenn sie also lebensgestaltende Funktion bekommen, wie dies für die Sprache, die kleine Kinder zu Hause lernen selbstverständlich ist, kann man von einer langfristigen Übernahme und Nutzung des Gelernten ausgehen. Die Fähigkeit zur Errichtung tragfähiger sozialer Netzwerke, in denen reale Kommunikation nach den Bedürfnissen der Schülerinnen und Schüler stattfinden kann (nicht nur die stundenweise praktizierte Verständigung im Klassenzimmer), stellt deshalb m. E. eine Grundqualifikation dar, die schon während des Studiums entwickelt werden sollte.

Zu (4): gesellschaftspolitisches Engagement für die Integration
Schon in Punkt (3) wurde das Problem der gesellschaftlichen Ausgrenzung von Behinderung angesprochen und dabei auf die jeweils subjektiven Einstellungen und Gefühle bezogen. Die Arbeit mit Menschen mit Behinderungen ist ganz unabhängig von der Einstellung und der emotionalen Befindlichkeit der professionellen Helfer von diesen gesellschaftlichen Rahmenbedingungen strukturiert. Sie zeigen sich in vielfältiger Form, nicht zuletzt in Form der Institutionalisierung und Finanzierung der Arbeit und der Ausbildung. Wenn oben vom Reden über die Ausgrenzung im eigenen Kopf gesprochen wurde, so möchte ich hier die nach außen gewandte Seite des Problems thematisieren: das gesellschaftspolitische Engagement zur Durchsetzung von integrativen Maßnahmen und Konzepten.
Integration sollte auch in der universitären Ausbildung als gesellschaftspolitische Aufgabe verstanden werden, die nicht von alleine gelöst wird und die man nicht den Politikern überlassen sollte. Die bisher wirksamsten Veränderungen im Behindertenbereich gingen von Eltern aus. Der Großteil der Lehrer und Sonderpädagoginnen und der anderen professionellen HelferInnen standen diesen Bemühungen beobachtend, abwartend, teilweise auch skeptisch gegenüber.
Integration ist in diesen Zeiten eine Aufgabe, die dem Ökologieproblem vergleichbar ist, auch wenn die Bedrohungsdimension nicht so transparent ist, wie die der Umweltverschmutzung. Integration als gesellschaftspolitische Aufgabe verstehen, heißt in diesem Kontext, die Ausgrenzung von Personen mit Behinderungen nicht nur als caritative Aufgabe oder als moralische Verpflichtung wahrzunehmen, sondern die hinter der Ausgrenzung verborgene Entfremdung zwischenmenschlicher Beziehungen erkennen zu können, durch die der Mensch auf die Dimension von Leistung und Verwertung auf dem Arbeitsmarkt - gewissermaßen auf seine Merkmale als mehr oder weniger attraktive Ware, für die sich Geld auszugeben lohnt - reduziert wird. Integration als ökologische Aufgabe bedeutet, die Gesellschaft auf das nächste Jahrtausend vorzubereiten, in dem die berufliche Tätigkeit vielleicht gerade ein Drittel der Lebenszeit füllt, während für die restlichen zwei Drittel andere Formen des sozialen Zusammenlebens entwickelt werden müssen, in denen Kinder, Alte, Kranke und Menschen mit Behinderungen ebenso wertgeschätzt werden, wie diejenigen, die sich gerade in Ausbildung oder Beruf befinden. Die im Rahmen der Ökologiebewegung postulierte nachhaltige und ressourcenschonende Beziehung von Kultur und Natur kann m. E.

nur gelingen, wenn diese Kultur sich den Integrationsprozeß ihrer Mitglieder ernsthaft zur Aufgabe macht. Die Zerstörung der Natur und die Zerstörung des sozialen Zusammenlebens wären die Folge eines Scheiterns dieser Integration. Die Ausbildung in Integrationspädagogik kann sich hier nicht neutral verhalten. Wie die Lehrerinnen und Diplom-Pädagogen in der Praxis soziale Netze über die Schule hinaus knüpfen müssen, um ihrer Förderung langfristigen Erfolg zu sichern, muß die aktive Einmischung der Universität in die gesellschaftspolitischen Diskurse und Aktivitäten außerhalb der Universität ein selbstverständliches Merkmal von Ausbildung sein - allerdings wird sich dieser Aspekt der Ausbildung wohl kaum in Seminarformen erschöpfen.

Anmerkungen

1 Im AAC-Projekt arbeiten Calogero Ciuni, Claudine Calvet-Kruppa, Lutz Gawe, Sabine Hagenah, Gaby Henseler, Monika Hoffmann, Chung-Woon Kim, Erwin Lemche, Manfred Pischke, Cordula Weitenhagen und Detlef Wendler als wiss. Mitarb. u. Verena Liebig als Verwaltungskraft. Das Projekt wird gefördert vom Europäischen Sozialfonds und von den Senatoren für Soziales und für Arbeit u. Frauen in Berlin sowie von der FU Berlin.
2 Wer sich umfassend über den Streit um das Thema FC informieren will, sollte das Nachwort des Herausgebers des zweiten Sellin-Buches, Michael Klonowsky, lesen (S. 223-254). Seiner Beurteilung möchte ich mich in Kenntnis mehrerer Personen, die mit FC arbeiten, ausdrücklich anschließen und hinzufügen, daß die Lektüre der Texte von Birger Sellin für den an Kommunikationsförderung Interessierten mehr Wissen und Orientierung bringt als die Lektüre vieler einschlägiger Artikel in Fachzeitschriften.
3 Wenn hier und im folgenden von „Mutter" oder „Mutter-Kind-Interaktion" die Rede ist, dann kann diese Formel immer ersetzt werden durch die Formel „Bezugsperson mit einer besonderen emotionalen Beziehung zum Kind", d. h. es geht nicht nur um eine einfache Ersetzung von Mutter durch Bezugsperson, vielmehr sind an die von dieser Bezugsperson realisierte Beziehung besondere Kriterien zu richten, die zwar von professionellen Helfern oder Helferinnen, wie z. B. Erzieherinnen, realisierbar sind, die aber zum einen nicht selbstverständlich sind, weil sie bestimmte Einstellungen zum konkreten Kind im besonderen und zum Beruf im allgemeinen voraussetzen, und die zum anderen nicht in jedem institutionellen Kontext umsetzbar sind, z. B. wenn eine Kinderkrankenschwester auf der Intensivstation mehrere Frühgeborene intensiv betreuen soll. Es bedarf also einer bestimmten Beziehungsqualität und eines institutionellen Rahmens, in dem diese Qualität praktisch realisiert werden kann.
4 Mit „social referencing" ist auf einen Prozeß verwiesen, der bei Kleinkindern gegen Ende des ersten Lebensjahres beobachtet werden kann: In neuen Situationen oder bei unvorhergesehenen Ereignissen vergewissern sich die Kinder durch einen kurzen Blick

zur primären Bezugsperson, wie diese das neue Ereignis mimisch oder in der Körperhaltung bewertet, ob es z. B. gefährlich oder ungefährlich ist. Wichtige oder neue Informationen werden demnach nicht einfach wahrgenommen und aufgrund eigener vergangener Erfahrungen bewertet, der Bewertungs- und Informationsverarbeitungsprozeß durchläuft vielmehr eine sozioemotionale „Feedbackschleife" über den Partner, die dieser häufig gar nicht registriert, weil der Prozeß so schnell abläuft. Eltern ist dieser Mechanismus jedoch gut vertraut, da sie häufig die Erfahrung machen, daß Kinder nach einem kleinen Unfall erst dann weinen, wenn sie als Eltern einen erschrockenen oder besorgten Eindruck vermitteln.

Literatur

Adamson, Lauren B. & McArthur, Duncan (1995). Joint Attention, Affect, and Culture. In: *Moore, Chris & Dunham, Philop J.* (eds.). Joint Attention. Its Origins and Role in Development. Hillsdale, NJ: Lawrence Erlbaum, 205-221

Bates, J.E. (1987). Temperament in Infancy. In: *Osofsky, J. D.* (ed.) Handbook of Infant Development, Hillsdale, NJ: Erlbaum

Biringen, Zeynep & Robinson, JoAnn (1991). Emotional Availability in Mother-Child Interactions: A Reconceptualization for Research. In: American Journal for Orthopsychiatry 61 (2), 258-271

Bloom, Lois (1973). One Word at a Time. Den Haag: Mouton

Braun, Ursula (1994 a). Unterstützte Kommunikation bei körperbehinderten Menschen mit einer schweren Dysarthrie. Eine Studie zur Effektivität tragbarer Sprachcomputer im Vergleich zu Kommunikationstafeln. Frankfurt

Braun, Ursula (Hrsg.) (1994 b). Unterstützte Kommunikation. Düsseldorf: Verlag selbstbestimmtes Leben

Bruner, Jerome (1986). Actual Minds, Possible Worlds. Cambridge, Mass.: Harvard University Press

Bruner, Jerome (1990). Acts of Meaning. Cambridge, Mass.: Harvard University Press

Bruner, Jerome (1995). From Joint Attention to the Meeting of Minds: An Introduction. In: *Moore, Chris & Dunham, Philop J.* (eds.). Joint Attention. Its Origins and Role in Development. Hillsdale, NJ: Lawrence Erlbaum, 1-14

Campbell, S. B. (1979). Mother-infant Interaction as a Function of Maternal Ratings of Temperament. In: Child Psychology and Human Development, 10, 67-76

Egeland, B. & Erikson, M. F. (1987). Psychological Unavailable Caregiving. In: *Brassard, M. R.; Germain, R. & Hart, S. N.* (eds.). Psychological Maltreatment of Children and Youth. New Xork: Pergamon Press

Emde, R. N. (1980). Emotional Availability: A Reciprocal Reward System for Infant and Parents with Implications for Prevention of Psychosocial Disorders. In: *Taylor, P. M.* (ed.). Parent-infant Relationships. Orlando, FL: Grune & Stratton, 87-115

Emde, R. N. (1989). The Infant's Relationship Experience: Developmental and Affective Aspects. In: *Sameroff, A. J. & Emde, R. N.* (eds.). Relationship Disturbances in Early Childhood: A Developmental Approach. New York: Basic Books

Feldman, Carol Fleisher; Bruner, Jerome; Bobby Renderer & Spitzer, Sally (1990). Narrative Comprehension. In: *Britton, Bruce K. & Pellegrine, Anthony D.* (eds.). Narrative Thought and Narrative Language. Hillsdale, NJ: Lawrence Erlbaum, 1-78

Frith, Uta (1992). Autismus. Ein kognitionspsychologisches Puzzle. Heidelberg: Spektrum Akadmischer Verlag

Grossmann, Klaus E. & Grossmann, Karin (1991). Attachment Quality as an Organizer of Emotional and Behavioral Responses in a Longitudinal Perspective. In: *Parkes, Colin Murray; Stevenson-Hinde, Joan & Harris, Peter* (eds.). Attachment Across the Life Cycle. London: Routledge 93-114

Hildebrand-Nilshon, Martin & Kim, Chung-Woon (Hrsg.) (1994). Kommunikationsentwicklung und Kommunikationsförderung. Zwei Arbeitspapiere aus dem Projekt „Augmentative and Alternative Communication (AAC)". Berichte aus dem Bereich „Arbeit und Entwicklung" am PI der FU Berlin Nr. 6

Kristen, Ursi (1994). Praxis Unterstützte Kommunikation. Eine Einführung. Düsseldorf: Verlag selbstbestimmtes Lernen

Mahler, Margret; Pine, F. & Bergman, A. (1975). The Psychological Birth of the Human Infant: Symbiosis and Individuation. New York: Basic Books (deutsch: Die psychische Geburt des Menschen. Symbiose und Individuation. Frankfurt/Main: Fischer 1978)

Matt, Hedwig; Podlesch, Wolfgang & Schmitt (Hrsg.) (1992). Integration von Kindern mit geistiger Behinderung und Kindern mit schweren Mehrfachbehinderungen. Erster Jahresbericht Schuljahr 1990/91, Pädagogisches Zentrum Berlin

Nelson, Katherine (ed.) (1989). Narratives from the Crib. Cambridge, Mass: Harvard University Press

Olson, David, R.. (1990). Thinking About Narrative. In: *Britton, Bruce K. & Pellegrine, Anthony D.* (eds.). Narrative Thought and Narrative Language. Hillsdale, N. J.: Lawrence Erlbaum, 99-111

Sellin, Birger (1993). ich will kein inmich mehr sein - botschaften aus einem autistischen kerker. Köln: Kiepenheuer & Witsch

Sellin, Birger (1995). ich deserteur einer artigen autistenrasse - neue botschaften an das volk der oberwelt. Köln: Kiepenheuer & Witsch

Sroufe, L. A. (1985). Attachment classification from the perspective of infant-caregiver relationship and infant temperament. In: Child Develompent 56, 1-14

Stern, Daniel N. (1992). Die Lebenserfahrung des Säuglings. Stuttgart: Klett-Cotta (Original: 1985. The Interpersonal World of the Infant. A View from Psychoanalysis and Developmental Psychology. New York: Basic Books)

Teti, D. M. & Ablard, K. E. (1989). Security of Attachment and Infant-sibling relationships: A Laboratory Study. In: Child Development, 60, 1519-1528

Ward, M. J.; Vaughn, B. E. & Robb, M. D. (1988). Social-emotional Adaptation and Infant-mother Attachment in Siblings: Role of the Mother in Cross-sibling Consistency. In: Child Development, 59, 643-651

Wygotski, Lev S. (1987). Die Krise der Einjährigen. In: *Wygotski, L.S.* (1987). Ausgewählte Schriften. Band 2 - Arbeiten zur psychischen Entwicklung der Persönlichkeit. Berlin: Volk und Wissen, 163-197

Zollinger, Barbara & Conen, Volker (1994). Die Entdeckung der Sprache. CD-ROM mit Videosequenzen und Texten zur Entwicklung von Kindern zwischen ein und drei Jahren. Bern: Paul Haupt

Zollinger, Barbara (1995). Die Entdeckung der Sprache. Bern: Paul Haupt

Hans Eberwein

Die integrationspädagogische Ausbildung als Auftrag der Erziehungswissenschaften. Begründung, Entwicklungen, Perspektiven

Die in diesem Buch dargestellten Ringvorlesungs-Beiträge haben nicht nur eine Einführung in integrationspädagogisches Denken und Handeln gegeben, sondern auch zu Einsichten geführt, die die weitere Entwicklung und Diskussion an den Universitäten bestimmen sollten:

1. Integrationspädagogik stellt eine höher entwickelte Qualitätsstufe von Pädagogik dar, weil sie Aussonderung vermeidet und damit ein Menschenbild verwirklicht, das individuell und sozial Benachteiligten ermöglicht, gleichberechtigt und gleichwertig am gesellschaftlichen Leben teilzunehmen.

2. Integrationspädagogik umfaßt *alle* Teildisziplinen der Erziehungswissenschaft, was bedeutet, daß sie kein eigenständiges und unabhängiges Fachgebiet darstellt, sondern ein pädagogisches Prinzip, das die gesamte Erziehungswissenschaft durchzieht, insbesondere die Bereiche Schule und Unterricht, also auch die Fachdidaktiken.

3. Integrationspädagogik muß Rückwirkungen haben auf die bisherige Ausbildung von Lehrern und Diplompädagogen; denn Integration fängt bei der Qualifizierung der Fachkräfte an.

Die Integrationsentwicklung hat sich fast ausschließlich in der Praxis, also im Vorschul- und Schulbereich vollzogen; d. h., es waren Erzieherinnen und

Lehrer/innen, die sich aufgrund von Forderungen der Eltern bereit erklärt hatten, bestimmte Kinder nicht mehr auszusondern, sondern in ihrer bisherigen Gruppe bzw. Klasse zu betreuen. Die Hochschulen, die Lehrer*aus*bildung, sind von dieser Entwicklung zunächst völlig unberührt geblieben. Wer sich als Lehrer/in auf integrative Arbeit einließ, der konnte sich bisher nur im Rahmen der Lehrer*fort*bildung oder - und dies ist bis heute am weitesten verbreitet - durch die Anforderungen der schulischen Integrationspraxis selbst entsprechende Kompetenzen aneignen. So verdienstvoll dieses große Engagement der Lehrer/innen ist, birgt es jedoch die Gefahr des unsystematischen Vorgehens nach dem Versuch-Irrtum-Prinzip in sich. Zudem können wertvolle Erfahrungen nicht erziehungswissenschaftlich aufbereitet und an künftige Lehrer/innen weitervermittelt werden.

Die Schulverwaltungen in den einzelnen Bundesländern haben sich sehr lange dagegen gewehrt, integrativen Unterricht als Regelfall zu akzeptieren. Sie waren bemüht, Integration so lange wie möglich im Stadium von Schulversuchen zu halten, damit grundlegende Veränderungen im Schulsystem zu verhindern und somit auch das Sonderschulwesen zu erhalten. Diese schul- und bildungspolitische Position hatte zur Folge, daß in der Lehrerausbildung alles beim alten blieb und bis heute keine Änderung der Lehrerbildungsgesetze erfolgte. Diese Haltung erscheint vor dem Hintergrund einer 10-15jährigen Integrationspraxis in den meisten Bundesländern völlig unverständlich und unverantwortlich.

Peter Struck hat bereits vor einigen Jahren die Losung ausgegeben: „Neue Lehrer braucht das Land". In seinem „Schulreport" fordert er gleichzeitig eine zeitgemäße Schule mit neuen Funktionen. Er stellt zurecht fest, daß die von Fend noch 1980 der Schule zugewiesene Selektionsfunktion der von ihm reklamierten Integrationsfunktion widerspreche. Neben verschiedenen schulischen Entwicklungstendenzen, die die Integrationsfunktion betonen, müssen in der Lehrerausbildung außerdem „... gezielt diagnostische und therapeutische Kompetenzen entwickelt und ausgebaut werden, und zwar nicht nur in Form von Spezialisten, sondern gerade auch im Hinblick auf die Rolle als Klassenlehrer" (*Struck* 1995, 216). „Dazu müssen auch sozial- und sonderpädagogische (Devianzpädagogik, Lernbehindertenpädagogik) Anteile ... in die Studien- und Lehrerprüfungsordnungen aufgenommen werden" (a. a. O., 202; vgl. auch *Eberwein* 1994, 423 ff.).

In diesem Zusammenhang stellen sich zwei Probleme: einmal die Funktionserweiterung von Schule allgemein und zum anderen die Kompetenzerweiterung von Lehrer/innen, d. h. die Übernahme von Aufgabenbereichen, die bisher ausschließlich von der Sonderpädagogik bzw. Sonderschullehrern/innen wahrgenommen wurden.

Angesichts der „springflutartigen Vermehrung schulischer 'Additiva'" spricht *Kozdon* (1993) von der „überbuchten" Schule. Bei der Aufzählung von sieben Schlüsselproblemen, mit denen sich Unterricht auseinanderzusetzen hat, nennt er an letzter Stelle „Mehr Verständnis und Hilfen für behinderte Menschen". Friedenserziehung, Umwelterziehung oder interkulturelle Erziehung sind sicher wichtige Aufgaben von Schule, bei der Integration von Kindern und Jugendlichen mit sogenannten Behinderungen geht es jedoch um die Verwirklichung von Menschenrechten, wie sie in den Art. 1, 2 und 3 GG festgelegt sind. Deshalb hat der Bundestag mit der Verfassungsreform von 1994 den Katalog der Diskriminierungsverbote um das neue Grundrecht für Behinderte erweitert: „Niemand darf wegen seiner Behinderung benachteiligt werden" (Art. 3, Abs. 3, Satz 2 GG). Die Integration hat mit dieser Aufnahme in die rechtliche Grundordnung der Bundesrepublik Deutschland Verfassungsrang erlangt. Dieser Sachverhalt beantwortet auch die Frage nach der Prioritätenfestlegung von Schlüsselproblemen, denen sich Schule heute gegenübergestellt sieht.

Besonders in CDU-Kreisen werden immer wieder Kosten-Nutzen-Berechnungen vorgenommen und behauptet, daß eine flächendeckende Integration zu teuer sei. Abgesehen davon, daß keine verläßliche betriebs- oder volkswirtschaftliche Studie existiert, die dies belegen würde, gibt nach einer OECD-Untersuchung die Bundesrepublik im Vergleich zu allen anderen westlichen Industrienationen, arme Länder wie Portugal eingeschlossen, am wenigsten für Bildung aus, nämlich nur 9 %. Der westliche Durchschnitt liegt bei 12 %, die USA geben 13,7 % aus und Finnland sogar 17,1 % (vgl. *Arbeitskreis Grundschule* 1994, 1).

Dennoch: Die Ausweitung integrativer Beschulung scheint gegenwärtig nur finanzierbar zu sein, wenn gleichzeitig das kostspielige Sonderschulwesen abgebaut wird und Sonderschullehrer/innen ihre Fachkompetenzen in die allgemeine Schule einbringen.

Daraus folgt als mittelfristige Perspektive die sukzessive Aufhebung von Sonderschulen sowie die Auflösung der herkömmlichen sonderpädagogischen Ausbildungsinstitute. Als vordringliches Ziel muß die Abschaffung von Studiengängen zum „Lehramt an Sonderschulen" zugunsten einer allgemeinen, integrierten Lehrerbildung verwirklicht werden; denn in integrativen Grundschulen zeigt sich das Dilemma, daß die unterrichtliche Kooperation von Grundschullehrern/innen und Sonderschullehrern/innen aufgrund der verschiedenen Ausbildungsgänge, des unterschiedlichen Selbstverständnisses, der erworbenen Handlungskompetenzen und der gegenseitigen Erwartungshaltungen außerordentlich erschwert ist. Die Sonderschullehrer/innen sehen sich von ihrer Ausbildung her nicht in der Lage, den an sie gerichteten Ansprüchen zu genügen. Sie stehen einem Erwartungsdruck gegenüber, der sie in die Rolle von Fachleuten für die Lösung schwieriger pädagogischer Situationen drängt, obgleich sie - sieht man von Hilfen bei organisch bedingten Beeinträchtigungen ab - kaum andere Mittel und Methoden zur Verfügung haben als andere Lehrer/innen auch. Gut ausgebildete Lehrer/innen in einer gut ausgestatteten, organisationsstrukturell veränderten allgemeinen Schule, die kooperatives Arbeiten gelernt haben und sensibilisiert sind für die Entstehung und Bewältigung von Lernschwierigkeiten und Problemsituationen, können Sonderschullehrer/innen überflüssig machen.

Erwin Klinke, Schulleiter einer Ganztagsschule in NRW, schreibt in einem Beitrag zur Integration von Kindern mit Behinderungen in seiner Schule: „Wir haben jetzt ein Kind übernommen, das ist im ersten Schuljahr; es ist auch in der Gruppe, in der ich arbeite. Für dieses Kind fühlte sich zuvor keine Schule zuständig. Es wurde ursprünglich als autistisch angesehen, hatte keine Sprache, und man wußte nicht, ob es hört. Die Autisten-Schule in E. - wir haben in Nordrhein-Westfalen für alles eine Schule - sagte: 'Paßt nicht zu uns, ist kein typischer Autist. Wir wissen auch nicht, ob es hört, müßte in die Gehörlosen-Schule.' Die Gehörlosen-Schule sagte: 'Es hat Gehör, denn es wirft zum Beispiel mit Freude Glaskugeln in Blecheimer und hält sich die Ohren zu. In ganz bestimmten Situationen reagiert es auch, wenn man es ganz laut von hinten anruft mit seinem Namen.' Also Gehör ist da. Die Diagnose lautete: es nimmt Laute wahr, kann sie aber nicht verarbeiten zu Informationen. Das ist der letzte Stand. Sprechen konnte es auch nicht. Die Sprachheilschule nahm es aber nicht, die Schwerhörigen-Schule nahm es nicht, die Gehörlosen-Schule nahm es nicht. Ich habe die Aufnahme bei uns ein Jahr lang abgelehnt, weil ich dachte, das bekommen wir nicht hin. Das ist immer auch eine Frage des Sich-Zutrauens.

Ja, und dann hat das Schulamt zurückgestellt, und im nächsten Jahr standen die Eltern halt wieder da. Da haben wir es dann genommen, weil es aufgrund der Arbeit mit dem Verein für Eltern autistischer Kinder angefangen hatte, über Schriftsprache zu kommunizieren. Mit dieser Schriftsprache fing es dann auch bei uns an - sehr unartikuliert zwar - Begriffe zu sprechen. Wir hatten das Kind vorher schon ein halbes Jahr beobachtet, doch entwickelte sich die Sprache des Kindes rasant, als es in die Schule kam und mit anderen Ersten-Schuljahrs-Kindern zusammenkam. Ganz bewußt ließen wir die Kinder des ersten Schuljahres diese Lautsprache, diese Zeichensprache mitmachen, so daß es also zumindest eine Gemeinsamkeit zwischen den Kindern gab beim Lautieren.

So sitzen sie dann also bei einem Domino und zeigen dem Behinderten das Bild: *Affe!* Und sprechen dann auch zu ihm: 'Affe!' Irgendwann kommt dann von ihm zum ersten Mal: 'A-f-e!' Und die Kinder jubeln, als ob auf dem Fußballplatz ein Tor gefallen wäre. Das geht unheimlich rasant. Jetzt nach den Osterferien kommt er und sagt 'Guten Morgen!' zu uns. Ja, da wird es einem warm ums Herz!

Die Schulaufsicht und der entsprechende Leiter von der Schwerhörigen-Schule, bei dem das Kind statistisch auch geführt ist, kommen zu uns und sagen nur: Besser könnten sie es dort auch nicht fördern. Daß sich das so entwickelte, ist aber weitgehend ein Verdienst der Kinder mit, und es ist ein Verdienst der Kollegin, die das Ganze auf sich genommen hat. Die Kollegin hat sich wirklich in der Schwerhörigen-Schule, aber auch über den Verein für Eltern autistischer Kinder, intensiv und sehr zeitaufwendig informiert und so weit wie möglich ausbilden lassen" (1993, 147 f.).

Dieses Beispiel aus der integrativen Schulpraxis zeigt, was „*sonder*"-pädagogische Förderung eigentlich ausmacht, welche Einstellung notwendig ist, worauf es in der Pädagogik wirklich ankommt. Dies heißt freilich nicht, daß Lehrer/innen durch Schwerpunktsetzungen im Rahmen ihres Studiums, etwa in Form eines Wahlfaches, keine Kompetenzen bspw. im Hinblick auf Kinder mit körperlichen oder Sinnesbeeinträchtigungen erwerben sollten. Aber dafür bedarf es keines „sonder"-pädagogischen Studiums mit dem Ziel „Lehramt an Sonderschulen". Diesbezügliche Qualifikationen sollten in allen Lehramtsstudiengängen erworben werden können.

Eine Befragung von Sonderschullehrern/innen hat gezeigt, daß das bisherige Studium der Sonderpädagogik - sieht man von der erzeugten Bewußtseinsänderung im Hinblick auf Kinder mit „Behinderungen" ab - nicht in der Lage war, die für die Tätigkeit in Integrationsschulen erforderlichen Qualifikationen zu vermitteln. Eine Reform des Studiums der Sonderpädagogik bzw. eine Veränderung des Studiengangs erscheint deshalb sowohl in bezug auf Inhalte wie auch in methodischer Hinsicht dringend geboten. Da der Anteil der Sonderschullehrer/innen, die nicht mehr an der herkömmlichen, separierenden Sonderschule tätig sind, ständig steigt, stellt sich in diesem Zusammenhang die Frage, ob sich nicht der Studiengang „Lehrer an Sonderschulen" zum Lehrer mit einem ehemaligen *sonder*-pädagogischen Schwerpunkt wandeln müßte, um so die Strukturveränderung und Lernortungebundenheit von Sonderpädagogik deutlich zu machen. An die Stelle des „klassischen" Sonderschullehrers muß ein/e Lehrer/in treten, der/die für die allgemeine Schule ausgebildet ist, eine integrationspädagogische Grundausbildung besitzt und „Sonder"-pädagogik oder besser „Pädagogik für Kinder mit körperlichen und/oder Sinnesbeeinträchtigungen" als ein Wahlfach studiert. Derartig ausgebildete Pädagogen können problemlos in einer allgemeinen Schule unterrichten.

Das neue Wahlfach sollte in die *allgemeine* Lehrerausbildung integriert werden. Zusätzlich sollten integrationspädagogische Inhalte allen Lehrern/innen im Rahmen ihres erziehungswissenschaftlichen Studiums vermittelt werden. Dadurch ließe sich u. a. auch der Wunsch von Sonderschullehrern, daß bspw. die Grundschullehrer ihr Bild vom Kind im Hinblick auf eine individuellere Sichtweise verändern und so zu einer sich daraus ergebenden Gestaltung von offenen, differenzierten Lernformen gelangen, eher erfüllen (*Eberwein/Michaelis* 1993).

Außerdem müssen sich die Fachdidaktiken der Aufgabe stellen, wie bestimmte fachspezifische Inhalte nicht nur dem sog. „Normal"-Schüler, sondern mittels Binnendifferenzierung z. B. auch dem intellektuell, sprachlich oder hörbeeinträchtigten Kind vermittelt werden können. Im übrigen sollten allen Lehrern im Rahmen ihres fachdidaktischen Studiums Grundinformationen über Aneignungsschwierigkeiten innerhalb ihres Faches vermittelt werden, damit sie den individuellen Bedarf an Förderung erkennen und darauf angemessen reagieren können, denn Unterrichten heißt, Schwierigkeiten beim Lernen zu diagnostizieren sowie adäquate Lernhilfen zu deren Überwindung anzubieten. Aufgrund anthropologischer und lernpsychologischer Erkenntnisse wissen wir heute, daß es keinen Schüler mit einer sich auf *alle* Lernbereiche erstreckenden „Lernbehinderung" gibt (vgl. *Eberwein* 1996). Die Schwierigkeiten beziehen sich jeweils auf die Bewältigung spezieller Aufgabenstellungen in den einzelnen Fächern. Dies würde z. B. für Studierende des Faches Deutsch bedeuten, sich auch mit den Grundlagen des Spracherwerbs und seinen Beeinträchtigungen, beispielsweise Sprachentwicklungsstörungen bzw. -verzögerungen, zu befassen; oder im Fach Sport etwas über Psychomotorik, Körperkoordination sowie Grob- und Feinmotorik zu erfahren.

Wie soll nun das allgemeine Lehrerstudium hinsichtlich integrationspädagogischer Inhalte verändert werden? Um das Ziel der Nichtaussonderung von individuell und sozial benachteiligten Kindern in allgemeinen Schulen erreichen zu können, bedarf es kompetenter Lehrer/innen, die den Integrationsprozeß zu unterstützen vermögen. Die entsprechende Qualifizierung der in Schulen tätigen Pädagogen beginnt üblicherweise bereits während der ersten Phase der Lehrerausbildung an den Hochschulen und Universitäten. Schon hier sollten Grundkenntnisse für eine spätere Tätigkeit in integrativen Schulen vermittelt werden.

An der Freien Universität Berlin wurden konkrete Vorschläge zur Veränderung des allgemeinen Lehrerstudiums erarbeitet. Integrationspädagogische Inhalte sollten danach in alle Lehramtsstudiengänge bereits in die erste Phase der Ausbildung Eingang finden, und zwar je nach Studiengang sechs bis zwölf Semesterwochenstunden (SWS). Ziel ist es, Grundkenntnisse und Problembewußtsein für Fragen der gemeinsamen Erziehung und Unterrichtung von Kindern und Jugendlichen mit und ohne Beeinträchtigung zu vermitteln (vgl. auch *Meister/Sander* 1993; *Heyer/Meier* 1994).

Im einzelnen sollte ein entsprechendes Curriculum folgende Ausbildungsinhalte enthalten:

1. Einführung in die Integrationspädagogik (1-2 SWS)

- historische und gesellschaftspolitische Aspekte der Aussonderung
- Behinderungsbegriff; Behinderungszuschreibung (Etikettierung, Stigmatisierung, Behinderte als „Objekte"; Selbst- und Fremdbild „Behinderter"
- Integrationsbegriff; Integrationsentwicklung
- gemeinsames Lernen als pädagogische Zielsetzung; Integrationsmodelle

2. Zum Begriff und Phänomen Lernen/Verhalten (2-3 SWS)

- lern- und verhaltenstheoretische Grundlagen
- Ursachen für Lernerschwernisse
- Entstehung von Verhaltensproblemen
- pädagogisch-therapeutische Hilfen

3. Theorie und Praxis der Förderdiagnostik (4-6 SWS)

- Lernprozeßdiagnostische Fragestellungen und Vorgehensweisen
- Verhaltensbeobachtung als Erkenntnisinstrument
- Kind-Umfeld-Analyse
- Diagnostische Verfahren in den Bereichen Wahrnehmung, Psychomotorik, Sprache; Analyse von Schülerarbeiten; Fehleranalyse
- Erstellen individueller Förderpläne und Lernentwicklungsberichte

4. Integrative Didaktik - Theorie und Praxis (4-6 SWS)

- entwicklungspsychologische Grundlagen
- Selbstorganisation von Lernprozessen
- Formen offenen Lernens (u. a. Freie Arbeit, Projektunterricht, Montessori- und Freinet-Pädagogik)
- Möglichkeiten der inneren Differenzierung und Individualisierung; Kennenlernen von didaktischen Materialien
- Koop-Unterricht/Teamteaching
- Orientierungspraktikum in einer Integrationsschule

Hauptsächlich der zweite Bereich umfaßt Grundlagen, die bisher vorwiegend von der sogenannten Lernbehinderten- und Verhaltensgestörten-Pädagogik vertreten wurden. Diese beiden Fachrichtungen sollten als eigenständige „sonder"-pädagogische Disziplinen künftig wegfallen und Teil der Allgemeinen Pädagogik werden, da die dort zu behandelnden Fragestellungen Lehrer/innen aller Schularten berühren.
An der Freien Universität Berlin z. B. wurden nach Auflösung des Instituts für Sonderpädagogik die beiden Lehrstühle für Lernbehinderten- und Verhaltensgestörten-Pädagogik als Arbeitsbereich „Integrationspädagogik" Bestandteil eines Instituts für Grundschul- und Integrationspädagogik im Fachbereich Erziehungswissenschaft, Psychologie und Sportwissenschaft. Damit ist ein erster notwendiger Schritt getan im Hinblick auf die Reintegration der Sonderpädagogik in die Allgemeine Erziehungswissenschaft und eine wichtige Voraussetzung geschaffen für eine integrationspädagogisch orientierte Ausbildung *aller* Lehramtsstudierenden. Die Studienordnungen sind für alle Lehramtsstudiengänge sowie für Studierende mit dem Abschlußziel „Diplompädagoge" und „Magister" zunächst im Wahl- bzw. Wahlpflichtbereich durch 8-12 SWS Integrationspädagogik ergänzt worden. Als nächstes Ziel wird angestrebt, in den entsprechenden Prüfungsordnungen integrationspädagogische Inhalte zu verankern. Dadurch gewinnt die Integrationspädagogik in den Studienordnungen obligatorischen Charakter.

Mit diesem Konzept werden bereits in der *ersten* Ausbildungsphase die erforderlichen Grundbedingungen geschaffen, die Lehrer in die Lage versetzen, den Anforderungen und Erwartungen in Integrationsschulen zu genügen. Außerdem wird durch die enge Verzahnung von Problemstellungen der Allgemeinen Pädagogik und der Sonderpädagogik eine flexiblere und breitere Verankerung „sonder"-pädagogischer Kompetenzen in den verschiedenen Lehramtsstudiengängen ermöglicht. „Sonder"-Pädagogik verliert so allmählich den Charakter des Besonderen. Sie wird mehr und mehr zu einem Element der Allgemeinen Pädagogik.

Die angesprochenen Korrekturen und Reformen stellen den ersten und wichtigsten Schritt auf dem Wege zu einer integrativen Pädagogik und Schule dar. Sie reihen sich in Bemühungen ein, die weit über das einzelne sonderpädagogische Institut und über lokale Maßnahmen hinausreichen, indem sie im Verbund mit Psychologie, Psychiatrie und anderen Humanwissenschaften durch die Schaffung demokratischer und sozialer Strukturen Ausgrenzung und Stigmatisierungen in unserer Gesellschaft zu überwinden suchen.

Literatur

Arbeitskreis Grundschule e. V. (Hrsg.): Arbeitskreis aktuell. Mitteilungen des Grundschulverbandes 15 (1994) Nr. 46, 1-8.
Belusa, A./Eberwein, H.: Förderdiagnostik - eine andere Sichtweise diagnostischen Handelns. In: *Eberwein, H.* (Hrsg.): Behinderte und Nichtbehinderte lernen gemeinsam. Handbuch der Integrationspädagogik. Weinheim ³1994, 260-268.
Eberwein, H. (Hrsg.): Behinderte und Nichtbehinderte lernen gemeinsam. Handbuch der Integrationspädagogik. Dritte, aktualisierte und erweiterte Auflage 1994.
Eberwein, H. (Hrsg.): Handbuch Lernen und Lern-Behinderungen. Lernkonzepte, Lernprobleme, neue Lernformen. Weinheim 1996.
Eberwein, H./Knauer, S.: Rückwirkungen integrativen Unterrichts auf Teamarbeit und Lehrerrolle. In: *Eberwein, H.* (Hrsg.): Behinderte und Nichtbehinderte lernen gemeinsam. Weinheim ³1994, 291-295.
Eberwein, H./Mand, J. (Hrsg.): Forschen für die Schulpraxis. Was Lehrer über Erkenntnisse qualitativer Sozialforschung wissen sollten. Weinheim 1995.
Eberwein, H./Michaelis, E.: Welche spezifischen Qualifikationen brauchen „Sonder"-Pädagogen in Integrationsschulen? Ergebnisse einer Befragung in Berlin. In: Zeitschrift für Heilpädagogik 44 (1993) 395-401.
Feuser, G.: Aspekte einer integrativen Didaktik unter Berücksichtigung tätigkeitstheoretischer und entwicklungspsychologischer Erkenntnisse. In: *Eberwein, H.* (Hrsg.): Behinderte und Nichtbehinderte lernen gemeinsam. Handbuch der Integrationspädagogik. Weinheim ³1994, 215-226.
Haeberlin, U. u. a.: Zusammenarbeit. Wie Lehrpersonen Kooperation zwischen Regel- und Sonderpädagogik in integrativen Kindergärten und Schulklassen erfahren. Bern 1992.
Hildeschmidt, A./Sander, A.: Der ökosystemische Ansatz als Grundlage für Einzelintegration. In: *Eberwein, H.* (Hrsg.): Behinderte und Nichtbehinderte lernen gemeinsam. Handbuch der Integrationspädagogik. Weinheim ³1994, 269-276.
Klinke, E.: Integration von behinderten Kindern in der Ganztagsschule. In: *Retter, H.* (Hrsg.): Jenaplan-Pädagogik als Chance. Bad Heilbrunn 1993, 141-164.
Kozdon, B.: Schule in der Entscheidung. München 1993.
Meier, R./Heyer, P.: Zur Lehrerbildung für die integrationspädagogische Arbeit an Grundschulen. In: *Eberwein, H.* (Hrsg.): Behinderte und Nichtbehinderte lernen gemeinsam. Handbuch der Integrationspädagogik. Weinheim ³1994, 417-422.
Meister H./Sander, A. (Hrsg.): Qualifizierung für Integration. Saarbrücker Beiträge zur Integrationspädagogik. Bd. 7. St. Ingbert 1993.
Struck, P.: Schulreport. Reinbek 1995.

Autorinnen und Autoren

Prof. Dr. Gudrun Doll-Tepper, Freie Universität Berlin, Institut für Sportwissenschaft, Arbeitsbereich Behindertensport, Schwendenerstr. 8, 14195 Berlin

Prof. Dr. Walter Dürr, Freie Universität Berlin, Institut für Wirtschafts- und Erwachsenenpädagogik, Arbeitsbereich Berufspädagogik und Berufsbildung für Behinderte, Arnimallee 9, 14195 Berlin

Prof. Dr. Hans Eberwein, Freie Universität Berlin, Institut für Grundschul- und Integrationspädagogik, Arbeitsbereich Integrationspädagogik, Königin-Luise-Str. 24-26, 14195 Berlin

Prof. Dr. Peter Hübner, Freie Universität Berlin, Institut für Schulpädagogik und Bildungssoziologie, Arbeitsbereich Theorie der Schule, Bildungspolitik, Organisation und Verwaltung des Bildungswesens, Habelschwerdter Allee 45, 14195 Berlin

Prof. Dr. Christine Keitel, Freie Universität Berlin, Institut für Grundschul- und Integrationspädagogik, Arbeitsbereich Grundschulpädagogik, Habelschwerdter Allee 45, 14195 Berlin

Prof. Dr. Martin Hildebrand-Nilshon, Freie Universität Berlin, Institut für Arbeits-, Organisations- und Gesundheitspsychologie, Habelschwerdter Allee 45, 14195 Berlin

Prof. Dr. Klaus Riedel, Freie Universität Berlin, Institut für Allgemeine Pädagogik, Arbeitsbereich Schulpädagogik, Arnimallee 11, 14195 Berlin

Prof. Dr. Tobias Rülcker, Freie Universität Berlin, Institut für Allgemeine Pädagogik, Arbeitsbereich Theorie und Erziehung, Bildung und Unterricht, Habelschwerdter Allee 45, 14195 Berlin

Prof. Dr. Günther F. Seelig, Freie Universität Berlin, Institut für Pädagogische Psychologie und Medienpsychologie, Habelschwerdter Allee 45, 14195 Berlin

Prof. Dr. Herbert Striebeck, Freie Universität Berlin, Institut für Schulpädagogik und Bildungssoziologie, Arbeitsbereich Sozialisationsforschung, Interaktions- und Organisationsanalyse pädagogischer Prozesse, Habelschwerdter Allee 45, 14195 Berlin

Prof. Dr. Renate Valtin, Humboldt-Universität Berlin, Philosophische Fakultät IV, Institut für Schulpädagogik und Pädagogische Psychologie, Abteilung Grundschulpädagogik, Unter den Linden 6, Sitz: Geschwister-Scholl-Str. 6, 10099 Berlin

Sachregister

AAC = Augmentative and Alternative Communication 231, 243 ff., 255, 265
Adapted Physical Education/Activity 199, 203 f., 206
Aggressionsforschung 101, 103
Akzeptanz von Anderssein 64
Algorithmen 168, 171, 175, 179
Allgemeinbildung 169
Aneignungsschwierigkeiten 275
Anforderungsprofil 223
Angstforschung 101, 103
Aufmerksamkeit 242 f., 245, 253
Ausbildungsinhalte 275
Ausgrenzung 60 f., 64 f.
Aushandeln 252 ff., 256

Begabungstheorien 166
Behindertensport 194, 197, 200, 201, 203
Behinderungsbegriff 9, 17 ff., 23 f., 26, 28 ff., 111
Berliner Qualifizierungswerkstatt 211
Berliner Schulverhältnisse 40, 45, 48 f., 51 f.
Bildungspolitik 40, 47
Binnendifferenzierung 274

Denkabstraktionen 170 f.

Dialog 178
Differenzierung 157 f.
Diskriminierung 17, 19, 30 f., 33
– -(s)verbot 30 f., 271
Druckschrift 151

Eigenaktivität 179
Eigenproduktionen 180 f., 184 f., 187 f.
Einstellungen 197 ff.
Entwicklung 93, 97 f., 100 f.
Entwicklungspsychologie 232, 246, 260

Fachdidaktik 269, 274
Fachdienst Integrationsberatung Berlin 212 f., 217, 219, 221 f., 224 ff.
Fallbeispiele 215, 227
Fehleranalysen 166
Förderausschuß 53
Förderbedarf 24, 25, 52 ff.
Förderdiagnostik 276
Förderung 109 f., 114 ff., 121 ff., 127, 133 f.
– optimale 110, 114 ff., 127
Freizeitsport 193, 195, 197, 199

Gesellschaftlicher Wandel 45
Graphem 139, 141, 148 f., 162
Grundgesetz 39 f.
Grundschule 45, 47, 49 ff.

Gruppe 169 f., 174, 178, 180, 182
- heterogene 168, 178
Gymnasium 46 ff., 51

Handlungstheorie 80 f., 88 f.
Hauptschule 46, 48, 50 f.
Heterogenität 22, 28 f.
Homogenität 23

Informationen 93, 97, 99 ff.
- entwicklungspsychologische 100
- lerntheoretische 100, 102
- motivationspsychologische 100, 102
- sozialpsychologische 100
Integration 26 f., 29 ff., 58 ff., 65 ff., 74, 109 ff., 128, 134, 193 ff., 208 ff.
- berufliche 210 f., 213 f.
- -(s)beraterin 219 ff.
- -(s)klassen 31
- -(s)pädagogik 9, 28, 32 f., 229, 276 ff.
- -(s)schule 28, 30
- soziale 29, 112, 114 f., 122, 129 f.
Integrationspädagogisches Paradigma 26, 34
Integrative Didaktik 276
Integrative Erziehung 58, 67, 69, 74 f.
Integrativer Unterricht 31
Interaktionen 81 ff., 87 f., 90, 178, 180, 233, 235 ff., 243, 245 ff., 253, 262
- Bezugsperson-Kind 232 f, 238, 248, 265
- soziale 177 f., 188

Kenntnisse und Fertigkeiten 94, 96, 98 ff., 103, 107
- sozialkommunikative 97
- sozialpsychologische 102
Kleingruppe 188
- heterogene 166
Ko-Konstruktionsprozeß 257 ff.

Kommunikation 102, 171, 173, 182, 189 f.
- -(s)förderung 231 f., 247, 261
- -(s)theorie 89
Kompetenz 65 ff., 70 ff., 92 ff., 96, 99, 103, 107
- pädagogische 70 ff.
- soziale 98 f., 105
- sozialkommunikative 96, 105, 107
Konsequenzen für das Lehrerstudium 107
Konventionscharakter 177

Lautgebärden 150
Legastheniker 140, 147
Lehrerausbildung 68 f., 72 ff., 270, 274 f.
Leistungsprofil 212 f.
Lernen 62, 65, 70, 72, 98, 100, 102 f., 105, 110 ff.
- soziales 59, 65 f., 95, 97, 99, 103, 106
- zieldifferenziertes 122, 127 f.
Lernformen 111, 130
- kooperative 131
Lernmotivation 102
Lernschwierigkeiten 166

Mathematik 165, 167 ff., 186 f., 189, 191
- implizite 173, 175
Menschen mit Behinderungen 208 ff., 217, 219, 223, 225, 228
Modelle 168 f., 172, 174 f., 179
Motivationsforschung 102

Normalität 13, 17, 23, 27 f.
Notationen 168, 177, 188
Numeracy oder Mathematical Literacy 172

Offenheit der Aufgabenstellung 185

Offenheit für Anderssein 64 f.

Paradigmenwechsel 32
Parteien 40 f., 44
Passung 115 f.
Phonem 140 f., 148
- -bestand 147
- -bewußtsein 139 f.
Phonem-Graphem-Korrespondenz 139, 141, 148, 162
Projekte 178 ff.
Psychomotorik bzw. Motopädagogik 196

Qualifikationen 92, 94, 96 ff., 103, 105, 107, 200
- sozialkommunikative 103

Realabstraktionen 170
Reflexion 170, 173, 175 f., 178, 188 f.
Routine 168, 173
- formale 168

Schlüsselwörter 147 ff., 155, 161
Schrift 148 ff., 159 f., 162
- -sprache 153, 156 f., 162
- -spracherwerb 149, 156, 161 ff.
- -strukturen 149
Schulaufbau 45, 55
Schulgesetz 40, 52, 55
Schulorganisation 44, 51
Schulpolitik 44, 46 f., 55
Schulrecht 52
Schulsport 194, 197 f.
Schulversagen 16
Schulwahlrecht der Eltern 52 f.
Sekundarstufe I 54, 56
Selbst, Selbstempfinden 235 f., 240 ff., 252, 256 f.
Sonderbeschulung 109, 113, 115

Sonderpädagogisierung 28
Sonderschule 15 f., 19, 22, 25 f., 29 ff.
Soziale Benachteiligung 11, 16, 19, 32
Sprache 168, 171 f., 174
- formale 168, 171
Ständige Konferenz der Kultusminister der Länder 43
Stigmatisierung 17, 25, 30
Strukturen 169, 171
- abstrakte 170
- formale 171
Stützung der Leistungsmotivation 102
Symbole 168, 177
Symbolischer Interaktionismus 82, 84, 88, 90
Systeme 167 ff., 171
- formale 168
Systemtheorie 80, 86 ff.

Theorie 76, 78 ff., 85, 88, 90
- strukturell-funktionale 84

Unbegabte 166
Unterricht 109 ff.
- adaptiver 120
- binnendifferenzierter 111, 116, 119, 123, 126, 129, 133
- schüleraktiver 123
Unterrichtsorganisation 111, 118 f., 122 f.
Unterstützte Kommunikation 231

Werkstatt für Behinderte 228

Zeichen 241, 243 f., 249, 253 ff., 258
- künstliche 254
Zone der nächsten Entwicklung 147
Zusammenarbeit 205 f.
- interdisziplinäre 205 f.

Hans Eberwein / Johannes Mand (Hrsg.)

Forschen für die Schulpraxis

Was Lehrer über Erkenntnisse qualitativer Sozialforschung wissen sollten.
1995. 390 S. Br
DM 56,–/öS 437,–/sFr 55,40
(3 89271 523 8)

Veränderte Kindheitsbedingungen und gesellschaftliche Probleme stellen die Schule vor neue Herausforderungen, denen sie mit ihrem tradierten Aufgabenverständnis nur noch bedingt gewachsen ist. Eine Bewältigung des schulischen Alltags scheint nur mit neuen lernorganisatorischen und didaktischen Konzepten, mit einem veränderten pädagogischen Selbstverständnis möglich. Die qualitative Sozialforschung hat sich in den letzten Jahren einer Vielzahl von pädagogischen Problemen angenommen. Das vorliegende Buch gibt Antworten auf Fragen wie: Was fördert die Entwicklung von Identität und Sozialverhalten bei Kindern? Wie läßt sich erfolgreich mit Lern- und Verhaltensproblemen umgehen? Welche Auswirkungen hat sexueller Mißbrauch auf das Lernen in der Schule? Welche Vorteile hat teilnehmende Beobachtung im Unterricht? Wie mit dem pädaogischen Tagebuch arbeiten? Was ist Förderdiagnostik?

DEUTSCHER STUDIEN VERLAG

Postfach 100154
69441 Weinheim